## Über dieses Buch

Dieser Band enthält wichtige, zum Teil bisher unveröffentlichte Aktenstücke, Briefe, Denkschriften, Ministerial- und Kronratsprotokolle zur preußisch-deutschen Staatspolitik von der Reichsgründung bis zum Sturz des Kanzlers. Die Dokumente geben Aufschluß über die Antriebe und Leitgedanken für Bismarcks konservative Utopie, ein Macht- und Wertgefüge zu erhalten, das längst von Industrialisierung und sozialem Wandel erfaßt war. Der Schwerpunkt der Dokumentation liegt bei der Innenpolitik. Außenpolitische Denkschriften werden nur dann berücksichtigt, wenn sie von langfristiger und grundsätzlicher Bedeutung sind. Im Vorwort werden Kontinuität und Wandel des Bismarck-Bildes in der Geschichtswissenschaft skizziert. Die den Dokumenten jeweils vorangestellten Texte des Herausgebers geben einen Abriß der politischen Geschichte des Bismarck-Reiches, verweisen auf die Fragestellungen der neueren Forschung und stellen die Dokumente in ihren historischen Zusammenhang.

Der Herausgeber, Prof. Dr. Michael Stürmer, geboren 1938, ist Ordinarius für Mittlere und Neue Geschichte an der Friedrich-Alexander-Universität Erlangen-Nürnberg.

# Bismarck und die preußisch-deutsche Politik 1871–1890

Herausgegeben von Michael Stürmer

Deutscher
Taschenbuch
Verlag

dtv

Eberhard Scherbening in Dankbarkeit gewidmet

Originalausgabe
1. Auflage August 1970
3. Auflage April 1978: 20. bis 29. Tausend

Umschlaggestaltung: Celestino Piatti
Foto: Staatsbibliothek Berlin – Bildarchiv [Handke]
Gesamtherstellung: C. H. Beck'sche Buchdruckerei, Nördlingen
Printed in Germany · ISBN 3-423-02907-2

»Setzen wir Deutschland, sozusagen, in den Sattel! Reiten wird es schon können.«

Bismarck 1867, GW X, S. 392

»Dies Volk kann nicht reiten! Die was haben, arbeiten nicht, nur die Hungrigen sind fleißig, und die werden uns fressen. Ich sage dies ohne Bitterkeit und ganz ruhig: ich sehe sehr schwarz in Deutschlands Zukunft.«

Bismarck 1883, GW VIII, S. 492

Inhalt

Vorwort
# Der Wandel des Bismarck-Bildes

Als im Juli des Jahres 1944 der Diplomat Ulrich von Hassell, einer der Köpfe des konservativen Widerstands gegen Hitler, in Friedrichsruh zu Gast war, dem einstigen Landsitz Bismarcks im Sachsenwald, war keinem Sehenden mehr verborgen, daß Bismarcks Deutschland in der Agonie lag. 75 Jahre deutscher Nationalgeschichte hatten hingereicht, um aus dem Deutschen Reich eine Enklave des Inferno zu machen. Hassell schrieb: »Kaum zu ertragen, ich war dauernd nahe an Tränen bei dem Gedanken an das zerstörte Werk. Deutschland, in Europas Mitte gelegen, ist das Herz Europas. Europa kann nicht leben ohne ein gesundes, kräftiges Herz. Ich habe mich in den letzten Jahren viel mit Bismarck beschäftigt, und er wächst als Außenpolitiker dauernd bei mir. Es ist bedauerlich, welch falsches Bild wir selbst in der Welt von ihm erzeugt haben, als dem Gewaltspolitiker mit Kürassierstiefeln, in der kindlichen Freude darüber, daß jemand Deutschland endlich wieder zur Geltung brachte. Er hat es verstanden, in einziger Weise in der Welt Vertrauen zu erwecken, genau umgekehrt wie heute. In Wahrheit waren die höchste Diplomatie und das Maßhalten seine große Gabe.«[1]

Die Kürassierstiefel, ohne die die Wilhelminische Ära und ihre Erben sich den »eisernen Kanzler« schwerlich vorzustellen vermochten, nahmen jetzt den gleichen Weg wie so manche Mythen und Legenden der »verspäteten Nation«: sie landeten auf jenem »hohen Scherbenberge eigener Erfahrungen«, den Hybris und Machtbesessenheit in Deutschland hinterlassen hatten.[2] Der deutsche Nationalstaat, der im Reich von 1871 seine wenn auch unvollendete Gestalt gefunden hatte, lag weniger als ein halbes Jahrhundert nach Bismarcks Tod in Trümmern. Die Vision seines Gründers, es blättere ein Stück um das andere wie faule Flecken von der Landkarte Deutschlands ab, war Wirklichkeit geworden. [9]*

Die Deutung Bismarcks und seines Werkes ist von den bitteren Erfahrungen der eigenen Gegenwart schwer betroffen worden. Aber reichte es aus, den »mißverstandenen Bismarck« auf das Schuldkonto des hypostasierten Nationalstaats zu buchen und den Wilhelminismus mit seinen verheerenden Folgen

* Zahlen in [. . .] verweisen auf Dokumente im Quellenteil.

als bedauerliche Fehlentwicklung abzuschreiben? Vor einem solchen wenn auch naheliegenden Ausweichen hat Friedrich Meinecke schon 1946 nachdrücklich gewarnt: »Es war auch schon in der unmittelbaren Leistung Bismarcks selbst etwas, das auf der Grenze zwischen Heilvollem und Unheilvollem lag und in seiner weiteren Entwicklung mehr zum Unheilvollen hinüberwachsen sollte... Der erschütternde Verlauf des ersten und noch mehr des zweiten Weltkriegs läßt die Frage nicht mehr verstummen, ob nicht Keime des späteren Unheils in ihm von vornherein wesenhaft steckten.«[3] Auf die hier aufgeworfene Frage hat wenig später Hans Rothfels, einer der besten Kenner Bismarcks und seiner Zeit, eine unbequeme Antwort gegeben, als er schrieb: Wie lang und verschlungen auch der Weg »von Bismarck zu Hitler« gewesen sei – »der Reichsgründer erscheint als der Verantwortliche für eine Wendung, mindestens aber für die Legitimierung einer Wendung, deren fatale Steigerung bis zum Gipfel in unseren Tagen nur allzu augenscheinlich geworden ist«.[4]

Der Versuch, die Bedeutung Bismarcks in der deutschen Geschichte neu zu definieren, sein Bild zu entmythologisieren und es der wohlfeilen Verteufelung wie der militanten Apotheose zu entziehen, hat seitdem die Beschäftigung mit dem ersten Reichskanzler geprägt. Nicht frei von inneren Widersprüchen, hat sich schon verhältnismäßig bald eine Art »neokonservativer« Bismarck-Deutung herausgebildet[5], wie sie sich in dem Hassell-Tagebuch ankündigte. Für sie steht im Vordergrund, daß der Kanzler in der auswärtigen Politik elastisch-maßvoll und realitätsnah handelte, fern von Hitlerschen Macht- und Gewaltträumen: ein im letzten Ende christlicher Staatsmann, in der Verantwortung vor Gott sich wissend – »stets ein Meister der Balance«[6]. Aber dieses Bild wird durch neue Forschungen mehr und mehr in Frage gestellt. Gewiß, Bismarck hat es nach 1871 verstanden, Europas Mitte den Frieden zu erhalten. Aber man wird auch die langfristige und in ihren Folgen fatale Verknüpfung einer auf Gedeih und Verderb an den protektionistischen Wirtschaftsnationalismus gebundenen Politik mit der zunehmenden Isolierung Deutschlands, wie sie seit 1890 deutlicher hervortrat, nicht übersehen können, ebensowenig wie die steuernde und lenkende Rolle, die Bismarck bei dem deutschen Ausgreifen nach Übersee spielte. Der Sozialimperialismus ist nicht erst ein Produkt der Wilhelminischen Ära, wenn er damals auch erst zur vollen Entfaltung gelangte, sondern seine Wurzeln reichen bis tief in die Reichsgründungszeit[7]. Zur Herstellung einer gesellschaftlichen Ruhelage, um die Gefahr der sozialen Revolution zu bannen und der Industrie sichere Absatzmärkte zu verschaffen, hat der Kanzler seit den achtziger Jahren bewußt eine pragmatische Expansionspolitik eingeleitet, deren unkalkulierbare Risiken und Gefahren er lange gescheut hatte, die ihm aber in der Kontinuität der »Revolution von oben« als Ablenkungspolitik schließlich unausweichlich erschien.

In der inneren Politik wies das Bismarck-Bild schon immer unübersehbare Risse und Sprünge auf. Je mehr die historische Analyse aber die wirtschaftlichen Gruppierungen und Kräfte der Reichsgründungszeit herausarbeitet und den Strom zeigt, der die Bismarcksche Politik trug, desto dringender stellt sich auch die Frage, inwieweit der eigentümlich zukunftslose und unfruchtbare Konservatismus, der die deutsche Innenpolitik beherrschte, nicht letzten Endes in einer fast tragisch zu nennenden Umkehrung von Wollen und Erreichen eben jene Belastungen verstärken mußte, die durch Deutschlands Mittellage unter den Mächten von Anfang an vorgegeben waren. Unzweifelhaft hat die auf das Bündnis mit dem Solidarprotektionismus von Großgrundbesitz und Schwerindustrie und auf schroffe Behauptung des monarchischen Regiments festgelegte Innenpolitik Bismarcks die Klassenspannungen gefährlich verschärft und das parlamentarische Dilemma des deutschen Konstitutionalismus durch einen jahrzehntelangen Abnutzungskampf gegen Reichstag und politische Parteien vollends unlösbar gemacht. Hinter der Fassade militärischen Glanzes und industrieller Prosperität gewöhnte man sich daran, mit der abgründigen Furcht vor der Revolution von unten und der Drohung des Staatsstreichs von oben zu leben.[8]

Diese Sichtweise ist keineswegs neu, nicht erst Produkt späteren Besserwissens. So bedeutende Männer wie Jacob Burckhardt und der Erzföderalist Constantin Frantz haben nach 1866 vor kommendem Unheil gewarnt. Sie sahen Bismarcks Politik im Widerspruch zu den Grundlagen der abendländischen Staatengemeinschaft und Kultur. Für sie eröffnete sich seit Königgrätz der Ausblick auf ein eisernes Zeitalter der Kriege und Revolutionen, den Bruch mit dem sittlichen Prinzip und das rücksichtslose Streben nach Macht.[9] Auch der junkerliche Reichspessimismus der altpreußischen Konservativen war von solchen Ahnungen bestimmt. Die großdeutsch-katholischen Konservativen des Südens, wenn sie von der deutschen

Einheit träumten, hofften auf Wien; sie sahen in Bismarcks Politik nur den titanischen Junker am Werk, der alle hergebrachte Ordnung dem Machtinteresse Preußens unterwarf. Und selbst im süddeutschen Liberalismus wurden doch von aller Begeisterung für Nation, Kaiser und Reich nicht jene Stimmen übertönt, denen »Eisen und Blut« als ein schlechtes Omen für den ersehnten Staat der Deutschen galt.

Diese Anklagen, so einseitig sie erscheinen mögen, entbehrten doch nicht aller Wahrheit. Ihr Fortwirken zeigt, in welchem Maß bis heute Vergangenheit und Gegenwartsbewußtsein das Bild Bismarcks in der deutschen Geschichte in enger Wechselwirkung bestimmt haben. Es ist in der Tat langezeit »mythisch überhöht oder kritisch verzerrt worden, zu groß oder zu klein geraten«.[10] Bismarck hat Zeitgenossen, Politiker und Historiker wie kein zweiter angezogen, abgestoßen und wieder fasziniert. Die bloße Aufzählung von Büchern, Aufsätzen und Pamphleten über, für und gegen ihn füllt einen respektablen Band.[11]

Bismarck war aber auch insofern eine »Grenzerscheinung« in seiner Zeit[12], als die Politik, die ihn 1866 zum Triumphator machte, eine eigentümlich »katalytische Funktion« im Verlauf des 19. Jahrhunderts besaß.[13] Die Ereignisse des Jahres 1866 bestätigten einen politischen Denkstil, dessen Wertmaßstäbe weitgehend durch den Umbruch vom Idealismus zum Realismus geprägt waren. 1866 wurden latente, noch mehr oder weniger in der Formung begriffene Tendenzen der Zeit ins Bewußtsein gehoben. Hans Rothfels hat das am Zentralbegriff der »Realpolitik« eindringlich gezeigt.[14] Die Niederlage des politischen Liberalismus bei gleichzeitiger Erfüllung dessen, was er wirtschaftlich erstrebte, spiegelte die Tendenz zum Empirismus wider und verstärkte die Bereitschaft zum Kult der Tatsachen. Der Machtstaatsgedanke verdrängte die Reste eines demokratischen Staatsverständnisses in der Tradition von 1848. Jetzt wurde die preußische Geschichte seit dem diplomatischen Rückzug von Olmütz in den Begriffen der Realpolitik umgeschrieben. Wenn Sedan und Versailles auch im breiten Bewußtsein schon bald Königgrätz und den Prager Frieden verdrängen konnten, so liegen doch die nachhaltigen Folgen der Ereignisse von 1866 nicht allein in der Entscheidung zwischen Preußen und Österreich, kleindeutsch oder großdeutsch. 1866 bedeutete vor allem einen geistigen Wendepunkt zwischen den Zeiten.

Die Deutung Bismarcks war von jeher umstritten, und sie ist bis heute problematisch geblieben, wenn auch an die Stelle des zum Klischee erstarrten Realisten staatlicher Macht und des stilisierten Recken eine wesentlich differenziertere Gestalt von gedanklicher Tiefe getreten ist.[15] Die Zeitgenossen hat vor allem der Umstand beschäftigt, daß Bismarcks Politik in einer als unheimlich empfundenen Distanz von den Wertmaßstäben seiner Zeit stand. Das gilt ebenso für die Epoche vor wie nach 1866.[16] Während die Nation sich selbst zum Maß aller Dinge wurde, stand für Bismarck der Staat im Mittelpunkt aller Politik – der Gedanke an die Nation war für ihn peripher, taktisch nutzbar, aber nicht mehr; und jeder Versuch, ihn als Kronzeugen für einen deutschen Nationalismus heranzuziehen, mußte in Widerspruch zum aktenmäßigen Befund geraten.[17] Aber auch das Sekuritätsgefühl, die Fortschrittsgewißheit seiner Epoche, der Gedanke, »herrlichen Zeiten« entgegenzugehen, und der Glaube an eine Großmachtpolitik ohne Risiko – das alles lag ihm weltenfern. Eine eigentümliche, am lutherischen Obrigkeitsbegriff geformte Religiosität befähigte Bismarck, den Staat als Werkzeug Gottes zu begreifen. Im Ablauf der Geschichte sah er die göttliche Vorsehung am Werk, eine Art historische Oberrechnungskammer, deren Präsident in seinen Revisionen unerbittliche Strenge walten ließ: Aug' um Auge, Zahn um Zahn.

Indessen war es nicht nur diese geistige Fremdheit, sondern auch die allen Maßstäben konservativer und liberaler Provenienz sich entziehende Ausnahmestellung Bismarcks, die die zeitgenössische Gesamtauffassung geprägt hat: Mißtrauen gegenüber dem Mann, der sich mit dem Staat identifizierte, und Schaudern vor der die junkerliche Welt des alten Preußen sprengenden weltgeschichtlichen Rolle herrschten vor, die der weiße Revolutionär aus der Mark Brandenburg zu spielen vermochte, der mit dem gleichen Wahlrecht die stärkste der freiheitlichen Künste in die Pfanne warf[18] und mit dem Liberalismus paktierte; dem das Gottesgnadentum der deutschen Fürsten, wenn sie Preußens Interesse im Weg standen, keinen roten Heller wert war; der die morsche Welt des Deutschen Bundes vollends in Trümmer legte und die Liberalen mit dem harten Wort von »Eisen und Blut«[19], die Konservativen durch die revolutionäre Unterströmung seiner Politik entsetzte. Bismarck, aus der königstreuen Junkerpartei von 1848 hervorgegangen und von der maison militaire protegiert, wurde als Leiter der preußischen Politik zum konsequenten Verfechter eines Realismus staatlicher Interessenpolitik, die seinen Standesgenossen nur zu bald als Systemlosigkeit und Mangel tieferer Prinzipien suspekt wurde. Solche Urteile finden sich nicht nur bei dem altkonservativen Dogmatiker Ludwig von Gerlach, sondern auch bei dem militärpolitischen Realisten Albrecht von Roon, als Bismarck bewies, daß die große konservative Gegenrevolution gegen die liberale Verfassungsbewegung nur dann Boden gewinnen konnte, wenn sie notfalls vor dem Gebrauch revolutionärer Praktiken nicht zurückscheute.

Daneben standen im liberalen Lager jene deutschen Whigs, die bei aller Gegnerschaft zu dem, was sie als rüde Realpolitik und Neigung zur Diktatur empfanden, sich doch von dem Banne Bismarcks nicht freizumachen vermochten.[20] Der »napoleonische Geist«, so fürchtete man in diesem Kreis, werde die Reste des deutschen Idealismus vernichten und die Tat über den Geist triumphieren lassen.[21] Die Liberalen konnten sich freilich nicht der Einsicht verschließen, daß Bismarck, was ihnen mangelte, in reichem Maße besaß. Er sei, so berichtete der badische Staatsminister Jolly 1871 aus Berlin, »mit einer geradezu bewunderungswürdigen zarten Empfindung für jede reale Macht ausgestattet« und werde »auch das kleinste Staatsinteresse von Reuß nicht ohne Not verletzen«, über die bedeutendsten Anforderungen Bayerns aber gegebenenfalls zur Tagesordnung übergehen, »wenn höhere Interessen des Ganzen es verlangten«.[22]

Das Bewußtsein der Fremdheit blieb im zeitgenössischen Bismarck-Bild erhalten, auch wenn die einen den Kanzler als Bollwerk gegen das Stockpreußentum Ostelbiens[23], die anderen ihn als Vorkämpfer gegen Demokratie und Parlamentarismus in Beschlag nahmen. Und diese Widersprüchlichkeit der Vergangenheit im Urteil über Bismarck ist im Engagement pro und contra bis heute geblieben und hat die historische Betrachtung zugleich erschwert und befeuert. In dieser in mancher Beziehung rätselvollen Distanz zu seiner eigenen Epoche liegt vielleicht auch eine Erklärung für die Schwierigkeiten einer Bismarck-Biographie[24]. So blieb die Erinnerung an Bismarck bis heute, wie Hans Herzfeld feststellt, »ebenso politisch umkämpftes Symbol, umstrittener weltanschaulicher Wert wie geschichtliche Erscheinung«.[25]

Die historische Forschung hat, wie Ludwig Dehio 1950 konstatierte, lange Zeit im Bann des Primats der auswärtigen Politik gestanden, dergestalt, daß sie nicht nur um das Problem der »großen Mächte« kreiste, sondern auch die Errichtung des deutschen Nationalstaats von oben als durch die europäische Mächtekonstellation bedingt rechtfertigte und guthieß.[26] Die politische und ideologische Bedeutung der Geschichtsschreibung strebte, sofern sie kleindeutsch und national gesinnt war, in der Epoche der Reichsgründung ihrem Höhepunkt zu, als gelehrte Politiker und politische Gelehrte wie Max Duncker, Sybel und Treitschke sich zu praeceptores Germaniae berufen fühlten und in den ›Preußischen Jahrbüchern‹ die Größe der Vergangenheit als Maßstab für Gegenwart und Zukunft ausgaben. Für die Generation der Reichsgründung und ihre Epigonen ließ die preußisch-deutsche Geschichte sich verstehen als der erfüllte Traum von Glanz und Größe. Das nationalliberale Welt- und Selbstverständnis sah in dem Weg zum deutschen Nationalstaat die Straße in das Gelobte Land. Selbst ältere heilsgeschichtliche Assoziationen wurden in mehr oder minder geschmackvoller Form wieder wach. Die liberale und nationale Interpretation der deutschen Geschichte widmete sich indessen nicht allein der laudatio temporis acti, sondern stellte seit den neunziger Jahren auch jene Leitbilder auf, die als vermeintliche bloße Verlängerung der Vergangenheit dem Aufbruch in den deutschen Imperialismus voranschweben sollten. Bismarck rückte in das Zentrum modern-historischer Studien; sein politisches Urteil gewann, um mit Gerhard Ritter zu sprechen, für die Historikergeneration der Jahrhundertwende »eine geradezu kanonische Autorität«[27]. Der neu-rankeanische Gedanke der gesicherten Kontinuität vom Jahrhundertanfang bis zur Gegenwart hielt dem fieberartig um sich greifenden Kolonialenthusiasmus wie der Flottenbegeisterung die Furcht fern, der Drang zum Platz an der Sonne könne als ein Sprung ins Dunkle enden.[28] Ahnungsvoll hatte Johann Gustav Droysen 1870 geschrieben: »Was wir jetzt erleben, ist nicht bloß ein großer Abschluß, sondern noch ein größerer Anfang oder Anfang zu Größerem.«[29]

Nachdem die Reichsgründung zum Angelpunkt des deutschen Geschichtsbilds geworden war[30], zum Zentralereignis für Vergangenheit und Gegenwart [140], vollzog sich auch eine Verwandlung des Bismarck-Bildes, für die einen ins Übermenschliche, für die anderen ins Dämonische. Die liberalen Historiker, die im preußischen Verfassungskonflikt den Ministerpräsidenten für den Verderber des Staats gehalten hatten, wurden nach 1866, als die preußische Opposition im Bußgewand der Realpolitik daherging, seine leidenschaftlichen Fürsprecher und Bewunderer. Doch auch die Gegenstimmen verstummten nicht. Im politischen Katholizismus herrschte die Besorgnis vor, die Bismarcksche Gründung werde fortan das

»Gottesreich der Wahrheit, nach dem Ausdrucke Friedrich Schlegels, völlig aus der Welt herauszukomplimentieren« bestrebt sein.[31] Andere warnten vor dem herrschsüchtigen Charakter des großen Kanzlers, dessen »Machtinstinkte« selbst vor dem Gebrauch »demagogischer Mittel« nicht zurückschreckten und damit – was dann erst wieder Max Weber mit gleicher Schärfe feststellte[32] – auch den »eigensten Bestand« der Krone in Gefahr brachten.[33] Der Ruf nach wirksamen Institutionen als Sicherung für die Zukunft und als Gegengewicht zur persönlichen Machtstellung des Kanzlers wurde im Reichstag und von den Kathedern erhoben – aber Bismarck hatte die Macht, ihn zu überhören. Nachdenklichen Geistern drängte sich schließlich die Betrachtung auf – so der Liberale Georg von Bunsen – daß Bismarck »Deutschland groß und die Deutschen klein« mache.[34] Nach den Reichstagswahlen von 1881, als Bismarck mit dem Gedanken spielte, sein politisches Erbe dem Reichstag zu vermachen [84], ergänzte Gustav Freytag: »Da der Kanzler uns alle zu Mitschuldigen seiner Taten gemacht hat, denen ihr Anteil an Segen und Fluch seines Erdenlebens voll zugemessen werden wird, so ist es ein Glück, daß die Wahlen so ausgefallen sind. Sie sind für ihn, unser Volk und für das Ausland ein Symptom, daß die Herrschaft des *einen*, welcher der Nation sein Bild und Gepräge aufgezwungen hat, nicht unbedingt ist und ihrem Ende naht.«[34a]

Die Überzeugung, daß den Kanzler in allem, was geschah, die Hauptverantwortung traf, verband die staunenden Bewunderer und die leidenschaftlichen Hasser. Und diese Zuspitzung einer vielschichtigen historischen Problematik auf Bismarck ist seither in mancherlei Abwandlung über Friedrich Naumann, Max Weber und Erich Eyck ein Leitmotiv der kritischen Bismarck-Deutung geblieben. In der ablehnenden wie in der zustimmenden Heroisierung schwingt indessen die Überzeugung mit, daß es letztlich Männer sind, die die Geschichte machen. Was beide Seiten vereint, »ist der Glaube, daß der große Staatsmann das politische Wetter mache – im Guten wie im Bösen«.[35] Aber gleichzeitig ist nicht zu verkennen, daß die Persönlichkeit des cäsaristischen Kanzlers auch in der modernen ökonomischen Interpretation von Politik und Wirtschaftsablauf als Machtfaktor sui generis, ja als Bestandteil der Realverfassung einen besonderen Rang einnimmt.[36]

Das Befremdliche und Erschreckende an Bismarck hat dazu geführt, daß selbst im Bismarck-Verständnis jener liberal-konservativen Schichten, die interessemäßig und ideologisch am stärksten im konstitutionellen Deutschland engagiert waren, die negativen Züge überwogen. Die Schichten von Bildung und Besitz haben zwar, und dies nicht zuletzt unter dem ökonomischen Druck der Großen Depression der siebziger Jahre, vor Bismarck und den Maßstäben seiner Politik weitgehend kapituliert. Seit 1866 war es unstreitig der Erfolg, der in der Politik die Mittel heiligte. Aber neben den groben Verherrlichern des »eisernen Kanzlers« gab es doch gerade unter den führenden Köpfen des liberalen Lagers auch solche, die die Brüchigkeit des Werkes ahnten, das Bismarck einmal hinterlassen würde. In seiner sarkastischen Weise sprach es Friedrich von Holstein 1885 aus, seit Jahren einer der maßgeblichen Mitarbeiter des Kanzlers im Auswärtigen Amt: »Ja, der Mann hat große Charakterfehler, aber doch – was fangen wir an, wenn er mal weg ist? Es wird eine ganz gräßliche Wirtschaft.«[37]

Doch als Bismarck im März 1890 ging [155], geschah das Unerwartete – nämlich nichts. In den europäischen Hauptstädten wurde, was sich in Berlin ereignete, zwar mit steigender Besorgnis beobachtet. Man sah die »Aussichten auf einen Krieg« sich drohend vermehren.[38] Ganz anders aber die Reaktion in Deutschland; hier weinte kaum jemand dem alten Kanzler eine Träne nach. Bismarcks Entlassung wurde offenbar in breiten Kreisen mit Gleichgültigkeit, ja mit einem gewissen Gefühl der Erleichterung hingenommen.[39] Wilhelm II. befand sich wahrscheinlich selten mehr als damals in Übereinstimmung mit breiten Teilen der öffentlichen Meinung – und das offenbar sehr zum Erstaunen seiner näheren Umgebung. So schrieb Hinzpeter, der ehemalige Erzieher des Kaisers, der bei dem für Bismarck unannehmbaren Arbeiterschutzprogramm des Kaisers [149, 151] seine Hand im Spiel gehabt hatte, voller Sorge: es zeige sich doch als »unmöglich, die Nothwendigkeit des Abgangs des Kanzlers genügend nachzuweisen; und es bleibt deshalb immer ein Rest von Tadel gegen den Monarchen neben dem Bedauern für den Minister und der Sorge für die Zukunft. Solche Stimmung zu entwickeln und auszubeuten, wird nicht schwer sein, wenn man von irgendeiner Seite Lust dazu hat. Und das scheint mir nach mehreren Seiten der Fall zu sein«.[40]

Diese Voraussage sollte sich bald bewahrheiten. Denn der gestürzte Kanzler stand zwar Anfang 1890 in Politik und öffentlicher Meinung isoliert, und es konnte ihn niemand von dem Vorwurf freisprechen, daß er selbst am meisten dazu beigetragen hatte. Aber noch im Lauf desselben Jahres kam es zu einem Umschwung, der Bismarck wenn auch nicht mehr als Kanzler, so doch als Mythos ante portas zu einem Machtfaktor in der deutschen Innenpolitik machte: es gelang ihm, sich gegen den Kaiser und Caprivis Kurs des redlichen inneren Ausgleichs an die Spitze der breiten Ressentimentbewegung der unzufriedenen deutschen Mittelschichten zu setzen und sich erneut mit den radikalen Großgrundbesitzern und Industriellen zu verbünden, die hinter dem Kartell gestanden hatten.[41] Man sah in ihm den »Erlöser von allen Nöten der Gegenwart und dem Schrecken der Zukunft«.[41a]

Die politische Legende schuf ein Bild des »Alten im Sachsenwald«, das politischen Sprengstoff barg. Abordnungen von Bürgern und Studenten pilgerten nach Friedrichsruh, um sich über die Fehler und Versäumnisse des Nachfolgers im Kanzleramt und seines kaiserlichen Herrn belehren zu lassen. Es konnte nicht fehlen, daß danach der 1893 gegründete großagrarische »Bund der Landwirte« sich in einem äußerst dogmatischen Sinne »bismärckisch« gab.[42] Gegen Caprivis auf zunehmende Exportziffern abzielende Handelsverträge berief man sich auf den alten Kanzler und seine autonome Politik und nahm ihn mit Vehemenz als »deutschen Bauern« in Anspruch, ohne daß Bismarck mehr dagegen tat als zu schweigen. So wurde er Heros und Idol der Agrarier, eines Verbandes, der nicht nur straff von oben organisiert war und die völkische Phrase pflegte, sondern auch einen plebiszitären Führungsstil propagierte und in seinen gesellschaftlichen Leitvorstellungen offen reaktionär war, bei alldem schließlich nicht ohne die Vorwegnahme verhängnisvoll totalitärer Züge.

Diese Entwicklung ging weiter. Unter den Gaben zum 80. Geburtstag des Kanzlers fand sich auch die bereitwillig angenommene Ehrenmitgliedschaft des Alldeutschen Verbandes, einer radikal nationalistischen Sekte, die ungeachtet ihres geringen zahlenmäßigen Gewichts doch auf Presse und Politik einen treibenden und steuernden Einfluß aus dem Hintergrund ausübte.[43] Der alternde Bismarck ließ sich bereitwillig als »kolonialer Bahnbrecher« feiern, ungeachtet der Tatsache, daß er noch am Vorabend seines Sturzes versucht hatte, die Geister zu bannen, die er gerufen hatte: »Das Auswärtige Amt wird die Kolonialfragen los oder es wird mich los... Mein Gewerbe ist, Europa den Frieden zu erhalten. Wenn ich das thue, bin ich bezahlt.«[44] Das alles lag inzwischen weit zurück. Der »eiserne

Kanzler« triumphierte über den historischen Bismarck. Ja man kann sogar sagen, daß der »mißverstandene Bismarck« unter weitgehender Duldung, wenn nicht sogar Beteiligung des frondierenden Alten in Friedrichsruh ins Leben trat.

In dem ideologischen Hexenkessel des Wilhelminismus, der dem Glauben an die Nation Züge einer »Ersatzreligion« verlieh[45], hatte der Bismarckkult seinen Ort gefunden. Je mehr er Ausdruck und Mittel eines sich ins Uferlose verlierenden deutschen Nationalismus wurde, desto mehr trat die geschichtliche Rolle Bismarcks in den Schatten einer Geschichtsepoche zurück, die, wiewohl in ihr sich bereits die Wendung ankündigte, doch 1890 einen Abschluß gefunden hatte.

Der weiteren, von den Zeitumständen schwer belasteten Entwicklung der Bismarck-Deutung ist an dieser Stelle nicht nachzugehen. Wenige Hinweise auf die Wege und Irrwege, die weniger der historischen als der politischen Bismarck-Orthodoxie zur Last fallen, sollen genügen. Ein erster Gipfel schiefer Aktualisierung wurde im Gedenken an den 100. Geburtstag Bismarcks erklommen. Dabei ging es, mitten im ersten Weltkrieg, nicht um quellenkritische Bemühung, sondern, wie ein geachteter Altphilologe bei dem Festakt der Berliner Universität verkündete, um den »Bismarck in uns, das Deutschtum«.[46] Der steinerne Bismarck, wie er von der Maas bis an die Memel in unzähligen Denkmälern vor Augen trat, war zum Reichssymbol geworden, zum Ausdruck des furor teutonicus. Als die deutschen Rektoren am Grabe des Kanzlers versammelt waren, pries ihr Sprecher den Weltkrieg als »eine einzige große Huldigung für Bismarck, nicht mit Worten, sondern mit sieghaften Taten«. Ein junger Historiker wie Karl Alexander von Müller fügte dem Bismarck-Bild einige markante Striche hinzu: »Erzgepanzert, den blinkenden Stahlhelm über dem dräuenden Haupt und den scharfen Pallasch in der Faust, allen Deutschen ein froher Trost und den Feinden ein Schrecken.« Wenn auch kritische Stimmen eines Delbrück und Meinecke laut wurden, so gaben doch jene den Ton an, die aus dem nüchternen Staatsmann eine Mischung aus Wotan und Jung-Siegfried machten. Max Lenz schrieb damals in hymnischen Worten: »In Wahrheit, Bismarcks gewaltiger Schatten zieht mit in unseren Heeren. Sein Schwert ist es, dessen Schläge draußen so furchtbar widerhallen; und wohin seine Flammenblitze fahren, dringt Verderben unter die Feinde des deutschen Namens: als kämpfe St. Michael selbst in unseren Reihen.« Vollends gefährlich wurden die Festreden, als unter Berufung auf Bismarck lautstark und maßlos Annexionen im Osten und im Westen gefordert wurden. Dagegen wollte Reichskanzler Theobald von Bethmann Hollweg »im Geiste Bismarcks eine Politik relativer Mäßigung« durchkämpfen.[47] In unserem Zusammenhang ist dabei weniger der leidenschaftliche und tiefe Gegensätze aufreißende Streit um die deutschen Kriegsziele von Bedeutung, als vielmehr die Tatsache, daß beide Seiten glaubten, zur Beweisführung auf Bismarck als Eidhelfer nicht verzichten zu können. Bethmann aktivierte schließlich die militärische Zensur und ließ in der offiziösen Norddeutschen Allgemeinen Zeitung den Gedanken der »höchsten Weisheit und Mäßigung« hervorheben, der Bismarck nicht weniger gegeben gewesen sei als »Kraft und unbändiges Wollen«. Es war ein Kampf um »Nikolsburg«, das Prinzip des maßvollen Friedens. Aber Bethmann Hollwegs Nikolsburg fand mangels vorhergehender Besiegung des Gegners nicht statt, und es ist selbst fraglich, ob die Machtstellung des Kanzlers auch nur ein Remis mit den Annexionisten ermöglicht hätte. Immerhin zeigt die Tatsache, daß die historische Metapher »Nikolsburg« 1915/16 zu einem Schlagwort in der Kriegszieldebatte werden konnte, die übermächtige Kraft politischer Mythen – denn daß Bismarck in Wahrheit nicht nur als Vertreter »grundsätzlicher Mäßigung« gesehen werden kann, hatte Erich Marcks zur gleichen Zeit unter Hinweis auf die Annexionen von 1866 und die Angliederung von Elsaß-Lothringen zu zeigen vermocht, zu der Bismarck von sich aus bereits wenige Wochen nach Kriegsausbruch 1870 entschieden gewesen sei.[48]

Auch bei Bethmann Hollwegs Sturz im Sommer 1917 stand der Schatten Bismarcks im Hintergrund. In der Obersten Heeresleitung, die damals die militärische ebenso wie die politische Macht fast uneingeschränkt in Händen hielt, kursierte eine Denkschrift, die das von Bethmann angedeutete Nachgeben in der Frage des preußischen Dreiklassenwahlrechts zu einem Kardinalfehler erklärte. Eine abgründige Zukunftsvision wurde sichtbar, als statt dessen die Forderung erhoben wurde, einen »starken Willen« und den »starken Staat« hervorzukehren.[49] Der Reichskanzler, so fügte der nachmals zum Chef der Reichswehr aufsteigende Oberst von Seeckt hinzu, sei kein »moderner Bismarck«, wie ihn die Gegenwart für die Gründung eines deutschen Imperiums »vom Atlantischen Ozean bis Persien« erfordere. Dafür brauche man den »Führer«: »ein Mann von

Glauben an sich und sein Volk und sein Schwert«. Könne heute ein anderer als ein Soldat an diese Stelle treten? Zum erstenmal waren hier in einem Atemzug Bismarck und jener künftige Führer der Deutschen genannt worden, dessen Name im Jahre 1917 noch niemand kannte.

Wenn auch mit dem Ende der Hohenzollernmonarchie und dem Zusammenbruch der preußischen Armee das Werk der Reichsgründung den Charakter der Endgültigkeit vollends verlor und »Unfertigkeit und Unsicherheit, die fortwährende Problematik des neuen Reiches, seine Gefährdung im Innern wie nach außen« unübersehbar hervortraten[50], so hatten doch die Gegensätze der Vorkriegszeit und der Kriegszieldiskussion schon die Frontstellung in der Weimarer Republik vorgezeichnet. Das Bismarck-Bild der national-konservativen öffentlichen Meinung war fest verwurzelt. Neben der Kriegsschuldfrage gab es kein zweites historisches Thema von solcher Anziehungskraft wie Bismarck. Mochte auch, wie Gerhard Ritter rückblickend meinte, in dem neugefundenen Idealbild staatsmännischer Besonnenheit und Mäßigung ein Kern von »politischer Selbstbesinnung des deutschen Nationalismus« stecken[51], so suchte doch nach den Erschütterungen des Weltkriegs und der Niederlage die Bismarck-Orthodoxie nur um so mehr einen »Leitstern patriotischer Erbauung«.[52] Was bedeutete es, wenn ein liberaler Historiker wie Johannes Ziekursch die Bismarcksche Reichsgründung darstellte als eine stolze Burg, die, weil sie gegen den Geist der Zeit erbaut war, den Keim ihres Untergangs bereits in sich trug?[53] Die Frage war ein Sakrileg, die Antwort galt vielen »fast als Verrat an der deutschen Vergangenheit«.[54] Was nützte es, wenn Arthur Rosenberg das Werk Bismarcks als von Anfang an todkrank darstellte, als einen Staat, der gewissermaßen gegen die Zukunft gegründet worden war?[55] Der junge Eckart Kehr, der mit seinen Arbeiten die moderne Forschung zum Bismarckreich wesentlich befruchten sollte, fand nicht nur kein Echo, sondern wurde als »Edelbolschewist« apostrophiert.[56]

Die sich selbst so nennende nationale Opposition gegen den Weimarer Staat hatte Bismarck in Erbpacht genommen. Stresemann, lange Jahre Außenminister der Republik, der im Krieg selbst alldeutschen Machtträumen nachgejagt war, warnte jetzt vor dem »mißverstandenen Bismarck« seiner Gegner von rechts. Es war eine Ironie der Geschichte, daß er dies fast mit den gleichen Worten tat wie der ehemals von ihm bekämpfte Kanzler Bethmann Hollweg: Bismarck sei »in der Fülle der

Macht der Vorsichtigste im Gebrauch der Macht« gewesen. »Er wollte Europa den Frieden erhalten. Das wäre ein besseres Bild von ihm als das, das die Legende von ihm sich macht, wenn sie ihn als Mann mit den Kürassierstiefeln darstellt.«[57] Aber diese Worte blieben ohne Widerhall, und das nicht ohne Zutun eben jener Konservativen, die dann im Widerstand gegen Hitlers skrupellose Politik wiederum bei Bismarck als dem Mann des Maßes einen festen Halt suchten.

Es wäre wahrscheinlich der Mühe wert, einmal der flachen Legendenbildung unter der Herrschaft des Nationalsozialismus im einzelnen nachzugehen. Doch ist es fraglich, inwieweit sich dabei neue Züge ergeben würden. Denn die eilfertigen Retuscheure, die sich jetzt von Staats und Partei wegen an das Bismarck-Bild machten, hatten ihre Vorgänger in der »Zukunftskoalition der Scharfmacher« vor 1914[58], in der Kriegszielbewegung des Weltkriegs und in den Feinden des Weimarer Staats.

Die Geschichtswissenschaft ging zwar auf merkbare Distanz zum Stil der neuen Herren. Aber was jüngst für die Auffassung des Mittelalters gesagt worden ist, gilt mit gewissen Einschränkungen doch auch für die Beschäftigung mit Bismarck und seinem Werk in jenen Jahren: auf weite Strecken seien deutsche Historiker den Auffassungen des NS-Geschichtsbilds entgegengekommen oder sogar gefolgt, die einen mehr in völkischer oder gar rassistischer Richtung, die anderen mehr in der Erhebung reiner Machtpolitik zum höchsten Wertmaßstab und im Traum vom »Reich der Deutschen«, das über andere Völker zu herrschen berufen sei.[59] Seit 1871 waren die Fragestellungen und das Denken der Geschichtswissenschaft von dem übermächtigen konservativ-nationalliberalen Milieu geprägt worden. Unter dem Schock der Niederlage von 1918 war die deutsche Geschichte dann ebenso Gegenstand trotziger Rechtfertigung und eines überstarken nationalen Engagements geworden wie methodisch gesicherter, umsichtiger Reflexion. Diese Ambivalenz hat der Historie nach 1933 Kontinuität und im großen und ganzen ein gutes Gewissen erhalten. Die Ideologieanfälligkeit des Faches mußte es aber gleichzeitig erschweren, der politisch erwünschten Legende distanziert gegenüberzutreten. Um so bedeutsamer sind jene historischen Untersuchungen aus der besten Tradition der Zunft, in denen unter oftmals erheblichen Erschwerungen und Belastungen dieser Versuch unternommen wurde. Man kann nicht sagen, daß die Geschichtswissenschaft sich besonders für den NS-Staat engagiert hätte – die Wurzeln ihres Dilemmas lagen tiefer. Das Großdeutsche Reich erschien manchem als Erfüllung der deutschen Geschichte. In Lebensraumvorstellungen und politischer Romantik verriet sich eine geheime Affinität. Die Anfänge reichten bis in die Jahre vor dem Weltkrieg zurück und rührten offenbar von dem breiten Feld politischer Übereinstimmung zwischen den ideologischen Prämissen des Faches Geschichte und den gesellschaftlich-politischen Leitideen her, die der NS-Staat für seine Ziele mobilisierte. So gab es, wie jüngst resümierend festgestellt wurde, »erstaunlich wenig Kollision zwischen dem, was das NS-Regime vertrat und erwartete, und dem, was von den Historikern gelehrt und geschrieben wurde«[60].

Seit der weltpolitischen Zäsur des Jahres 1945 sind nicht allein die nationalstaatlichen Prämissen des deutschen Geschichtsbilds außer Kurs geraten, sondern auch die klassischen Maßstäbe der Bismarck-Deutung haben ihre Gültigkeit verloren. In einer Welt, deren Untergang in der thermonuklearen Apokalypse gegebenenfalls zu einer Sache von Tagen und Stunden geworden ist, bildet der Krieg keine Fortsetzung der Politik mit anderen Mitteln mehr. Der große Krieg ist ihr Ende und insofern tatsächlich eine makabre ultima ratio. Damit wird das Ende der Großen Politik schlechthin sichtbar, wie sie Bismarck verstand und wie sie vor und nach ihm galt.[61] Unter diesem Aspekt sind Schlüsselbegriffe des 19. Jahrhunderts wie Staatsräson und nationales Interesse revisionsbedürftig geworden. Die Voraussetzungen klassischer Machtpolitik stimmen nicht mehr. Bismarck als ein Lehrmeister für die Politik von heute? Das gilt für die auswärtige Politik nur noch in einem sehr begrenzten Sinne, in der Skepsis gegenüber der ideologisch vorgeformten Außenpolitik der großen Vereinfacher, in der Abwehr des militärstrategischen Entscheidungsanspruchs und – heute vielleicht mehr denn je – im Verständnis auswärtiger Politik als einer Kunst des Möglichen.

In der inneren Politik ist es unterdessen noch schwerer geworden, einen Zugang zu Bismarck zu finden. Denn der große Kanzler war ein großer Hasser; sein Prinzip war das *divide et impera*, das er durch präventive Schläge gegen isolierte Gegner auf der innenpolitischen Bühne verwirklichte. Eine traumatische Furcht vor der sozialen und politischen Revolution, nur erklärbar auf dem Hintergrund der Märzereignisse von 1848 und eines Zeitalters, dessen ideologische Fronten sich im Für und Wider der Revolution gebildet hatten, ließ ihn in der Arbeiterschaft allein die organisierte Auflehnung gegen seinen Staat sehen, deren berechtigten materiellen Forderungen auf Besserstellung die staatliche Sozialpolitik entgegen kommen konnte, deren politische Emanzipation aber den Staat und seine gesellschaftlichen Fundamente schlechthin in Frage stellte [5, 6, 8, 19, 41, 61].

Einem liberalen Reichstagsabgeordneten gab er 1878 zu verstehen, »wer mit ihm gehe, sei sein Freund, wer wider ihn gehe, sein Feind – bis zur Vernichtung« [59]. Das bekamen nacheinander alle zu spüren: Katholiken und Konservative, bürgerliche Liberale und Sozialdemokraten. Der von ihm unternommene Versuch, den Reichstag zu entpolitisieren, die Parteien zu neoständischen Interessengruppen zu machen [54], ohne Macht, ohne Verantwortung, hat die politische Entwicklung Deutschlands mit einer schweren Hypothek belastet. »Politisch Lied ein garstig Lied« – diese aus den Tagen des fürstlichen Regiments von Gottes Gnaden stammende Überzeugung hat niemand so sehr wie Bismarck im deutschen Bildungsbürgertum bestärkt. Es war gerade die Größe Bismarcks, die den nach 1871 zweifellos vorhandenen Willen zur Mitverantwortung und Mitgestaltung im Bürgertum lähmte, aber auch die Fähigkeit, auf kritische Distanz zum Problem der Macht zu gehen, schwer schädigte. Das weist freilich auch auf die Verkettung von Machtkult und Untertanengeist hin. Denn erst die Unterwerfungsbereitschaft gegenüber dem vermeintlichen Werkzeug des Weltgeists hat die Ohnmacht der bürgerlichen Bewegung besiegelt, die seit dem Triumph der »Realpolitik« nicht mehr in der sozialen Revolution von 1848 das wenn auch unvollendete Zentralereignis der deutschen Geschichte im 19. Jahrhundert erblickte, sondern in der durch siegreiche Kriege von oben verwirklichten Reichsgründung. Nicht Frankfurt, sondern der innenpolitisch leere Erinnerungstag von Sedan gab schließlich den Anlaß zum deutschen Nationalfeiertag.[62]

Wenn Gerhard Ritter in den Mittelpunkt seiner Deutung Bismarcks den Begriff Staatsräson stellte – »jener höheren Staatsvernunft, ohne die kein Staat gedeihen kann«[63] – so drängt sich doch heute die Frage auf, ob nicht gerade Bismarcks Versuch, der gleitenden Form des deutschen Konstitutionalismus zwischen Krone und Parlament im Gegensatz zum Interesse breiter Teile des Bürgertums, des politischen Katholizismus und gegen den gesamten vierten Stand eine starre Dauer zu verleihen, am Ende den Untergang seines Staates unausweichlich gemacht und beschleunigt hat.

Seit dem Sturz des großen Kanzlers war das Bismarck-Bild ein politischer Faktor ersten Ranges. In den Wandlungen der Bismarck-Deutung treten daher in eigentümlicher Weise Glanz und Elend der Historie als Wissenschaft vor Augen. Die deutsche Geschichte als Heroenkult, als patriotische Selbstbespiegelung der Nation ist zukunftslos geblieben, und der Preis für die Abtragung der Schutthalde aus Mythen und Legenden war hoch. Nationalstaat und Großmachtstellung der Deutschen sind dahin. Erst ihr Ende hat den Weg wieder freigemacht zu dem historischen Bismarck, dem nach den Maßstäben seiner Politik und dem historischen Gewicht seines Werkes bedeutendsten Staatsmann, den die neuere deutsche Geschichte kennt. Damit treten Tiefe und Vielschichtigkeit seiner Gestalt deutlicher hervor, ebenso wie Größe und Grenzen seiner Leistung.

Die Flucht aus der Geschichte hat bisher nicht stattgefunden; sie bleibt im besten Falle eine Selbsttäuschung. So kommt es darauf an, ohne restaurative Wunschbilder und in der Auseinandersetzung mit den Quellen ein Bewußtsein von der Geschichte zu entwickeln, das seiner eigenen Bedingtheit als Produkt von Raum und Zeit innebleibt. Geschichtsbetrachtung ist nur vorstellbar als Bemühen um den eigenen Standort; darin zeigt sich die Grenze historischer Objektivität. Unter dieser Voraussetzung hätte der vorgelegte Quellenband sein Ziel erreicht, wenn es gelänge, in den Zeugnissen der Zeit einen für den Gang der deutschen Geschichte wesentlichen Teil jener Welt von gestern sichtbar zu machen, mit deren Ängsten und Illusionen, Scheitern und fortwirkender Problematik auch die von heute noch in der Auseinandersetzung steht.

Sofern die Beschäftigung mit dem Zeitalter Bismarcks noch einer zusätzlichen Begründung bedarf, liegt sie in der historischen Aktualität, die die inneren Strukturprobleme des Kaiserreichs besitzen. Gehören doch die hochindustrielle Entwicklung und die Entfaltung eines weitgefächerten Gefüges organisierter Interessen bereits unmittelbar in das soziale Fundament der Gegenwart. Erst auf diesem Hintergrund erschließt sich die Aussagekraft der Quellen für die wirtschaftliche und soziale Entwicklung Deutschlands am Ausgang des 19. Jahrhunderts.

Wenn die vorgelegte Auswahl von Dokumenten und Zeugnissen der Zeit die Rolle Bismarcks in der preußisch-deutschen Politik in den Vordergrund stellt, so einmal, weil das Bismarck-Problem noch immer eine Art Orientierungspunkt im Geschichtsverständnis der Gegenwart bildet, zum anderen deshalb, weil die Persönlichkeit des mächtigen Kanzlers geradezu ein Teil, und zwar der entscheidende Teil des deutschen Verfassungs- und Herrschaftssystems war.[64] Dies anerkennen heißt nicht, den individuellen Faktor in der Geschichte zu hoch bewerten. Dafür wäre Bismarck selbst – wenngleich im Widerspruch zur überwiegenden Mehrheit seiner Biographen – ein ungeeigneter Kronzeuge. In seinem konservativen Weltbild hatte der Zweifel an der unbegrenzten Machbarkeit der Politik, noch mehr an der Kalkulierbarkeit politischer Entscheidungen breiten Raum. Bei aller Entschlossenheit, vielleicht sogar Skrupellosigkeit, mit der er das monarchische Preußen gegen die *novarum rerum cupidi*, liberale Bürger und sozialistische Arbeiter, gegen Parlament und Parteien verteidigte, war seine Politik doch überwiegend von einem Grundzug der Empirie bestimmt. Über das Verhältnis von geschichtlicher Entwicklung und individuellem Entscheidungshandeln dachte er sehr nüchtern. Wenige Monate vor Ausbruch des Krieges mit Frankreich sagte er vor dem Reichstag des Norddeutschen Bundes: »Mein Einfluß auf die Ereignisse, die mich getragen haben, wird zwar wesentlich überschätzt, aber doch wird mir gewiß keiner zumuten, Geschichte zu machen; das, meine Herren, könnte ich selbst in Gemeinschaft mit Ihnen nicht ... Die Geschichte können wir nicht machen, sondern nur abwarten, daß sie sich vollzieht.«[65]

## Editorischer Hinweis

Dieser Band enthält Briefe, Erlasse, Diktate und Reden Bismarcks. Darüber hinaus sind Berichte von Gesprächspartnern und Protokolle des preußischen Staatsministeriums aufgenommen worden. Dieses hatte als politisches Zentrum der Hegemonialmacht Preußen und harter Kern der Reichsregierung – die als solche staatsrechtlich nicht existierte – an den wesentlichen innen- und außenpolitischen Entscheidungen der Reichspolitik einen beratenden und oft bestimmenden Anteil.

Eine vollständige Ausgabe der schriftlichen Hinterlassenschaft Bismarcks gibt es bis heute nicht – selbst die Friedrichsruher Ausgabe der Gesammelten Werke Bismarcks, von der die neuere Forschung ausgeht, stellt eine Auswahl dar. So ist auch der hier vorgelegte Band weit davon entfernt, Vollständigkeit anzustreben. Das Ziel der vorgenommenen Auswahl war es vielmehr, die Beweggründe und Zielvorstellungen Bismarcks in der inneren und auswärtigen Politik in der Epoche vom Frankfurter Frieden bis zu seinem Sturz durch unmittelbare Zeugnisse zu belegen und zugleich die Rolle Bismarcks in den Entscheidungssituationen preußisch-deutscher Politik zu zeigen. Die Quellen sollen zugleich das Verhältnis von Zielen und Mitteln widerspiegeln, die subjektiven und objektiven Belastungen der Politik, die kollektiven Träume und die geheime Gespensterfurcht der Zeit, um auf diese Weise jene Faktoren in Umrissen zu zeigen, die Bismarcks Politik formten, die aber auch von ihr geformt wurden. Diese Zielsetzung bedingt, daß Aktenstücke grundsätzlichen Charakters stärker berücksichtigt worden sind als solche, die mehr taktischen Charakter haben – wenngleich die Grenze zwischen beiden fließend bleibt.

Der Grundsatz, die prinzipiellen Elemente in den Dokumenten hervorzuheben, war auch für die aus Raumgründen gebotenen Kürzungen maßgeblich. Dabei sind hier zum erstenmal vorgelegte Dokumente in der Regel nur um Wiederholungen oder Nebenaspekte gekürzt worden, während Briefe, Erlasse, Protokolle usw., die bereits an anderer Stelle gedruckt worden sind, stärkere Streichungen erfahren haben. Die Anordnung der Dokumente erfolgt chronologisch, um Gleichzeitigkeit und Wechselwirkung außenpolitischer, wirtschafts- und allgemein innenpolitischer Vorgänge hervorzuheben und auf die innere

Verflochtenheit der Entwicklung hinzuweisen, die durch eine isolierende Darstellung innerer und äußerer Politik zurückgedrängt werden kann. Der Leser wird gerade bei jenen Dokumenten, die Leitgedanken der Bismarckschen Außenpolitik enthalten, bald bemerken, wie offen die Übergänge zu dem bleiben, was man herkömmlich innere Politik nennt.

In einem seiner Berichte kam der britische Botschafter in Berlin, Sir Alexander Malet, im Frühjahr 1862 auf die bemerkenswerten Eigenschaften des damaligen preußischen Gesandten am Zarenhof zu sprechen. Er schrieb, Herr von Bismarck-Schönhausen sei »in der Äußerung seiner Ansichten freimütig bis zur Unverfrorenheit und besitzt eine außerordentliche Selbstbeherrschung«[1]. In nicht wenigen der nachstehend gedruckten Quellentexte wird der Leser dieses Urteil bestätigt finden. Man muß aber hinzufügen, daß diese Dokumente auf dem Hintergrund ihrer Entstehung in einer bestimmten Zeitsituation mit den ihr eigenen Normen und Werten, Erfahrungen und Traditionen gelesen werden müssen; daß sie niemals Selbstzweck waren und nur in Ausnahmefällen der Rechenschaftslegung vor Nachwelt und Historie dienen sollten; daß schließlich derjenige, der da sprach oder schrieb, selbst dort, wo er geheime Gedanken und Kombinationen scheinbar rücksichtslos enthüllte, meist eine bestimmte Wirkung erzielen wollte. Alle diese Dokumente verfolgten zu ihrer Zeit eine mehr oder weniger greifbare Absicht; sie liegt bei den Staatsministerialprotokollen, den Briefen und Erlassen nicht immer so offen zutage, wie es auf den ersten Blick den Anschein hat. Aber auch die Zeitgenossen des engeren Kreises um Bismarck, die im folgenden mit Briefen und Berichten zu Wort kommen, hatten ein bestimmtes Ziel vor Augen, und sei es die Rechtfertigung des eigenen Handelns oder Unterlassens.

Bismarcks Stil ist damals wie heute mit Recht bewundert worden.[2] Die Schärfe und Prägnanz des Ausdrucks, das Durchdringen zum politischen Kern jeder Frage, die Fülle bildhaft-anschaulicher Vergleiche zeichneten die Schriftstücke des Kanzlers gegenüber dem sonst vorwaltenden kanzleimäßigen Ton schon damals aus und haben ihnen bis heute eine besondere Lebendigkeit erhalten. Im einzelnen ist freilich nicht immer mit der wünschenswerten Gewißheit festzustellen, wieviel an einem Schriftstück auf Diktat oder Korrektur des Kanzlers zurückgeht, und wieviel auf der Tätigkeit von Gehilfen und Beratern wie Bülow, Hofmann, Tiedemann, Holstein, Boetticher, der Söhne Wilhelm und Herbert Bismarck oder des Schwiegersohns Graf Rantzau beruht. Im allgemeinen kann man jedoch davon ausgehen, daß Bismarck eine geradezu skrupelhafte Sorgfalt auf die Redaktion dessen verwandte, was am Ende seine Unterschrift trug. Mit großer Einfühlungsgabe waren die Wendungen auf den Adressaten abgestimmt. Tiedemann berichtet in seinen Erinnerungen, daß der Kanzler vor dem Berliner Kongreß drei Tage lang nach dem treffenden Ausdruck gesucht habe, bis er das Wort vom »ehrlichen Makler« fand, der in den Streitigkeiten Europas vermitteln wollte.[3] Auch die Gespräche Bismarcks, die wir fast ausnahmslos nur aufgrund der Aufzeichnungen der Partner oder zufällig anwesender Dritter kennen, verraten oft eine charakteristische Diktion; sie bricht selbst noch durch den trockenen Ton des amtlichen Staatsministerialprotokolls hier und da durch. Wie weit sich aber gerade in den Fragen von Bedeutung diese Niederschriften von dem entfernen konnten, was wirklich gesagt worden war, erweist sich an Parallelüberlieferungen. So liegen für die Jahre der konservativen Schwenkung die Aufzeichnungen des preußischen Kultusministers Falk vor, für die Folgezeit die des Landwirtschaftsministers Lucius, die selten von den amtlichen Protokollen richtiggestellt werden, dafür aber häufig den springenden Punkt langatmiger Ausführungen zeigen und nicht selten Erwägungen des Kanzlers wiedergeben, die für das auszugsweise in den Ministerien kursierende Protokoll ob ihrer Offenherzigkeit ungeeignet waren [51, 84].

Für die Edition waren die folgenden Grundsätze maßgebend. Auslassungen am Anfang oder Schluß und innerhalb eines Textes werden durch Auslassungszeichen gekennzeichnet. Zusätze des Herausgebers stehen in eckigen Klammern; Erläuterungen werden in den durch Sternchen bezeichneten Anmerkungen gegeben, wo sie zum Verständnis unerläßlich erschienen. Durch Buchstaben gekennzeichnete Anmerkungen in den Quellen beziehen sich auf Randbemerkungen zum Text und werden im Anschluß daran wiedergegeben. Bei Briefen und Erlassen sind konventionelle Anrede- und Schlußformeln fortgelassen worden. Abkürzungen wurden, soweit allgemein verständlich, beibehalten. Hervorhebungen im Original oder in der gedruckten Vorlage wurden durch Kursivdruck gekennzeichnet. Die Rechtschreibung wurde nicht modernisiert, sondern entspricht jeweils der Vorlage. Offensichtliche Schreibfehler wurden jedoch stillschweigend verbessert.

# I. Die liberale Ära

Die Epoche von den napoleonischen Kriegen bis zur Errichtung des preußisch-deutschen Reiches war, überblickt man sie im ganzen, geprägt von zwei miteinander verbundenen, wenn auch nicht identischen Kräften: dem Ringen des Bürgertums um politische Freiheit und nationale Einigung.[1] Beide Fragen fanden 1867/71 mit der kleindeutschen Einigung innerhalb der alten Zollvereinsgrenzen und im Zeichen der konstitutionellen Monarchie preußischer Prägung einen Abschluß, der den deutschen Liberalismus wirtschaftlich und ideologisch mit fliegenden Fahnen auf die Seite Bismarcks und Preußens übergehen ließ. Für die folgenden Jahrzehnte scheint zunächst eine derart zentrale Frage zu fehlen, die alle politischen Kräfte in Ablehnung oder Zustimmung auf sich zog. Soziale Frage, Schutzzoll, Revolutionsfurcht, Kolonialpolitik – das alles bedeuteten ohne Zweifel große Fragen der Zeit, aber ihnen mangelte doch die elementare politische Formkraft von Freiheit und Nation. Es ist nun wiederholt und mit Recht gesagt worden, daß der im Grunde unvollendete deutsche Nationalstaat[2] nach 1871 in eine Phase der Konsolidierung nach innen und außen eingetreten sei. Aber es war keine halkyonische Zeit, die in Deutschland einkehrte. Man strebte nach Sicherheit, Stabilität und Festigung der politischen Grundlagen, je mehr unter der Oberfläche das Gefühl wuchs, der stolze Bau des Reiches könne auf Sand gebaut sein. Denn die eigentliche innere Reichsgründung stand noch aus, und es fehlte nicht an Stimmen, die den »unfertigen« Charakter des Reiches und seiner Institutionen hervorhoben und die letzteren mit Ausnahme des Reichstags für »wirkungslos und nichtig« erklärten.[3]

Vor allem aber löste der rasche Aufbruch in das Zeitalter der Hochindustrialisierung Rückwirkungen im sozialen und wirtschaftlichen Leben aus, denen sich auch die Politik nicht entziehen konnte. Der Untergang der Ständegesellschaft und ihre Ersetzung durch soziale Klassen mit unvereinbaren ökonomischen Interessen, die nicht in den Staat hinein, sondern gewissermaßen gegen Regierung und Obrigkeit erfolgende Ausbildung des deutschen Parteiwesens und, beschleunigt durch den gleitenden Übergang vom liberalen Rechtsstaat zum sozialen Interventionsstaat im Verlauf der ersten großen Krise der industriell-kapitalistischen Wirtschaftsordnung und der Wendung zum Konservatismus gegen Ende der siebziger Jahre, schließlich die aus der Depression hervorgegangene Entfaltung eines pluralistischen Interessengefüges[4] – das waren die sichtbaren, letzten Resultate eines breiten industriellen Entwicklungsprozesses, der um die Wende vom 18. zum 19. Jahrhundert in den Manufakturen und Kontoren des Kontinents unscheinbar eingesetzt, längst aber die Gewalt einer »industriellen Revolution« angenommen hatte, alle Lebensverhältnisse umgestaltete und Politik und Wirtschaft in neue Dimensionen stellte. Deutschland, im Vormärz noch überwiegend Ackerbauland, trat nach 1867 und vollends nach 1871 in die Reihe der führenden Industriestaaten.[5] Unter Führung der Banken spielte sich ein »treibhausartiger Wirtschaftsaufschwung« ab[6], den die französischen Kontributionsmilliarden nach 1871 zusätzlich anheizten. Die allenthalben bereits schwer angeschlagene patriarchalische Ordnung mochte sich noch eine Zeitlang auf den Gutshöfen Ostelbiens halten, für die Klassengesellschaft des industriellen Deutschland gab sie keine Form mehr ab.

Dieser umfassende Wandlungsprozeß mußte sich seit 1867/71 im Rahmen der Bismarckverfassung abspielen, die in entscheidenden Machtfragen, wie Heeresverfassung und Ausnahmezustand, durch die preußische Verfassungsurkunde ergänzt wurde. Ihrer Anlage nach war die Reichsverfassung eine Fortsetzung des Kompromisses, den 1848/49 die konservativ-militärische Aristokratie und das liberale Bürgertum zur gemeinsamen Abwehr der sozialen Unterströmung der Revolution geschlossen hatten, die beiden gleicherweise unheimlich erschien.[7] Von Anfang an war diese ungleiche Koalition durch Arbeitsteilung gekennzeichnet: die vorwiegend bürgerliche Unternehmerschicht widmete sich unter manchesterlichen Prämissen dem Ausbau ihrer wirtschaftlichen Machtstellung, ohne die bestehende Kräfteverteilung im Staat in Frage zu stellen. Voraussetzung war der Konsensus über die oktroyierte Verfassung von 1850. Mit ihr war ein Formelkompromiß gegeben, der es erlaubte, den Kampf um die Macht zu vertagen. Der preußische Militäradel und die industrielle Führungsschicht waren eine Symbiose eingegangen, die bestimmt wurde vom wirtschaftlichen Interesse und der gemeinsamen Angst vor der sozialen Gärung Europas. Der Heereskonflikt in Preußen zeigte indessen, daß der Ausgleich zwischen den Kräften, die hinter dem Parlament, und jenen, die hinter der Krone standen, nur auf Zeit galt. Denn mit dem liberalen Versuch, die wirtschaftliche Führungsstellung auf die Politik und selbst bis in die von der Verfassung ausgesparten militärisch-monarchischen Reservate des Absolutismus hinein auszudehnen, um letztlich auch das Heer in Abhängigkeit von der parlamentarischen Budgetbewilligung zu bringen, war die Existenzfrage des preußischen Konstitutionalismus gestellt. Es kam zum Verfassungskonflikt. In dieser Lage wurde Bismarck auf Drängen der Militärpartei zum preußischen Ministerpräsidenten berufen, um ohne verfassungsmäßig beschlossenen Staatshaushalt zu regieren und auf diese Weise die Reorganisation des Heeres zu sichern. Hatte er aber im Innern bei der Ausschaltung der zweiten Kammer die Konservativen auf seiner Seite, so vertrat er in der deutschen Frage Ziele, deren Verwandtschaft mit dem liberalen Einigungsprogramm nicht abzuleugnen war. Eine schneidige Außenpolitik sollte die preußische Politik aus der Sackgasse führen, in die sie mit dem Verfassungskonflikt geraten war, und den Ausgleich im Innern schaffen. Bismarck selbst hielt den Krieg mit Österreich nahezu für unvermeidlich, »früher oder später«. Es sei Preußens »Beruf, an die Spitze von Deutschland zu treten«. Preußen müsse in der deutschen Frage nachholen, was es 1848 versäumt habe, wo es die deutsche Einheitsbewegung »anstatt auf der Tribüne mit dem Schwerte« hätte leiten und beherrschen müssen. Im Frühjahr 1866 lag der Krieg in der Luft: »Es würde ein Fehler sein, ihm jetzt aus dem Wege zu gehen.« Wenn man in dem entscheidenden preußischen Kronrat auch noch hoffte, durch lautes Säbelrasseln den Krieg selbst überflüssig zu machen, so erkannte man doch in ihm zugleich eine Möglichkeit, die Lage im Innern zu entspannen: »Auf der anderen Seite wurde auf den vorteilhaften Einfluß hingewiesen, welchen ein kräftiges Auftreten nach außen und ein für die Ehre Preußens unternommener Krieg auf die Lösung des inneren Konflikts ausüben würde.«[8] Als es im Sommer 1866 dann zum Krieg zwischen Preußen auf der einen, der Habsburger Monarchie, Hannover, Sachsen, Kurhessen und Süddeutschland auf der anderen Seite kam, besiegelte der preußische Sieg bei der böhmischen Stadt Königgrätz nicht nur das Ende der österreichischen Führungsstellung in Deutschland, sondern bedeutete auch das Fiasko der bürgerlichen Opposition in Preußen. Mit der Indemnitätsvorlage baute Bismarck indessen dem preußischen Liberalismus eine goldene Brücke und sicherte sich zugleich mit der Abspaltung der nationalliberalen und freikonservativen Gruppen von den verhärteten Fronten in Preußen im Zeichen von Entideologisierung und Realpolitik eine Parlamentsmehrheit, die das industrielle Unternehmertum, die Hochfinanz, die Eisenbahnen, den liberalen Teil des Großgrundbesitzes, den breiten bäuerlichen Besitz und das städtische, protestantische Bildungsbürgertum der neuen Provinzen umfaßte. Von dieser Koalition unterstützt, konnte er zwischen den Fronten der königstreuen Junkerpartei und der auf Parlamentarisierung drängenden linksliberalen Opposition einen mittleren Weg durchsetzen. Begünstigt von außenpolitischen Erfolgen, hatte der preußische Typ der konstitutionellen Monarchie Halt und Dauer gefunden und konnte der Reichsgründung einen staatsrechtlichen und sozialen Rahmen vorgeben.

Das hatte allerdings zur Folge, daß nunmehr auch die noch immer ungelösten und nur zeitweilig aufgeschobenen Verfassungsprobleme der preußischen konstitutionellen Monarchie, die den Verfassungskonflikt ausgelöst hatten, in das Reich eingebracht wurden. Die Fragen der Verfügung über die militärische Macht, der Grenzen des parlamentarischen Budget- und Gesetzgebungsrechts und der Verantwortlichkeit der Regierung konnten jederzeit eine neue Verfassungskrise auslösen [20, 27, 45].[9] Insofern war die Reichsverfassung in der Tat ein dilatorischer Formelkompromiß, ein Waffenstillstand zwischen feindlichen Prinzipien.[10]

1871 traten die Spannungen gegenüber dem von der französischen Verfassungsentwicklung seit 1789 ungleich stärker geprägten Süden Deutschlands hinzu, wo die Liberalen, wie in Baden, seit einem Jahrzehnt bereits ein bestimmender Machtfaktor im Staatsleben waren. So konnte sich anfänglich auch der problematische Gedanke einer süddeutsch-liberalen Mission gegen die Hegemonialmacht und das Stockpreußentum des agrarischen Ostens bilden, der sich freilich nur zu bald als unerfüllbare Hoffnung erwies.[11] Mit seiner Lösung, die auseinanderstrebenden Klassen und Gewalten der »Übergewalt« des Kaisertums unterzuordnen[12], im Bundesrat eine anonyme Reichsregierung zu schaffen und den Kanzler zum verantwortlichen Alleinminister im Reich zu machen[13], wollte Bismarck der übermächtigen Alternative ausweichen, die sein Werk von Anfang bis Ende bedrohte, der Entscheidung für die parlamentarische Monarchie oder den konservativ-dynastischen Staatsstreich.[14] Der Preis dieser dritten Lösung war nicht gering. Denn fortan war die Hauptantriebsfeder der preußisch-deutschen Innenpolitik der Versuch, diese gleitende Verfassungslage gegen den Reichstag und die Mehrheit der politischen Kräfte zu erhalten.

Die Wirtschafts- und Innenpolitik nach 1871 setzte im Zeichen des Freihandels jenen Weg des liberalen Kompromisses fort, der seit 1867 mehr oder weniger konsequent beschritten worden war. Mit der einheitlichen Kodifizierung des Handelsrechts, der Gewerbeordnung, des Strafgesetzbuchs, des Münzwesens, der Schaffung der Reichsbank und nicht zuletzt der Vereinheitlichung von Maßen und Gewichten wurden die Voraussetzungen des wirtschaftlichen Booms geschaffen, der bis 1873 die Szenerie bestimmte. Bismarck machte die Politik, die das bürgerliche und industrielle, akademische und protestantische Deutschland wollte.

Die Kunst des Regierens bestand unter diesen Umständen darin, mit den liberal-konservativen Mehrheiten im Reichstag und im preußischen Abgeordnetenhaus zu paktieren, ohne von ihnen abhängig zu werden. Der Regierung stand dafür unter den gegebenen Verhältnissen, sollte der Weg der Kompromisse nicht abschüssig werden, nur der schmale Grat zwischen einer graduell fortschreitenden Parlamentarisierung und der Drohung zur Verfügung, daß im Konfliktfall Regierung und Parlamentsmehrheit in einer Pattsituation einander gegenüberstehen und sich wechselseitig blockieren würden [3, 11, 18].

In dieser Lage kam dem preußischen Staatsministerium und Bismarck jene krisenhafte Zuspitzung im Verhältnis von Staat und Kirche zu Hilfe, die seitdem den irreführenden Namen Kulturkampf trägt. Für die Forschung ist der Ausbruch dieser Auseinandersetzung bis heute das rätselhafteste Kapitel der Bismarckschen Innenpolitik geblieben, wenn auch über Bismarcks treibenden Anteil kaum noch ein Zweifel besteht.[15] Bei alldem hat der Versuch der Regierung, den Kulturkampf ähnlich wie später den Kampf gegen die Sozialdemokratie zu benutzen, um eine innere Gefahrensituation zu simulieren und dadurch der Bildung einer parlamentarischen Front gegen den monarchischen Konstitutionalismus vorzubeugen, zweifellos eine wesentliche Rolle gespielt[16], aber er erschöpft die Problematik dieses Ringens nicht, in dem tiefe soziale und politische Gegensätze zum Austrag kamen. Der Kampf begann in Form einer heftigen polemischen Auseinandersetzung mit der 1870/71 neugegründeten Zentrumspartei, in der sich die verschiedenen sozialen Gruppen des politischen Katholizismus zu einem Abwehrbündnis zusammengefunden hatten [7]. Mit dem auf bayerisches

Betreiben von der liberal-konservativen Reichstagsmehrheit beschlossenen »Kanzelparagraphen« begann eine lange Stufenfolge von sich verschärfenden Kampfgesetzen, die mit den preußischen Maigesetzen 1873 einen ersten Höhepunkt erreichten [10]. Es folgte 1874 die Einführung der obligatorischen Zivilehe, das »Expatriierungsgesetz« gegen katholische Geistliche [21, 23f.] und das »Brotkorbgesetz«, das den Klerus finanziell unter Druck setzen sollte.

Während Bismarck zunächst noch vergeblich versucht hatte, die Kurie gegen das Zentrum auszuspielen [7], erfaßte der Kampf bald mit großer Schnelligkeit die ganze Breite des kirchlichen Lebens. Diese Entwicklung wurde für die preußischen Konservativen zum Signal einer verbitterten Opposition, nachdem sie seit der Indemnitätsvorlage in einer stetig sich verschärfenden, trotzigen Abwehrhaltung gegen die in Verwaltung und Wirtschaft, Staat und Kirche eindringenden liberalen Reformideen gestanden hatten.[17] Agrarisch und preußisch, kirchlich und monarchisch, wie sie waren, paßte den Altkonservativen die ganze Richtung nicht. Der Zusammenstoß kam, als das Staatsministerium die geistliche durch die staatliche Schulaufsicht ersetzen wollte und die Junkermehrheit im Herrenhaus sich dem Gedanken der Trennung von Staat und Kirche verbissen widersetzte. Die Spannungen verschärften sich weiter, als die Konservativen auch die Reform der Kreisordnung in Ostelbien im Herrenhaus blockierten, was um so gefährlicher war, als für den Liberalismus die Verwaltungsreform eine Glaubensfrage und einen Ersatz bedeutete für anderweit unerreichbare politische Ziele[18] [12, 13]. Delbrück gab im Kronrat zu bedenken, »das Scheitern einer bedeutungsvollen Regierungsvorlage an dem Widerstreben des Herrenhauses [werde] in unerwünschter Weise eine erhebliche Rückwirkung auf die Stellung Preußens zum übrigen Deutschland äußern, [so] daß durch die Fortdauer oder Wiederkehr solcher Konflikte die Aktion der diesseitigen Regierung in großen politischen Fragen des Reiches lahmgelegt werde. Sobald innerhalb Preußens eine zeitgemäße Entwicklung auf dem legislatorischen Gebiet durch die Haltung des Herrenhauses niedergehalten werde, sei die unmittelbare Folge, daß in demselben Maße die Competenz des Reichstags zu erweitern gedrängt würde«.[19] Während Bismarck auf eine grundlegende Reform drängte, fand sich die Mehrheit des Staatsministeriums jedoch nur zu einem Pairsschub bereit, um eine gouvernementale Mehrheit herzustellen. Erbittert über die konservative Fronde, zog sich Bismarck aus der preußischen Regierung zurück. Roon übernahm bis zum Ende des Jahres 1873 das Ministerpräsidium [14, 22]. Der Kanzler behielt indessen das preußische Ressort der auswärtigen Angelegenheiten in seiner Hand und damit die für die Führung der Reichspolitik entscheidende Verfügung über die preußische Stimme im Bundesrat.

Am 10. Januar 1874 fanden Reichstagswahlen statt, die die politischen Gewichte erheblich verschoben. Die Konservativen verschwanden nahezu von der Bildfläche, während der Kulturkampf für das Zentrum in Mandatsgewinnen zu Buch schlug. Noch wichtiger war die Verschiebung im Lager der Regierungsparteien. Die nationalliberale, freihändlerische Linke um Lasker, Bamberger und Stauffenberg errang eine Schlüsselstellung, aus der sie mit dem Zentrum ebenso Oppositionspolitik wie mit der Rechten Regierungspolitik betreiben konnte. Da die Militärausgaben unaufhaltsam stiegen, die französische Kriegsentschädigung jedoch aufgebraucht war und – vor allem als Folge der Depression – Zoll- und Steuereinnahmen stagnierten oder zurückgingen, wurde die Weiterführung des liberal-konservativen Kompromisses schwieriger. Es kam hinzu, daß die Linksliberalen keine Gelegenheit ungenutzt vorübergehen ließen, um »konstitutionelle Garantien« in der Finanzpolitik, eine parlamentarische Revision des Steuerbewilligungsrechts in Preußen und die Einsetzung eines parlamentarisch verantwortlichen Reichsfinanzministers zu verlangen. Diese Forderungen liefen auf eine Parlamentarisierung der Regierungsgewalt hinaus – nicht gegen, sondern mit Bismarck – die unter dem Druck des parlamentarischen Budget- und Gesetzgebungsrechts Schritt für Schritt durchgesetzt werden sollte. Auf der Regierungsseite gesellte sich zu dem Trauma des roten Umsturzes von neuem die Furcht vor der Parlamentsherrschaft und der politischen Enteignung der alten, halbfeudalen Herrschaftsschichten Preußens. Dieser Machtkampf bildete den Hintergrund der langen Verfassungskrise der siebziger Jahre im Reich und in Preußen, und er macht erst die Rolle verständlich, die das Sozialistengesetz bei dem konservativen Umschwung von 1878/79 spielen sollte [25].

Nachdem es bereits in den Vorjahren über die fiskalische Belastung der Zeitungen und das vom obrigkeitlichen Interesse diktierte Pressegesetz von 1874[20] zu schweren Spannungen gekommen war [6, 18, 19], zeichnete sich eine erste Kraftprobe ab, als das Provisorium des Militäretats (Pauschquantum) durch ein

Reichs-Militärgesetz ersetzt werden mußte und eine langfristige Bewilligung der Militärausgaben anstand. Kam es zu dem von der Militärverwaltung verlangten Äternat, der dauernden Bewilligung von mehr als 90 Prozent der Reichsausgaben, so war das Budgetrecht des Reichstags nichts mehr wert. Da aber auf der einen Seite Bismarck eine dauernde Unabhängigkeit der Armee nicht wünschte, auf der anderen Seite die Nationalliberalen ihr enges Verhältnis zur Regierung nicht aufs Spiel setzen wollten, fand man in Form des Septennats (Bewilligung auf sieben Jahre) am Ende wiederum einen Kompromiß [20, 25, 27].

Wie gespannt aber die Lage geworden war, zeigte eine durch die Verhaftung eines Zentrums-Abgeordneten (Majunke) während der Sitzungsperiode des Reichstags ausgelöste Episode. Der Reichstag nahm mit großer Mehrheit einen auf Art. 31 RV basierenden Tadelsantrag an, auf den Bismarck mit der Rücktrittsdrohung reagierte.[21] Unversehens drohte damit eine Parlamentsauflösung, die die Wahlen zweifellos zu einer Art von Plebiszit für des Kanzlers Politik gemacht hätte. Als die Regierungsfraktionen eilfertig einlenkten, hatte Bismarck seine Autorität im Parlament, bei Hof und im Staatsministerium gefestigt und bewiesen, wer der Stärkere war. Damit endete eine Krise, die wie ein Wetterleuchten den Hintergrund der Reichspolitik erhellt hatte: Krisenbewußtsein und Revolutionsfurcht konnten von einem Tag auf den anderen die Szenerie bestimmen. Die Angst vor dem roten Jakobinertum war unter der Oberfläche liberal-konservativer Kompromisse stets gegenwärtig. Als der Kaiser die »röteste montagne« eine Mehrheit erlangen sah, stand für ihn die »Zukunft des Reiches« auf dem Spiel.[22] Der Wendepunkt der liberalen Ära war erreicht. Fortan neigte sich die Waage wieder auf die Seite der Konservativen, der Schutzzollinteressenten und derjenigen, die unter dem Druck der Großen Depression seit 1873 nach der starken Hand des Staates riefen.

Die liberale Vormachtstellung bröckelte weiter ab, als Bismarck in rascher Folge 1874/75 eine Reihe von Steuervorlagen einbrachte, mit denen er das Reich finanziell auf eigene Füße stellen wollte. Dafür sollten die Matrikularumlagen durch Einnahmen des Reichs aus Zöllen und Verbrauchssteuern ersetzt werden. Obwohl die Liberalen jede Stärkung der Reichsgewalt aus Überzeugung guthießen, verlangten sie doch, um ihren konstitutionellen Besitzstand im Reich und den Einzelstaaten zu wahren, im Gegenzug »konstitutionelle Garantien« und lehnten, als Bismarck nichts dergleichen anbot, alle neuen Steuern ab.[22a] Das Scheitern der Steuerreform verschärfte nunmehr die Kampfpolitik gegen den Reichstag. Hatte sich in der Episode vom Dezember 1874 die Taktik angedeutet, die die Gehilfen des Kanzlers in späteren Jahren virtuos handhabten, nämlich Wahlen zu einer Bestätigung der Unentbehrlichkeit Bismarcks zu machen [68], so zielte schon die Einbringung der »Kautschukparagraphen« durch eine Novelle zum Strafgesetzbuch 1875/76 auf ein Plebiszit für Bismarck und gegen seine liberalen Widersacher [32]. Mit dieser Verschärfung der Strafbestimmungen gegen Zeitungen und Vereine leitete der Kanzler eine Politik ein, die er einige Jahre später mit der Bemerkung kennzeichnete, er wolle den Reichstag »schußrecht« kommen lassen [102].

Hatte Bismarck bisher die Lage der lohnabhängigen Klassen durch Steuerermäßigungen und Entgegenkommen bei den »berechtigten Forderungen« verbessern wollen, ohne ihr aber schon besonderes Interesse zuzuwenden [5 f., 34], so war doch die Unterdrückung des Sozialismus seit 1871 ein Leitgedanke seiner Politik, der nicht nur auf der Solidarität mit den Monarchien des Ostens beruhte, sondern auch dem tiefsitzenden Gefühl der Bedrohung entsprach, das der Kanzler mit der Mehrzahl seiner Zeitgenossen teilte [8, 19, 26]. 1875 bot sich nun die nach dem Attentat eines katholischen Handwerkers im Sommer des Vorjahrs durch das preußische Innenministerium eilends ausgearbeitete Vereinsvorlage an, um mit den Katholiken auch die Sozialisten unter Sonderrecht zu stellen. Die Vorlage enthielt wesentliche Anleihen bei älteren Bestimmungen über den Belagerungszustand, so daß sie für die Liberalen bei aller Bereitschaft, ihre Gegner die harte Hand von Staatsanwalt und Polizei spüren zu lassen, doch am Ende unannehmbar war. Und hier lag auch ein wichtiges, wenn nicht sogar das eigentliche Ziel der Vorlage: denn scheiterte das Gesetz im Reichstag, so bildete es fortan einen Keil zwischen den Nationalliberalen und ihren bürgerlichen Wählern. Bewußt mobilisierte jetzt der Kanzler die Furcht vor der Revolution, und er vermochte dies um so leichter, als dem Bürgertum noch der Kommuneschreck in den Gliedern saß [3]. Die Schranken, die die Liberalen der Finanz- und Wirtschaftspolitik des Kanzlers entgegengestellt hatten, sollten durch populäre Ängste und Emotionen überspült werden. Als der Reichstag erwartungsgemäß ablehnte, stellte Bismarck befriedigt fest, dadurch werde »einerseits die

Verantwortlichkeit für die ungenügende Bekämpfung der Umsturzpartei von den Regierungen auf den Reichstag übertragen und andererseits die Bekanntschaft mit dem Vorhandensein der Gefahr in der ruhebedürftigen Bevölkerung vorbereitet werden, wovon sich eine allmälige Umstimmung der Reichstagsmehrheit erwarten lasse«[23]. Das Ende der liberalen Ära kündigte sich an.

In der auswärtigen Politik war das Deutsche Reich seit 1871 in der Hauptsache damit beschäftigt, sich der bedenklichen Folgen seiner raschen Gründung zu erwehren. Deutschlands »halbhegemoniale Stellung« in Europa[24] war alles andere als gesichert. Der im Feldlager von Versailles unter den Fahnen der siegreichen Armee geborene Staat wurde vom Mißtrauen der europäischen Mächte begleitet und als ein halbrevolutionäres, dynamisches Gebilde argwöhnisch beobachtet. Im britischen Unterhaus sprach Disraeli es offen aus: das europäische Gleichgewicht sei völlig zerstört.[25]

Für Bismarck war indessen die Frage offen, auf welche Weise er künftigen Koalitionen begegnen sollte, die um so bedrohlicher wirkten, als er – und nicht er allein – von der Existenz von Querverbindungen zwischen den inneren »Reichsfeinden« und den mutmaßlichen äußeren Feinden der deutschen Großmachtstellung überzeugt war [2, 15, 17, 24, 26]. Die deutsche auswärtige Politik sah drei Wege vor sich.[26] Einmal die Möglichkeit, das durch den Frankfurter Frieden zugunsten des Deutschen Reichs verschobene Kräfteverhältnis gegenüber Frankreich und Rußland wieder auszugleichen, und zwar im Wege territorialer Entschädigung. Das durch den Verlust Elsaß und Lothringens schwer betroffene Frankreich war, solange es nicht Ersatz erhielt oder sich dauernd anderweitig engagierte, der geborene Gegner Deutschlands. Dieser deutsch-französische Gegensatz mußte alle anderen Spannungen in Europa überlagern mit der Folge, daß der außenpolitische Spielraum Deutschlands entscheidend eingeengt wurde.

Der zweite Weg bestand in der Möglichkeit, durch präventive militärische Schläge der Bildung einer in Zukunft lebenbedrohenden Koalition zuvorzukommen – eine in seinen Auswirkungen auf das deutsche militärische Denken gefährliche Verschärfung des klassischen Präventivkriegsgedankens. In den Jahren nach der Reichsgründung wurde in der Öffentlichkeit und in Erlassen aus Berlin mehrfach vernehmlich in dieser Richtung mit dem Säbel gerasselt, aber bis zur »Krieg in Sicht«-

Krise war der Gedanke an den Präventivkrieg tatsächlich kein Faktor mehr in Bismarcks außenpolitischem Kalkül. Geblieben war aber die Erwartung, mit der bloßen Drohung des Präventivkriegs Politik machen zu können. Sie sollte die Krise des Frühjahrs 1875 auslösen und zu einer Kriegspanik in Europa führen, aber auch zu einer weiteren Einengung des der deutschen Außenpolitik verbleibenden Spielraums.

Schließlich die dritte Alternative. Sie bedeutete Beschränkung auf die politische Defensive und beruhte auf der Annahme, daß sich die europäischen Mächte im Lauf der Zeit mit der Veränderung der politischen Landkarte Mitteleuropas abfinden würden. Gelang es, die übrigen Mächte an der Peripherie zu engagieren, um sie von Mitteleuropa abzulenken, so stieg die Erfolgschance dieser dritten Lösung. Das Risiko bestand jedoch darin, daß durch bloßes Zuwarten die Überlegenheit der preußisch-deutschen Militärmacht verlorenging.

Das im Oktober 1873 abgeschlossene Dreikaiserabkommen, das von der ideologischen Klammer der monarchischen Solidarität gegen Revolution und Republik zusammengehalten werden sollte, erwies sich nur zu bald als ein wirkungsloses Instrument, das neue Bündnisse in Europa nicht verhindern konnte, sei es eine Annäherung des Zarenreichs an Österreich-Ungarn, sei es eine neue Kaunitzsche Koalition zwischen Rußland, Österreich und Frankreich – ein permanenter Alptraum für Bismarck.

Die Furcht vor der Einkreisung hat seitdem die deutsche Politik schwer belastet. In der von ihm als bedrohlich angesehenen Lage des Frühjahrs 1875 faßte Bismarck den Entschluß, selbst die Initiative zu ergreifen, um die nach seiner Auffassung sich gegen Deutschland bildende Koalition rechtzeitig zu zerschlagen. Er operierte zunächst mit dem Gedanken großzügiger Kompensationen: im Südosten war offenbar an die große Lösung mit Rußland auf Kosten der Habsburger Monarchie gedacht, im Westen mochte ein Teil Belgiens für Frankreich die Abfindung bedeuten. Kam es dazu, so waren beide Mächte in Zukunft auf die deutsche Rückendeckung angewiesen. Aber die russischen Diplomaten winkten ab. Und nun schwenkte Bismarck um. In einem dramatischen Zusammenspiel militanter Leitartikel und diplomatischer Drohnoten versuchte Bismarck, Frankreich unter Druck zu setzen und zur Rücknahme seiner Rüstungen zu zwingen. Gab die französische Regierung in dieser Frage nach, so geriet sie auf die Dauer in das Schlepptau der deutschen Interessen. Das europäische Staatensystem wäre von Grund auf verändert gewesen [17, 29].

Da diese Machterweiterung Deutschlands für die Flügelmächte England und Rußland akute Gefahr bedeutete, setzten sie Bismarcks Druck auf Frankreich die Drohung mit der Intervention entgegen, die 1870/71 vermieden worden war. Angesichts dieses gefährlichen Umschlags der europäischen Situation mußte Bismarck nun darauf verzichten, die große Alternative der deutschen Politik weiterzuverfolgen [30f.]. Das europäische Staatensystem hatte sich dem deutschen Streben nach Absicherung der Vormachtstellung entgegengestellt. In dieser Erfahrung lag für Bismarck die nachhaltige Bedeutung der »Krieg in Sicht«-Krise. Sie zeigt sich im Rückblick als die große Zäsur der deutschen auswärtigen Politik. Von den drei Wegen zur Behauptung des deutschen Machtanspruchs hatten sich zwei als unbrauchbar erwiesen, der Weg der Kompensation auf Kosten Dritter und die Drohung mit dem Präventivkrieg. Fortan blieb nur die dritte Alternative, die Bismarck jetzt zur Grundlage der deutschen Stellung in Europa machte. Er stellte Bündniszusagen nebeneinander, die, nicht für den Kriegsfall gedacht und dafür auch unbrauchbar, einander scheinbar widersprachen. Das Ziel war es, die Spannungen Europas in Randzonen zu verlagern, zur Sicherung des im allgemeinen Interesse liegenden Friedens jedoch begrenzte Konflikte zwischen den Mächten offenzuhalten.[27]

[1] Diese Kaisergeburt war eine schwere

*21. 1. 1871, Bismarck an die Gattin*

Mein Liebling
ich habe Dir schrecklich lange nicht geschrieben, verzeih, aber diese Kaisergeburt war eine schwere, und Könige haben in solchen Zeiten ihre wunderlichen Gelüste, wie Frauen bevor sie der Welt hergeben was sie doch nicht behalten können. Ich hatte als Accoucheur mehrmals das dringende Bedürfniß eine Bombe zu sein und zu platzen daß der ganze Bau in Trümmer gegangen wäre. *Nöthige* Geschäfte greifen mich wenig an, aber die unnöthigen verbittern...

[2] Wenn der Frieden fehlschlägt

*20. 2. 1871, Bismarck an Manteuffel*

Ich benutze den freien Augenblick der mir bis zum Abgang des Feldjägers bleibt, um Ew. Excellenz das Ergebniß meiner eben beendeten Besprechung mit Gr. Moltke mitzutheilen. Sollte der Druck unsrer Bereitschaft nicht hinreichen zu raschem Abschluß, sollten wir wirklich noch fechten müssen, so würde ich politisch beruhigter sein, je mehr Ihre Operationen Sie den andern Armeen nähern, u. würde mit Sorge auf weitres Divergiren mit südlichen Tendenzen blicken. Wir sollten m. E. den Fall nicht aus dem Auge verlieren, daß wir gegen Neutrale etwas zum Aufstellen brauchen können, was leichter geht wenn wir concentrirter sind. Auch unsre Küsten werden bald wieder beunruhigt werden, wenn der Frieden fehlschlägt. Mit Napoleon habe ich stets Fühlung behalten, Tell's zweiten Pfeil für den Geßler »Republik«, en cas que –. Er würde unter nicht zu schweren Bedingungen, etwa Metz, zum Bündniß mit Deutschland gebracht werden können. Sonderbare Scherze erlaubt sich die Weltgeschichte mitunter, ob diesen, wollen wir abwarten. Politisch ist dieser Kaiser zunächst der gegen uns friedlichste Prätendent, aber das Geschrei würde groß sein. Die gegen uns hingerichtete Eventualität wären die Orleans, u. doch ist die öffentliche Meinung, außerhalb Frankreich noch mehr als innerhalb, für sie portirt, in England parceque in Deutschland quoique; Philister, Fürsten und Fürstinnen namentlich, die alle mehr fühlen als denken in der Politik, würden die Hände ringen, wenn wir plötzlich einen mit Louis geschlossnen und mit 1 bis 200000 troupiers aus den Kriegsgefangnen unterstützten Frieden publicirten. Setzen wir dem gallischen Hahn diesen Marder ins Nest, so wird er ihn so leicht nicht wieder los. Der Gedanke hat für mich so viel Reiz, daß ich selbst in dieser Eile schwatzhaft darüber werde, u. eben noch Platz behalte mein Bedauern auszudrücken, daß Sie nicht hier sind, um diese Fragen sachkundig discutiren zu können. Es ist mir beunruhigend, in so verantwortlichen Tagen mit meinen Gedanken allein zu sein, ohne berechtigte Critik Andrer. Stets der Ihrige v. B.

(Verzeihung für die viele Tinte u. wenig Papier.)

## [3] Auf dem Wege zur Kommune

*23. 5. 1871, Tagebuch Lucius'*

Abends bei Bismarck. Der Fürst war sehr unzufrieden über die Anträge Lasker-Stauffenberg und den von Bunsenschen zum Gesetzentwurf über die Stellung von Elsaß-Lothringen zum Reich. Es liege im letzteren Antrage ein unkonstitutionelles Eindringen zwischen den Kaiser und seine Armee. Sei auch praktisch nicht durchführbar und erbittere die Bayern, welche meinten, wir wollten uns auf ihre Kosten bereichern. Der Reichstag beobachte die Regierung wie ein knurrender Hund mit äußerstem Mißtrauen. Er beklage den Gang der Verhandlungen und Beschlüsse aufs äußerste. Wenn die Verwaltung nicht mehr zwei Postsekretäre versetzen könne, so höre alles auf, so seien wir schon jetzt auf dem Wege zur Kommune. Solange er lebe, werde es ja wohl noch halten.

## [4] Das Schulaufsichtgesetz

*1. 11. 1871, Protokoll des Staatsministeriums*

... Der Herr Ministerpräsident erklärt sich mit der Tendenz des Entwurfes, die Schule unter die alleinige Herrschaft des Staates zu stellen, einverstanden, wünscht aber, daß die Befugnis des Staates nicht auf die Kreisschulinspektoren beschränkt, sondern auch auf die Lokalschulinspektoren, die Ortsgeistlichen, ausgedehnt werden möge. Für den ganzen Staat werde nach seiner Ansicht das Gesetz zu erlassen sein; die Anwendung braucht nur da zu erfolgen, wo es nötig ist nach dem Ermessen der Staatsbehörden. Vielleicht werde schon das Einschreiten in wenigen Kreisen oder in einzelnen höheren Stellen genügend wirken. Besondere Aufmerksamkeit verdiene die Ausdehnung der deutschen Sprache in den polnischen Landesteilen. Die Gesetze stehen dem nicht entgegen; der Einfluß der Lokalgeistlichen hindere aber die Anwendung der deutschen Sprache, weil Slawen und Romanen im Bündnis mit dem Ultramontanismus Roheit und Unwissenheit zu erhalten suchen und den Germanismus, welcher Aufklärung zu verbreiten sucht, überall in Europa bekämpfen. Er müsse es als einen Fehler der Schulverwaltung bezeichnen, daß dem polonisierenden Einfluß der Geistlichen in den Schulen bisher nicht energischer entgegen getreten sei...

Das konstitutionelle Bedenken, daß die Vorlage Widerstand im Landtage finden werde, entbinde die Regierung nicht von der Pflicht, eine Maßregel vorzuschlagen, welche einer erheblichen Gefahr für das Land vorbeugen soll. Die Diskussion darüber im Parlament kläre das Land auf über eine Frage, an welche jetzt viele Leute gar nicht denken, und gewähre den Mitgliedern der evangelischen Kirche die Beruhigung, daß die Interessen ihrer Kirche Schutz finden unter einer evangelischen Dynastie. Das Herrenhaus werde in seiner Sorge für den Protestantismus schwerlich Widerstand leisten. Sollte aber der Erfolg auch das erste Mal nicht glücklich sein, so glaube er bei einer zweiten Vorlegung des Entwurfes auf die Zustimmung des Landtages rechnen zu dürfen...

## [5] Was in den sozialistischen Forderungen als berechtigt erscheint

*17. 11. 1871, Bismarck an Itzenplitz*

Eurer Excellenz beehre ich mich auf das Schreiben vom 3. d. M. betreffend die sogenannte *Internationale* und die durch diese hervorgerufenen sozialistischen Arbeiterbewegungen, zu erwidern, daß ich bei vollem Anerkenntniß alles dessen, was auf dem fraglichen Gebiete seitens der preußischen und der deutschen Reichsregierung geschehen ist, doch meine Bitte erneuere, mir zur Vorbereitung der weiter zu treffenden Maßregeln Ihre Mitwirkung nicht zu versagen.

Die Bedenken, welche Ew. Excellenz dagegen geltend machen, vermag ich, so sehr ich auch das Gewicht derselben anerkenne, meinerseits als ausschlaggebend nicht anzuerkennen und scheinen mir dieselben theilweise auf einem Mißverständniß zu beruhen. Die neuere sozialistische Doktrin, insoweit sie namentlich mit der sogenannten *Internationalen* in Verbindung steht, rechnet überhaupt mit den jetzigen Staaten weder in ihrer nationalen, noch in ihrer prinzipiellen Bedeutung. Sie weist deshalb auch jede Unterstützung und Kooperation der bestehenden Regierungen prinzipiell zurück und stellt an die Spitze ihres Programms die Forderung der Umformung der bestehenden Staaten in den sozialistischen Volksstaat.

Eine Einmischung der bestehenden Staaten in die sozialistische Bewegung ist deshalb so wenig gleichbedeutend mit dem Siege der sozialistischen Doktrin, daß mir vielmehr die Aktion der gegenwärtig herrschenden Staatsgewalt als das einzige Mittel erscheint, der sozialistischen Bewegung in ihrer gegenwärtigen Verirrung Halt zu gebieten und dieselbe insbesondere dadurch in heilsamere Wege zu leiten, daß man *realisirt, was in den sozialistischen Forderungen als berechtigt* erscheint und in dem Rahmen der gegenwärtigen Staats- und Gesellschaftsordnung verwirklicht werden kann.

Vorausgesetzt wird dabei natürlich – und hierin stimme ich Ew. Excellenz bei – daß dies in der rechten Weise und dem rechten Sinne geschieht, wobei ich freilich darin abweiche, als ob eine bloße Klarlegung und Diskussion der sozialistischen Forderungen dieselben erst recht eigentlich in die Oeffentlichkeit einführen und damit die Gefahren heraufbeschwören werde, die man vermeiden wolle.

Soweit mir das Thatsächliche der Bewegung bekannt geworden ist, wird bis dahin die sozialistische Bewegung von der *Internationalen* durchaus noch nicht in der von dieser erstrebten Weise beherrscht, vielmehr ist namentlich in Preußen dieselbe der *Internationalen* eher feindlich, wie dies in dem Gegensatze der Lassalleanischen Partei gegen die mit der *Internationalen* in Verbindung stehende *Bebel-Liebknecht*sche hervortritt. Hier ist nicht allein eine sachliche Verständigung noch möglich, sondern es wird beim rechten Eingreifen des Staates zur Zeit auch noch gelingen, die Mehrzahl der Arbeiter mit der bestehenden Staatsordnung auszusöhnen und die Interessen von Arbeitern und

Arbeitgebern wiederum in Harmonie zu bringen. Im Uebrigen sind aber die sozialistischen Theorien und Postulate bereits so tief und breit in die Massen eingedrungen, daß es als ein vergebliches Bemühen erscheint, dieselben ignoriren oder die Gefahren derselben durch Stillschweigen beschwören zu wollen. Im Gegentheil erscheint es mir als dringend geboten, dieselben so laut und so öffentlich als möglich zu erörtern, damit die irregeleiteten Massen nicht immer lediglich die Stimme der Agitatoren vernehmen, sondern aus dem Für und Wider lernen, was an ihren Forderungen berechtigt und unberechtigt, möglich und unmöglich ist.

Daß hierbei die brennendsten Fragen von Arbeitszeit und Arbeitslohn, Wohnungsnoth u. dgl. nicht ausgeschlossen werden dürfen, betrachte ich als selbstverständlich...

Bei dem lebhaften Interesse, welches Se. Majestät der Kaiser von Oesterreich persönlich dieser Angelegenheit zuwendet, ist es für das Auswärtige Amt unthunlich, sich der beabsichtigten gemeinschaftlichen Erörterung zu entziehen, und wenn dieselbe auch nicht so fruchtbar werden sollte, wie man auf der anderen Seite zu erwarten scheint, so wird die Vorarbeit dazu, deren ich bedarf und für welche ich die Hülfe Ew. Excellenz erbitte, abgesehen von dem Werthe, den sie in sich trägt, ein Bedürfniß unserer auswärtigen Politik befriedigen helfen.

## [6] Grundgedanken einer Steuerreform

*17. 11. 1871, Protokoll des Staatsministeriums*

...Der Herr Minister-Präsident entwickelt seine Ansicht* näher dahin, daß er bei günstiger Finanzlage einen Steuer-Erlaß wünsche, daß er diesen...gern in höherem Maße für die besonders drückenden Steuern gewähren würde unter Reformirung des Steuersystems und Heranziehung von Taback u. Petroleum, daß bei einer solchen Maßregel auch der Wegfall der Zeitungssteuer u. die Einlösung der früher hierüber abgegebenen Erklärung in Aussicht gestellt werden könne, daß man aber jetzt, wo es sich nur um den Erlaß einer mäßigen Summe...handelt, nicht füglich beginnen könne mit einer indirekten Steuer, welche die große Masse des Volkes nicht empfindet. An die Masse der

* Gegenüber dem von Finanzminister Camphausen vorgeschlagenen Wegfall der Zeitungsstempelsteuer.

arbeitenden Klassen müsse man aber bei Steuer-Ermäßigungen zunächst denken, zumal die nützlichen Aufwendungen, welche in dem Ordinarium u. Extraordinarium des Etats in großen Beträgen zum Ansatz kommen, . . . überwiegend den gebildeten Klassen, der besser situirten Minorität der Bevölkerung zu Gute komme, nicht dem Proletariat, welches nur empfänglich ist für das brutale Bedürfniß des Magens. Er gebe zu, daß 1 Million Verminderung der Klassensteuer** wenig fühlbar werde; indeß auch bei einem so kleinen Quantum halte er sich verpflichtet, zu fragen, wo der Groschen den höchsten Werth habe u. damit die Richtung zu bezeichnen, in welcher man zunächst . . . vorzugehen habe. Nach seiner Auffassung empfinde der Arbeiterstand die baare Zahlung der Klassensteuer am härtesten und schlage er daher vor, die unterste Stufe der Klassensteuer zunächst ins Auge zu fassen . . . Wenn man den Landtag zwischen die Wahl stelle, die Zeitungssteuer zu erlassen oder die arbeitenden Klassen zu erleichtern, so werde gegenüber der jetzigen, nicht zu unterschätzenden Bewegung auf dem social-demokratischen Gebiete die Entscheidung schwerlich zu Gunsten der Zeitungen ausfallen . . . Der Herr Finanzminister entwickelt näher die Motive seines Vorschlags . . . Keine Steuer sei in gleichem Maße von allen Partheien angegriffen. In ganz Deutschland, außer in Preußen, sei [die Zeitungssteuer] abgeschafft . . . Er sehe voraus, daß der Landtag mit Lebhaftigkeit auf die Abschaffung der fraglichen Steuer dringen werde u. daß der Finanzminister gegenüber den früheren Erklärungen in eine unhaltbare Lage kommen werde . . . Der Herr Minister des Innern bemerkt, im Abgeordnetenhause betrachte man die Zeitungsstempelsteuer gleich der Kautionspflicht der Zeitungen als Maßregeln gegen die Presse . . . Nach seiner Ansicht liege aber in Stempel und Kaution immerhin ein nützliches Mittel, um einige Ordnung in der Zeitungs-Presse zu erhalten. Er würde es daher auch aus diesem Grunde vorziehen, mit einem Steuer-Erlaß zunächst die Tagelöhner zu erleichtern . . .

** Eine seit 1820 bestehende, auf ständischer Klasseneinteilung beruhende abgestufte Steuer; 1851 für Jahreseinkommen über 1000 Tlr. durch die klassifizierte Einkommensteuer ergänzt. – Die preuß. Steuerreform von 1873 setzte eine Freigrenze für Personen mit einem Einkommen bis zu 140 Tlr. (420 M.) fest.

## [7] Kirche und Zentrumspartei

*16. 2. 1872, Bismarck an Tauffkirchen*

...Ew. pp. werden sich aus allen Aeußerungen der Regierung, die von mir selbst sowohl als von dem Herrn Kultusminister getan sind, überzeugen, daß *wir* keine feindliche Stellung gegen die katholische Kirche einnehmen; daß wir aufrichtig wünschen, den Frieden mit der Kirche zu erhalten; und daß unser Kampf nur gegen eine Partei gerichtet ist, welche sich, wie wir glauben, mit Unrecht als die Vertreterin der Kirche und des Papstes geriert und die Interessen beider auf das empfindlichste kompromittiert, indem sie sich mit wirklich *staats*feindlichen Elementen verbündet. Ich habe es allerdings als ein Unglück und als einen den Frieden gefährdenden politischen Fehler angesehen, daß sich auf dem für politische Kämpfe bestimmten Boden eine konfessionelle Partei gebildet hat; aber wir hätten selbst mit einer solchen Partei abrechnen und zu friedlicher Verständigung kommen können, wenn dieselbe nur *rein konfessionell* geblieben wäre, weil wir die kirchlichen und die staatlichen Interessen nicht als im Gegensatz stehend betrachten und weil auch eine kirchlich katholische Partei mit uns auf demselben Boden der nationalen Gemeinschaft im Reich stehen konnte. Aber die Partei ist nicht auf diesem Boden stehen geblieben. Sie hat Elemente in sich aufgenommen oder unterstützt, welche der ganzen staatlichen Ordnung der Dinge, wie sie in Deutschland besteht, feindlich gegenüberstehen. Daß dies bei den *Welfen* und *Polen* der Fall ist, wird von ihnen selbst nicht geleugnet. Ja, die Partei ist soweit gegangen, die sozialistische, *aller* staatlichen Ordnung feindliche Agitation für ihre Zwecke heranzuziehen; sie hat es nicht verschmäht, die Arbeiter zugleich vom sozialen und vom konfessionellen Standpunkte aus aufzureizen und ihre Leidenschaften durch Identifizierung der Besitzenden und der Andersgläubigen, von welchen sie angeblich ausgebeutet werden sollten, aufzustacheln. Die Ew. pp. schon aus früheren Erwägungen bekannten Ereignisse in Königshütte* und Wahlaufrufe wie der anliegend beigefügte einer katholischen Zeitung liefern hierfür den schlagenden Beweis.

Mit diesen unversöhnlichen Feinden des Staates ist kein Friede möglich; und eine kirchliche Partei, welche sich mit ihnen verbündet, schafft dadurch unübersteigliche Hindernisse für ihren eigenen an sich erreichbaren Frieden mit dem Staate...

* Streik und Militäreinsatz im oberschlesischen Industrierevier.

## [8] Die Krankheit der zivilisierten Welt

*4. 4. 1872, Bismarck an Wilhelm I.*

...Eurer Majestät ermangele ich nicht auf das Allerhöchste Handschreiben vom 28. v. M. die internationale Arbeiter-Verbindung betreffend, in Verfolg der vorläufigen Anzeige des Staatssekretärs von Thile von demselben Tage Nachstehendes alleruntertänigst zu berichten.

Die sogenannte Internationale ist nur eine, wenn auch augenblicklich die hervorragendste von den Formen, in welchen eine die ganze civilisierte Welt durchziehende Krankheit zur Erscheinung kommt. Diese Krankheit hat ihre Ursache darin, daß die besitzlosen Klassen in dem Maaße als ihr Selbstgefühl und ihre Ansprüche am Lebensgenuß allmählich steigen, sich auf Kosten der besitzenden Klassen die Mittel zur Befriedigung dieser Ansprüche zu verschaffen streben. Auf eine Heilung dieser Krankheit durch repressive Mittel wird man verzichten müssen; dieselbe kann nur das sehr langsame Werk theils der fortschreitenden Bildung und Erfahrung, theils einer Reihe, die verschiedensten Gebiete des staatlichen und wirtschaftlichen Lebens berührenden legislativer und administrativer Maßregeln sein, welche darauf gerichtet sind, die Hindernisse thunlichst zu beseitigen, die der Erwerbsfähigkeit der besitzlosen Klassen im Wege stehen.

So lange dieser Heilungsprozeß nicht vollzogen ist, wird es allerdings Aufgabe der Regierungen sein, die Gesellschaft gegen den Versuch eines gewaltsamen Angriffs auf den Bestand des Besitzes zu schützen. Mit bloß polizeilichen Mitteln ist diese Aufgabe nach meiner Überzeugung nicht zu lösen. Es handelt sich nicht um die Fernhaltung fremder Emissäre, denn die Krankheit ist bei uns selbst vorhanden und überträgt sich ohne fremde Vermittlung. Es handelt sich vielmehr darum, jede Vorbereitung zu einem gewaltsamen Angriff nicht blos überwachen und entdecken, sondern vor allen Dingen bestrafen zu können, und zu diesem Zwecke bedarf es geeigneter Gesetze. Ich bin schon vor Monaten mit dem Justiz-Minister über die Frage in Berathung getreten, ob die im Strafgesetzbuch enthaltenen Bestimmungen über die Strafbarkeit des Versuchs und der Theilnahme für den Zweck ausreichen. Die Krankheit des Ministers Dr. Leonhardt hat diese Berathung unterbrochen und ich werde dieselbe erst nach seiner vollständigen Genesung wieder aufnehmen können.

## [9] Faule Flecken auf der Karte von Deutschland

*5. 5. 1872, Tagebuch Lucius'*

Bismarck habe ich nie so ernst und verstimmt gesehen wie gestern. Er sprach erst privatim und dann vor allen seine Verstimmung aus: »Mein Öl ist verbraucht, ich kann nicht mehr. Es ist zu viel, allein mit solchen Kollegen und gegen den Einfluß der Königin zu arbeiten. Man hat in zehn Jahren gezeigt, was Deutschland sein könnte, und nun dieses Auftreten des Parlaments in der Salzsteuer, in dem Militärstrafgesetzbuch, dieses Verkennen der Verhältnisse! In ein paar Jahren schießen die Soldaten nicht mehr. Wir machen jetzt in Europa die Ereignisse, und tun wir nichts, so geschieht nichts. Ein anderer bekommt vielleicht ebenso schnellen Einfluß nach außen. Den Reichstag auflösen, wozu?

... Mein Schlaf ist keine Erholung, ich träume weiter, was ich wachend denke, wenn ich überhaupt einschlafe. Neulich sah ich die Karte von Deutschland vor mir, darin tauchte ein fauler Fleck nach dem anderen auf und blätterte sich ab...«

## [10] Die parlamentarische Kombination und das Jesuitengesetz

*3. 6. 1872, Bismarck an Delbrück*

Verehrter Freund
unsre einheimischen Anwälte der Jesuiten machen sich, wie ich glaube, die politische Situation nicht klar. Nach dem die Regirungen in mora stellenden Reichstagsbeschlusse* allein hätten wir es noch als Mäßigung ausgeben können, wenn wir uns enthielten. Nach dem Namszanowski'schen Vorgange** ist die mir seit Jahr u. Tag zu meinem Bedauern klare Thatsache, daß wir uns mit der Rom jetzt beherrschenden Partei im Kriege befinden, publici juris geworden, u. Passivität gilt für Schwäche u. *ist* Schwäche. Wir sind *gezwungen*, zu fechten oder uns zu unterwerfen. Daß Letztres mit der Zerstörung unsrer heutigen ministeriellen u. parlamentarischen Combination gleichbedeutend wäre, brauche ich *Ihnen* nicht nachzuweisen... An der *Preußischen* Regirung kann die Sache keinenfalls scheitern; damit

* Vom 16. 5. 1872, der ein Vorgehen gegen die Jesuiten forderte.
** Verbot eines altkatholischen Gottesdienstes durch den Feldpropst N. in Köln.

würden wir den Gegnern, die *schon* auf unsre Schüchternheit rechnen, auf der ganzen Gefechtslinie von Braunsberg bis Straßburg eine Zuversicht des Sieges geben, die uns demnächst zu größern, gewaltsamern u. gefährlicheren Anstrengungen nöthigt. Ich habe weder zu Eulenburgs noch zu Selchow's politischem Instinct Vertrauen u. weiß nicht, wie dieselben ein Einlenken der weltlichen Gewalt für möglich, u. wie sie sich unsern weitern Weg dabei denken. Will die conservative Partei ihr neues Programm mit einer neuen Auflage der Schulaufsichtsepisode inauguriren, so mag sie die Verantwortung für die Folgen tragen; ich wasche meine Hände in Unschuld... Die Argumente Selchow's pp. sind so allgemeine Redensarten, daß sie mir in so ernster Lage gradezu frivol erscheinen. Wir sind in Nothwehr u. können uns nicht mit liberalen Phrasen über staatsbürgerliche Rechte wehren, sondern müssen handeln. Ich würde die Bedenken noch verstehn, wenn es sich um richterliche Verfolgungen handelte, die von Amts wegen eintreten müßten, sobald Indicien da sind. Aber die der Regirung zu gebende Befugniß ist rein facultativ; die Reg. kann die Augen nach Bedürfniß zudrücken, selbst *wenn* die Qualität des Jesuiten evident wäre; sie *darf* denselben wie jeden Ausländer dulden, aber sie *kann* gegen Mißbrauch des Aufenthaltes in Deutschland einschreiten.

Es handelt sich hier noch garnicht darum, ob das Gesetz vollkommen u. durchschlagend wirksam ist, sondern nur darum, ob die Regirung gegen Tendenzen, welche die staatliche Sicherheit u. den Gehorsam im Heere unterwühlen u. dem Papste die Mit-Souveränetät neben dem Kaiser vindiciren, *fechten* oder die Flagge streichen will. Selbst ein Streich ins Wasser ist hier nicht so schlimm als ein Anschein der Furcht, die den Kampf nicht wagt...

## [11] Die Taktik gegenüber dem Reichstag

*23. 6. 1872, Votum Bismarcks*

Aus den stenographischen Berichten des Reichstages, insbesondere denjenigen, welche den Rechnungshof des deutschen Reichs betreffen, habe ich unter Anderem ersehen, daß Seitens des betreffenden Kommissarius in den Verhandlungen in der Kommission Erklärungen abgegeben worden sind, zu denen derselbe nicht autorisiert war, und daß diese Erklärungen Concessionen enthalten, welche der Absicht und Auffassung des Reichskanzler-Amts nicht entsprachen und bei der Plenar-Verhandlung nicht anerkannt werden konnten.

Da die Art und Weise der formellen Behandlung von präjudicieller Bedeutung für das Zustandekommen der Gesetze ist, so glaube ich nicht unterlassen zu sollen, die Aufmerksamkeit meiner Herren Collegen auf diese Vorgänge hinzulenken, nachdem die analoge Frage auch innerhalb des Preußischen Staatsministeriums bereits bei Gelegenheit der Beschlußfassung über die Kreis-Ordnung und die dazu Seitens der Kommission des Abgeordneten-Hauses gestellten Amendements zur Sprache gebracht ist.

Nach meinem ganz ergebensten Darfürhalten sollen die Kommissarien, sowohl in den Kommissionen des Reichstages, wie des Preußischen Landtages, sich auf die Erläuterung und Vertretung der Regierungs-Vorlagen beschränken, ohne dabei ihrerseits abweichende Meinungen auszusprechen oder Zugeständnisse zu machen, es sei denn, daß sie hierzu durch dieselben Factoren, welche zur Herstellung der Vorlage mitzuwirken hatten, ausdrücklich ermächtigt seien.

Daß derartige Zugeständnisse bei allen Vorlagen, welche von Seiner Majestät dem Kaiser und König vollzogen und resp. Seitens des Bundesraths berathen und genehmigt sind, nur mit Zustimmung des gesammten Staatsministeriums beziehentlich der verbündeten Regierungen gemacht werden können, dürfte als selbstverständlich erscheinen.

Nicht minder unzweifelhaft aber dürfte es sein, daß es sich überhaupt nicht empfiehlt, schon bei den Verhandlungen in den Kommissionen den in letzteren sich kundgebenden abweichenden Ansichten materielle Zugeständnisse zu machen, da die Kommissionen sich nicht in der Lage befinden, weder Aequivalente noch Garantien zu bieten, und die Regierung also durch derartige Concessionen nichts mit Sicherheit gewinnt, wohl aber in die Plenar-Verhandlungen eintretend, sich schon auf ihrer Rückzugslinie befindet, die ihr möglichen Zugeständnisse vorweg vergeben hat, und es den gouvernementalen Parteien unmöglich macht, ganz und voll für die Vertheidigung der Regierungs-Vorlagen einzutreten.

Nach meinem ganz ergebensten Dafürhalten tritt für die Regierungen die Nothwendigkeit, zu den abweichenden Beschlüssen der gesetzgebenden Körperschaften Stellung zu nehmen, erst alsdann ein, wenn es sich darum handelt, dem Plenum der parlamentarischen Körperschaften gegenüber definitive Erklärungen darüber abzugeben, welche von den in Aussicht genommenen Abänderungen der Regierungs-Vorlagen als unbedingt unannehmbar erscheinen und welche nicht.

Jede Anticipierung derartiger Erklärungen schwächt...die Stellung der Regierungen, macht die regierungsfreundlichen Parteien unsicher, verlegt das Schwergewicht der Verhandlungen aus dem Plenum in die Kommissionen und dürfte daher auch die Wirkung haben, die Neigung zur Verhandlung der Gesetze im Hause zu vermindern und dadurch die Verhandlungen selbst zu verzögern und zu verlängern...

## [12] Herrenhaus und Staatsinteresse

### *a) 2. 11. 1872, Aufzeichnung Bismarcks*

Nach der ganzen Haltung des Kernes des Herrenhauses in der Schulaufsicht, der Kreisordnung und anderen Fragen scheint mir eine Reform dieser Körperschaft viel dringender, als das Durchbringen irgendeiner Art von Kreisordnung. Wenn, nur um diesen letztern Erfolg zu erreichen, eine Anzahl lebenslänglicher Mitglieder berufen würde, so bürgte nichts dafür, daß dieselben künftig mehr Zuverlässigkeit in ihrer Haltung und mehr Gewissenhaftigkeit in Erfüllung ihrer parlamentarischen Pflichten beweisen würden als viele Mitglieder, die unter ähnlichen Umständen berufen wurden und jetzt teils zur Opposition gehören, teils von entscheidenden Abstimmungen wegbleiben. Man würde bei irgendeiner neuen Frage vor der Notwendigkeit eines neuen Pairsschubs stehen.

Ich glaube, daß man von seiten des Abgeordnetenhauses andere Konzessionen, namentlich auf dem Gebiete der Kreisordnung dafür erreichen wird, wenn man eine Reform des Herrenhauses erstrebt, die nicht irgendeinem Standesinteresse dient, sondern den Charakter des Herrenhauses mit dem Staatsinteresse der Krone in Einklang setzt.

Die factiöse Haltung des Hauses schädigt und diskreditiert das Zwei-Kammersystem und gefährdet die monarchische Ordnung. Die größere Zahl der Mitglieder ist für Staatsgeschäfte gar nicht oder nur vorgebildet durch theoretische

Studien und durch eine Praxis in engen mit persönlichen Interessen durchwebten Kreisen. Die emeritierten Beamten, welche im Hause sitzen, haben vielfach anstatt eines durch Erfahrung und Alter beruhigten und geklärten Urteils eine hartnäckige Eingenommenheit für ihr vergangenes Wirken und eine Neigung zum absoluten Widerspruch gegen ihre aktiven Nachfolger mitgebracht. So ist die ganze Körperschaft der Bestimmung, eine Schutzwehr und ein wirksames Organ monarchischer Einrichtungen zu sein, entfremdet und antigouvernemental geworden. Eine erste Kammer, ein Senat soll wesentlich ein Organ der gouvernementalen und in Preußen der monarchischen Interessen sein. Wenn in England das Oberhaus in einem anderen Lichte erscheint, so erklärt sich das daraus, daß dort das *regierende* Element seinen Sitz gerade in den Klassen hat, deren Spitze das Oberhaus bildet, nicht aber, wie in Preußen, in der Krone. In Preußen liegt der Schwerpunkt des regierenden Elementes im Könige, und bedarf die Krone eines Senates, welcher ihre Wirksamkeit fördert wie früher der Staatsrat, und welcher sie deckt, seitdem es eine Volksvertretung gibt. Eine doppelte Opposition von Volksvertretung und Senat kann die preußische Regierung am wenigsten vertragen in einer Zeit, wo die Stellung Deutschlands gegenüber Frankreich und die römisch-polnische Auflehnung die volle Wappnung und Beweglichkeit gebieterisch fordern.

Durch welche Reform das Herrenhaus einem Staatsrate ähnlicher zu machen, der Krone näher zu bringen und mit einem größeren Gewichte dem Lande und dem Abgeordnetenhause gegenüber auszustatten ist, diese Frage steht für jetzt in zweiter Linie. Die erblichen Mitglieder könnten meines Erachtens verbleiben. Anstatt der übrigen gegenwärtigen Bestandteile würden zunächst die höheren Beamten aus den Zentral- und Provinzial-Behörden und der Armee heranzuziehen sein. Es würde dadurch nicht nur eine reichere und sensitivere Verbindung mit dem ganzen Verwaltungsleben hergestellt werden, welches jetzt hauptsächlich durch die im Mittelpunkt stehenden fungierenden Minister vertreten ist, sondern es würde auch viel mehr als bisher Gelegenheit gegeben sein, für die Beamten, ihren Gesichtskreis zu erweitern, für die Regierung, fähige und für die höchsten Stellen brauchbare Persönlichkeiten herauszuerkennen. Dann eine Vertretung der für Preußen so wesentlichen militärischen Organisation, etwa durch die kommandierenden und andere Generale; ein Dutzend der Höchstbesteuerten, vielleicht ein korporatives Wahlelement mit Gestattung der Auflösung, auf der Grundlage der größeren Grundbesitzer.

Auf was es aber *zunächst* ankommt, ist, daß aus Allerhöchstem Vertrauen eine zur Sicherung einer gouvernementalen Majorität hinreichende Anzahl von Personen aus den höchsten Beamten und Generalität berufen werden, [deren] vorher gegebenes Wort dafür bürgt, daß sie der beabsichtigten Reform geneigt sind. Damit würde meines Erachtens ohne Zögern vorzugehen, die Kreisordnung zu vertagen und an ihrer Stelle die Reform des Herrenhauses in den Vordergrund zu stellen und dies schon in der Thronrede anzukündigen sein.

*b) 10. 11. 1872, Bismarck an Stolberg*

Euer Erlaucht sage ich für Ihre Zuschrift vom 8. d. M. meinen verbindlichsten Dank. Ich würde mit Ihnen einen Pairsschub um einer einzelnen Maßregel wie die Kreisordnung willen für bedenklich halten und würde für einen Pairsschub nicht thätig sein, wenn ich nicht das höhere Ziel einer Reform des jetzigen Herrenhauses damit verbände. Meiner Ueberzeugung liegt nicht bloß der Vorgang mit der Kreisordnung zum Grunde, sondern auch und mehr noch das Verhalten der Majorität der alten conservativen Partei, wie es bei dem Schulaufsichtsgesetz und mit etwas mehr Verschleierung doch auch der ganzen Reichspolitik gegenüber stattgefunden hat. Die Minorität beim Schulaufsichtsgesetz ist bei der Kreisordnung zur Herrschaft im Herrenhause gelangt. Wäre das Element, welches von dieser jüngsten Majorität vertreten wird, von dem Gewicht im Lande, welches ein Oberhaus oder eine erste Kammer haben soll, so würde jede gesunde Politik mit demselben sorgfältig zu rechnen haben. Der Kern des Herrenhauses und die geschlossenste Masse desselben besteht aber jetzt aus dem »alten und befestigten Grundbesitzer«, verstärkt durch malcontente frühere Beamte in hohen Stellungen...Die persönliche Leidenschaftlichkeit, mit welcher die Führer ihre Opposition betreiben, erschwert das Verhältniß der Regirung zu ihnen nicht nur vor dem Lande, sondern verstärkt in bedauerlicher Weise das Gewicht »professionirter Giftpilze«. Denn nach der Erfahrung aller berathenden Versammlungen giebt die politische Leidenschaft und die daraus hervorgehende Geschlossenheit und Energie der leidenschaftlichen Partei der Versammlung ein Gewicht über ihre numerische Stärke hinaus.

Ich muß leider erklären, daß in mir das Vertrauen zu diesen beschränkten und zornigen Politikern, welche sich seit den letzten Jahren der Führung des »erhaltenden Elementes« bemächtigt haben, vollständig zerstört ist. Ein Pairsschub ist ein Palliativ und für die Dauer eine gefährliche Methode; ich würde deshalb für eine einzelne Maßregel, selbst von der Wichtigkeit der Kreisordnung, nicht gleich dazu rathen, dem Herrenhause einen andern Character zu geben.... Das Herrenhaus muß meines Erachtens *die Elemente* unseres Staatslebens in sich aufnehmen, welche wichtiger sind als die gegenwärtigen...

### [13] Rache an den Landräten

*27. 11. 1872, Bismarck an Wagener*

Ich finde heute in den Zeitungen die Liste der Abgeordneten, welche in der dritten Lesung gegen die Kreisordnung gestimmt haben, darunter eine erhebliche Anzahl von Landräthen und, wenn ich nicht irre, einige Oberpräsidenten. Wenn die Regirung überhaupt dauernd auf gouvernementale Einheit halten will, wenn sie sich das Recht wahren will, in Zukunft mit den ihr verfassungsmäßig zu Gebote stehenden Mitteln einzuschreiten gegen Beamte, welche für regirungsfeindliche, revolutionäre Bestrebungen Partei nehmen: so ist es unerläßlich diejenigen *Verwaltungs*beamten, die bis auf den letzten Punct bei ihrer Opposition verharren, durch Zurdispositionsstellung ihrer Aemter zu entheben. Ich habe Aehnliches schon bei Gelegenheit des Schulaufsichtsgesetzes verlangt und wiederhole jetzt bei einer Frage, welche meine persönliche Auffassung viel weniger tangirt, diese im Interesse der Einheit und Consolidirung der Regirung unabweisliche Forderung. Die Erfüllung derselben hat außerdem den großen Vortheil, unfähige Beamte außer Thätigkeit zu setzen und unmerklich den Fehler wieder gut zu machen, der in früheren Zeiten bei Ernennungen einiger der höchsten Verwaltungsbeamten aus persönlichen Rücksichten begangen worden ist. Wenn in dieser Frage gegenüber einer, der Regirung nach den Personalverhältnissen näher stehenden Partei nicht mit Aufrechterhaltung der gouvernementalen Disziplin verfahren wird, so wird schwerlich in der Zukunft ein anderes Ministerium dem Andringen anderer Parteien gegenüber den Muth finden, zu Maßregeln zu schreiten, die durch eine unter den gegenwärtigen Umständen schlagende Exemplification ziemlich unmöglich gemacht wären.

Ich ersuche Euer Hochwohlgeboren diese meine Ansicht amtlich den Herren Staatsministern mitzutheilen...

## [14] Die Desertion der Konservativen

*13. 12. 1872, Bismarck an Roon*

...Im Innern habe ich...den Boden, der *mir* annehmbar ist, verloren durch die landesfeindliche Desertion der conservativen Partei in der katholischen Frage. In meinen Jahren und mit der Ueberzeugung, nicht lange mehr zu leben, hat der Verlust aller alten Freunde und Verbindungen etwas, für *diese* Welt, entmuthigendes, was bis zur Lähmung geht, wenn die Sorge um meine Frau dazutritt, wie das seit einigen Monaten verstärkt wiederkehrt. Meine Federn sind durch Ueberspannung erlahmt; der König, als Reiter im Sattel, weiß wohl kaum, daß und wie er in mir ein braves Pferd zu Schanden geritten hat; die Faulen halten besser aus, aber ultra posse nemo obligatur...Ich kann des Königs Preußischer Ministerpräsident nicht bleiben; will Seine Majestät mich als Reichskanzler und ausw. Minister behalten, so will ich versuchen, diesen Zweig weiter zu besorgen. Die Verantwortung für Collegen, auf die ich nur bittweisen Einfluß habe, und die Verantwortung für solche Ansichten und Willensmeinungen Sr. Maj., die ich nicht theilen kann, vermag ich in meiner deprimirten Gemüthsverfassung nicht mehr durchzufechten. Die meine Bestrebungen kreuzenden Einflüsse sind mir zu mächtig, und die ruchlose Ueberhebung und politische Unbrauchbarkeit der Conservativen hat meine Freudigkeit im Kampfe seit letztem Frühjahre gebrochen. *Mit* den Conservativen ist nichts zu machen, sie folgen den »Rednern« wie Kleist und den Intriganten wie Bodelschwingh, *gegen* sie mag ich nicht. Der König muß also m. E. neue im Parteiwesen nicht verbrauchte Leute an die Spitze bringen, und mich in Frieden auf mein diplomatisches Altentheil, oder gänzlich ziehn lassen...

## [15] Das Verhältnis zur französischen Republik

*20. 12. 1872, Bismarck an Arnim*

...Ich halte für wahrscheinlich, daß die Zahlungen* erfolgen, wenn Thiers am Ruder bleibt, oder doch die gouvernementalen Verhältnisse in einer regelmäßigen legalen Entwickelung; ich befürchte dagegen, daß wir zur Befriedigung unserer Forderung von neuem das Schwert würden ziehen müssen, wenn durch gewaltsame Umwälzung eine Republik mit einer anderen Gattung von Führern ans Ruder käme. Schon wegen dieser Möglichkeit liegt es in unserem Interesse, das jetzige Gouvernement mindestens unsererseits nicht zu schwächen oder zu seinem Sturze beizutragen. Anders, aber auch nicht in einer für uns erwünschten Weise, würde sich, wie ich besorge, die Sache entwickeln, wenn vor der Zahlung und der Räumung einer der monarchischen Prätendenten sich der Gewalt bemächtigte. Wir würden dann in freundlicher Weise gebeten werden, das Gedeihen des jungen monarchischen Keimes dadurch zu fördern, daß wir der Monarchie in bezug auf Zahlung und Räumung Konzessionen machten, die wir der Republik versagt hätten. Wir könnten das allerdings abschlagen, aber ich fürchte, daß dies nicht tunlich sein würde, ohne daß *andere* Kabinette, und namentlich uns nahe befreundete, auch ihrerseits eine Berücksichtigung des monarchischen Elements in Frankreich uns mehr oder weniger dringend empfehlen würden. Wenn man auch in London, Petersburg und Wien zu klug ist, um zu glauben, daß ein monarchisches Frankreich uns weniger gefährlich sei, als die gelegentliche Herrschaft der republikanischen Fraktionen in Frankreich, so ist doch die Behauptung, eine solche Ansicht zu haben, ein zu brauchbarer Deckmantel zur Erstrebung anderer Zwecke, als daß man nicht die Verstimmung über unsere Stellung und wegen der, allerdings für alle, außer für uns, unbequemen Übertragung der Milliarden aus Frankreich nach Deutschland, unter dieser Maske zur Geltung bringen sollte. Es würde auf diese Weise sich eine für uns recht unbequeme europäische Gruppierung in kurzer Zeit herausbilden können, welche einen zunächst freundschaftlichen Druck auf uns üben würde, um uns zum Verzicht auf einen Teil der errungenen Vorteile zu bestimmen. Analoge Erscheinungen werden ohnehin vielleicht später nicht ausbleiben, aber *unsere* Aufgabe ist es

* der französischen Kriegskontribution.

gewiß nicht, Frankreich durch Konsolidierung seiner inneren Verhältnisse und durch Herstellung einer geordneten Monarchie mächtig und bündnisfähig für unsere bisherigen Freunde zu machen. Frankreichs Feindschaft zwingt uns, zu wünschen, daß es schwach sei, und wir handeln sehr uneigennützig, wenn wir uns der Herstellung konsolidierter monarchischer Institutionen, solange der Frankfurter Friede nicht vollständig ausgeführt ist, nicht mit Entschlossenheit und Gewalt widersetzen. Aber wenn unsere auswärtige Politik bewußterweise dazu beitrüge, den Feind, mit welchem wir den nächsten Krieg zu befürchten haben, durch seine innere Einigung zu stärken und durch eine monarchische Spitze *bündnisfähig* zu machen, so würde man solchen Vorgang nicht sorgfältig genug verheimlichen können, wenn man nicht eine berechtigte und zornige Unzufriedenheit in ganz Deutschland erregen, ja möglicherweise den verantwortlichen Minister, der eine so landesfeindliche Politik getrieben, einem strafgerichtlichen Verfahren ausgesetzt sehen will...

Ich bin überzeugt, daß kein Franzose jemals auf den Gedanken kommen würde, *uns* wieder zu den Wohltaten einer Monarchie zu verhelfen, wenn Gott über *uns* das Elend einer republikanischen Anarchie verhängt hätte. Die Betätigung derartiger wohlwollender Teilnahme für die Geschicke feindlicher Nachbarländer ist eine wesentlich deutsche Eigentümlichkeit. Die Regierung Seiner Majestät des Kaisers hat aber um so weniger Anlaß, dieser unpraktischen Neigung Rechnung zu tragen, als es keinem aufmerksamen Beobachter hat entgehen können, wie stark und massenhaft in Deutschland die Bekehrung gewesen ist und noch ist von roten zu gemäßigt Liberalen, von gemäßigt Liberalen zu konservativen Gesinnungen, von doktrinärer Opposition zu dem Gefühl des Interesses am Staate und der Verantwortlichkeit für denselben, seit dem experimentum in corpore vili, welches mit der Kommune vor den Augen Europas gemacht wurde. Frankreich dient mit Nutzen als abschreckendes Beispiel. Wenn Frankreich noch einen Akt des unterbrochenen Dramas der Kommune vor Europa aufführte, was ich aus menschlichem Interesse nicht wünschen will, so würde es nur um so stärker zur Klarmachung der Wohltaten monarchischer Verfassung und zur Anhänglichkeit an monarchische Institutionen in Deutschland beitragen.

Unser Bedürfnis ist, von Frankreich in Ruhe gelassen zu werden und zu verhüten, daß Frankreich, wenn es uns den

Frieden nicht halten will, Bundesgenossen finde. Solange es solche nicht hat, ist uns Frankreich nicht gefährlich, und solange die großen Monarchien Europas zusammenhalten, ist ihnen keine Republik gefährlich. Dagegen wird eine französische Republik aber sehr schwer einen monarchischen Bundesgenossen gegen uns finden. Diese meine Überzeugung macht es mir unmöglich, Seiner Majestät dem Könige zu einer Aufmunterung der monarchischen Rechten in Frankreich zu raten, welche zugleich eine Kräftigung des uns feindlichen ultramontanen Elementes involvieren würde...

[16] Der selbständige Charakter des Reichs

*23. 1. 1873, Protokoll des Staatsministeriums*

...2. brachte der Hr. Reichskanzler den Zeitpunkt der demnächstigen Berufung des Reichstags zur Sprache...Wenn bisher bei Festsetzung des Eröffnungstermins wesentlich die Connivenz gegen den Preußischen Landtag maßgebend gewesen, so erscheine es prinzipiell vielmehr der Stellung des Reichs entsprechend, die Sitzungen des Landtags nach den Sitzungen des Reichstags einzurichten. Das Reich sei keine additionelle Institution der Einzelstaaten; aus politischen Gründen wie im Interesse einer gedeihlichen nationalen Entwickelung sei es dringend geboten, jeden desfallsigen Anschein zu vermeiden und den selbständigen Charakter des Reichs auch äußerlich bestimmt hervortreten zu lassen...

[17] Oderint, dum metuant

*2. 2. 1873, Bismarck an Arnim*

...Die Offenheit, mit welcher seit dem Friedensschluß in Frankreich der Nationalhaß gegen die Deutschen von allen Parteien geschürt und proklamiert wird, läßt uns darüber keinen Zweifel, daß jede Regierung, welcher Partei sie auch angehören möge, die Revanche als ihre Hauptaufgabe betrachten wird. Es kann sich nur darum handeln, welche Zeit die Franzosen brauchen werden, um ihre Armee oder ihre Bündnisse so weit zu reorganisieren, daß sie ihrer Ansicht nach fähig ist, den Kampf wieder aufzunehmen. Sobald dieser Augenblick gekommen ist, wird jede französische Regierung dazu gedrängt werden, uns den Krieg zu erklären. Wir sind darauf vollständig gefaßt...

Wir haben den Krieg nicht gewollt, sind aber stets bereit, ihn nochmals zu führen, sobald neue Überhebungen Frankreichs uns dazu nötigen werden. Oderint, dum metuant*...

* »Sollen sie uns hassen, wenn sie uns nur fürchten« – nach Sueton, Caligula 30, Wahlspruch dieses Kaisers.

## [18] Staatsräson und Landtagsmeinung

*4. 3. 1873, Protokoll des Staatsministeriums*

...Der Hr. Min. der ausw. Angel. machte hiergegen* geltend, daß ihm vom finanziellen Standpunkt aus kein zureichender Grund für die Aufhebung der qu. Steuer vorzuliegen scheine. Es handele sich um eine seit langen Jahren bestehende Steuer, welche für die Betheiligten nicht drückend sei und ein Gewerbe betreffe, das zu begünstigen der Staat kein Interesse habe. Ehe man diese Steuer aufgebe, wäre die unterste Stufe der Klassensteuer freizugeben oder andere Abgaben, z. B. das Chausseegeld, zu erlassen...Was die Majorität des Abgeordnetenhauses verlange, sei noch nicht entscheidend, sondern es frage sich: ob die Aufhebung der Staatsraison entspreche. Das Abgeordnetenhaus sentire unter dem Drucke der Majorität der Presse; die Zeitungsunternehmer verdienten aber keine Begünstigung, da sie gegenwärtig mehr oder weniger in die Kategorie der Gründer gehörten. Diesen ein Geschenk auf Staatskosten zu machen, halte er nicht für gerechtfertigt. Bei der augenblicklichen Sachlage sei es um so weniger politisch richtig, nachzugeben, als der Anstoß von ultramontaner Seite ausgehe. Er würde auch jetzt noch dem Landtage gegenüber den finanziellen Gesichtspunkt geltend machen, da es sich bei der qu. Steuer nicht um die angebliche Besteuerung der Intelligenz des Volkes und der Bildungsmittel handle, wie z. B. bei den Schulbüchern, sondern um die Besteuerung a. der Inserate, also gewerblicher Objekte, b. der politischen Klopffechterei, welche den Hauptstoff der Zeitungen bilde. ...

Im Anschluß hieran rekapitulirte der Hr. Finanzminister

* Finanzminister Camphausen hatte erneut die Aufhebung der preußischen Stempelsteuer auf Zeitungen beantragt (s. oben Dok. 6). Das Staatsministerium lehnte jedoch mit Mehrheit ab.

...seinen Standpunkt, indem er die Aufhebung der Steuer aus den wichtigsten politischen Gründen für erforderlich erklärte. Zunächst hätten die Parteien, auf welche die Regierung sich stütze, sich wiederholt und dringend dafür ausgesprochen; in dem konstitutionellen Leben müsse aber hierauf Rücksicht genommen werden, da dieselben das Recht und die Macht hätten, die Regierung zu stürzen, und ohne eine solche Rücksichtnahme eine Regierung auf die Dauer nicht ausführbar wäre...Wolle das Staatsministerium aus politischen Gründen die Steuer aufrechterhalten, so könne er seinerseits die desfallsige Vertretung vor dem Landtage fernerhin um so weniger übernehmen, als sowohl Preußen wie das deutsche Reich (bei einem Überschuß von c. 8 Millionen) die qu. Einnahmen entbehren könne. Er müsse daher bitten, eventl. mit offenem Visir die politischen Gründe für die Beibehaltung der Steuer im Abgeordnetenhaus zur Geltung zu bringen.

In Bezug auf letztere Aeußerung konstatirte der Hr. Minister der ausw. Angel., daß er nur finanzielle Gründe...geltend mache; er stütze sich auf das jeder Regierung innewohnende Beharrungsvermögen, da er keinen durchschlagenden Grund für die Aufhebung sehe. Außerdem sei es eine Sache der Dignität für die Regierung, dem Anprall der Parteien in dem schon vorgerückten Stadium der Session entgegenzutreten. Sollte aus dieser Angelegenheit seitens des Landtages eine Cabinetsfrage gemacht werden – was er nicht erwarte – so würde er allerdings dem Hrn. Finanz-Minister beitreten...**

** Die Kautionspflicht und der preußische Zeitungsstempel wurden durch das Reichspressegesetz von 1874 beseitigt, vgl. das folgende Dokument.

## [19] Einschränkungen des Presse- und Vereinsrechts

*3. 4. 1873, Protokoll des Staatsministeriums*

...Der Hr. Min. der ausw. Angl. wies in Anknüpfung an die vorliegende Nummer des Social-Demokraten vom 2. d. M.*... darauf hin, daß die social-demokratische Presse fortdauernd die Aufregung unter den Arbeitern gegen die Regierung und die besitzenden Klassen nähre und daß er glaube, wie die Regierung in diesem Kampf nicht passiv bleiben dürfe, sondern verpflichtet

* ›Der Neue Social-Demokrat‹ erschien seit 1871 dreimal wöchentlich in Berlin als Zentralorgan des Allgemeinen Deutschen Arbeitervereins; er hatte (Nov. 1873) ca. 13000 Abonnenten.

sei, die nothwendigen Grundlagen der staatlichen Ordnung den desfallsigen Agitationen gegenüber zu schützen. Dies könne zunächst dadurch geschehen, daß strengere Kriterien des Begriffs der Aufforderung zum Verbrechen geltend gemacht und namentlich die Anpreisung von Verbrechen und die Darstellung derselben als straflose oder gar ehrenvolle Handlungen mit Strafe zu belegen sei.

Im Einverständniß hiermit hob der Herr Minister-Präsident [Roon] hervor, daß nach seinen Wahrnehmungen bereits Versuche gemacht würden, auch die ländlichen Arbeiter zur Arbeitseinstellung zu bewegen; Deputationen streikender Arbeiter gingen von Berlin aus in die kleinen Städte und regten die dortigen Arbeiter auf. Diesen Besorgniß erregenden Symptomen gegenüber sei keine Zeit zu verlieren...

[Danach] lenkte der Hr. Minister der ausw. Angl. die Diskussion wieder auf den Ausgangspunkt der Regulirung der Presse zurück... Kaution und Zeitungsstempel wären aufzugeben gegen eine Verstärkung der richterlichen Repression; an die Stelle der gelehrten Richter, bei welchen die antistaatliche Tendenz und gewisse oppositionelle Neigungen noch nicht ganz verschwunden seien, könnten Geschworenen-Gerichte mit Deplacirungsbefugniß der Regierung oder Schöffen treten; dieselben würden, wie neuere Beispiele lehrten, schärfer und strenger, wie die nicht selten in abstrakten Rechtstheorien befangenen gelehrten Richter erkennen. Der jetzt in Berathung bei dem Reichstage befindliche Entwurf eines Reichspreßgesetzes könne diesseits den Anlaß bieten, auf diesem Gebiet vorzugehen.

...Nachdem die Diskussion soweit gediehen war, stellte der Hr. Min.-Präsident die Hauptresultate derselben zusammen und bezeichnete als die demnächst zu verfolgenden Aufgaben 1. verschärfte Preßbestimmungen, 2. Regelung und Beschränkung des Koalitionsrechts, sowie 3. des Vereinswesens und endlich 4. der Freizügigkeit. Er wies in dieser Beziehung darauf hin, daß der rapide Gang, den die Gesetzgebung seit 1867 genommen, bereits in den Kreisen ihrer Urheber zu mannigfachen Bedenken Anlaß gegeben... In Anknüpfung hieran hob zunächst der Hr. Minister der ausw. Angl. die schädlichen Folgen der durch Gesetz und Verwaltung stattfindenden Begünstigung der Auswanderung, namentlich für die Landwirthschaft, hervor... Sodann legte der H. Staatsminister Delbrück den Stand der früheren Preuß. Gesetze über Freizügigkeit dar... und führte in Betreff des Koalitionsrechts ferner an, daß dasselbe den ländlichen Arbeitern nicht zustehe, und daß der Mangel der letzteren mit in den vielen Eisenbahnbauten beruhe. Hierin stimmte der H. Finanzminister bei, indem er weiter auf den großartigen industriellen Aufschwung seit dem Kriege und die durch denselben verursachten Verluste an Mannschaften hinwies; zugleich hob er, unter Hinweis auf England, die Nothwendigkeit von Strafbestimmungen über die Strikes hervor, namentlich in Betreff des muthwilligen Brechens der Arbeits-Kontrakte.

Nachdem die Diskussion hiermit beendet, wurde beschlossen, die angeregten Punkte einzeln legislatorisch zu verfolgen und mit der Ergänzung der auf dem Gebiet der Presse erforderlichen Maßnahmen zu beginnen...

## [20] Die Organisation des Reichsheeres

*12. 4. 1873, Großherzog Friedrich I. von Baden an Großherzog Karl-Alexander von Sachsen-Weimar*

...Ich hatte Gelegenheit, mit Bismarck über diese Frage* zu sprechen, und konnte erkennen, daß er kein Reichskriegsministerium haben will, sondern etwa ein Reichskriegsamt für das Heerwesen. Wir haben darüber eingehend gesprochen, und ich habe ihm dringend geraten, einen verantwortlichen Reichskriegsminister zu schaffen, damit die preußische Verwaltung geradezu erhalten – aber Reichsverwaltung werde; dieser Übergang werde am leichtesten geschehen und auch dem Kaiser den an und für sich schweren Entschluß erleichtern. Allein Bismarck wollte darauf nicht eingehen, indem er sagte, ein verantwortlicher Reichskriegsminister werde in fortwährender Kollision mit dem Reichskanzler stehen, und das schwäche die Kraft der Reichsregierung; ferner aber will Bismarck den bestehenden Konflikt lieber jetzt noch nicht lösen, damit die Frage im Reichstag zur Sprache komme, wo denn, wie er sich ausdrückte – die Herren Militärs sehen sollen, wie sie allein, ohne ihn, mit ihren Anschauungen durchkommen. Er will also eine Art Krisis im Reichstag herbeiführen und den Kaiser auf diesem Wege von der Notwendigkeit überzeugen, die Reichsmilitärangelegenheiten im Sinne der Einheit zu ordnen...

* Das im Bundesrat zur Beschlußfassung anstehende Reichsmilitärgesetz.

## [21] Kulturkampf und obligatorische Zivilehe

*6. 11. 1873, Votum Bismarcks*

...Ich fürchte, ein zu hastiges Greifen nach dem Deckmantel der Zivilehe wird uns im schwebenden Streite nicht fördern; es wäre wenigstens nur eine rein defensive Maßregel, welche einen geringen Teil des streitigen Gebietes aussondert, denselben für den Staat in Sicherheit bringt und im übrigen dem Kampfe zunächst und so wie er liegt, ausweicht. Mir scheint die Stellung, welche der Regierung von den Bischöfen durch die gesetzwidrigen Ernennungen aufgedrängt ist, eine außerordentlich günstige, die man nicht leicht aufgeben sollte. Die Folgen dieser Auflehnung fallen mit ihrer ganzen Wucht auf diejenigen, welche sich von den Bischöfen leiten lassen; sie sind auf die Dauer unerträglich, und wenn die Staatsregierung nur hart und fest bleibt, so muß der Gegner die eingenommene Position aufgeben. Die Vorwürfe über alle erwachsenden Mißstände fallen auf die, durch deren Gesetzbruch die Situation herbeigeführt ist, und wir bekommen eine so günstige Lage, wie sie durch diesen Fehler unserer Gegner entstanden ist, nicht leicht wieder. Verderben wir sie uns daher nicht voreilig, indem wir durch Einführung der Zivilehe uns eines wesentlichen Teiles der Mittel berauben, die gesetzwidrigen Ernennungen der Bischöfe praktisch ad absurdum zu führen...

In Verbindung mit dem vorliegenden Gegenstand drängt sich die Erwägung auf, ob wir nicht noch eines anderen Strafgesetzes gegen die in der Auflehnung beharrenden Bischöfe u. gegen die Priester bedürfen, welche sich rechtswidrig zur Ausübung von Amtshandlungen hergeben. Als logisch erscheint und auch von anderen Gesetzgebungen angenommen ist die Strafe der Verbannung.

Wer dem Gesetz den Gehorsam kündigt u. beharrlich weigert, verwirkt sein Recht auf den Schutz des Staates u. seiner Gesetze, er verliert sein Bürgerrecht im Staate, seine Fähigkeit, den Schutz der Gerichte u. Behörden anzurufen, er wird ausweisbar in jedem Orte u. im Lande, ohne daß die Regirung gezwungen ist, von ihren Rechten gegen ihn zu jeder Zeit u. an jedem Orte Gebrauch zu machen. Rechtlos, *outlaw*, *hors la loi*, in diesen Begriffen würden sich die Folgen einer Strafe zu bewegen haben, die logisch aus der Aufkündigung des Gehorsams gegen Gesetz u. Staat hervorgehn u. das Gute haben würde, daß sie nicht wie Gefängniß u. Waffengewalt Märtyrer machte. Die Thatsache, daß der Staat seine schützende Hand von einem Läugner seiner Gesetze abzieht, macht an sich keinen Märtyrer, erst die Umstände u. die Handlungen Anderer, die den Geächteten seine Schutzlosigkeit fühlen lassen, thun es auf die Dauer. Die »Acht« ist das weltliche Gegenstück zum päpstlichen Bann; u. in ihrem negativen Charakter gleich schwer abzuwehren. Sie kann durch Ausweisung zur Verbannung werden, erhält dann aber schon greifbaren Charakter. Ich sollte meinen, der Verlust jedes Klagrechtes bei Gerichten u. Behörden müßte allein einen Bischof lahm legen; er macht ihn vogelfrei u. namentlich rechtlos ausweisbar...

[22] Ich stehe dienstlich an der Bresche

*20. 11. 1873, Bismarck an Roon*

Lieber Roon
Ihre freundlichen und traurigen Mittheilungen vom 12. v. M. an mich gingen parallel mit Ihren amtlichen Eingaben an Se. Majestät und machten mir leider im Verein mit Ihrem Schreiben an Moritz* und mit der amtlichen Mittheilung des Kaisers vom 14. über Ihre immediate Abschiedseingabe eine Situation klar, mit der ich ungern vertraut werden wollte... Gleichzeitig wurde der Eintritt von Moritz von uns verabredet und von mir... bei Sr. Majestät beantragt. Ich habe es abgelehnt, Moritz vertraulich zu sondiren; ich hatte das, bezüglich Stettin und Berlin, zweimal gethan, und nachdem ich sein Widerstreben überwunden, wurde nichts daraus. Ich verlangte also, daß er dießmal auf allerh. Befehl amtlich und nicht von mir freundschaftlich gefragt werde. Das Weitre wird Ihnen genauer als mir bekannt sein. M[oritz] hat mir am 16. c. geschrieben. Ueber seine privaten Ehehaften urtheile ich nicht, er hat kein schneidiges Berufsgefühl für die Gesammtinteressen des Landes, sonst hätte er nie sein Mandat niedergelegt; es ist das ein Nachhall der Ader, die ihn abhielt, Landwehroffizier zu werden; hätte er jenes vaterländische Gesammtgefühl, so würde er damals und jetzt nicht den »Acker« oder »fünf Joch Ochsen« oder ein »Weib« als Hinderniß gehabt haben. Die politischen Bedenken halte ich noch weniger zutreffend; sein Beruf wäre gewesen, *landwirthschaftliche* Interessen

* von Blanckenburg.

en gros zu fördern, aber nicht *Politik* zu treiben. Seine Fractionsfurcht ist größer als seine Hingebung für König und Land. Und er ist doch so grünes Holz, wie erst mit dem dürren! . . Gott hat die Fahnenflucht unsrer Junker von Thron und Evangelium zugelassen und dadurch unser Rüstzeug schwer geschädigt, aber ich schöpfe auch hier wie 63, 66, 70 in all den Kämpfen, die wir, lieber alter Freund, Schulter an Schulter siegreich bestanden haben, Muth aus dem mich tief innerlich berührenden und leitenden Worte: »Gott widersteht den Hoffärtigen«, und auch im Kampfe mit Kleist, Waldow und Gerlach, wie mit den ehrgeizigen Priestern des römischen Götzendienstes, sehe ich die Hoffart zu meinem Trost im feindlichen Lager. Gefochten soll sein, das ist mir so klar, als ob Gott es mir deutsch direct befohlen hätte, ich stehe dienstlich an der Bresche, und mein irdischer Herr hat keine Rückzugslinie, also: *vexilla regis prodeunt*** und ich will, krank oder gesund, die Fahne meines Lehnsherrn halten, gegen meine factiösen Vettern so fest wie gegen Papst, Türken und Franzosen. Vermüde ich, so bin ich anschlagmäßig verwendet, und der Verbrauch meiner Person ist vor jedem Rechnungshofe justificirt. Durch Ihren Austritt bin ich vereinsamt, unter – Ministern – die einzige fühlende Brust. Der Rest vom alten Stamme, der bleibt, ist faul; ich will nicht zu ihm sagen: »Heinrich mir graut vor dir«, aber ich habe mitunter Lust, falls ich noch körperlich stärker bin, es ihn empfinden zu lassen. Unsre troupiers haben ein kurzes Wort über seine Landsleute, Sie werden es kennen. Ich wollte Ihnen nur ein herzliches Lebewohl schreiben, und nun komme ich auf sechs Seiten solcher Abirrungen. Sehn werden wir uns ja doch im Winter, und persönlich also nehme ich nicht Abschied. Wir werden mündlich doch noch manchen Rückblick auf die elf Geschichtsjahre thun können, die uns Gott zusammen hat durchkämpfen lassen, und in denen wir mehr von seiner Gnade erlebt haben, als wenigstens mein Verstehn und Erwarten faßte. Im Amte aber wird es einsam um mich sein, je länger, je mehr; die alten Freunde sterben oder werden Feinde, und neue erwirbt man nicht mehr. Wie Gott will. Im gelben Sitzungszimmer werde [ich] die Lücke auf Ihrem Sophaplatze nicht ausgefüllt finden und dabei denken: »ich hatte einen Kameraden–«. Man wird alt, das hat sein Gutes, man ist zufrieden mit Knochen und Leder an sich und Andern. Der Postbote mahnt, herzlichen Gruß auf baldiges Wiedersehn.

Ihr treuer Freund v. Bismarck.

** Die Fahnen des Königs gehen im Angriff vor.

## [23] Parlamentarische Stilfragen

*21. 11. 1873, Bismarck an Bülow*

Interpellationen zu beantworten, ist die Regierung verfassungsmäßig an sich nicht verpflichtet. Wenn sie dennoch Fragen, welche ihr im Landtage in dieser Form gestellt werden, eingehend beantwortet, so kann sie dabei von dem Bedürfnis wechselseitiger Verständigung geleitet werden. Diese Rücksicht fällt vollständig weg, wenn eine dem Staate als solchem feindliche Fraktion, der jede Absicht auf Verständigung und auf Klärung fernliegt, es sich zur Aufgabe macht, durch *tendenziöse* Interpellationen die Regierung zur Aussprache entweder über akademische Doktorfragen oder zur *unzeitigen* Aeußerung über geschäftliche Angelegenheiten zu nötigen, lediglich zu dem Zwecke, der Regierung und dem Landtage Verlegenheiten zu bereiten. Interpellationen, welche im Sinne der *Mehrheit* eingebracht sind, wird eine Regierung, außerhalb einer Konfliktszeit, solange sie überhaupt ihrerseits die verfassungsmäßige Verständigung erstrebt, sich nicht versagen können. Einer staatsfeindlichen und turbulenten Minderheit gegenüber, glaube ich, tut die Regierung unrecht, wenn sie sich auf das Gefecht mit derselben in *der* Form einläßt und sich dem Streben derselben, die Staatsaktion zu stören und in Unordnung zu bringen, hingibt. Ohne dem Votum der Majorität meiner Herren Kollegen irgendwie vorgreifen zu wollen, glaube ich, daß es aus vorstehenden Motiven indiciert sein würde, sich mit den regierungsfreundlichen Majoritäten beider Häuser über Behandlung solcher Interpellationen wie die Windthorstsche dahin zu verständigen, daß die Regierung, ohne im allgemeinen das Eingehen auf Interpellationen, namentlich auf solche, die von der Mehrheit der Versammlung ausgehen, prinzipiell zu versagen, im Gegenteil unter achtungsvoller Anerkennung des Bedürfnisses des Landtages, sich zu informieren, die Beantwortung ablehnt mit dem Hinweis, daß das Eingehen auf Interpellationen nur dann nützlich sei, wenn dieselben im Sinne einer Verständigung gestellt seien. Für wesentlich aber halte ich, wie gesagt, das Einvernehmen mit den regierungsfreundlichen Fraktionen...

Sollte es nicht gelingen, den Windthorstschen Antrag auf Reform des Wahlgesetzes von der Tagesordnung fernzuhalten, und sollten die Herren Minister ein Eingehen in die Sache beschließen, so möchte ich dringend bitten, nicht defensiv, sondern aggressiv zu verfahren, Reform des Wahlgesetzes nicht abzulehnen, aber zu erklären, daß dieselbe nicht in der Richtung des Reichswahlgesetzes zu suchen sei, und lieber das Reichswahlgesetz selbst als reformbedürftig zu bezeichnen...

## [24] Paris und Rom

*23. 1. 1874, Bismarck an Prinz Reuß*

...Für uns ist die Rachestimmung in Frankreich nicht erwünscht; wir haben den Ernst und die Leiden jedes Krieges, auch eines siegreichen, würdigen gelernt und sind entschlossen, denselben zu vermeiden, solange sich uns nicht die Überzeugung aufdrängt, daß er unvermeidlich ist. Diese Überzeugung würde uns dann werden, wenn die weltliche Regierung Frankreichs der politischen Leitung jenes herrschsüchtigen Priestertums anheimfiele, welches wir als den geborenen Feind des Friedens und der staatlichen Ordnung kennen. Wenn die französische Politik sich den uns feindlichen Bestrebungen der römischen Kurie dienstbar macht, so werden wir uns für bedroht erachten und auf die Abwehr Bedacht nehmen müssen. Auf andern Gebieten liegt für uns kein Grund vor, eine Störung des Friedens zu besorgen, und wir haben weder Absicht noch Bedürfnis, in die ruhige Entwickelung unsrer künftigen Beziehungen zu dem mächtigen Nachbarstaate gewaltsam einzugreifen. Es ist unser lebhaftester Wunsch, mit demselben in Frieden zu leben, und wir werden kein Mittel unversucht lassen, um die französische Regierung für die gleiche Anschauung zu gewinnen.

## [25] Gedanken über den Staat

*28. 1./18. 2. 1874, Tagebuch Lucius'*

[Bismarck:] Wenn eine Reichstagsmajorität die Regierung in ihrer Aktion brach lege, so solle man es mit einem Ministerium Windthorst versuchen. Die Stellung des Kanzlers sei die eines Exekutivbeamten. Dränge man die verbündeten Regierungen in die Stellung, das Reich als eine gegenseitige Assekuranz der

Throne zu betrachten, so komme es zum Stillstand. Er sei reichsfreundlich, aber noch mehr Freund des Staates, der Monarchie. Er sei absoluter Monarchist und werde alles in Trümmer schlagen, wo es sich um Gegensätze gegen die Monarchie handle. Unverständige konservative Junker haben die erste französische Revolution heraufbeschworen. Er schätze den Wert der größten Öffentlichkeit der Diskussion und sei nicht der Mann, über die Zwirnsfäden der konservativen Opposition zu stolpern. Die Monarchie hat bei uns noch ihre feste Stütze in der Armee, auch der sonst etwas bequeme, apathische Kronprinz wünscht und strebt, in ihr beliebt zu sein, ja bemüht sich um jeden Unteroffizier.

Es ist sehr falsch, wenn die Mittelstaaten durch ihre Landtage den Reichstag mediatisieren, wie es jetzt geschieht. In der Regel werden die Landtage ebenso liberal oder radikal sein, wie der Reichstag... Das Zentrum wolle augenscheinlich beim Militärgesetz vom Staat Konzessionen verlangen, man werde sich aber hüten. Sie würden auch mit den Sozialdemokraten paktieren, um den deutschen Kadaver zu verzehren – er hoffe aber, Deutschland werde vorher beide Tiger erschießen. Er werde vielleicht die Kommunisten mit etwas größerem Wohlwollen erschießen lassen, wie Herr von Rabenau – tot wären sie aber in beiden Fällen.

## [26] Ein wachsendes Verständnis für Realpolitik

*a) 28. 2. 1874, Bismarck an Prinz Reuß*

Nr. 94 pp. Nach meiner Überzeugung beginnt die Gefahr, welche uns von Frankreich droht, mit dem Augenblicke, wo Frankreich den monarchischen Höfen Europas wieder bündnisfähig erscheinen wird, was es unter Thiers nicht war und unter Mac Mahon noch nicht geworden ist... Nach dem abschreckenden Beispiel der Kommune sind alle Parteien in Deutschland, mit Ausnahme der päpstlichen und der kommunistischen, etwas mehr nach rechts gerückt. Umgekehrt hat jede Erstarkung Frankreichs, welches auch das politische System an der Spitze sein mochte, Louis XIV. oder Napoleon, der Revolution in den *Nachbarstaaten* Frankreichs bis nach Polen hinein immer nur einen stärkeren Bundesgenossen zugeführt.

Unsre Doktrinäre haben theoretische und konjekturale

Politik getrieben, solange ihnen die Gefahr des Sozialismus nicht handgreiflich vor Augen getreten war; seitdem kaum zehn Sozialisten unter ihnen im Reichstage Platz genommen haben, macht sich auch dort eine Strömung nach rechts und ein wachsendes Verständnis für Realpolitik bemerkbar.

Ich halte ein Gambettistisches Frankreich für ganz ungefährlich für den Frieden Europas, wohl aber den letzteren für bedroht, sobald die französischen Staatskräfte sich wieder erholt haben und in *Einer* sichern Hand befinden werden. Mac Mahon ... ist vielleicht noch nicht bündnisfähig, wenigstens nicht für die Monarchen, wenn auch vielleicht für Minister, und deshalb weniger gefährlich als eine klerikale Restauration der Monarchie, welche in dem katholischen Europa breite Unterlagen für dauernde Verbindungen haben würde. Daß freilich jedem Leiter der österreichischen Politik das restaurierte Frankreich ein nützlicher Anlehnungspunkt sein und als eine auch gegen uns verwendbare Figur auf dem Schachbrett erscheinen würde, kann mich nicht befremden.

*b) 28. 2. 1874, Bismarck an Prinz Reuß*

Nr. 95 – Sekret – Meinem Erlaß Nr. 94 beehre ich mich *ausschließlich* zu Ihrer persönlichen Information noch einige Bemerkungen hinzuzufügen. Ew. pp. wollen selbst ermessen, ob es unserm Interesse entspricht, die Erstarkung Frankreichs beschleunigt zu sehen. Jedenfalls ist uns die französische Armee an unsrer Grenze stets gefährlicher als etwaige Gambettistische Experimente in Paris. Daß *andere* Regierungen auf die Entwicklung der Dinge in Frankreich mit andern Augen sehen, ist nicht zu verwundern; sie sind nicht die Nachbarn der Franzosen, während Deutschland gleichsam das Stoßpolster Europas gegen die Invasionen einer kriegerischen Völkerschaft bildet. Niemand kann sich darüber täuschen, daß, wenn Frankreich wieder stark genug ist, den Frieden zu brechen, der Friede zu Ende sein wird; und es ist möglich, daß andere Regierungen, die nicht Nachbarn von Frankreich sind, auf die Eventualität, ob Deutschland von Frankreich zum 20. Mal in zwei Jahrhunderten wiederum angegriffen wird, mit mehr Ruhe als wir, vielleicht auch nicht ohne ein gewisses Behagen, blicken. Der Fürst Gortschakow treibt russische Machtpolitik; wir verfolgen keine Macht-, sondern eine Sicherheitspolitik...

## [27] Der Kompromiß beim Septennat

*9. 4. 1874, Tagebuch Lucius'*

[Bismarck:] »Ich habe Sie gerufen, um die Militärfrage mit Ihnen zu besprechen. Miquel hat mich gestern versichert, daß an einer sicheren Majorität für die Bewilligung eines Definitivums acht bis neun Stimmen fehlen. Ich stehe sonach vor der Notwendigkeit der Auflösung des Reichstags oder des Rücktritts. Ich bin nicht stark genug, den ersten Weg einzuschlagen. Die Auflösung oder selbst die Bewilligung des Definitivums mit einer kleinen Mehrheit von fünf bis sechs Stimmen würde zu einer großen Verbitterung der Minorität und zu einer Spaltung der Majorität führen, welche ich für die Gesamtgesetzgebung brauche. Ich kann mich nicht allein auf die Konservativen stützen, ohne dem Zentrum Konzessionen zu machen; ich würde es doch tun, wenn das, was ich dafür gewönne, eine wirkliche Goldmünze wäre und nicht nur ein glänzender Zahlpfennig. Den Schwierigkeiten der Budgetberatung enthebt uns das Gesetz auch als Definitivum nicht. Für eine Bewilligung auf sieben Jahre wird mir eine sichere Mehrheit geboten, das ist schon eine Zeit, über die hinaus man überhaupt nicht sichere Pläne machen kann. Diese Periode deckt noch die nächsten zwei Wahlen.«

... Übrigens sei das Gesetz doch auch von allgemeinem Wert für den Staat, in welchem die Armee einen Staat für sich bilde und schwer zu behandeln sei für jeden Minister. Die Willkür, mit welcher gelegentlich das Militärkabinett gegen das Kriegsministerium verfahre, finde durch ein solches Gesetz auch gewisse Grenzen und das sei nicht unerwünscht...

## [28] Reichsidee und preußische Hegemonie

*24. 6. 1874, Wendt zu Eulenburg an Delbrück*

Der Kanzler ist der Ansicht, ... die Haupthindernisse zur Konsolidierung des Reichs lägen gerade in dem Jahrhunderte hindurch genährten Partikularismus der einzelnen Bundesstaaten, und zwar wäre gerade der preußische der Reichsidee am gefährlichsten, nicht nur weil Preußen der mächtigste Staat und sein Monarch zugleich der Kaiser sei, sondern weil gerade das Mißtrauen gegen partikulare preußische Bestrebungen – die auf dem Reichsboden doch nur das Ziel haben könnten, die anderen Staaten aus der Fiktion gleichberechtigter Bundesstaaten zu Mediatstaaten unter preußischer Suprematie herunterzudrücken – die Empfindlichkeit der übrigen Staaten schärfe und den Gegnern der Reichsidee Hauptwaffen in die Hand liefere. Es gäbe keine wirksamere Idee im Sinne der Feinde des Reichs als diejenige, das Reich als vergrößertes Preußen darzustellen. Unsererseits müsse daher alles sorgsam vermieden werden, was diesen Gedanken akzentuieren und dadurch das Selbstgefühl der anderen kränken könne ... Eine wirklich Kaiserlich Deutsche Politik habe den Beruf, in allen äußeren Kennzeichen das Gefühl der Gleichberechtigung zu gewähren und nicht das der Ausnutzung für spezifisch preußische Machtzwecke. Der Kanzler hält im Interesse des Reichs nichts für gefährlicher als in den andern Staaten das Gefühl einer von Berlin regierten Provinz hervorzurufen, und zwar einer Provinz, nicht ihres eigenen Landes, sondern einer ohne Gleichberechtigung vom Nachbarlande beherrschten. Die Ansprüche des preußischen Partikularismus in der Form einer mit möglichster Schnelligkeit durchzuführenden Zentralisation böten dem Kanzler auf so vielen anderen Gebieten – parlamentarischen, administrativen, militärischen – Gelegenheit zu Kämpfen, die nicht immer zum Vorteil des Reichsgedankens abschlössen, daß er dringend wünsche, in ... *formalen* und *äußerlichen* Dingen nicht die Reichsbehörden und Reichsgeschäfte nach Berlin hin zentralisieren, sondern den föderalen Charakter unserer Einrichtungen äußerlich zur Anschauung gelangen zu lassen ...

## [29] Krieg in Sicht?

*26. 2. 1875, Bismarck an Hohenlohe*

Bei Abgang des Curiers erfahre ich, daß deutsche Pferdehändler Auftrag haben, zehntausend Militärreitpferde für Frankreich ohne Preisbeschränkung mit fünfzig Franken Provision per Stück ohne Verzug anzukaufen. Wenn die Maßregel auch nur natürliches Ergebnis der beschlossenen Reorganisation sein mag, so haben wir doch keinen Anlaß, eine Reorganisation, die den Character einer Kriegsrüstung trägt, einer Rüstung, die notorisch gegen uns gemeint ist, mit deutschen Pferden beschleunigen zu helfen. Es scheint daher geboten, Gegenmaßregeln zu treffen. Bevor ich die desfallsigen Anträge stelle, bitte ich um Ihren und des Herrn von Bülow schleunigen Bericht über die Tragweite der Maßregel nach dortigem Gesichtspunkt. Ich glaube nicht an Kriegsabsicht im nächsten Jahre, aber zehntausend Reitpferde wären ein Aderlaß, den wir noch empfinden würden, wenn wir etwa in drei Jahren mobil zu machen hätten, und wenn wir Frankreichs Vorbereitungen, welches außerhalb Deutschlands diese Menge von brauchbaren Pferden schwer findet, auch nur verlangsamen, so kann auch darin schon ein Gewinn liegen. Der Ihrige.

## [30] Nach der »Krieg in Sicht«-Krise

*a) 31. 5. 1875, Tagebuch Lucius'*

Bei Bismarck, welcher recht frisch nach Tisch eine längere Auseinandersetzung gab: »Den Deutschen fehle es an Selbstgefühl und Interesse für die innere Politik. Jeder beschäftige sich lieber mit der auswärtigen Politik und kritisiere diese, obschon er wenig davon wisse und verstehe. Eine geeinte Macht von fünf Millionen Preußen habe ganz Europa in Schach gehalten. Lieber ein Ende mit Schrecken, als ein Schrecken ohne Ende. Was sich grün macht, fressen die Ziegen. Deutschland in sich gefestigt, will nichts als sich selbst in Frieden überlassen bleiben und sich friedlich weiter entwickeln. In Territorialfragen gibt es für uns gar keine begehrenswerten Objekte des Ehrgeizes mehr. Wir haben schon jetzt mehr Polen, Dänen, Franzosen, als uns erwünscht sein kann. Wir halten Frieden, indem wir uns kampfbereit zeigen. Man greift nicht leicht jemand an, dem der Degen lose in der Scheide sitzt. Ein festgenietetes Kadettenschwert fürchtet niemand.«

Es klang wie eine Instruktion für Staatssekretär von Bülow, welcher anwesend war.

*b) 13. 8. 1875, Bismarck an Wilhelm I.*

[Graf Münster] kann ja sehr wohl, gleich dem Grafen Moltke, akademisch von der Nützlichkeit eines rechtzeitigen Angriffs auf Frankreich gesprochen haben, obschon ich es nicht weiß und er niemals dazu beauftragt worden ist. Man kann ja sagen, daß es für den Frieden nicht förderlich ist, wenn Frankreich die Sicherheit hat, daß es unter keinen Umständen angegriffen wird, es möge thun, was es wolle. Ich würde noch heut wie 1867 in der Luxemburger Frage Eurer Majestät niemals zureden, einen Krieg um deswillen sofort zu führen, weil wahrscheinlich ist, daß der Gegner ihn später besser gerüstet beginnen werde; man kann die Wege der göttlichen Vorsehung dazu niemals sicher genug im voraus erkennen. Aber es ist auch nicht nützlich, dem Gegner die Sicherheit zu geben, daß man seinen Angriff jedenfalls abwarten werde. Deshalb würde ich Münster noch nicht tadeln, wenn er in solchem Sinne gelegentlich geredet hätte, und die englische Regierung hätte deshalb noch kein Recht gehabt, auf außeramtliche Reden eines Botschafters amtliche Schritte zu gründen und sans nous dire gare die anderen Mächte zu einer Pression auf uns aufzufordern. Ein so ernstes und unfreundliches Verfahren läßt doch vermuthen, daß die Königin Viktoria noch andre Gründe gehabt habe, an kriegerische Absichten zu glauben, als gelegentliche Gesprächswendungen des Grafen Münster, an die ich nicht einmal glaube. Lord Russell hat versichert, daß er jederzeit seinen festen Glauben an unsere friedlichen Absichten berichtet habe. Dagegen haben alle Ultramontane und ihre Freunde uns heimlich und öffentlich in der Presse angeklagt, den Krieg in kurzer Frist zu wollen, und der französische Botschafter, der in diesen Kreisen lebt, hat die Lügen derselben als sichre Nachrichten nach Paris gegeben...

## [31] Glauben an kriegerische Anzeichen?

*14. 8. 1875, H. Bismarck an Hohenlohe*

Eurer Durchlaucht geneigtes Schreiben vom 11. d. M. habe ich zu erhalten die Ehre gehabt und heute meinem Vater vorgelegt. Derselbe beauftragte mich, Eurer Durchlaucht seinen ergebensten Dank für Ihre interessanten Mitteilungen auszusprechen, und fügte hinzu, »daß er in der neuen französischen Finanzmaßregel* durchaus keine kriegerischen Anzeichen« sehe – sie auch »in schlimmeren« nicht sehen würde, – und sich Eurer Durchlaucht Auffassung,

* Die französische Nationalversammlung hatte am 5. 7. 1875 einen Nachtragskredit über 100 Millionen Francs gebilligt für die weitere Reorganisation der Armee.

daß kein Grund zu ernster Haltung vorliegt, vollkommen anschließe: »die Frage wäre nur, ob es etwa nützlich erscheinen könnte, den *Glauben* an kriegerische Anzeichen zu *behaupten:* das könnte er aber von hier nicht beurtheilen«. Mit der ausgezeichnetesten Hochachtung habe ich die Ehre zu sein Eurer Durchlaucht gehorsamer Diener Graf H. Bismarck.

## [32] Ein Korrektiv für die nächsten Wahlen

*5. 11. 1875, Bismarck an Delbrück*

Euerer Excellenz gefälliges Schreiben vom 3. d. M., den Gesetzentwurf über die katholischen Vereine betreffend, habe ich erhalten. Ein rechtzeitiges Benehmen mit Reichstagsmitgliedern betrachte ich mit Ihnen als wünschenswerth; der Versuch dazu wird aber nicht eher gemacht [werden] dürfen, als bis die Vorlage an den Bundesrath gebracht ist, und dieß wird wieder nicht eher geschehen können, als bis die Zustimmung Seiner Majestät erlangt ist. Wenn der Entwurf ruchbar und dann doch nicht vorgelegt wird, so würde ein nachtheiliger Eindruck nicht ausbleiben. Die Sache ist einstweilen eine innere preußische, bis ein Antrag Preußens gestellt sein wird.

... Wenn ein Gesetz der bezeichneten Art* durch die Zwecke der Regirung erfordert und bei der Lage der Dinge im Lande gerechtfertigt ist, so wird die Behauptung, es nicht durch den Reichstag bringen zu können, meines Erachtens kein Grund sein, mit der Vorlegung zurückzuhalten. Wollte man es zur Regel machen, nur solche Gesetzentwürfe in die Vertretungskörper zu bringen, von deren Annahme man sich vorher vergewissert hätte, so würde man factisch dahin kommen, die Initiative der Regirung gänzlich und ihren Antheil an der Gesetzgebungsgewalt zum größten Theile aufzugeben; und dadurch würden auf die Länge das Ansehen und die Kraft der Regirung weit mehr geschädigt werden als durch die Verwerfung einer oder mehrerer Vorlagen seitens der gerade vorhandenen Majorität der Abgeordneten. Wenn ein Uebelstand fühlbar wird, so macht das Publicum die Regirung verantwortlich dafür, daß nichts zur Abhülfe desselben geschehen sei; die Verantwortlichkeit bleibt zur Last der Regirung, solange

* Verschärfung der Strafbestimmungen gegen Vereine und Zeitungen katholischer und sozialdemokratischer Prägung. Der Reichstag lehnte die »Kautschukparagraphen« am 10. 2. 1876 ab.

letztere keinen Versuch zur Abhülfe macht; scheitert ein solcher an dem Votum des Reichstags, so geht die Verantwortung dafür, daß den im Volke empfundenen Uebelständen nicht abgeholfen wird, auf den Reichstag über und kann ein Correktiv für die nächsten Wahlen werden.

## [33] Bismarcks Eisenbahnpläne

*8. 1. 1876, Votum Bismarcks*

Im Widerspruch mit dem Bedürfniß der Nation nach Einigung auf dem wirthschaftlichen Gebiete, im Gegensatz zu der einheitlichen Verwaltung von Post und Telegraphie, verharrt die weitaus wichtigste Kommunikations-Anstalt, die Eisenbahn, trotz der Reichsverfassung, welche in Artikel 42 ff. eine einheitliche Zusammenfassung verlangt, in dem aus anderen politischen und wirthschaftlichen Verhältnissen überkommenen Zustande der Zersplitterung ... Diese Zersplitterung verdanken wir der, besonders in der westlichen Hälfte der Monarchie, so stark entwickelten Privateisenbahn-Industrie, daß bekanntlich der Staat im öffentlichen Interesse genöthigt war, wenigstens durch bessere Verbindung und Arrondirung des Staatsbahnnetzes mit großen Kosten ein Gegengewicht zu erstreben. Dieses Mittel genügt jedoch nicht, die vorhandene Zersplitterung aufzuheben ...

Außer Zweifel steht, daß wesentlich Rücksichten auf die Lage der Privateisenbahn-Industrie zur Erfolglosigkeit beigetragen haben, auf gesetzgeberischem Wege das Eisenbahnwesen dem öffentlichen Bedürfnisse zu reformiren, weil eine solche Reform – im Geiste der Reichsverfassung – nicht ohne tieferen Eingriff in die bisherige Selbständigkeit und die Finanzverhältnisse der Gesellschaften denkbar ist; man wird daher zugeben müssen, daß der Fortbestand der Privateisenbahn-Industrie in dominirender Stellung dem Gemeinwohl nicht zuträglich ist ... Wenn diese öffentlichen Verkehrswege staatlicher Verwaltung überwiesen werden sollten, so fragt es sich, ob ihr Erwerb durch Preußen oder durch das Reich den Vorzug verdient. Letzterer wird sich jedenfalls nur dann empfehlen, wenn zugleich der ganze fiskalische Eisenbahnbesitz Preußens auf das Reich übergeht.

... Die Reichsverfassung will somit, der nationalen Idee wie den Bedürfnissen des Verkehrs und der Landesvertheidigung entsprechend, ein *einheitlich* geordnetes Eisenbahnsystem, die Erhebung der Eisenbahnen zu einer wahrhaft *nationalen* Verkehrsanstalt. Die Erstrebung dieses Zieles ist schon durch die Verfassung nicht dem Bundesstaate Preußen, sondern dem Reiche zugewiesen... Ein durch den Erwerb der Privatbahnen vergrößerter preußischer Staatsbahnbesitz würde nur den *preußischen* Partikulareinfluß erweitern und ein seine Nachbarn drückendes, verstärktes Übergewicht Preußens begründen. Die Rechte, welcher der Bahnbetrieb in den einzelnen Territorien mit sich bringt, werden dem Reiche bereitwilliger gewährt werden, als dem Nachbarstaate Preußen.

Der in der Hand des *Reichs* vereinigte Besitz der preußischen Privat- und Staatsbahnen hat einen anderen Karakter, und als kräftiges Mittel zur Festigung des nationalen Bandes, zur Förderung der nationalen Wohlfahrt gewiß alle wahren Freunde des Reichs für sich. Preußens Beruf, den Ausbau der nationalen Institutionen, Allen voran, zu unterstützen, muß sich auch bei dieser Gelegenheit und auf diesem wichtigen Felde geltend machen. Ein wahrhaft nationales Auftreten seinerseits verheißt weittragende Erfolge...

## [34] Arbeiterschutz und Unternehmerinteresse

*30. 9. 1876, Votum Bismarcks*

Das an den Herrn Vice-Präsidenten des Staatsministeriums gerichtete Schreiben des Herrn Ministers für Handel etc. vom 30. Juni cr., betr. die auf Grund der Erhebungen über die Frauen- und Kinderarbeit in Aussicht zu nehmenden Abänderungen der Gewerbeordnung, giebt mir zu nachstehenden Bemerkungen Veranlassung:

Angesichts der gegenwärtigen ungünstigen Lage der Industrie erscheint jede gesetzgeberische Thätigkeit bedenklich, welche ohne absolut zwingende Gründe die Produktion erschwert. Die Industrie bedarf der Ruhe, um nach der rückläufigen Bewegung der letzten Jahre den Kampf mit der ausländischen Konkurrenz wieder aufnehmen zu können. Für Abänderungen unserer Gesetzgebung, welche auf den Geschäftsbetrieb störend einwirken oder die einheimische Industrie hinsichtlich ihrer Leistungsfähigkeit gegenüber der ausländischen in Nachtheil setzen, dürfte daher der gegenwärtige Zeitpunkt ungeeignet sein. Nur dann würde meines Erachtens ein Vorgehen in der angedeuteten Richtung gerechtfertigt werden können, wenn durch die stattgehabte Enquete Nothstände aufgedeckt wären, die eine unverzügliche Abhülfe erheischten. Derartige Nothstände sind aber nicht nachgewiesen oder behauptet...

Es kommt hinzu, daß die Voraussetzungen, welche vor drei Jahren für die Einleitung einer Enquete maßgebend waren, heute, nach Beendigung derselben, nicht mehr zutreffen. Damals lag die Besorgniß nahe, daß die Arbeitgeber, durch eine ungewöhnliche Nachfrage verleitet, die Kräfte ihrer Arbeiter und Arbeiterinnen bis zur Erschöpfung ausbeuten würden. Namentlich die Frauen und jugendlichen Arbeiter vor Ueberanstrengung zu schützen, erschien als eine Aufgabe der Humanität. Heute ist die Sachlage wesentlich verändert. Das Angebot überwiegt die Nachfrage. Es ist Thatsache, daß viele Fabrikanten gegenwärtig unter Verzichtleistung auf Reingewinn, ja mit direktem Verlust, nur arbeiten lassen, um in der Hoffnung auf bessere Konjunkturen ihren Arbeitern dauernde Beschäftigung zu gewähren. Würde jetzt die Gesetzgebung mit neuen Verschärfungen der Gewerbeordnung hervortreten, so würde dies den Arbeitgebern einen willkommenen Vorwand bieten, namentlich solche Arbeiter zu entlassen, deren Leistungsfähigkeit eine relativ beschränkte ist, also jugendliche Arbeiter und Frauen. Daß eine derartige Wendung von dem Arbeiterstande, in dessen Interesse doch die Enquete unternommen worden, zu beklagen sein würde, liegt auf der Hand.

Als ein dritter, allgemeiner Grund gegen die vom Herrn Handelsminister intendirte Revision der Gewerbeordnung wird die in der Denkschrift konstatirte Thatsache geltend gemacht werden können, daß die bisherigen Vorschriften der Gewerbeordnung über die Beschäftigung jugendlicher Arbeiter nur sehr sporadisch und unvollständig zur Ausführung gebracht sind. Es muß vermieden werden, die Gesetzgebung um eine neue Serie *unausgeführter* Bestimmungen zu bereichern. Auf diesem, wie auf anderen Gebieten der Legislatur dürfte eine Pause durchaus indicirt sein...

## [35] Rußland und Österreich-Ungarn

*23. 10. 1876, Bülow an Schweinitz*

...Sehen wir aber von der Formfrage ab, und denken wir uns auf amtlichem Wege die Frage formuliert, welches unser Verhalten im Falle eines russisch-österreichischen Krieges sein würde,* so wird es auch dann noch überaus schwierig sein, eine solche Frage in abstracto, losgelöst von allen tatsächlichen Voraussetzungen, zu beantworten. Wir würden bei der amtlichen Verhandlung darüber mit Rücksicht auf die freundschaftlichen Beziehungen der drei Kaiser untereinander uns zunächst den Versuch vorbehalten müssen, Österreich zu bewegen, daß es auch im Falle eines russisch-türkischen Krieges mit Rußland Frieden halte, und diese Bemühungen würden nach dem, was bisher über Österreichs Absichten bekannt ist, nicht aussichtslos sein.

Wenn sie aber mißlingen sollten, und wenn wir den Bruch zwischen Rußland und Österreich trotz aller unserer Bemühungen nicht hindern könnten, so läge an sich noch kein Grund für Deutschland vor, aus seiner Neutralität herauszutreten.

Ob ein solcher Krieg, namentlich wenn sich Italien und Frankreich an ihm beteiligten, nicht Ergebnisse haben könnte, die uns die Pflicht auferlegten, für unsere eigenen Interessen einzutreten, das läßt sich freilich nicht vorhersagen. Unseren Interessen kann es nicht entsprechen, durch eine Koalition des gesamten übrigen Europa, wenn das Glück den russischen Waffen ungünstig wäre, die Machtstellung Rußlands wesentlich und dauernd geschädigt zu sehen; ebenso tief aber würde es die Interessen Deutschlands berühren, wenn die österreichische Monarchie in ihrem Bestande als europäische Macht oder in ihrer Unabhängigkeit derart gefährdet würde, daß einer der Faktoren, mit denen wir im europäischen Gleichgewicht zu rechnen haben, für die Zukunft auszufallen drohte.

Wir können daher vertragsmäßige Zusicherungen, die uns dauernd binden würden, nicht geben, wohl aber können wir Rußland dasselbe freundschaftlich nachbarliche Verhalten in Aussicht stellen, welches der Kaiser Alexander uns gegenüber in der Vergangenheit beobachtet hat, über welches wir aber eine bindende Zusicherung im voraus niemals erhalten oder auch nur verlangt haben...

* Diese Frage des Zaren war vom preußischen Militärbevollmächtigten in St. Petersburg an den deutschen Kaiser ohne Einschaltung des diplomatischen Weges übermittelt worden.

## [36] Auf dem Weg zum Schutzzoll

*24. 10. 1876, Hofmann an Bismarck*

Auf Befehl Seiner Majestät des Kaisers fand heute im K. Palais ein Ministerconseil zur Berathung über die Eisenzollfrage statt. Seine Majestät leiteten die Berathung mit einigen Bemerkungen, ungefähr folgenden Inhalts, ein: Schon im vorigen Jahre sey es ihm, dem Kaiser, zweifelhaft gewesen, ob nicht mit Rücksicht auf die bedrängte Lage der Eisenindustrie eine Vertagung des durch das Gesetz vom Jahr 1873 für den 1. Januar 1877 angeordneten Wegfalls der Eisenzölle geboten sey. Er habe damals auf den ihm erstatteten mündlichen Vortrag seine Bedenken fallen lassen. Inzwischen seyen ihm jedoch wiederholt Mittheilungen über den im Falle der gänzlichen Beseitigung des Eisenzolls unausbleiblich drohenden Ruin der Eisen-Industrie zugegangen, weßhalb er eine nochmalige Erörterung der Frage habe wünschen müssen. Von Ew. Durchlaucht seyen ihm die Äußerungen des Handelsministers und des Finanzministers mit einem Bericht vorgelegt worden, in welchem der Antrag gestellt sey, falls eine weitere Prüfung der Frage eintreten solle, das Staatsministerium hiermit zu beauftragen.

...Hierauf...hielt...Staatsminister Camphausen einen längeren Vortrag, in welchem er an die Geschichte der Eisenzölle, insbesondere an die Entstehungsgeschichte des Gesetzes vom Jahr 1873 und den damit zu Stande gebrachten Ausgleich zwischen den widerstreitenden Interessen der östlichen und der westlichen Provinzen Preußens erinnerte und, zu der gegenwärtigen bedrängten Lage der Eisen-Industrie übergehend, die Ansicht entwickelte, daß die eigentliche Ursache des Übels lediglich in der »Hypertrophie« der Eisenwerke und dem schreienden Mißverhältnis zwischen der Masse der Produktion und dem geringen Bedarf des heutigen Marktes zu suchen sey. Das einzige Heilmittel liege in einer verständigen Beschränkung der Produktion, wie sie die englische Eisenindustrie sich selbst auferlegt habe. Eine Suspension der Aufhebung der Eisenzölle aber werde nur zur Verlängerung des jetzigen krankhaften Zustandes, nicht zur Heilung desselben beitragen....

In ähnlichem Sinne äußerte sich Staatsminister Achenbach... Der Grund, weßhalb man dieser Frage so großes Gewicht beilege und weßhalb jetzt auch die östlichen Provinzen anfingen, ihre Stimmen gegen die Beibehaltung der Eisenzölle zu erheben, bestehe nun darin, daß allgemein das Gefühl herrsche, die Suspendirung des Gesetzes vom Jahr 1873 bedeute eine Umkehr auf dem bisherigen Wege der deutschen und preußischen Handelspolitik, die Rückkehr zu einem schutzzöllnerischen System... Nachdem auch die Staatsminister Graf zu Eulenburg, Friedenthal und Falk sich ausdrücklich mit den Ansichten der Herren Camphausen und Achenbach einverstanden erklärt hatten, schloß S. M. der Kaiser die Berathung mit dem Bemerken, daß er unter solchen Umständen auf seinen Bedenken nicht ferner bestehen wolle.

Was die von Herrn Camphausen geäußerte Idee der Erhebung einer Ausgleichs-Abgabe gegenüber den französischen acquits-à-caution betrifft, so darf ich nach den mir im Allgemeinen bekannten Intentionen Eurer Durchlaucht annehmen, daß Hochdieselben mit einer solchen Maßregel im Wesentlichen einverstanden sein würden. Ich erlaube mir jedoch hinzuzufügen, daß es zur Ausführung derselben einer gesetzlichen Ermächtigung für die Reichsregierung bedürfte und daß zu diesem Zweck eine entsprechende Gesetzesvorlage[a]... einzubringen wäre. Auch fragt es sich, ob wir mit einer nur Frankreich gegenüber zu erhebenden Ausgleichungs-Abgabe nicht gegen die im Friedensvertrag stipulirte Klausel der meistbegünstigten Nation verstoßen würden[b]... Um daher der französischen Regierung keinen Grund zu Beschwerden... zu geben, wird es sich fragen, ob man die Ausgleichungsabgabe nicht allgemein[c], d. h. an allen deutschen Grenzstrecken erheben sollte[d]. Man käme damit über die mit Differential-Zöllen und Ursprungs-Zeugnissen immer verbundenen großen Mißstände hinweg und würde der Eisenindustrie, deren Lage durch Wegfall der Eisenzölle jedenfalls etwas schlimmer wird... das Surrogat für den wegfallenden Schutzzoll geben. Endlich würde noch zu erwägen sein, ob man nicht auch wegen der indirekten Exportprämie, die das französische Zuckerbesteuerungssystem den dortigen Zucker-Raffinerien gewährt, zugleich eine Ausgleichsabgabe auf Zucker einführen resp. sich die Ermächtigung dazu geben lassen sollte[e].

Randbemerkungen Bismarcks:

[a] vorzubereiten

[b] gewiß

[c] jedenfalls

[d] natürlich, sonst steht uns die Clausel der Meistbegünstigten im Wege.

[e] jedenfalls

## [37] Die Entwicklung der Reichsinstitutionen

*1. 11. 1876, Bismarck an Friesen*

Geehrter Herr College,
ich habe mich lange gesträubt, den Gerüchten über Ihren Rücktritt Glauben zu schenken und füge mich mit lebhaftem Bedauern der Evidenz der Thatsachen. Die Reichsgeschäfte ohne Ihre Mitwirkung sind für mich etwas Neues, und, wenn ich auch Ihrem Nachfolger das landsmannschaftliche Vertrauen entgegenbringe, so fehlen doch einstweilen die persönlichen Beziehungen, die darauf beruhten, daß wir gemeinsam das Kind aus der Taufe gehoben hatten. Es hat sich im Heranwachsen anders ausgebildet als ich und als wir vielleicht beide erwarteten; ich hatte auf ein geringeres Maß von centralistischen Einrichtungen, aber allerdings auf eine lebendigere Betheiligung der einzelnen Regirungen an der Initiative für das Reichsgemeinwesen gerechnet, als seither stattgefunden hat. Ich bin und war stets aufrichtig bemüht die Reichsinstitutionen vor preußischem Particularismus zu schützen; eine schwierige Aufgabe, die nur gelingen kann, wenn dem Reichskanzler eine gleichgesinnte und sich über das Ziel klare Reichstagsmehrheit zur Seite steht, daneben aber auch eine entgegenkommende Initiative aller verbündeten Regirungen auf dem Boden der Reichsgeschäfte. Ich bin nicht mehr geistig rüstig genug, um meinerseits alles leisten zu können, was zur Förderung dieses Zweckes dienlich wäre, und um zu hindern, daß der Gesammtbegriff des »Reichskanzleramtes« einen wesentlichen Theil des Gebietes einnehme, den ich ursprünglich der gemeinsamen Thätigkeit der »verbündeten Regirungen« zugedacht hatte. In das Vacuum, welches letztere ließen, ist Delbrück eingetreten; mit dem Ausscheiden dieser eminenten Persönlichkeit kann die Richtung und die Fahrgeschwindigkeit des Reichsschiffes allmähliche Aenderungen erleiden... Mit meinem Rücktritte wird sich die Gefahr steigern, die ich zu bekämpfen suche. Die Reichstagsmehrheit sucht die Abhülfe in Reichsministerien; solche würden sich, von den preußischen losgelöst, früher oder später in der anspruchsvollen, aber machtlosen Stellung des jetzigen »Reichs-Eisenbahn-Amtes« befinden; die analogen preußischen Ministerien würden factisch stärker sein. Ich habe es ausprobirt, wie vorwiegend die Stellung des Kanzlers durch die des preußischen Ministerpräsidenten getragen wird. Der Mikado hat den Rang, der Taikun

die Macht. Wird das anders sein, wenn wir einen Kaiser haben, der nicht früher König als Kaiser war? Vielleicht, wenn der »Ressort«-Begriff nicht wäre, in dem die zur Handlung berufenen Beamten aufwachsen; der deutsche Beamte gehört zuerst dem Ressort, ist das befriedigt, dem Stammlande und höchstens des Sonntags dem deutschen Vaterlande. Ich weiß nicht, welche nationalen Krankheiten wir noch durchmachen werden, und ob überhaupt der Sonnenblick nationaler Gemeinschaft, den wir seit 66 haben, von Dauer sein wird. Zunächst aber befürchte ich, daß nach meinem Ausscheiden, die Schwerkraft der materia peccans die Reichsinstitutionen zu Filialen der preußischen herunterdrücken wird, weil die Reichsämter sich im Bunde mit dem stärksten Particularisten immer noch fähiger fühlen werden, ihr »Ressort« zu verwalten, als im Kampfe gegen *alle* Regirungen. Ich kann den Strom nicht umleiten, der mich eine Zeitlang getragen hat, ich kann nur das Bewußtsein mit in den Hafen nehmen, nach besten Kräften gesteuert zu haben, bis sie mir ausgingen... Ich glaube, daß kein gerechter Richter in der Geschichte uns beiden das Anerkenntniß versagen kann, für Deutschland nach den gegebenen Vorbedingungen das Mögliche gethan und das Bessere gewollt zu haben. Liegt es in Gottes Rathschluß, daß unser gemeinsames Vaterland in den Wechselfällen der Zukunft Europas neue Rückfälle seiner seit Jahrhunderten chronischen Krankheit erleide, so werden Sie und ich daran nicht schuldig sein...

Der Bankrott der Gründerzeit und der nachfolgende Konjunkturabschwung lösten tiefgreifende Veränderungen in der deutschen Innenpolitik aus. Seit dem Einbruch der Großen Depression war auch das Parteienfeld in Bewegung geraten.[1] Die Liberalen, bisher prosperierende Teilhaber des Systems Bismarck, wurden am schärfsten von der radikalen Aschermittwochstimmung getroffen, die die wirtschaftliche Stagnation heraufbeschworen hatte und die der Kanzler ohne Zögern für die Entmachtung des Reichstags und die Rückwärtswendung zum konservativen Deutschland benutzte. So wurden die ökonomischen Tiefstandsjahre der Anfang vom Ende des liberalen Zeitalters – wenn man das Jahrzehnt nach 1866 denn überhaupt so nennen konnte – und einer individualistischen Sozial- und Wirtschaftsphilosophie. Eine langsame Verschiebung aller Sozialnormen, eine Umschichtung der Gesellschaftsstruktur und eine Verschärfung der Klassenfronten waren die Folge. Während Organisation und Werbemethoden der etablierten Parteien mit diesem Gestaltwandel nicht Schritt zu halten vermochten, profitierten die neuen Klassen- und Interessenparteien, die 1875 vereinigte Sozialdemokratie[2] und die 1876 von dem machtvollen Verband der Steuer- und Wirtschaftsreformer und in enger Fühlung mit Bismarck ins Leben gerufene Deutsch-Konservative Partei von der Umgruppierung, die in der Krise erfolgte. Die großen Interessenorganisationen, die Kinder der Depression, drangen mit neuartigen Werbe- und Agitationsmethoden, dem unverblümten Appell an den Egoismus des einzelnen und einer demagogischen Verketzerung parlamentarischer Politik auf dem unerschlossenen »politischen Massenmarkt«[3] vor. Ihr Ziel war nicht allein die staatlich sanktionierte Kartellierung und Sicherung von Absatzchancen, sondern ebenso die organisierte offene und versteckte Interessenvertretung in Parlament, Ministerien und Öffentlichkeit. Ohne daß es recht ins Bewußtsein trat, wandelten sich mit dem Stil auch die Inhalte der Politik. Die akademische und industrielle Führungsschicht entfremdete sich vollends den freiheitlich-parlamentarischen Idealen der liberalen Frühzeit und ihrer die Regierung kurzhaltenden Staatsanschauung. An die Stelle des undifferenzierten Freihandelssystems trat – und dies geschah nicht ohne dauernde Belastung der wirtschaftlichen Beziehungen zu den hauptsächlichen Handelsstaaten Europas – der Ruf nach staatlicher Intervention, nach Schutzzöllen als Sicherung gegen ausländische Konkurrenz und staatlicher Hilfe in der rauhen Luft des wirtschaftlichen Kampfs [34, 36].

Schon bei den Reichstagswahlen zu Beginn des Jahres 1877 zeichneten sich diese Tendenzen ab. Der geringe Anstieg der sozialdemokratischen Mandate (von 9 auf 12 bei 9,1 Prozent aller abgegebenen Stimmen!) erschien manchem besorgten Konservativen bereits als ein »Menetekel«[4], freilich auch als ein Ereignis, das den Umschwung zum autoritären Staat auszulösen vermochte: »Die Angst macht bekanntlich den Philister stets konservativ und entrückt ihn allein der Macht der seichten liberalen Phrase.« Das war das Kalkül, mit dem das preußische Staatsministerium an den Kautschukparagraphen festgehalten hatte und das 1878 im Hintergrund stand, als Bismarck mit dem Sozialistengesetz den Revolutionsschreck durch die deutsche Innenpolitik wandern ließ. Wenn jetzt der Ruf nach Rückwärtsrevision des allgemeinen und gleichen Wahlrechts immer lauter wurde[5] – er sollte bis zum Ende des Bismarckreichs nicht mehr verstummen – so war das ein Symptom der militanten Krisenstimmung, die sich seit dem Sturz der Börsenkurse, den ersten Massenentlassungen und Lohnsenkungen ausgebreitet hatte.

Als in der Folge die liberalen Parteien sich mehr und mehr vom moralisch-ideologischen Engagement lösten und dem Typus der Klassen- und Interessenpartei annäherten, bahnte sich damit eine Lösung des Mehrheitsproblems in den Parlamenten an. Auch das Zentrum machte ungeachtet seiner zu den gegebenen Klassen- und Interessengegensätzen quer gelagerten Struktur[6] keine Ausnahme davon. Der Kanzler, der seit 1874 mit immer geringerem Erfolg versucht hatte, die Parlamentsmehrheit zu einem willigen Instrument seiner Politik zu machen, kam seinem Ziel einen großen Schritt näher, als es ihm gelang, unter Ausnutzung der wirtschaftlichen Malaise der liberalen Ära die organisierten Interessen des Großgrundbesitzes und der Schwerindustrie für die Behauptung und Absicherung des konstitutionellen Regiments einzusetzen [36, 39, 42, 50].

Neben dem Mehrheitsproblem in den Parlamenten des Reichs und Preußens drängten vor allem zwei Fragen. Einmal die in den vergangenen Jahren steckengebliebene Steuerreform, die das Reich aus der problematischen und auf die Dauer untragbaren finanziellen Abhängigkeit von den Einzelstaaten befreien sollte; zum anderen die Reform der Reichsverwaltung, die durch immer neue Zellteilungen des Reichskanzleramts mittlerweile zu einer schwerfälligen und seit dem Abschied Delbrücks kaum noch zu handhabenden Organisation ohne politischen Zusammenhang mit der preußischen Regierung geworden war [37]. Mit beiden Fragen war schließlich der Versuch verbunden, die staatlichen Eisenbahnen, die dem Fiskus erhebliche Einnahmen brachten, für das Reich mit Beschlag zu belegen [33]. Doch die Steuerreform verfing sich schon im Frühjahr 1877 in den konstitutionellen Bedenken des durch die wiederholten Absagen der Reichstagsmehrheit unsicher gewordenen preußischen Staatsministeriums. Bismarck entschloß sich nun, auf alle Abschlagszahlungen zu verzichten, die die Regierung dem Reichstag vielleicht noch abhandeln konnte, und visierte seitdem die große Lösung an, die »durchgreifende Reform des gesamten Zoll- und Steuerwesens« [39, 42, 47]. Das bedeutete nichts anderes, als daß die Finanzreform so lange auf Eis lag, bis der Kanzler eine Mehrheit im Reichstag fand, die seine Politik ohne Wenn und Aber unterstützte. Im Frühjahr 1877 war er indessen davon weiter entfernt als jemals zuvor seit 1871.

Die geplante Finanzreform mußte das Gewicht der Reichszentralgewalt wesentlich vergrößern. Zugleich machte sie deren umfassende Reorganisation noch dringender. Der Kanzler sah die Lösung in einem Ausbau der ministeriellen Organisation der Reichsspitze, ohne aber die von den Liberalen gewissermaßen als ein ceterum censeo stets verlangten, dem Parlament verantwortlichen Reichsminister schaffen zu wollen. Die Reorganisation sollte vielmehr dergestalt erfolgen, daß die Chefs der Reichsressorts zugleich Träger preußischer Ministerien wurden. Ein System von Personalunionen sollte den Dualismus zwischen dem Reich und Preußen überbrücken, in dem ein großer Teil der Mißerfolge der letzten Jahre wurzelte [44–50]. Wenn aber der Plan, die Zentralgewalt durch ausreichende Einnahmen und eine arbeitsfähige ministerielle Spitze zu stärken, den im Reichstag noch immer tonangebenden Liberalen sympathisch sein mußte, so war es doch nur zu gewiß, daß sie jede Lösung, die dem Reichstag nicht wesentliche Mitspracherechte garantierte, bekämpfen würden. Aber das waren nicht die einzigen Schwierigkeiten. Denn auf der Gegenseite stand das Interesse der Einzelstaaten, den Bundesrat, dem man ohnehin als wirkungsvolle Repräsentanz der einzelstaatlichen Interessen nicht viel zutraute, nicht ganz im Schatten der Zentralgewalt verschwinden zu sehen und das Eindringen Preußens in die Reichsverwaltung zu verhindern.[7] Es war diese doppelte Frontstellung, an der schon im Frühjahr 1878 das Reichsreformprojekt scheitern sollte.

Noch im Frühjahr 1877, unmittelbar nachdem er seine politische Zukunft mit der großen Lösung des Finanzproblems verbunden hatte, verschaffte sich Bismarck durch ein Rücktrittsgesuch – es wurde vom Kaiser angeblich mit »niemals!« quittiert – weitgehende Entlastung von den laufenden Geschäften, um in Varzin gelassen die weitere Entwicklung abzuwarten und die Fäden zu knüpfen. Während in der Folgezeit die Hauptziele schärfer hervortraten, suchte Bismarck nach einem Bindemittel, um zu verhindern, daß das im Frühjahr 1877 zur Maxime der Regierungspolitik gemachte Abwarten nicht zu einem Dauerzustand wurde. Vorübergehend erwog er, den Kulturkampf zu neuer Hitze anzufachen [42, 43]. Mehr Bedeutung aber hatte der Versuch, mit dem nationalliberalen Parteiführer Rudolf von Bennigsen über die Gesamtheit der schwebenden Fragen zu einer Verständigung zu gelangen und ihm als Preis des nationalliberalen Entgegenkommens eines der wichtigsten Ressorts in der Regierung anzubieten, Finanzen oder Inneres [42, 46, 51]. Die Geschichte dieser Ministerkandidatur und ihres Scheiterns hat die Forschung lange Zeit beschäftigt.[8] Als Ergebnis ist festzuhalten, daß die Verhandlungen wohl in erster Linie deshalb fehlschlugen, weil die nationalliberale Partei den Fuß fest in die Tür zum Staatsministerium stellen wollte, um mit der Parlamentarisierung ernst zu machen, während Bismarck nicht mehr erstrebte als ein politisches Geschäft zu festem Preis. Als im Frühjahr 1878 neue Gegensätze in der Frage der indirekten Steuern (Tabakbesteuerung und -monopol) aufbrachen, war eine Entwicklungslinie abgeschnitten, die unter günstigen Umständen vielleicht dem Liberalismus auf lange Zeit eine Führungsrolle gesichert hätte. Diese Chance war verspielt. Aber die Nationalliberalen fürchteten – und das sicherlich nicht zu Unrecht – die Gefahr der Zermürbung, wenn sie Bismarcks Regierungspartei wurden, und sahen das Scheitern der Bennigsen-Kandidatur nicht als Unglück an. Sie glaubten, dank des Kulturkampfs und mit dem Budgetrecht in der Hand die Regierung unter Druck setzen zu können, und meinten, die Zeit arbeite unweigerlich für sie. Bennigsen ließ dem Kanzler ausrichten, sie hätten »Zeit zu warten, inzwischen steige die Finanznot und das Septennat laufe ab. Sie würden gar nichts von Belang bewilligen, sondern sich mit Abstrichen, Anleihen und dergleichen vorläufig helfen«[9].

Damit hing aber auch das gesamte Reformprogramm einschließlich der Reorganisation der Regierungsspitze in der Luft. Die Stellvertretungsvorlage [48, 49], die den Chefs der Reichsämter größere Bewegungsfreiheit gab, aber die alleinige Verantwortlichkeit des Kanzlers nicht aufhob, blieb von den ursprünglichen Reformzielen weit entfernt. Die Umbildung des Staatsministeriums in konservativer Richtung vertiefte den Graben zwischen der Regierung und den Nationalliberalen. Ohne festen parlamentarischen Rückhalt mußte Bismarck den Einzelstaaten und dem Reichstag bedeutende Teile der Reform preisgeben. Ende März 1878 scheiterte schließlich auch die Eisenbahnvorlage im preußischen Abgeordnetenhaus, die Vorstufe der Übernahme der Bahnen auf das Reich hatte sein sollen.[10]

Bismarck dachte jetzt an die Reichstagsauflösung gegen die Liberalen. Sollte sie aber den politischen Umschwung in Gang bringen, so setzte das die Vorlage eines umfassenden »wirtschaftlichen Programms« voraus, um die Schutzzöllner für die Regierung zu engagieren, mit dem Zentrum zu einem modus vivendi zu kommen und die bloße »Wiederwahl der bisherigen Abgeordneten« zu verhindern.[11] Die Parlamentsauflösung wurde seitdem zum taktischen Angelpunkt in Bismarcks Politik. Dabei stand hinter dem finanz- und zollpolitischen Reformprojekt unverändert der Gedanke der gesamtpolitischen Neuorientierung im Zeichen der konservativen Vorherrschaft und der Entpolitisierung des Reichstags, der Zerstörung der alten Parteifronten und ihrer Ablösung durch wirtschaftliche Interessengegensätze [50].

Im Frühjahr 1878 erschien das alles jedoch als Zukunftsmusik. Erst die beiden in rascher Folge auf den Kaiser ausgeübten Attentate ebneten Bismarcks großer Lösung den Weg. Noch waren die ersten Schüsse kaum verhallt, da hielt Staatssekretär von Bülow ein Telegramm aus Friedrichsruh in Händen: »Sollte man nicht von dem Attentat Anlaß zu sofortiger Vorlage gegen Sozialisten und deren Presse nehmen?«[12] Bismarck war entschlossen, die Situation gegen die Liberalen auszubeuten, das Erfolgsrezept von 1876 erneut anzuwenden und ein scharfes Sondergesetz gegen »sozialistische Umtriebe« einzubringen. Das Gesetz sollte praktisch den Sozialdemokraten jede politische Tätigkeit unmöglich machen. Das war indessen nicht der Hauptzweck. In erster Linie war es das Ziel, die nationalliberalen Widersacher der Kanzlerpolitik vor einer instinktiv die Sicherung von Ruhe und Ordnung, Leben und Besitz fordernden öffentlichen Meinung moralisch zu Mitschuldigen zu machen. Deshalb war das Gesetz, die schlechte Kopie eines englischen Gesetzes gegen den irischen Geheimbund der Fenier, von vornherein so grob entworfen worden, daß es für die Liberalen schlechthin unannehmbar war [53]. Die Vorlage, hinter der Bennigsen die »Absicht eines Krieges gegen den Reichstag und die Einleitung zu dessen Auflösung« ahnte[13], wurde indessen »ebenso prompt beseitigt«, wie sie entstanden war.[14] Da die Nationalliberalen aber anboten, im Herbst über ein umfassendes und gewiß nicht zimperliches Vereinsgesetz mit sich reden zu lassen, entwanden sie dem Kanzler die Waffe der Auflösung.

Während in den folgenden Tagen Bismarck die parlamentarischen Schwierigkeiten sich weiter häufen sah und in seinen Überlegungen die Vision eines Verfassungskonflikts mit der Reichstagsmehrheit auftauchte [54], kam der zweite Schütze in dem Drama des Kanzlers wie ein deus ex machina. Als Bismarck im Park von Friedrichsruh die Nachricht erhielt, verlor er keine Zeit: »Dann lösen wir den Reichstag auf« – so seine gutverbürgten ersten Worte.[15] In rascher Folge gewann er das Staatsministerium für seine Politik und vermochte sich auch im Kronrat gegen die Einwände des die Regierung führenden Kronprinzen durchzusetzen [55]. Vorübergehend schien es, als werde in dem des Widerspruchs entwöhnten Bundesrat eine süddeutsche Front sich gegen Bismarck zusammenfinden, geführt von Baden, dem Musterstaat des liberalen Konstitutionalismus. Doch erhielt nun der preußische Gesandte in Karlsruhe unzweideutig Anweisung, vernehmlich mit dem Säbel zu rasseln und das badische Staatsministerium durch die Drohung mit Verhängung des Belagerungszustands und Revision der Reichsverfassung unter preußischem Diktat unter Druck zu setzen [56][16]. Als dann der Bundesrat einstimmig den preußischen Auflösungsantrag unterschrieb, war das Ende der liberalen Ära im Reichstag besiegelt. Das Zusammenwirken der Großen Depression mit dem durch die Allianz von Roggen und Eisen vorgetragenen Angriff auf das liberale Wirtschaftssystem hatten die Voraussetzungen geschaffen, unter denen der gesamtpolitische Umformungsprozeß stattfinden konnte. Die wirtschaftliche Reform, deren Verwirklichung bisher an der Gegenforderung konstitutioneller Garantien und glaubhafter Teilparlamentarisierung gescheitert war, verband sich mit der parlamentarischen Enteignung der Nationalliberalen und der Entmachtung des Reichstags zu einem Programm, das die Strukturkrise des konstitutionellen Staats durch die umfassende Rückwärtsrevision der Verfassung zu lösen suchte.

Mit dem Ende der liberalen Ära in den Parlamenten, der Desillusionierung des bürgerlichen Liberalismus und der Einführung der Staatsstreichdrohung als Mittel einer konservativen Politik bildet das Jahr 1878 in der inneren Geschichte des Bismarckreichs die große Zäsur. Im Verlauf des sich seit 1874 verschärfenden Konflikts bedeutete die Parlamentsauflösung Höhepunkt und Abschluß zugleich. Der konstitutionelle Kompromiß hatte, als die Kluft zwischen der Reichstagsmehrheit und der Regierungspolitik unüberbrückbar geworden war und die Liberalen mit den Mitteln des Parlaments, Gesetzgebungs- und Budgetrecht, ernst zu machen drohten, seine Grenze erreicht. Als der Reichstag aufgelöst wurde, war der Weg frei für eine Entwicklung, in der liberale Zeitgenossen die »Diktatur des Reichskanzlers über Deutschland« sich vollenden sahen.[17] Das Sozialistengesetz, das der Reichstag am 19. Oktober 1878 annahm, war dafür Instrument und Symbol zugleich [58].

Bismarck hat seine politischen Grundentscheidungen stets mit Hilfe wirtschaftlicher Interessen durchgesetzt. So auch jetzt. Der Schutzzoll wurde zur Fahne, hinter der sich die Regierung und der Zentralverband deutscher Industrieller, der Verband der Steuer- und Wirtschaftsreformer und die im Reichstag gebildete »Volkswirtschaftliche Vereinigung« von 204 Abgeordneten des Zentrums [87], der Konservativen [75] und der Nationalliberalen sammelten.[18] In der damaligen Lage war das Pronunciamento der »204« der gemeinsame Hauptnenner der Koalition von Schwerindustrie und Großgrundbesitz, die Basis der antiliberalen und antiparlamentarischen Verfassungsrevision sein sollte. Bismarcks unmittelbares Ziel war es dabei, die wirtschaftlichen Interessen jener Schichten zu befriedigen, die die bestehende Verteilung der Macht in Gesellschaft und Politik vorbehaltlos bejahten und Sicherheit und Ordnung, den starken Staat und die feste Hand für die gegebene Lösung der innerdeutschen Probleme hielten [62, 65].

Der Ausbau der indirekten Steuern und die Abkehr vom Freihandel waren indessen trotz allem noch nicht gesichert. Auch die verfassungspolitische Fortsetzung, das Kernstück der neuen

Wirtschaftspolitik, blieb angesichts der Spannungen im Zentrum und bei den Nationalliberalen im Ungewissen. So kündigte Bismarck die abermalige Auflösung an, falls die Reichstagsmehrheit nicht im Einklang mit dem Auftrag handelte, den sie nach seiner Auffassung von der Mehrheit der Wähler erhalten hatte [57, 59]. Bismarck schuf sich mit dieser willkürlichen Konstruktion eine Waffe, mit der sich unversehens sachplebiszitäre und cäsaristische Elemente in die deutsche Verfassungswirklichkeit einführen ließen. Selbst die Drohung mit staatsstreichartigem Vorgehen gegen den Reichstag oder die Einzelstaaten wurde wieder hervorgeholt [60, 63] und blieb seitdem dauernder Bestandteil der Taktik und Strategie des Kanzlers. Seit der Annahme des Sozialistengesetzes gehörten ohnehin der Kampf gegen den Reichstag und der Versuch, ihn direkt (durch den als Parlamentsersatz gedachten Volkswirtschaftsrat) oder indirekt (durch »Maulkorbgesetz«, zweijährige Etatperioden und Wahlrechtsrevision) beiseite zu schieben, zu den Leitgedanken der Bismarckschen Innenpolitik.

Wie der Kanzler in Zirkularerlassen an die preußischen Gesandten bei den deutschen Höfen feststellte, war die Reform des Steuer- und Zolltarifsystems zu einer Existenzfrage des Reichs geworden.[19] Sie war die notwendige Ergänzung des Kampfes gegen die »socialistische Gefahr«, die längst zur Chiffre für Parlamentarismus und Freihandel, Liberalismus und Sozialdemokratie geworden war. Bismarck eröffnete den parlamentarischen Kampf Anfang Mai mit zwei großen Reden im Reichstag.[20] Während sich der Sieg des Schutzzolls bereits ausrechnen ließ und es sich im Grunde nur noch um die Höhe der – weil sie das Brot des vielzitierten kleinen Mannes verteuerten – bis zuletzt umstrittenen landwirtschaftlichen Zollsätze handelte, kam es über das Finanzprogamm, gegen das neben dem Zentrum auch die Nationalliberalen erhebliche Bedenken hatten, zu einer Art »Wettbewerb um die parlamentarische Schlüsselstellung« zwischen beiden Parteien.[21] Das Zentrum handelte schließlich mit dem Kanzler eine Lösung aus (Antrag Franckenstein), nach der die Einnahmen aus Zöllen und Tabaksteuer, soweit sie 130 Millionen Mark jährlich überstiegen, den Einzelstaaten überwiesen werden sollten, die daraus weiterhin Matrikularbeiträge nach Maßgabe der Anforderungen der Reichsverwaltung bestritten. Dieser Kompromiß hatte zwar eine erhebliche föderalistische Tendenz und widersprach der Gesamtrichtung der Finanzreform, aber er eröffnete zugleich die

Aussicht, nach Beilegung des Kulturkampfs [64] das Mehrheitsproblem im Reich und in Preußen auf konservativer Basis zu lösen. Nach Annahme der Franckensteinschen Klausel stimmte am 12. Juli 1879 eine Reichstagsmehrheit aus Konservativen, Zentrum und einigen Nationalliberalen dem neuen Zolltarif zu.

Unabhängig von den Einzelheiten der Zoll- und Steuergesetze, die seitdem dem Staat einen weitgreifenden Einfluß auf die Verteilung des Sozialprodukts gaben, muß die wirtschaftliche Reform im Zeichen des Solidarprotektionismus als der entscheidende Teil des gesamtpolitischen Umformungsprozesses angesehen werden. Das Sozialistengesetz und die mit ihm zusammenhängende Aktivierung des Sozialstaats, die Kampfgesetze gegen den Reichstag, die Betonung der preußischen Macht als Kern der Reichsregierung und in Preußen die Bildung eines Kabinetts Bismarcks sans phrase [52, 66], Schutzzoll und Finanzreform – das alles waren Stufen einer autoritären Neuordnung, die die antiparlamentarische Dominante in Bismarcks Politik mit den wirtschaftlichen Interessen der preußischen Konservativen und der Schwerindustrie in Oberschlesien, an Ruhr und Saar verband.

In Bismarcks Gesamtpolitik hingen, wie mit Recht immer wieder betont worden ist[22], die auf Stärkung des konservativ-agrarischen Elements und Straffung des monarchischen Staats gerichteten Tendenzen aufs engste mit dem außenpolitischen Sicherungssystem zusammen, das noch im gleichen Jahr mit dem Abschluß des deutsch-österreichischen Bündnisses eine neue Basis erhielt. Man wird aber auf der Passivseite dieser Politik auch die Belastungen nicht übersehen dürfen, die gerade die Agrarzölle für das Verhältnis zu dem Agrarüberschußland Rußland bedeuteten. Parallel zu der Abkühlung der ehemals so engen dynastischen und diplomatischen Beziehungen spielte sich ein Wirtschaftskrieg zwischen beiden Ländern ab, der älteren Datums war, den die Wendung zum Schutzzoll und die Betonung der autonomen Handelspolitik indessen zu einem Dauerzustand machten [107].

Die diplomatische Niederlage des Frühjahrs 1875 hatte dazu geführt, daß Möglichkeiten und Grenzen der deutschen Außenpolitik neu definiert wurden [38]. Das Schlüsseldokument für diese Neubewertung der Lage Deutschlands und seiner Interessen wurde Bismarcks Kissinger Diktat vom Sommer 1877, das die Summe der Erfahrungen aus dem damals drohenden Zusammengehen von Rußland, Frankreich und England gegen das Deutsche Reich zog [40]. Zur Zeit der Kissinger Überlegungen war überdies der durch den Aufstand in Bosnien und der Herzegowina ausgelöste Bruch zwischen Rußland und Österreich-Ungarn bereits eine feststehende Tatsache [35]. Eine wesentliche Voraussetzung für den Erfolg einer Politik, die in Zukunft damit rechnete, die Spannungen zwischen den Mächten an der Peripherie Europas auszutragen – diesen Gedanken hatte Bismarck in Kissingen skizziert – war nun in der Tat die Rückwendung Deutschlands zum konservativen Staat. Sie mußte die Einfügung des Deutschen Reiches als bewahrender Faktor in die europäische Staatenwelt der späten siebziger und achtziger Jahre erleichtern – und Bismarcks dominierende Rolle auf dem Berliner Kongreß 1878, als vorübergehend sogar die Wiederherstellung der alten europäischen Pentarchie denkbar schien, machte dies augenfällig. Zwischen Rußland, Österreich und England vermittelnd, vermochte der Kongreß die unmittelbare Gefahr eines großen europäischen Krieges zu bannen. Bismarcks Leitung – »jetzt fahre ich Europa vierelang vom Bock« – dokumentierte zugleich den Übergang der deutschen auswärtigen Politik in eine Phase der Bewahrung und des Ausgleichs. Der Abschluß, den der »ehrliche Makler« zuwege brachte, entsprach indessen mehr den Interessen Österreichs und Englands als denen Rußlands, das erwartet hatte, den Schuldschein für die 1870 Preußen gewährte Rückendeckung besser honoriert zu sehen. Bereits über die Ausführung der Beschlüsse kam es daher zu neuen Spannungen, und Bismarck fürchtete erneut die Bildung einer Kaunitzschen Koalition. Die freie Mittlerstellung zwischen den Mächten, der Grundgedanke von Kissingen, schien die historische Stunde des Kongresses nicht zu überdauern. Eine bleibende Festlegung der deutschen Politik erschien unausweichlich.

In dieser Lage suchte Bismarck nach neuen Sicherungen. Er fand sie in der »begrenzten Option« für Österreich[23], die es erlaubte, mit dem Habsburgerstaat in ein defensives Bündnis zu treten, ohne gleichzeitig die Verbindungen zu Rußland abbrechen zu müssen – insofern bedeutete der Zweibund keine dauernde Festlegung gegen den Zarenstaat [127b]. Das Ergebnis war mehr ein Schwebezustand offener und nicht für den Kriegsfall eingerichteter Allianzen als der Ausgangspunkt einer Blockbildung, wie sie dann die europäische Situation am Vorabend des Weltkriegs unheilvoll überschattete.

Aber erst nach einem leidenschaftlichen Kampf, in dem

Bismarck sich mit den ernsten Bedenken Wilhelms I. auseinandersetzte, vermochte er dem Kaiser die Zustimmung zu einem Bündnis abzuringen, das, wenn es auch zu der ursprünglich verfolgten mitteleuropäischen Zollunion unter preußischer Führung nicht kam, doch dem Deutschen Reich eine weite wirtschaftliche und politische Einflußsphäre im agrarischen Südosten sicherte [69]. Damit waren die Weichen für die auswärtige Politik der späten Bismarckzeit gestellt. Das galt um so mehr, als der Zweibund alsbald zur Brücke wurde, über die sich die Beziehungen zu Rußland wieder festigten. Als 1881 das konservative Dreikaiserabkommen erneuert wurde, hatte der Zweibund eine auf Schutz vor dem Zweifrontenkrieg und Sicherung der deutschen Mittlerstellung gerichtete Fortsetzung gefunden.

## [38] Das gespannte Verhältnis zu Rußland

*24. 1. 1877, Bismarck an Schweinitz*

... Ich habe zu der ganzen schlechten Behandlung, die uns seit der Berliner Konferenz von dem russischen Kabinette zuteil geworden ist, nur eine Erklärung, die auf zwei Erwägungen beruht. Einmal auf der russischen Annahme, als ob wir wegen der Leichtigkeit Rußlands, sich mit Frankreich zu verbünden, des russischen Wohlwollens in dem Maße bedürftig wären, daß wir uns gefallen lassen müßten, was immer uns von dort her zuteil werden mag. Wie irrtümlich diese Annahme ist, wissen Sie als preußischer Offizier, und meine ganze Politik seit 15 Jahren hat, wie ich glaube, bewiesen, daß wir auch den anscheinend ungleichsten Kampf einer unwürdigen Rolle vorziehen. Dieses Motiv allein würde aber nicht hinreichen, die Prüfungen zu erklären, welche Rußland unserem Selbstgefühl auferlegt; denn außer etwa der militärischen Lust zu fechten, ist gar kein Grund ersichtlich, welcher einen Kaiser von Rußland bestimmen könnte, das Bündnis mit der provisorischen Republik Frankreich der hundertjährigen Freundschaft mit dem zuverlässigen, in sich einigen und militärisch stärkeren Deutschen Reiche vorzuziehen. Die Staatsraison enthält für das russische Reich keinen Grund, das alte und von uns für die Zukunft angebotene Bündnis Deutschlands zurückzustoßen, wenn nicht das Element persönlicher Rankünе hinzutritt. Wenn es Gottes Wille ist, daß letzteres auf die Entschließung eines so mächtigen Monarchen, wie der Kaiser von Rußland, entscheidend einwirkt, so müssen wir, so gut wir können, einen schweren Kampf bestehen, den wir nicht suchen. Wir werden ihn ungern fechten, aber mit dem Gottvertrauen, welches ungerechte Angriffe dem davon Betroffenen zu verleihen pflegen; einschüchternd kann auch eine so bedauerliche und unseren Gefühlen so sehr widerstrebende Aussicht nicht auf uns wirken; um so weniger, je mehr man uns nötigt, ihr ins Auge zu blicken, und ich fürchte allerdings, daß es in Rußland einflußreiche Leute gibt, die lieber im Bunde mit der Pariser Regierung gegen Deutschland, als für die orientalischen Christen in der Türkei kämpfen möchten. Ich fürchte namentlich, daß das Bestreben des Fürsten Gortschakow dahin geht, die Sympathie des Kaisers Alexander für seinen Oheim und für Preußen zu zerstören, uns in unseren Verbindungen mit Österreich und England nach Kräften abzugraben und, vielleicht durch diplomatische Einwirkung in Wien, vielleicht durch Bedrohung Österreichs unter Erweckung von Mißtrauen gegen uns, die Andrássysche Regierung zu stürzen und einer solchen Platz zu machen, die sich zunächst zu einer diplomatischen antideutschen Koalition hergibt, welche durch den Beitritt Frankreichs an jedem Tage verstärkt werden könnte...

## [39] Keine Abschlagszahlungen bei der Steuerreform

*9. 3. 1877, Protokoll des Staatsministeriums*

...Der Herr Minister-Präsident erklärte, er halte es für unmöglich, schon in der jetzigen Reichstags-Session eine Steuer-Vorlage durchzubringen. Höchst bedenklich aber sei es, sich einer nochmaligen Ablehnung auszusetzen. Er wünsche nicht etappenweise, durch Einbringung einzelner Steuer-Vorlagen vorzugehen, sondern erstrebe eine durchgreifende Reform des gesammten Zoll- und Steuerwesens. Eine solche Reform würde durch Einführung einer Tabackssteuer nicht gefördert, sondern aller Wahrscheinlichkeit nach ins Unbestimmte vertagt. Man werde die Tabacks-Steuer allein vielleicht im Reichstage als Abschlags-Zahlung bewilligen, dann aber später um so entschiedener sich gegen die Besteuerung anderer Gegenstände erklären, die als Steuer-Objecte ebenso empfehlenswerth seien. Nur dadurch, daß man diese Gegenstände, als welche er besonders Bier und Petroleum bezeichnen müsse, in Verbindung mit dem Taback in Vorschlag bringe, könne man auf Annahme derselben rechnen.

Der Herr Finanz-Minister hob hervor, daß es nothwendig sei, die Einnahmen des Reiches zu steigern, wenn der preußische Etat balanciren solle. Der Gesetz-Entwurf von 1872 habe in aller Stille die Einführung des Tabacks-Monopols angebahnt. Eine weitere Verfolgung des eingeschlagenen Weges sei wünschenswerth...Die Hauptfrage sei, ob man die Zustimmung des Reichstags erlangen könne. Werde dieselbe verneint, so unterbleibe die Sache besser...

Der Herr Minister-Präsident erwiderte, man müsse zwei verschiedene Ziele unterscheiden: die augenblickliche Verminderung der Matrikular-Beiträge und die Reform des ganzen Steuer-Systems. Handle es sich nur um das erstere Ziel, so sei es unbedenklich, den Vorschlägen des Herrn Finanz-Ministers zu folgen. Wolle man aber das zweite Ziel ins Auge fassen, so erschwere man sich selbst aus den von ihm vorhin angeführten Gründen die Erreichung desselben, wenn man schon in *dieser* Reichstags-Session eine Tabacks-Steuer-Vorlage einbringe.

Der Herr Staatsminister Hofmann warf die Frage auf, wie man sich etwaigen Anträgen anderer Staaten auf Einführung neuer Steuern gegenüber verhalten solle.

Der Herr Minister-Präsident bezeichnete es als keineswegs unerwünscht, wenn derartige Anträge aus der Initiative des Reichstags hervorgingen. Im Bundesrathe aber müsse man dieselben bekämpfen, um die Verantwortlichkeit für ihre Durchführung abzulehnen. Es wurde hierauf constatirt, daß das Staatsministerium mit dem Vorschlage des Herrn Minister-Präsidenten, von der Einbringung neuer Steuer-Vorlagen vorläufig Abstand zu nehmen, einverstanden sei.

## [40] Le cauchemar des coalitions

*15. 6. 1877, Bismarcks Kissinger Diktat*

Ich wünsche, daß wir, ohne es zu auffällig zu machen, doch die Engländer ermutigen, wenn sie Absichten auf Ägypten haben: ich halte es in unserem Interesse und für unsere Zukunft [für] eine nützliche Gestaltung, einen Ausgleich zwischen England und Rußland zu fördern, der ähnliche gute Beziehungen zwischen beiden, wie im Beginn dieses Jahrhunderts, und demnächst Freundschaft beider mit uns in Aussicht stellt. Ein solches Ziel bleibt vielleicht unerreicht, aber wissen kann man das auch nicht. Wenn England und Rußland auf der Basis, daß ersteres Ägypten, letzteres das Schwarze Meer hat, einig würden, so wären beide in der Lage, auf lange Zeit mit Erhaltung des status quo zufrieden zu sein, und doch wieder in ihren größten Interessen auf eine Rivalität angewiesen, die sie zur Teilnahme an Koalitionen gegen uns, abgesehn von den inneren Schwierigkeiten Englands für dergleichen, kaum fähig macht.

Ein französisches Blatt sagte neulich von mir, ich hätte »le cauchemar des coalitions«; diese Art Alp wird für einen deutschen Minister noch lange, und vielleicht immer, ein sehr berechtigter bleiben. Koalitionen gegen uns können auf westmächtlicher Basis mit Zutritt Österreichs sich bilden, gefährlicher vielleicht noch auf russisch-österreichisch-französischer;

eine große Intimität zwischen zweien der 3 letztgenannten Mächte würde der dritten unter ihnen jederzeit das Mittel zu einem sehr empfindlichen Drucke auf uns bieten. In der Sorge vor diesen Eventualitäten, nicht sofort, aber im Lauf der Jahre, würde ich als wünschenswerte Ergebnisse der orientalischen Krisis für uns ansehn: 1. Gravitierung der russischen und der österreichischen Interessen und gegenseitigen Rivalitäten nach Osten hin, 2. der Anlaß für Rußland, eine starke Defensivstellung im Orient und an seinen Küsten zu nehmen, und unseres Bündnisses zu bedürfen, 3. für England und Rußland ein befriedigender status quo, der ihnen dasselbe Interesse an Erhaltung des Bestehenden gibt, welches wir haben, 4. Loslösung Englands von dem uns feindlich bleibenden Frankreich wegen Ägyptens und des Mittelmeers, 5. Beziehungen zwischen Rußland und Österreich, welche es beiden schwierig machen, die antideutsche Konspiration gegen uns gemeinsam herzustellen, zu welcher zentralistische oder klerikale Elemente in Österreich etwa geneigt sein möchten.

Wenn ich arbeitsfähig wäre, könnte ich das Bild vervollständigen und feiner ausarbeiten, welches mir vorschwebt: nicht das irgend eines Ländererwerbes, sondern das einer politischen Gesamtsituation, in welcher alle Mächte außer Frankreich unser bedürfen, und von Koalitionen gegen uns durch ihre Beziehungen zueinander nach Möglichkeit abgehalten werden...

## [41] Das Interesse der Industrie und die soziale Frage

*10. 8. 1877, Bismarck an Achenbach*

Bei meiner Anwesenheit auf dem Lande habe ich Gelegenheit gehabt, in benachbarten Fabriken die Thätigkeit der neu eingesetzten Fabrikinspektion zu beobachten und in Folge der dabei erhaltenen Eindrücke bei dem Fabrikinspektor der Provinz... mir nähere Auskunft über seine Instruktionen und Vollmachten erbeten. Nach Kenntnißnahme von denselben glaube ich, daß das Institut der Fabrikinspektoren, so wie es augenblicklich organisiert ist, in seiner gesetzlichen Berechtigung zweifelhaft, in seiner praktischen Wirksamkeit aber nachtheilig für die Industrie wirken wird...

Ich bin in der Lage, die Wirkung unserer gesetzgeberischen und administrativen Arbeiten zu beobachten, weil ich nicht blos der regierenden und gesetzgebenden Klasse angehöre, sondern auch der regierten und selbst fühle, wie fehlerhafte Gesetze wirken. Wenn das Geschick einer so einflußreichen Klasse, wie der Fabrikbesitzer einer Provinz, von den individuellen technischen Ansichten und von der individuellen Gesetzesauslegung eines einzelnen, gewiß wohlgesinnten, aber vielleicht enthusiastischen Beamten von lebhaftem Selbstgefühl abhängt, so liegt hierin eine bedeuthende und unnöthige Erweiterung des Feldes, auf dem die Regierung sich Feinde macht und auf dem die Regierung auf ihre Kosten die Verantwortlichkeit für die Irrthümer und Übertreibungen einzelner Beamten übernimmt...

Ich habe kein rechtes Verständniß dafür – und ich glaube, auch Andere, die nicht gerade in engere Ideenkreise sich eingelebt haben, werden es nicht haben – warum unter allen Zweigen menschlicher Thätigkeit gerade bei den schwierigsten und von fremder Konkurrenz am meisten abhängigen die Bevormundung zur Verhütung einiger der Gefahren, die das menschliche Leben überall bedrohen, bis zu dem hier gewollten Maße getrieben werden soll...

Es wäre vielleicht nützlicher, die Sicherheit unserer Bauvorrichtungen und unserer Bauten, die Gefahren unseres Bergbaubetriebes... zum Gegenstande besonderer Inspektionen und Spezialgesetze zu machen, als länger dem, durch stillschweigendes Übereinkommen zugelassenen Irrthume zu dienen, als würden wir der Lösung der sozialen Frage auf dem Wege näher kommen, der mit den vorliegenden Gesetzentwürfen eingeschlagen worden ist. Als das wirksamste Schutzmittel in dieser Richtung betrachte ich vielmehr nur die Haftpflicht für Unfälle und wenn nöthig, eine Verschärfung und namentlich eine sorgfältigere Überwachung derselben, auch ihre mögliche Ausdehnung auf die Invalidität, die aus Erschöpfung durch Arbeit und aus Krankheit im Dienste hervorgeht. Wenn Ew. Excellenz auf diesem Wege die nähere Ausbildung unserer Gesetzgebung in Angriff nehmen wollen, so werde ich dabei zu voller Mitwirkung gern bereit sein, auf dem der Prophylaxis durch Beamte aber nicht...

## [42] Konflikte, vielleicht Kammerauflösungen

*6. 10. 1877, Tagebuch Falks*

Die Sitzung [des Staatsministeriums] war ernst... Eulenburg blieb dabei, daß die Städteordnung vorgelegt werden müsse, hielt es für verderblich, wenn die nationalliberale Partei, auf die die Regierung sich stützen müsse, vor den Kopf gestoßen werde, indem man die Verwaltungsreform sistiere,... und meinte, daß zu veränderter Vorlage ein anderer zweifellos geeigneter sei, damit seinen Rücktritt andeutend. Bismarck erwiderte, er gäbe seine Zustimmung zu dieser Städteordnung, welche Regierungsrechte ohne Grund opfere und der Sozialdemokratie Tür und Tor öffne, niemals, auf jede Gefahr hin. Er warf, wie schon früher, Eulenburg vor, daß er sich habe in bedenkliches Tun treiben lassen, wie er aus einem von einem Fortschrittsmanne geschriebenen Buche über die Verwaltungsreform nach Eulenburgischen Äußerungen nachweisen will, und erklärte, die aus dem Ministerium des Innern kommenden Gesetzesvorlagen mit Mißtrauen anzusehen. Wenn man die Verwaltungsreform weiterführen wolle, möge man zuerst an Schleswig-Holstein oder Nassau denken. Nach früheren Unterredungen mit Eulenburg habe er annehmen müssen, dieser werde als Grund seines Ausscheidens seine Gesundheit angeben, jetzt wolle er, aus sachlichen Gründen sich trennend, noch einen Partherpfeil auf ihn, seinen fünfzehnjährigen Kollegen, abschießen. Gegen letzteres verwahrte sich Eulenburg. Er werde sein Abschiedsgesuch, wie er dies in Wahrheit könne, mit seinem Gesundheitszustand motivieren. Camphausen erklärte sich für Fortsetzung der Reform, unterbleibe sie oder stehe man still, so werde auch er gehen. Wolle man den Kulturkampf, so könne man sich von der liberalen Partei nicht trennen und ohne Landtag, also verfassungswidrig, könne man doch nicht regieren. Bismarck: Dieser Zusammenhang existiert in keiner Weise. *Ich will, wenn ich im Amte bleibe, den Kulturkampf bis zum äußersten Ende führen, zu einem Ende, bis zu welchem vielleicht nicht alle Anwesenden mit mir gehen werden.* Ich regiere mit der Verfassung, mit der nationalliberalen Partei; wenn Graf Eulenburg ausscheidet, so werde ich ein Mitglied dieser Partei dem König zu seinem Nachfolger vorschlagen, wobei ich freilich nicht weiß, ob ich durchdringe; die Nationalliberalen hätten schon längst im Ministerium vertreten sein sollen, um die Verantwortung für das Regieren mitzutragen und zu sehen, wie anders und schwerer es sich mache, als es dem Parlamentarier scheine ... *Der Kulturkampf sei die einzige große welthistorische Frage. Lieber wolle er Herrschaft der Sozialdemokratie dulden, als die verdummende der Jesuiten.* Aber man traue ihm nicht genug Fühlung mit der nationalliberalen Partei zu. Sie wird zu zwei Dritteln nicht abschwenken. Er sei sich auch des Weges bewußt, den er mit ihr und den anderen zur Regierung stehenden Parteien zu gehen habe. Es werde Konflikte, vielleicht Kammerauflösungen geben, aber er hielt fest an Durchführung des Kampfes ... Auf dem Heimwege erzählte mir Camphausen, daß Bismarck bereits um Ostern mit Bennigsen wegen Übernahme des Ministeriums des Innern gesprochen habe und dieser schon damals dazu bereit gewesen sei. Auch heute ward in der Ministerialsitzung, jedoch nicht von Bismarck, Bennigsens Name genannt.

## [43] Absetzung des Papstes für Preußen?

*7. 11. 1877, Tiedemann an Falk*

... Der Reichskanzler äußerte, es werde unter Umständen die Frage aufgeworfen werden müssen, ob nicht gegen einen die Gesetze des Staates hartnäckig verletzenden Papst in ähnlicher Weise wie gegen die renitenten Bischöfe vorzugehen sei. Inwieweit unsere Gesetzgebung, namentlich der § 24 des Gesetzes vom 12. Mai 1873, für ein solches Vorgehen eine Handhabe biete, erscheine allerdings zweifelhaft. Folgerichtig sei es indessen nur, wenn man die Möglichkeit zuließe, auch gegen den Papst als obersten katholischen Kirchendiener das dort vorgesehene Verfahren in Anwendung zu bringen und nötigenfalls die Absetzung desselben, selbstverständlich nur für den Umfang des preußischen Staates, ins Auge zu fassen. Ob dieser Gedanke jemals praktisch zu verwirklichen, würde natürlich von politischen Erwägungen abhängen. Für viele Fälle aber würde es dem Herrn Reichskanzler von großem Interesse sein, wenn Ew. Exzellenz Ihre Ansicht über die juristische Frage in vertraulichster Weise gelegentlich hierher mitteilen wollten.

## [44] Der konstitutionelle Minister zwischen König und Land

*1. 12. 1877, Bismarck an Bülow*

... Gegen die autokratischen Eingriffe des von Dompriestern geleiteten Allerhöchsten Herrn ist passiver Widerstand vielleicht indicierter als Abschiedsgesuche: es ist nach der Natur des Menschen nicht ungewöhnlich, wenn in dem Herrn mit dem Alter die Jugend-Eindrücke wieder lebendiger werden und er die Verfassungszustände, in denen wir jetzt leben, wieder vergißt. Die Aufgabe, zugleich gehorsamer Diener des Königs und konstitutioneller Minister zu sein, mit dem Bedürfnis einer Landtagsmajorität, ist an sich eine unmögliche. Die Höflichkeit hat bei uns die Tradition des absolutistischen Gehorsams der Minister erhalten; diese Fiktion ist aber doch nur durchführbar, wenn der Monarch sie mit Maßhaltung ausführt, – sonst gerät der Minister in eine unmögliche Procrustes-Streckung zwischen König und Land. Ist es nun, wenn die zulässige Grenze erreicht ist, richtig, die Situation mit einem Abschiedsgesuch zu durchschneiden? – ist es nicht richtiger, Königlichen Handbilletts, Marginalien und Ansprachen, wenn sie unmögliches zumuten, passiven Widerstand, resp. ausdrückliche Ablehnung entgegenzusetzen? – Einfach zu erklären, »ich spiele nicht mehr mit«, liegt menschlich näher bei empfindlichen Leuten, aber die Pflichten, die der Besitz des Amtes dem Lande gegenüber gibt, kommen dabei leicht zu kurz; dieselben so lange auszuüben, bis der König die Initiative zur Entlassung nimmt, ist man um deswillen nicht geneigt, weil man die Entlassung lieber nimmt, als sich geben läßt: aber ich weiß nicht, ob das System des Bleibens und Widerstrebens gegen unannehmbare Forderungen praktisch nicht weiter führt. Nur gehört dazu allerdings ein festes Zusammenhalten des Ministeriums; und der Mangel daran, resp. die Personalbeziehungen zu Camphausen, die Ihr Brief erwähnt, haben wohl wesentlichen Anteil an Falks Auffassungen. Eine Konsolidierung des Ministeriums durch Neubildung wäre ja auf dem Wege einer Krisis dem Kabinett gegenüber noch leichter erreichbar wie ohne dieselbe; aber diese Krisis gerade über dogmatische Fragen herbeizuführen, hat für ihre Rückwirkung im Lande wesentliche Bedenken. Das Verständnis der wählenden Massen reicht zum richtigen Urteil auf diesem Gebiete nicht aus, und ich möchte Falk dringend bitten, daß er dieses Schlachtfeld nicht wählt, – wenigstens nicht so, wie es heute liegt. Wenn er jetzt seinen Abschied nimmt, so wird auf der ganzen Linie der Ultramontanen ein Triumphgeschrei anheben und laut proklamiert werden, er hätte den Mut verloren und sich von der Unmöglichkeit, die übernommene Aufgabe auszuführen, überzeugen müssen: »er wäre zerschellt am Felsen Petri!« Ich glaube das ja nicht; – wenn die von Falk als zwingend angesehenen Gründe aber auch noch klarer lägen, als sie es tun, so wird es ihm doch nie gelingen, der Lüge, welche von den Ultramontanen der ganzen Welt an seinen Rücktritt geknüpft und mit allen Mitteln verbreitet werden würde: »daß er die Flinte ins Korn würfe«, wirksam entgegenzutreten: Es wird bei Freund und Feind nur wenige geben, die es würden verstehen können, resp. wollen, daß Falk wegen *dieses* Dissensus* mit Sr. M. seinen Posten verläßt. – Daß die Stellung des Gesamtministeriums dem Lande gegenüber, sowie im Landtage durch Falks Abschied wesentlich erschwert, ja vielleicht unmöglich gemacht wird, so wie die Sachen jetzt stehen, liegt auf der Hand...

* Über die Verschärfung des konservativen Kurses in der evangelischen Kirche.

## [45] Reform der Behördenorganisation

*15. 12. 1877, Bismarck an Bülow*

...Die außerpreußischen Staaten werden aus dem Reichseisenbahngesetz ein Schutzmittel gegen das Reich – eine magna charta für den Partikularismus zu machen versuchen. Sie werden hierbei Bundesgenossen finden nicht nur in den vom Abg. Richter vertretenen großen Privateisenbahngesellschaften sondern auch in der partikularistischen Richtung der einzelnen Regierungen, einschließlich der unsrigen, in ihrer Eigenschaft als Bahnbesitzer. Die Vertretung dieser Richtung innerhalb der Leitung der preußischen Bahnen beruht menschlich natürlich auf der jetzt bestehenden Personaltrennung beider Mächte, des Reiches und Preußens. Mein Bestreben ist, da ich den idealeren Versuch einer selbständigen Reichsentwicklung für gescheitert ansehe, die bisher nur in Sr. Majestät dem Kaiser und König und im Kanzler bestehende Personalunion zwischen dem Reich und Preußen auch auf andere Ressorts nach Möglichkeit auszudehnen und namentlich auf dem Gebiet der Eisenbahnaufsicht preußische Organe tätig zu machen und deren Befugnisse reichsgesetzlich zu begründen...

Neben der Steuerreform und der Fertigstellung der im militärischen Interesse erforderlichen Eisenbahnen an der Westgrenze gehört die Verwirklichung der Reichsverfassung bezüglich des Eisenbahnwesens zu denjenigen Fragen, von deren Lösung ich meinen dauernden Wiedereintritt in die Geschäfte abhängig machen muß. Wenn die Ausführung des auf diesen Gebieten für notwendig Erkannten nicht durch ausreichende und *spontane* Mitwirkung aller in Preußen dazu kompetenten Organe sichergestellt werden kann, so werde ich zwar, wenn meine Gesundheit es irgend gestattet, zum nächsten Reichstage erscheinen, aber nur um die Gründe meines definitiven Rücktritts öffentlich darlegen zu können...Die Hauptsache für mich ist, daß ich im Staatsministerium Kollegen finde, welche die Maßregeln, die für die Sicherheit und die Interessen Preußens und des Reichs notwendig sind, energisch und *freiwillig* fördern...Mit meinem Namen aber für das Gegenteil meiner Bestrebungen öffentlich einzustehen, kann von mir nicht verlangt werden.

### [46] Verhandlungen mit Bennigsen

*a) 17. 12. 1877, Bismarck an Bennigsen*

Verehrter Herr Präsident
in der Hoffnung, daß es mir möglich sein werde, mich an den Verhandlungen des bevorstehenden Reichstages eingehend zu betheiligen, beschäftige ich mich mit Plänen zu Vorlagen und Erörterungen, für welche ich die allerhöchste Ermächtigung erbitten möchte. Bevor ich dieses erste Stadium einer kanzlerischen Initiative amtlich beschreite, würde ich es dankbar erkennen, wenn Sie mir Gelegenheit geben wollten, meine Pläne nach Inhalt und Form mit Ihnen mündlich zu besprechen. Es handelt sich dabei um die formale Möglichkeit der Vertretung des Reichskanzlers, die vielleicht nicht ohne Verfassungsänderung geschaffen werden kann, und um einige Modificationen in der Eintheilung der Reichsämter und ihrer Beziehung zu Preußischen Ministerien. Die jetzige durch die mächtige Persönlichkeit von Delbrück ins Leben gerufene Praxis, führte zu Delbrücks Zeit unüberwindliche Frictionen beider Elemente, später und jetzt, die Gefahr der Trockenlegung von Reich und Bundesrath durch den Particularstaat Preußen herbei. Ich suche das Heilmittel in Ausdehnung des Systems der Personal-Union, wie

sie bisher im Monarchen, im Kanzler, im Kriegsminister und im Auswärtigen besteht. Wie Kanzler und Minister-Präsident, so sollte auch die Vertretung beider identisch sein. Neben diesem Thema habe ich das Bedürfniß, vor Schluß der nächsten Reichstagssitzung Klarheit über die Zukunft einer Zoll- und Steuer-Reform zu erlangen, und aus der falschen Stellung erlöst zu werden, in der ich mich bezüglich der Eisenbahnfrage zwischen Verfassung und Wirklichkeit befinde.

Ueber alle diese Fragen und ihre Consequenzen möchte ich mich mit Ihnen besprechen, bevor ich Sr. Majestät gegenüber bestimmte und schriftliche Aeußerungen thue; nicht in der Meinung und mit der Zumuthung, mir durch Ihren hervorragenden Einfluß im Reichstage sichre Bürgschaften für die Stimmung der Mehrheit zu schaffen, sondern um Ihren persönlichen Rath über Umfang, Form und Behandlung des Unternehmens zu erbitten. Die Gleichheit der Ziele die wir erstreben und der Hingebung mit der wir beide seit Jahren an ihrer Erreichung arbeiten, ermuthigt mich zu der Hoffnung, daß Sie eine Winterreise nach schwerer Landtagsarbeit auf sich nehmen, und mir in diesen Tagen die Ehre Ihres Besuchs zu gewähren geneigt sein wollen. In freundschaftlicher Verehrung der Ihrige.

*b) 21. 12. 1877, Bismarck an Bülow*

...Der kritische Punkt der Gegenwart ist die Frage des Finanzprogramms. Da ist es eine vollständige Umkehr der Begriffe, wenn der Finanzminister von dem Präsidenten ein Programm für das Finanzressort erwartet, nach dessen Prüfung er sich die Kritik vorbehalten will; umgekehrt liegt die positive Leistung, die Herstellung eines diskutierbaren Programms dem Ressortminister ob. Ich bin als Präsident nicht berufen, Finanzprogramme zu erfinden oder zu vertreten, sondern nur dafür verantwortlich, daß der Posten des Finanzministers in einer der Gesamtpolitik des Ministeriums entsprechenden Weise besetzt sei und versehen werde. Der Beruf, Finanzprogramme selbst zu entwerfen und auf ihre Ausführung zu verzichten oder zurückzutreten, wenn der Finanzminister ihnen nicht zustimmt, liegt mir nicht ob. Das Mißverständnis, als ob derartiges zu meinen Aufgaben gehörte, entsteht vielleicht aus unrichtiger Behandlung und Auffassung der Reichsverhältnisse; es liegt ihm wohl die unrichtige Supposition zugrunde, als ob der Reichskanzler ein mit dem Preußischen konkurrierender *Reichsfinanz*minister wäre. Diese Vorstellung hat sich dadurch gebildet, daß Delbrück, wie C. mit Recht sagt, *zuviel* aus dem Reichskanzleramt gemacht hat, und zwar nicht zum Schaden Preußens, sondern zum Schaden des Reiches, dem er die Mitwirkung der Preußischen Minister enfremdet hat. Letztere fühlen sich zu gut, um selbst im Bundesrate mitzuarbeiten: die Präsenzlisten geben ein betrübendes Zeugnis dafür; sie lassen lieber die Reichseinrichtungen in Verfall geraten und ziehen die »schöne und unabhängige Stellung« eines Preußischen Ressortministers so ausschließlich in Betracht, daß die nationale deutsche Sache daneben nicht zur Erwägung kommt. Warum geht es mit der Doppelstellung des Preußischen Kriegsministers so gut und so glatt? Sachlich erscheint sie mir schwieriger noch als die der anderen Ressorts, und Roon war auch kein leicht zu lebender Charakter. Sollte die nationale Gesinnung unserer Generale schärfer ausgeprägt sein als die unserer altkonstitutionellen Minister? Wenn unsere Preußischen Minister, die es doch bequemer haben, als die Bayrischen und Württembergischen, nicht zu vornehm wären, um sich selbst an den Reichsverhandlungen zu beteiligen, wenn sie nicht von Grund ihres Herzens aus Partikularisten wären, so würde Delbrück das Reichskanzleramt nicht zu einer Schöpfung haben aufblasen können, die weder verfassungsmäßig noch politisch möglich ist. Weder neben noch über dem Preußischen Staatsministerium hat ein derartiges anspruchsvolles Gebilde Platz; es kann nur die Friktionen und Ressortrivalitäten verdoppeln, anstatt daß in dem Sinne, wie ich die Verfassung ursprünglich meinte, die Bundesratssitzungen in erster Linie *preußische Ministerial*sitzungen in nationaler Richtung, erweitert durch die Beteiligung andrer deutscher Minister, hätten werden sollen – gleichviel ob der Schwerpunkt gelegentlich mehr in die Ausschüsse oder mehr in das Plenum gelegt worden wäre. Zu einem Reichsfinanzministerium im Sinne des Preußischen fehlen dem Reichskanzleramt die Arbeitskräfte, wie schon der Vergleich der Kopfzahl beider Behörden ergibt. Der Gedanke, daß die Finanzabteilung des Kaisers, ohne verantwortliche Mitwirkung des Finanzministeriums desselben Herrn als *Königs*, Finanzvorlagen und Reformen herstellen würde, in bezug auf welche nicht nur der Bundesrat und der Reichstag, sondern auch das erwähnte *Königl.* Finanzministerium des Kaisers die Aufgabe der *Kritik* hätten, lag nicht in der Verfassung. Der Reichskanzler und sein »Amt« sind Beamte der

*Exekutiv*-Gewalt des Reichs; ihre Mitwirkung bei der *Legislative* beschränkt sich nach Maßgabe der ihrem hohen Vollmachtgeber, dem Deutschen Kaiser, durch die Reichsverfassung beigelegten Rechte: die Frage, ob für den Jahresbedarf des Reiches Steuern auszuschreiben sind und welche, und wie die bestehenden zu reformieren sind, ist nach Artikel 69 und 70 der Verfassung keine dem Reichskanzler zugewiesene, und ich habe das, was in dieser Beziehung besteht oder mangelt, wohl als Preußischer Bevollmächtigter zum Bundesrate *mit* zu vertreten, aber nicht als Reichskanzler. Auch daß ich stimmführendes Mitglied des Bundesrates bin, legt mir für Finanzprogramme so wenig wie für andre Fragen eine andre Verantwortlichkeit auf als den übrigen Preußischen Staatsministern, durch deren Gesamtbeschluß die Abstimmungen und Anträge Preußens im Bundesrat geregelt werden. Nur der betreffende Ressortminister, also in diesem Falle der Finanzminister, wird für Finanzvorlagen ein *höheres* Maß von Verantwortlichkeit vor dem Reichstage zu tragen haben als seine Kollegen. Als Kanzler habe ich mich darauf zu beschränken, nach Artikel 70 am Schluß die Matrikularbeiträge, welche erforderlich sind, auszuschreiben; als Preußischer Ministerpräsident aber glaube ich, dafür verantwortlich zu sein, daß Preußen einen Finanzminister hat, der sich der Reichsfinanzen mit dem Bewußtsein annimmt, daß *ihm in erster Linie* unter allen Mitgliedern des Bundesrats die Verantwortlichkeit für dieselben obliegt, und namentlich die Herbeiführung derartiger Beschlüsse des Bundesrats auf dem Wege *preußischer* Anträge in betreff der Reichsfinanzen, wie sie Artikel 7 Nr. 1 der Reichsverfassung im Auge hat: Aufgabe des Reichskanzlers wird es dann sein, nach Artikel 15 die Geschäfte im Bundesrate bei den Beschlüssen über diesen Antrag zu leiten.

Ich glaube, wenn C. sich diese Situation vergegenwärtigt und dabei zugibt, daß wir 50 Millionen Mark mehr brauchen – wie ich glaubte auch wohl 100, was indessen nur er sachlich und amtlich beurteilen kann – so kann er darüber nicht zweifelhaft sein, daß es *seine* Aufgabe und nicht meine ist, ein Finanzreformprogramm vorzulegen und dasselbe verantwortlich vor dem Reichstage zu vertreten: daß ich ihm dabei, wenn ich gesund bin, nach Kräften assistieren werde, ist selbstverständlich, und um so mehr, wenn ich ihn etwa bei kollegialischer Verhandlung über seine Absichten zu Modifikationen seiner Vorschläge zu bewegen hätte. Sobald ich seine Reformpläne in ihrem ganzen Umfange kenne, wird mein Votum über dieselben von dem Entgegenkommen geleitet sein, welches seine Sachkunde und mein kollegialisches Gefühl bedingen. Wenn aber ein solches Programm gar nicht oder nicht rechtzeitig zur Vorlage kommen sollte, so werde ich entweder den Ablauf meines Urlaubs ohne Beteiligung am Reichstage abwarten oder mich vor dem Reichstage unter Darlegung meiner vorstehenden Auffassungen auf die Rolle beschränken, die Artikel 70 dem Reichskanzler zuweist.

Ich muß für heut schließen, aber ich fürchte, die Fortsetzung wird folgen. – Frohes Fest wünschend der Ihrige von Bismarck.

Vielleicht könnten Sie mir, etwa durch Holstein oder Tiedemann, eine Abschrift des Obigen machen lassen, damit ich mich bei Fortsetzung nicht wiederhole und Bennigsen gegenüber, der mich besuchen wird, den Faden genau festhalte.

## [47] Das Finanzprogramm

*31. 12. 1877, Bismarck an Camphausen*

Ew. pp. geneigtes Schreiben vom 29. d. M. habe ich mit verbindlichstem Danke erhalten. Die darin in Aussicht genommenen Steuervorlagen werde ich, wie jede Vermehrung der eigenen Reichseinnahmen, als einen Uebergang zum Besseren gern willkommen heißen, würde das aber bei jeder noch weitergehenden Vorlage im höheren Maße tun. Die jetzt beabsichtigte Steigerung der Einnahmen des Reichs ist meiner Ansicht nach nicht ausreichend für die Möglichkeit, eine Erleichterung in direkten Steuern resp. ihre partielle Ueberweisung an die Provinzen eintreten zu lassen. Ich glaube auch, daß im Reichstage eine größere und weitergehende Maßregel in der Richtung einer umfassenderen Steuerreform mehr Aussicht auf Erfolg haben würde; ohne mich deshalb dafür auszusprechen, daß wir lieber gar nichts als wenig fordern sollten!

...Bei der Kürze der Zeit halte ich es für dringend wichtig, die Allerhöchste Genehmigung zur Stellung eines preußischen Antrages auf Vermehrung der Reichseinnahmen ohne Verzug einzuholen, damit der Bundesrat noch *vor* Zusammentritt des Reichstages darüber verhandeln kann. Ich werde natürlich, solange ich preußischer Minister bin, jeden preußischen Antrag nach allen Kräften mitvertreten und halte nur die Vorbereitung neuer Finanzgesetze durch den Reichskanzler nicht für den geeigneten Weg; die zur Herstellung von Finanz- und Zollgesetzen erforderlichen Arbeitskräfte und Erfahrungen sind notwendig im Königlichen Finanzministerium in viel ausgedehnterem Maße vorhanden als in den unter dem Reichskanzler stehenden Ressorts; deshalb kann *ich* derartige Ausarbeitungen nicht übernehmen, und halte das bisher in dieser Richtung beobachtete System dem Geiste der Reichsverfassung nicht entsprechend.

Das Ziel, welches ich als preußischer Minister des Deutschen Kaisers erstrebe, geht allerdings über eine Abminderung der Matrikularbeiträge um etwa 30 Prozent wesentlich hinaus: Zur Konsolidation des Reiches ist es meines Erachtens nützlich, die Reichseinnahme nach Möglichkeit so hoch zu treiben, daß das Reich nach der Matrikel herauszahlt, anstatt zu fordern. Jeden Fortschritt in dieser Richtung begrüße ich als eine willkommene Abschlagszahlung, wenn auch das genannte Ziel damit noch nicht erreicht wird.

## [48] Die Reorganisation der Reichsämter

### *a) 8. 1. 1878, Bismarck an Friedberg*

...Den Entwurf einer Verordnung über Einrichtung von Reichsämtern hoffe ich, in diesen Tagen fertig zu stellen. Ich bin mit dem darin entwickelten Gedankengange zwar wesentlich einverstanden, aber der Meinung, daß es für die Verwirklichung dieser Pläne eine Erschwerung sein werde, wenn man dieselben gegenwärtig in ihren letzten Konsequenzen systematisch entwickelt. Ich glaube im Gegenteil, daß die Anträge und die Verordnung so knapp und unscheinbar gehalten werden müssen, wie es das sachliche Bedürfnis irgend zuläßt. Die praktische Entwicklung wird sich von selbst ergeben, ohne daß es nötig sein würde, sie theoretisch zu antizipieren

### *b) 22. 1. 1878, Bismarck an Wilhelm I.*

...Für eine so mächtige Zentralbehörde, wie das Reichskanzleramt bei dauernder Zusammenhaltung werden mußte, ist in unsern deutschen Verhältnissen weder neben noch über den Landesregierungen, und namentlich der preußischen ein Platz vorhanden. Ein alle staatlichen Geschäfte des Reiches umfassendes Reichskanzleramt hätte nur dann eine Zukunft haben können, wenn es möglich wäre, ihm eine verfügende Stellung *über* sämtlichen Landesregierungen verfassungsmäßig zu gewinnen. Das liegt aber weder in dem ursprünglichen Gedanken der Bundes- und der deutschen Reichseinrichtungen, noch halte ich es für tatsächlich durchführbar. Ein als Zentralbehörde organisiertes Reichsministerium, welches als vorgesetzte Behörde Verfügungen an das preußische, bayrische, sächsische Staatsministerium im regelmäßigen, laufenden Dienst erlassen sollte, würde kaum für die kleinsten unter den Bundesstaaten eine annehmbare Einrichtung sein. Sollte aber das Reichskanzleramt als zentrales Reichsministerium nicht über, sondern neben den größeren Landesministerien fungieren, so wie es in der Tat teilweise und annähernd in den letzten Jahren der Fall gewesen ist, so würde es nur zu dem sehr verwickelten Räderwerk der deutschen Reichsmaschine noch ein die Bewegung aller übrigen kreuzendes Rad hinzufügen und dadurch die Friktion steigern und den Geschäftsbetrieb erschweren.

Das Reichskanzleramt in der Gestalt eines zentralisierten Reichsministeriums mit dem unabweislichen Streben, seinen Einfluß auf die ihm nicht untergeordneten Landesregierungen zu üben und zu verstärken, hat schon bisher periodisch in sehr fühlbarer Weise die Wirkung gehabt, daß die Minister der größeren Bundesstaaten und namentlich E. M. preußische Minister nur selten und mit Zurückhaltung an den Arbeiten des Bundesrates teilnahmen. Sie wurden davon durch das nicht unnatürliche Widerstreben abgehalten, sich dem Vorsitze und der Führung des jüngeren Kollegen unterzuordnen, welcher im Besitze der Geschäftsleitung des Reichskanzleramtes, der Ausschüsse und des Bundesrats sich befand. Die Mitgliedschaft des Bundesrats ist zwar als Titel von E. M. höheren Beamten mit Vorliebe erstrebt, aber die Ausübung der damit verbundenen Funktionen in der Regel auf das Notdürftigste beschränkt worden. Die Beteiligung an den Arbeiten des Reiches verfiel in unseren ministeriellen Kreisen mehr und mehr der Kategorie derjenigen Dienstleistungen, zu welcher in militärischen Kreisen von unten auf berufen wird. E. M. preußische Minister haben es vorgezogen, ihre Tätigkeit auf das von ihnen in voller Unabhängigkeit beherrschte Gebiet des eigenen Ressorts zu konzentrieren, und ihre Haltung war, wie ich das menschlich erklärlich finde, dem Reiche gegenüber mehr eine abwehrende, auf Erhaltung der Unabhängigkeit des eigenen preußischen Ressorts gerichtete, mit anderen Worten: eine partikularistische, der Erstarkung des Deutschen Reiches abgeneigte geworden. Darunter leidet das Reich als eine neuere, noch wenig eingewurzelte von einer eigenen Regierungsgewalt nicht getragene und von sämtlichen partikularistischen Elementen ohnehin bekämpfte Staatenbildung; das Reich wird trocken gelegt, und zwar wesentlich dadurch, daß E. M. *Kaisertum* von den Kräften der *Königlichen* Regierung E. M. in der Regel nicht unterstützt, nicht selten durch aktiven und passiven Widerstand gehemmt wird. Ich brauche nur an die Eisenbahnfrage zu erinnern. Es ist nicht meine Absicht, damit eine Anklage gegen E. M. preußische Minister zu erheben. Ich suche die Schuld vielmehr in der Lage der Reichsinstitutionen, welche so beschaffen sein sollten, daß Kämpfe mit den bestehenden und berechtigten partikularistischen Kräften überhaupt vermindert, diejenigen mit dem Preußischen Staatsministerium aber nach Möglichkeit ganz aus der Welt geschafft würden. Dazu ist m. E. eine Rückkehr zu den engeren Beziehungen der Reichsbehörden zu Ew. M. preußischem Ministerium erforderlich, wie sie ursprünglich nach Einführung der Verfassung des Norddeutschen Bundes vorhanden war. Dieselbe ist in dem Kampfe zwischen einer gesondert gedachten Reichsministerialgewalt einerseits und dem hergebrachten Machtbesitz des Preußischen Staatsministeriums andererseits verloren gegangen. Beide staatlichen Organisationen haben schließlich, anstatt gemeinschaftlich zu wirken, rivalisierend sich gegenseitig Macht und Einfluß abzukämpfen und vorzuenthalten gesucht. Dieser Kampf wird solange fortdauern, als in dem Deutschen Reiche, abgesehen von allen kleineren zwei *große* ministerielle Behörden nebeneinander bestehen, von denen die eine, die preußische, im realen Vollbesitz der Regierung über die 25 Millionen Deutsche sich befindet, die andere aber eine ideale Regierungsgewalt über 40 Millionen Deutsche erstrebt und der bestehenden preußischen Regierung den Besitzstand abzugewinnen sucht. Das Streben nach Ausdehnung der Herrschaft wird in dem Reichskanzleramte nach unsern amtlichen Traditionen und Gewohnheiten niemals erlöschen, solange dasselbe seinen Namen und seine Organisation eines zentralen Reichsministeriums mit den sich daran knüpfenden Ansprüchen behält. Die letzteren mögen zeitweise schlummern, sie werden stets von neuem erwachen, sobald eine zu ihrer Durchführung geeignete Persönlichkeit Präsident des

Reichskanzleramts wird. Die Abhilfe liegt m. E. nur in der vollständigen Zerlegung dieser Behörde in einzelne Reichsämter...

Meine Arbeitskraft reicht noch nicht aus, alle Erwägungsgründe, welche für die weitere Zerlegung des Reichskanzleramtes sprechen, darzulegen und zu beleuchten, und ich kann nur...bitten, daß E. M. meinem Urteile...vertrauen wollen, wenn ich auf Grund zehnjähriger Erfahrung und Beobachtung des Ganges der Geschäfte die Überzeugung ausspreche, daß das Reichskanzleramt und die Triebkraft, welche der Minister Delbrück demselben eingeflößt hatte, für die Ausbildung der Reichsinstitutionen einen nützlichen und unentbehrlichen Durchgang gebildet hat, daß aber diese Behörde und insbesondere auch ihr zu Mißverständnissen Anlaß gebender Name gegenwärtig aus den Reichsinstitutionen verschwinden und zwei neuen, selbständigen Reichsämtern, einem Reichsschatzamte für die Finanzen und einem Verwaltungsamte für die übrigen Geschäfte, Platz machen sollte. Dem Reichsverwaltungsamt würde der Geschäftskreis zuzuweisen sein, welcher in Preußen dem Ressort des Ministeriums des Innern entsprach, bevor aus demselben das Kultus-, das Handels- und das Landwirtschaftsministerium ausgesondert wurden. Ob später ein eigenes Handelsamt daraus hervorgehen soll, kann künftiger Überlegung vorbehalten bleiben...

## [49] Das Stellvertretungsgesetz und der Bundesrat

*31. 1. 1878, Bismarck an Bülow*

Der hierbei zurückerfolgende Bericht des Grafen Solms vom 27. cr.* zeigt wieder, welche Erschwerung der Geschäfte darin liegt, wenn hohe Herren auf Zeitungsartikel hin in dieselben eingreifen. Ohne Nostitz'sche Versetzungen wäre indeß Seine Sächsische Majestät wohl nicht auf den Gedanken verfallen, daß bei mir irgend eine Bedrohung der Rechte der Bundesregierungen im Werke sei. Es handelt sich um weiter nichts, als um die Frage, ob der Reichskanzler unbestritten vertreten werden kann, oder nicht. Ich war und bin der Meinung, daß es jetzt schon, nach Artikel 15 allgemein zulässig ist. Der Reichstag hat im vorigen Frühjahr Zweifel dagegen angemeldet, und diese Zweifel soll die Vorlage beseitigen; wird mir das verwei-

* Gedruckt: Goldschmidt Nr. 52.

gert und gleichzeitig verwehrt, nach der bisher practisch gehandhabten und von mir für richtig gehaltenen Auslegung von Artikel 15 ferner zu verfahren, so kann ich natürlich nicht Kanzler bleiben, und ich glaube auch niemand nach mir es werden. Ich wenigstens kann in Krankheitsfällen mir nicht wieder, wie im letzten Jahre, den Erholungsurlaub durch die Contrasignaturlast verderben lassen.

Daß eine solche interpretirende Vorlage über die Stellvertretung in der nächsten Reichstagssession würde erfolgen müssen, war nach den Verhandlungen bei Gelegenheit meines Urlaubes vorauszusehen, und wenn eine der Bundesregierungen darüber Klage führt, daß sie nicht vor der Einbringung in den Bundesrath auf diplomatischem Wege über diese Vorlage begrüßt worden sei, so muß ich annehmen, daß ihre Vertreter Etwas hineinlegen, was nicht drin steht, und was sie muthmaßlich den Projecten stoffarmer Zeitungsredactionen entnehmen. Von Verfassungsänderungen bezüglich neuerer Organisation der Reichsämter ist in der Vorlage über die Stellvertretung nicht die Rede, und würde es dazu, wenn nicht Geldforderungen im Budget dabei beansprucht werden, auch keines legislativen Actes bedürfen... Und doch scheint es, daß die Befürchtungen und die Hoffnungen, die sich an den unaufgeklärten Begriff »Reichsministerien« knüpfen, schon in einer weiteren Theilung des Reichskanzleramtes einen Schritt erblicken, der eine Verschiebung der Grenzen zwischen den verfassungsmäßigen Organen des Reiches anbahnte.

So lange die Berechtigungen des Bundesraths intact bleiben und kein Versuch gemacht wird, die dem Kanzler übertragene ministerielle Reichsgewalt auf Kosten des Bundesrathes und seiner hohen Constituenten mit neuen Gerechtsamen auszustatten, ist es m. E. ganz gleichgültig, ob der Kaiser die ihm zustehenden Rechte durch einen, oder durch sechs Kanzler ausüben läßt; wenn nur die sechs Kanzler zusammen keine größere Summe von Rechten auszuüben haben, als der bisherige eine. Im Gegentheil, die kanzlerische Gewalt würde durch eine solche Zersplitterung wesentlich abgeschwächt werden, und es liegt wenigstens in meiner Absicht nicht, dazu die Hand zu bieten. Ich wünsche im Gegentheil, daß auch bei Behinderung des Kanzlers die Vertretung desselben mindestens für alle inneren Angelegenheiten des Reiches eine einheitliche und volle bleibe, und in der Regel auch während der Vertretung mit der Leitung des Preußischen Staatsministeriums in derselben Hand bliebe.

Wenn der Entwurf auch die Vertretung in einzelnen Dienstzweigen in Aussicht nimmt, so geschieht dies in der Absicht, die übermäßige Belastung des Kanzlers mit unwichtigen Arbeiten dadurch einigermaßen zu vermindern, daß gewisse Kategorien von laufenden Geschäften...dem Chef des betreffenden Ressorts widerruflich übertragen werden.

In diesem zweiten Punkt kann eine wesentliche Erleichterung des Kanzlers liegen, aber niemals eine Gefährdung der Rechte des Bundesrathes; seine Bewilligung ist, wenn man will, eine Frage der geschäftlichen Bequemlichkeit; die Gewährung der Möglichkeit einer Vertretung überhaupt ist eine Nothwendigkeit, weil ohne sie überhaupt kein Mensch Kanzler sein kann.

## [50] Die politische Zielsetzung der Finanzreform

### *a) 10. 3. 1878, Protokoll des Staatsministeriums*

...Der Herr Präsident bemerkte im Eingange, wie er zunächst seinerseits einige Erinnerungen zu dem Gesetzentwurf*...zu machen habe...Um den Reichstag zu einer bestimmten Äußerung über die Art der Tabakbesteuerung zu nöthigen, werde es sich empfehlen, in der Vorlage schärfer auszusprechen, daß man schon dem nächsten Reichstage eine Vorlage im Sinne des Monopols machen werde...Was seine Stellung zu der Steuervorlage** angehe, so habe er wiederholt zu erkennen gegeben, daß er nur bei einer Steuerreform im großen Stil im Amte zu bleiben gedenke. Er sei der Meinung, daß man durch wesentliche Erhöhung der indirekten Steuern, namentlich, neben Bier- und Petroleum-Steuer, durch Tabak- und Zucker-Monopol wie durch hohe Besteuerung der Branntwein-Schankstätten zu einer Einnahme bis zu 300 Millionen gelangen und dann auf die Matrikularbeiträge verzichten, ja aus den Reichseinnahmen an die Einzelstaaten herauszahlen könne. Diese würden in der Lage sein, die direkten Steuern zu erleichtern. Letztere mit den an ihre Eintreibung sich knüpfenden Auspfändungen seien ein Haupthebel für die Agitation der Socialdemokratie, eine Hauptquelle der über unsere wirthschaftlichen Verhältnisse herrschenden Mißstimmung. Bei einem Vorgehen in der angedeuteten Richtung könne die Regierung mit der Hoffnung in den Wahlkampf eintreten, die jetzigen Fraktionsbildungen durch wirth-

* Statistische Erhebungen über Tabakfabrikation und Tabakhandel.

** Tabak-, Reichsstempel- und Spielkartensteuer.

schaftliche Interessen gekreuzt, die übergroße Zahl der Doctrinairs in den parlamentarischen Körperschaften verringert zu sehen.

In die Steuervorlage würde er gern schon die jetzige Vorlage mit einbegriffen gesehen haben, habe jedoch von einem Widerspruch gegen erstere Abstand genommen, weil er sie als eine lediglich präparatorische Maßregel auffasse. Schon dem nächsten Reichstage wünsche er eine auf höhere Erträge abzielende Vorlage gemacht, bei den darauf folgenden die Einführung des Monopols eingebracht zu sehen...

Aus allen diesen Gründen wünsche er aber die jetzige Vorlage, die den Reichstag zu einer bestimmten Erklärung drängen solle, *nicht* aufgeschoben und sie dadurch der Gefahr ausgesetzt zu sehen, daß sie überhaupt vom gegenwärtigen Reichstage nicht mehr berathen werde. Die beiden Vorlagen, die erste die Gegenwart, die zweite die Zukunft ins Auge fassend, kreuzten sich nicht und könnten nebeneinander hergehen. Nach den von ihm eingezogenen Erklärungen seien fast sämmtliche Bundesregierungen mit dem Prinzip der jetzigen Vorlage einverstanden, so daß auf deren Annahme, wenigstens zunächst im Bundesrath, zu rechnen sei.

Der Herr Finanzminister bemerkte hierauf...technisch habe es keine Schwierigkeiten, gleich jetzt noch mehr Steuervorlagen zu machen. Er habe davon abgesehen, dies zu thun, weil die nationalliberale und die freikonservative Parthei Bewilligungen auf diesem Gebiete ohne eine Modifikation des Steuerbewilligungsrechts nicht hätten machen wollen, auf welche einzugehen er Seiner Majestät dem Könige nicht habe zumuthen wollen...

*b) 10. 3. 1878, Tagebuch Falks*

...In Erwiderung auf Camphausen, der Bismarcks bei dieser Gelegenheit entwickelte Pläne einer durchgreifenden Finanzreform bekämpfte, sagte Bismarck: »Aufschieben könne er die Vorlage nicht; es komme darauf an, den Reichstag baldmöglichst in dieser, schlimmstenfalls in der nächsten Session zur Aussprache zu nötigen, auf die Auflösung desselben wolle er nicht hinaus, sondern bis zu den nächsten regelmäßigen Wahlen das Terrain so vorbereiten, daß hoffentlich der dumme Judenjunge Lasker und sein Anhang, diese theoretischen Redner, durch gemäßigte Konservative ersetzt würden, die das Volk zur

Erlangung materieller Besserung an Stelle derer setzen werde, die nur für formalistische Garantien Sinn haben. Sein Gedanke sei, wenigstens 300 Millionen Mark aus indirekten Reichssteuern zu ziehen, neben kleineren Posten für Bier, Petroleum usw. und Tabak, durch Zuckermonopol und Besteuerung der Schankstätten.«

### [51] Das Ende der Bennigsen-Kandidatur

*14. 3. 1878, Tagebuch Lucius'*

Bei Bismarck, welcher sich in Anwesenheit von Udo Stolberg offen über die Situation aussprach: Nachdem er sich durch Stauffenbergs Rede in der Steuerdebatte und Laskers bei der Stellvertretungsvorlage überzeugt habe, daß mit den Nationalliberalen nichts anzufangen sei, müsse er sich anders helfen. Bennigsen sei auch nicht selbständig genug und beharre bei der Bedingung des gleichzeitigen Eintritts zweier anderer ins Ministerium. Das hieße die Fraktion zur Regierung berufen und eine so regierungsunfähige! Er (Bismarck) habe Bennigsen gesagt, seine Bedingungen seien denen Hüons ähnlich, der sollte zum Kalifen von Bagdad gehen, dem ersten Günstling den Kopf abschlagen, seine Tochter heiraten und sich noch zum Abschied die sechs Backzähne des Herrschers ausbitten. Es sei dem Kaiser schon sehr schwer, *einen* nationalliberalen Minister zu nehmen, aber das Verlangen, noch zwei andere abzuschlachten, um weitere Vakanzen zu schaffen und den Artikel 109* mit in Kauf zu geben – das sei zu viel und übersteige das mögliche.

### [52] Die zukünftige Politik

*6. 4. 1878, Tagebuch Falks*

...Staatsministerialbesprechung mit den neuen Ministern [Graf Botho Eulenburg, Maybach, Hobrecht]. Bismarck hielt eine längere Ansprache, freute sich der neuen Ernennungen.

* Art. 109 der preuß. Verfassungsurkunde: »Die bestehenden Steuern und Abgaben werden forterhoben, und alle Bestimmungen der bestehenden Gesetzbücher, einzelnen Gesetze und Verordnungen, welche der gegenwärtigen Verfassung nicht zuwiderlaufen, bleiben in Kraft, bis sie durch ein Gesetz abgeändert werden.«

Wenn eine liberale Zeitung das neue Ministerium als das schwächste bezeichne, welches je dagewesen, so würde die rührige Arbeit bald das Gegenteil beweisen. Ob die Tätigkeit des Ministeriums die Zustimmung der Parteien erlangen werde, namentlich derjenigen, welche die Regierung bisher unterstützt hätten, müsse man abwarten. Sollten, was er nicht glaube, die Nationalliberalen in Opposition treten, so müsse man sich defensiv verhalten. Die Partei äußere sich jetzt pessimistisch. Es liege keineswegs in seinem Willen, im allgemeinen eine Richtung einzuschlagen, welche wesentlich von der bisherigen abweiche, auch nicht in bezug auf die Kreisordnung. Was er anders wolle, das sei von ihm seit drei Jahren offen ausgesprochen: Die wirtschaftliche Politik. In dieser Richtung regte er die beteiligten Minister alsbald an, dem Bundesrat ein Programm zur Änderung der Zoll- und Steuerpolitik vorzulegen, über das die deutschen Finanz- und Handelsminister im Laufe des Sommers irgendwo beraten könnten, und stellte zur Erwägung, ob nicht durch Wiederherstellung des jüngst aufgehobenen Eisenzolles eine Abschlagszahlung gewährt werden könne. Bismarck schilderte sodann in bekannter Weise seine Verhandlungen mit Bennigsen, die Entwicklung seiner Trennung von Camphausen. Neu war etwa noch, daß Bennigsen ausdrücklich den Eintritt von Forckenbeck und Stauffenberg verlangt habe, und daß er, Bismarck, die Nationalliberalen viel kleiner gefunden, als er sie gehalten, kriechend im Schlamme der Partei, sich erschöpfend in der Rhetorik.

## [53] Sprachregelung beim ersten Sozialistengesetz

*19. 5. 1878, Tiedemann an Hofmann*

Eurer Excellenz würde der Herr Reichskanzler sehr dankbar sein, wenn Sie bei Vertretung der Gesetzes-Vorlage, die Abwehr social-demokratischer Ausschreitungen betreffend, folgende Gesichtspunkte im Auge behalten wollten: 1. Nicht das Hödel'sche Attentat hat das Bedürfniß der Vorlage geschaffen. Schon bei Berathung des Strafgesetzbuches, namentlich aber bei Einbringung der sogenannten Kautschuk-Paragraphen ist Seitens der Reichsregierung auf die Folgen hingewiesen worden, welche unter unserer gegenwärtigen Gesetzgebung für die Sicherheit des Staates und der Gesellschaft entstehen, wenn Bestrebungen wie diejenigen der Social-Demokratie im Leben unseres Volkes Wurzel fassen. Ein Bedürfniß zur Bekämpfung derselben hat in den Augen der Regierung jederzeit bestanden... 2. Nicht darauf kommt es an, daß ein Gesetz vorgelegt werde, auf dessen Annahme im Reichstage mit Sicherheit zu rechnen, sondern darauf, daß die Regierung ihre Schuldigkeit thue und sich von der Verantwortung für Mangel der Abhülfe freimache – dem Vorwurfe, daß der Bundesrath den Ausschreitungen der social-demokratischen Partei thatlos gegenüberstehe, muß vorgebeugt werden. Verwirft der Reichstag die gegenwärtige Vorlage, so entlastet er die verbündeten Regierungen von der Verantwortlichkeit für weitere Ausschreitungen der Social-Demokratie; er übernimmt dieselbe dann selbst. Würde die Regierung jede Vorlage unterlassen, so könnte ihr später der Vorwurf gemacht werden, daß sie es an der Initiative zur Bekämpfung politischer Gefahren habe fehlen lassen. 3. Die Vorlage ist daher nicht unter dem Gesichtspunkte eines Vertrauensvotums für die Reichsregierung oder einer Cabinetsfrage zu betrachten. Sie bezweckt nur, die Verantwortlichkeit der Regierung für zukünftige Ergebnisse zu decken und den Reichstag zu einer Stellungnahme zu veranlassen.

## [54] Der Untergang unserer neuen Herrlichkeit

*25. 5. 1878, Bismarck an Hobrecht*

...In der Frage der Steuerreform ebenso wie augenblicklich in dem von Ew. pp. gleichzeitig berührten Kampfe gegen die Sozialdemokratie kommt es m. E. nicht darauf an, ob die Ziele, die man sich steckt, *uno actu* in einer Parlamentssession oder mit einer Vorlage parlamentarisch erreichbar sind, u. selbst wenn sie anscheinend parlamentarisch ganz unerreichbar wären, so würde ich, wenn sie vernünftig sind, sie doch glauben erstreben zu müssen. Der Erfolg ist eine Frage für sich, die mich wenigstens in meinem pflichtmäßig für richtig erkannten Streben niemals beirrt. Die Politik ist langlebig und beansprucht Pläne auf Menschenalter hinaus. Ich werde, solange ich imstande bin, als Minister oder im Parlament an den Staatsgeschäften teilzunehmen, nicht ablassen, in jeder Session und so oft ich Gelegenheit dazu finde, die politischen und wirtschaftlichen Maßregeln anregen und befürworten, die ich für die richtigen halte, und dabei an den schließlichen Sieg der gesunden Vernunft über Fraktionstaktik und Rhetorik glauben. Die Gelehrten ohne Gewerbe, ohne Besitz, ohne Handel, ohne Industrie, die vom Gehalt, Honoraren und Coupons leben, werden sich im Laufe der Jahre den wirtschaftlichen Forderungen des produzierenden Volkes unterwerfen oder ihre parlamentarischen Plätze räumen müssen. Dieser Kampf kann länger dauern, als wir beide leben, aber ich wenigstens bin entschlossen, ihn auch dann nicht aufzugeben, wenn sich die *augenblickliche* Erfolglosigkeit mit Sicherheit voraussehen läßt. In unseren Pflichten dem Lande gegenüber ändert das nichts.

Ich werde mich freuen, wenn ich auch nur wenige Etappen der Annäherung an das mir vorschwebende Ziel noch erlebe, und bin, wenn ich es ganz nicht erreichen kann, doch überzeugt, daß man jede Abschlagszahlung annehmen muß, sobald sie erreichbar wird. In dem Gesamtplane, von dem Irrwege der direkten Steuern auf die glatte Bahn der indirekten überzugehen, wäre m. E. die erste Etappe: Beseitigung der Matrikularbeiträge, also für Preußen rund 42 Millionen, für das Reich ein Bedarf von rund 70 Millionen Mark. Damit könnte man, wenn keine dringlicheren Bedürfnisse vorlägen, den Nachlaß der gesamten Staatsklassensteuer von ebenfalls rund 42 Millionen decken. Befreit man dazu die fünf untersten Stufen der Einkommensteuer (117000 Personen), so braucht Preußen beinahe 13 Millionen und nach Abzug von Veranlagungs- und Erhebungskosten etwa 10 Millionen mehr. Mit anderen Worten: 52 Millionen für Preußen, d. h. etwa 86 Mill. für das Reich würden hinreichen, um in Preußen alle Einkommen unter 6000 Mark steuerfrei zu machen.

Auch diese Etappe ist für mich kein eisernes Programm. Ich akzeptiere jeden kleineren oder größeren Schritt, der in der Richtung des eben bezeichneten Zieles vorwärts führt. Ew. pp. werden selbst genauer ermessen können als ich, wie hoch die Reichseinnahmen bei jedem solchen Schritt getrieben werden müssen. Je höher wir uns das Ziel der indirekten Steuer- und Zollerträge stecken, desto mehr Wahrscheinlichkeit haben wir m. E. überhaupt, etwas zu erreichen. Große prinzipielle Reformen haben eine werbende Natur, nicht bloß für diejenigen, welche dabei Erleichterung von augenblicklichem Druck hoffen, sondern für alle mit konstruktiven Gedanken am Staat teilnehmenden Politiker. Aber auch die Zahl der egoistisch Interessierten wird um so größer, je weiter wir das Ziel greifen, und je mehr wir, von den politischen Schulfuchsereien unserer

Parlamentsdebatten abstrahierend, der wählenden Bevölkerung gesunde wirtschaftliche Interessen unterbreiten. Mit dem bisherigen finanziellen Zopf bürokratischer Unfehlbarkeit, die aus Gedankenarmuth an Traditionen klebt, auf welche praktische Nationen niemals reingefallen, auf denen wir aber mit dem Stolze auf unsre Originalität u. Wissenschaftlichkeit festgerostet sind, – mit den bisherigen parlamentarischen Klopffechtereien der Fraktionspolitik auf doktrinären, für die wählende Bevölkerung unzugänglichen Gebieten fürchte ich, daß wir das parlamentarische System der Abwirtschaftung aussetzen, und doch gibt es nichts, was wir an seine Stelle setzen könnten, ohne in Experimente zu verfallen, welche die Geschichte ad absurdum führte. Was ich mit meinen schwachen Kräften noch tun kann, um zu hindern, daß unsere neuen Einrichtungen an unpraktischem Idealismus politischer Kinder u. doctrinärer Gelehrter u. schließlich an dem persönlichen Ehrgeiz der fractionsführenden Redner zugrunde gehen, unter Verfall von Freiheit und Nationalität, unter Rückfall in Partikularismus und in Schwankungen zwischen Anarchie und dummer Gewalt – das will ich wenigstens versuchen, solange ich lebe, und wenn ich keinen Beistand dabei finde, so kann ich den Untergang unserer neuen Herrlichkeit doch mit kühlerem Herzen ansehen als diejenigen, welche ihn herbeizuführen beschäftigt sind...

## [55] Die Auflösung des Reichstags

*5. 6. 1878, Protokoll des Kronrats*

...Der Herr Präsident des Staatsministeriums erklärte, wie er trotz der schwer wiegenden Autoritäten, welche heute bereits für die Nichtverwendbarkeit des Art. 68 der Reichsverfassung* auf die gegenwärtig vorliegenden Verhältnisse sich ausgesprochen hätten, doch nicht anstehe, sein volles Einverständnis mit der demselben seitens des Kriegsministers gegebenen Auslegung zu bekunden. Bekanntlich sei er ja bei der Entstehung der Reichsverfassung betheiligt gewesen. Ursprünglich habe der Art. 68 nur den ersten Satz enthalten. Hätte durch Zufügung

* »Der Kaiser kann, wenn die öffentliche Sicherheit in dem Bundesgebiete bedroht ist, einen jeden Teil desselben in Kriegszustand erklären. Bis zum Erlaß eines die Voraussetzungen, die Form der Verkündigung und die Wirkungen einer solchen Erklärung regelnden Reichsgesetzes gelten dafür die Vorschriften des Preußischen Gesetzes vom 4. Juni 1851.«

des zweiten Satzes in diesen Artikel der Sinn gelegt werden sollen, welchen der Justizminister und der Minister der geistlichen Angelegenheiten in demselben fänden, so hätte der erste Satz gestrichen und an dessen Stelle deutlich gesagt werden müssen, daß für die Berechtigung zur Einführung des Kriegszustandes die Vorbedingungen des Preußischen Gesetzes über den Belagerungszustand maßgebend seien. Statt dessen sei der erste Satz, welcher das Recht des Kaisers feststelle, über das »ob« zu entscheiden, unverändert und selbständig geblieben. Nur das »wie« der Handhabung bestimmt der zweite Satz und das Preußische Gesetz. Hinge das Wohl der Monarchie von der Verhängung des Kriegszustands ab, so würde er daher nicht anstehen, die Verantwortung für solche auf sich zu nehmen, er sei aber von der Opportunität einer solchen Maßregel nicht überzeugt. Er habe darüber Rücksprache genommen mit dem durch Entschlossenheit ausgezeichneten Staatsanwalt Tessendorf und dieser habe sich dahin ausgesprochen, daß sie doch eine wirksame Präventivmaßregel nicht sei, wohl aber eine nach vielen Seiten hin erbitternde Provokation. Da es nun doch nur um Bekämpfung der den Grundlagen des Staats, der Sitte, der Familie feindlichen Elemente sich handle, eine günstige Wirkung des Belagerungszustandes auf die Sicherheit auf den Straßen zweifelhaft, eine nachtheilige für die Wahlen aber anzunehmen sei, so habe er einer solchen Maßregel das Wort nicht reden wollen...

Seine Kaiserliche und Königliche Hoheit richteten hierauf an den Minister des Innern die Frage, worin die allseitig anerkannte Gefahr, genau specialisirt, zu erblicken sei.

Der Minister des Innern erklärte hierauf, wie er diese Gefahr in der abnehmenden Achtung vor der Autorität finde; in der Familie, in der Gemeinde, im Staate, überall trete Opposition nicht als berechtigte Kritik, sondern als Auflehnung gegen menschliches und göttliches Gesetz, unter Verhöhnung der Religion auf.

Seine Kaiserliche und Königliche Hoheit geruhten hierauf zu bemerken, daß gegen diese Übelstände eine baldige Abhülfe nicht zu schaffen sei, es frage sich, ob eine Verschwörung anzunehmen sei, der man durch bestimmte Maßregeln entgegentreten könne.

Der Minister des Innern sprach sich hierauf dahin aus, wie er eine Verschwörung in der Gestalt, daß durch Verhängung des Kriegszustandes ihr entgegenzutreten sei, nicht, wohl aber ein Komplott zu dem bei den stattgehabten Attentaten verfolgten speciellen Zweck als vorhanden annehme und daran glaube, daß es an Mitwissern hierbei nicht fehle.*...'

Seine Kaiserliche und Königliche Hoheit geruhten die bisherigen Erörterungen dahin zu resumiren, daß eine Gefahr für den Staat als vorhanden anzuerkennen, die Verhängung des Kriegszustands jedoch nicht zu empfehlen sei. Es frage sich nun, mit welchen Mitteln man dieser Gefahr baldmöglichst begegne...

Der Minister-Präsident erklärte...es sei gegen die Socialdemokratie, ohne die übrigen Partheien sich zu verfeinden, ein Vernichtungskrieg zu führen durch Gesetzesvorlagen, welche die socialdemokratischen Vereine, Versammlungen, die Presse, die Freizügigkeit (durch die Möglichkeit von Ausweisungen und Internirung), vielleicht den Waffenbesitz und das Waffentragen träfen. Die Diskussion im Staatsministerium habe sich vornehmlich mit der Frage beschäftigt, ob diese Entwürfe noch dem jetzigen Reichstage vorzulegen, oder ob unter dem Eindruck der neuesten Ereignisse derselbe aufzulösen und zu Neuwahlen zu schreiten sei. Er sei nicht im Zweifel, daß der letztere Weg der allein richtige sei. Es sei nicht zu erwarten, daß dieselbe Versammlung, welche soeben den ihr vorgelegten Gesetzentwurf betreffend die socialdemokratischen Umtriebe abgelehnt habe, nun in gleicher Zusammensetzung und Fraktionsbildung eine weiter gehende Vorlage annehmen werde. Einer neu gewählten Versammlung sei dies erleichtert...der Konflikt werde gemildert. Zudem ließen die augenblicklich bestehenden Verhältnisse zur Römischen Kurie annehmen, daß gegenwärtig die katholische Geistlichkeit keine zu lebhafte Wahlagitation gegen die Regierung üben werde. Er, und die Majorität des Staatsministeriums sei ihm beigetreten, sei daher dafür, daß unverzüglich der Antrag Preußens auf Auflösung des Reichstages beim Bundesrath gestellt würde. Die Minorität, im Ziel mit der Majorität einig, sei nur bezüglich der Opportunität der sofortigen Auflösung anderer Meinung gewesen...

Seine Kaiserliche und Königliche Hoheit geruhten noch die Frage zur Erörterung zu stellen, ob es sich nicht empfehle, dem gegenwärtigen Reichstage Gesetzesvorlagen zu machen, welche vorher mit den Partheiführern vereinbart seien, und ferner das Bedenken aufzuwerfen, ob es statthaft sei, der anerkanntermaßen vorhandenen Gefährdung der staatlichen Ordnung gegenüber ein Verfahren einzuschlagen, bei welchem, wie

* Diese Annahme ließ sich später durch Beweise nicht stützen.

im Falle der Neuwahlen, erst nach etwa drei Monaten zur Berathung der vorzulegenden Gesetzentwürfe geschritten werden könne.

Der Präsident des Staatsministeriums gestattete sich auf die erste Frage zu erwidern, wie er häufig den Versuch gemacht habe, mit den Führern der Fractionen Vereinbarungen über die von den letzteren zu beachtende Haltung zu treffen, er aber stets die Erfahrung habe machen müssen, daß die mit ihm verhandelnden Mitglieder ihr Wort nicht hätten einlösen können, weil nachmals in der Fractionsberathung die extremen Elemente die Oberhand behalten hätten. Was die... Verzögerung der Entscheidung über die zu treffenden Maßregeln anlange, so möge man gleich jetzt die bestehenden Vorschriften scharf handhaben, die Polizeikräfte, auch die Garnison von Berlin vermehren, einen militairischen Patrouillendienst organisiren... Die in Vorschlag gebrachten Gesetzentwürfe gälten überhaupt nicht sowohl dem augenblicklich bestehenden Zustande, als dem schon seit Jahren, gleich der Fluth, anschwellenden Einflusse der socialdemokratischen Agitation...

## [56] Die ultima ratio: Belagerungszustand und Verfassungsrevision

*7. 6. 1878, Bülow an Werthern (Zirkularerlaß)*

Vertraulich.
In Ergänzung meines gestrigen Erlasses und veranlaßt durch Zweifel und Bedenken, welche hier von den Vertretern einzelner Regierungen gegen die beabsichtigte Auflösung des Reichstages geäußert sind, ersuche ich Eure Excellenz, dem Herrn Staatsminister von Pfretschner mündlich und vertraulich (nicht durch Vorlesung dieser meiner Mittheilung) noch folgende Gesichtspunkte darzulegen.

Mit der vorgeschlagenen Maßregel wollen wir so wenig reactionäre Politik machen als wir glauben, daß die Neuwahlen dazu den Weg bahnen werden. Was wir uns als Ziel setzen, ist nur die Möglichkeit, überhaupt weiter zu regieren und die Pflichten erfüllen zu können, welche uns durch den monarchischen Charakter des Reiches vorgezeichnet sind. Wenn in der parlamentarischen Vertretung der Andrang centralisirender Bestrebungen oft stärker gewesen ist, als den föderativen Institutionen des Reiches entsprach, so ist der Grund dazu und [für] die notorische Erschwerung der Regierungsthätigkeit auch in der Zusammensetzung des jetzigen Reichstages zu suchen, wo es eine größte Fraction, ohne daß dieselbe die Majorität hätte, doch in der Hand hatte, durch ihr Votum die verbündeten Regierungen in Minorität oder Majorität zu bringen und dadurch bis zu der Forderung gelangte, daß die Vorlagen vorher mit ihr zu vereinbaren seien – eine Stellung, welche für monarchische Regierungen nicht annehmbar ist. Durch die Neuwahlen werden nun die Committenten der einzelnen Abgeordneten in die Lage kommen, ihr Urtheil über deren Haltung wie in allgemeinen Fragen, so hinsichtlich derjenigen abzugeben, welche den Anlaß zu unserem Vorschlage gegeben und hinsichtlich deren unter den verbündeten Regierungen eine Meinungsverschiedenheit nicht obwalten dürfte. Ich füge unter Bezug auf meine desfälligen gestrigen Bemerkungen nur hinzu, daß wir der genannten Fraction gegenüber den Weg der Auflösung sogar für milder und rücksichtsvoller erachten als wenn, unter dem Drucke der augenblicklichen Umstände, an dieselbe die kategorische Forderung gestellt würde, nach wenig Wochen das neuliche Votum zu widerrufen...

Eure Excellenz wollen ferner vertraulich mittheilen, daß die Verhängung des Kriegszustandes über einzelne, durch socialdemokratische Wühlereien besonders gefährdete Gebiete des Reiches hier zwar zur Erwägung gekommen sei, vom Herrn Reichskanzler aber zur Zeit für nicht opportun gehalten und nicht beabsichtigt werde. Fürst Bismarck habe jedoch durchaus keinen Zweifel daran, daß der Artikel 68 der Reichsverfassung dem Kaiser das Recht gebe, wo die öffentliche Sicherheit in einem Bundesgebiet bedroht sei (selbstverständlich nicht in Bayern), letzteres in Kriegszustand zu erklären. Der Reichskanzler würde daher nöthigen Falles vor dieser Verantwortlichkeit nicht zurückschrecken, und wenn er die Unterstützung der Regierungen auf dem eingeschlagenen Wege wider Verhoffen nicht finden sollte, wahrscheinlich sofort in der Nothwendigkeit sich befinden, eine solche Verantwortlichkeit zu übernehmen.

Eure Excellenz wollen mit Rücksicht auf eine solche Eventualität hinzufügen, wie Fürst Bismarck den vorliegenden Antrag als einen Appell an das Vertrauen der Bundesregierungen betrachte. Wenn die einzelnen Regierungen ihn in dieser ersten Entscheidung im Stich ließen, so könne er als nicht mehr im Besitz des ihm bisher geschenkten Vertrauens sein Amt nicht weiter führen und nur noch als letzte Amtshandlung im Interesse der Sicherheit Deutschlands Seiner Majestät dem Kaiser wie gesagt vorschlagen, in einer jetzt noch nicht zu bemessenden Ausdehnung den Kriegszustand zu verhängen.

Von gewisser Seite* endlich ist die Frage angeregt, was die Landtage der Einzelstaaten zur Auflösung des Reichstages sagen würden. Der Herr Reichskanzler ist überzeugt, daß keine der verbündeten Regierungen sich von einer solchen Rücksicht in einer das Reich und dessen Institutionen betreffenden Entscheidung leiten lassen werde. Wäre dies aber doch der Fall und Preußen bliebe einer solchen Auffassung gegenüber mit seinen Anträgen in der Minorität, so wäre das eben nur ein Beweis, daß die Reichsverfassung fehlgegriffen habe und der Revision bedürftig sei – welche Revision dann natürlich erstrebt werden müßte...

## [57] Die Solidarität der Notwehr

*12. 8. 1878, Bismarck an Ludwig II. von Bayern*

...Die Wahlen zum Reichstage haben den Schwerpunkt des letztern weiter nach rechts geschoben, als man annahm. Das Uebergewicht der Liberalen ist vermindert, und zwar in höherem Maße, als die Ziffern es erscheinen lassen. Ich war bei Beantragung der Auflösung nicht im Zweifel, daß die Wähler regirungsfreundlicher sind als die Abgeordneten, und die Folge davon ist gewesen, daß viele Abgeordnete, welche ungeachtet ihrer oppositionellen Haltung wiedergewählt wurden, dieß nur durch Zusagen zu Gunsten der Regirung erreichen konnten. Wenn sie diese Zusagen nicht halten und eine neue Auflösung folgen sollte, so werden sie nicht mehr Glauben bei den Wählern finden und nicht wieder gewählt werden. Die Folge der gelokkerten Beziehungen zu den liberalen und centralistischen Abgeordneten wird, meines ehrfurchtsvollen Dafürhaltens, ein festeres Zusammenhalten der verbündeten Regirungen unter einander sein. Das Anwachsen der socialdemokratischen Gefahr, die jährliche Vermehrung der bedrohlichen Räuberbande, mit der wir gemeinsam unsre größeren Städte bewohnen, die Versagung der Unterstützung gegen diese Gefahr von Seiten der

* Durch das badische Staatsministerium.

Mehrheit des Reichstags drängt schließlich den deutschen Fürsten, ihren Regirungen und allen Anhängern der staatlichen Ordnung eine Solidarität der Nothwehr auf, welcher die Demagogie der Redner und der Presse nicht gewachsen sein wird, so lange die Regirungen einig und entschlossen bleiben, wie sie es gegenwärtig sind. Der Zweck des Deutschen Reiches ist der Rechtsschutz; die parlamentarische Thätigkeit ist bei Stiftung des bestehenden Bundes der Fürsten und Städte als ein Mittel zur Erreichung des Bundeszweckes, aber nicht als Selbstzweck aufgefaßt worden. Ich hoffe, daß das Verhalten des Reichstages die verbündeten Regirungen der Nothwendigkeit überheben wird, die Consequenzen dieser Rechtslage jemals practisch zu ziehen. Aber ich bin nicht gewiß, daß die Mehrheit des jetzt gewählten Reichstages schon der richtige Ausdruck der zweifellos loyal und monarchisch gesinnten Mehrheit der deutschen Wähler sein werde. Sollte es nicht der Fall sein, so wird die Frage einer neuen Auflösung in die Tagesordnung treten. Ich glaube aber nicht, daß ein richtiger Moment der Entscheidung darüber schon in diesem Herbst eintreten könne. Bei einem neuen Appell an die Wähler wird die wirthschaftliche und finanzielle Reformfrage ein Bundesgenosse für die verbündeten Regirungen sein, sobald sie im Volke richtig verstanden sein wird; dazu aber ist ihre Discussion im Reichstage nöthig, die nicht vor der Wintersession stattfinden kann. Das Bedürfniß höherer Einnahmen durch indirecte Steuern ist in allen Bundesstaaten fühlbar und von deren Ministern in Heidelberg einstimmig anerkannt worden. Der Widerspruch der parlamentarischen Theoretiker dagegen hat in der productiven Mehrheit der Bevölkerung auf die Dauer keinen Anklang...

## [58] Das zweite Sozialistengesetz

*15. 8. 1878, Bismarck an Tiedemann*

...Ferner bedarf das Gesetz eines Zusatzes in betreff der Beamten, dahingehend, daß Beteiligung an sozialistischer Politik die Entlassung ohne Pension nach sich zieht. Die Mehrzahl der schlecht bezahlten Subalternbeamten in Berlin und dann der Bahnwärter, Weichensteller und ähnlicher Kategorien besteht aus Sozialisten, eine Tatsache, deren Gefährlichkeit bei Aufständen und Truppentransporten einleuchtet.

Ich halte ferner, wenn das Gesetz wirken soll, für die Dauer nicht möglich, den gesetzlich als Sozialisten erweislichen Staatsbürgern das Wahlrecht, die Wählbarkeit und den Genuß der Privilegien der Reichstagsmitglieder zu lassen.

Alle diese Verschärfungen werden, nachdem einmal die mildere Form in allen Zeitungen gleichzeitig bekanntgegeben, denselben also wohl amtlich mitgeteilt worden ist, im Reichstage sehr viel weniger Aussicht haben, als der Fall sein könnte, wenn eine mildere Version nicht amtlich bekanntgeworden wäre. Die Vorlage, so wie sie jetzt ist, wird praktisch dem Sozialismus nicht Schaden tun, zu seiner Unschädlichmachung keinesfalls ausreichen, namentlich, da ganz zweifellos ist, daß der Reichstag von jeder Vorlage etwas abhandelt...

## [59] Bis zur Vernichtung

*August 1878, Benda an Bennigsen*

...Unser Fürst war, wie gewöhnlich im Familienkreise, persönlich überaus liebenswürdig und schien auch körperlich gekräftigt zu sein. Ueber die Wahlen sprach er sich, abgesehen von dem Aerger in Lauenburg und Calbe-Aschersleben, leidlich zufrieden aus...Jetzt habe sich gezeigt, daß man im Lande doch wesentlich anders denke wie im alten Reichstage; er hoffe auf das festere Zusammenhalten der drei regierungsfreundlichen Parteien und wünsche nur, daß ein paar Dutzend Nationalliberale ausscheiden, die in den Fortschritt gehören (immer das alte Lied). Meinen Einwand, daß dann die Majorität zweifelhaft werden könne, wollte er nach seiner Rechnung nicht gelten lassen. Im übrigen, das sagte er wohl dreimal, sei ihm das Fraktionswesen, konservativ oder liberal, völlig gleichgültig, heute mehr als je; er gehe seinen Weg; wer mit ihm gehe, sei sein Freund, wer wider ihn gehe, sein Feind – bis zur Vernichtung. Komme man jetzt nicht zum Ziele, so könne man ja noch einmal und zum drittenmal auflösen; er wünsche das nicht, aber man könne dazu kommen. Auf das Zentrum sich zu stützen, sei weder seine Absicht, noch halte er es für möglich; die Elemente des Zentrums, vor allem die Kapläne, seien für ihn unbrauchbar, auch wenn man ihnen die Fahne nehme, unter welcher sie föchten...

## [60] Juristischer Staatsstreich

*29./30. 8. 1878, Tagebuch Falks*

...Vom Reichstage meinte Fürst Bismarck sich nichts versprechen zu können. Eine sichere Gegnerschaft von 170 Stimmen sei vorhanden. Stützen könne man sich nur auf Freikonservative und den rechten Flügel der Nationalliberalen, weshalb er die Auffassung, daß in den Auflösungsantrag kein Angriff auf die Nationalliberalen gehört habe, jetzt nicht mehr für unberechtigt halten könne... Das sei zu wenig. Wenn die Vorlage gegen die Sozialisten verworfen werde, lege er sein Amt nieder. Wolle der Kaiser, daß er es wieder aufnehme, so gehe er nur darauf ein, wenn dieser den Reichstag abermals auflöse und eine Proklamation erlasse des Inhaltes, er tue dies, weil der Reichstag ihm Gesetze verweigere, die sein Leben schützten. Werde die Proklamation gut gefaßt, dann würden die widerstrebenden Nationalliberalen wiederum vierzig Sitze verlieren. Wenn die Auflösung wieder keinen Erfolg habe, dann sei ein juristischer Staatsstreich nötig. Deutschland könne dann eben nicht reiten. Der Bündnisvertrag müsse gelöst werden und damit die Verfassung umgeworfen werden. Auf meine mit Gründen unterstützte Äußerung, daß so etwas unmöglich sei, entgegnete Bismarck, die Regierungen würden schon zusammenhalten. Rheinbundszeiten seien vorüber. Selbst Sachsen sähe ein, daß Anschluß an den stärksten, Preußen, das beste Erhaltungsmittel sei. Wolle Bayern europäische Politik treiben, so sei es in fünf Jahren zwischen Preußen und Österreich geteilt. Drei oder vier Regierungen würden widersprechen, aber durch Bedrohung mit dem Schicksal Nassaus und Hessens eingeschüchtert werden. Feldmarschall Manteuffel möchte diesen Staatsstreich sehr gern ausführen, er würde es aber ungeschickt tun, und darum sei er, Bismarck, dazu erbötig, er würde Konfliktsmut wieder bekommen. Wolle der Kaiser das nicht, dann möge er ein Ministerium Windthorst-Seydewitz nehmen. Es sei besser, daß diese Leute mit Rom Frieden machten, als daß ein anderes Ministerium oder er, Bismarck, dafür Verantwortung trage. Wäre der Kronprinz an der Regierung, so nehme er vielleicht Bennigsen oder Hänel. Ein Jahr würden die ganz gut regieren, aber vom Kapital der Regierungskraft, wegen Rücksichtnahme auf die Laskerei.

...Ich fand Bismarck tief erbittert gegen die Nationalliberalen, die ihn verfolgten und verließen, wie früher die Konservativen. Bennigsen habe gemeint, die nationalliberale Fraktion werde ihm unbedingt zu Willen sein, wenn er in das Ministerium trete. Als er sich vom Gegenteil überzeugt, als Lasker sogar geäußert hatte, die Nationalliberalen dürften nicht mit Bismarck in demselben Ministerium sein, sondern sollten nach ihm in ein solches treten – dies wollte Bismarck sicher aus nationalliberalen Kreisen haben –, da habe Bennigsen einen Vorwand gesucht, um von Bismarck loszukommen und ihn in brüsker Weise in Bismarcks Erklärung gefunden, daß das Tabakmonopol sein Ideal sei. Das weitere Verhalten der Nationalliberalen sei gewaltsamer Anlauf gegen die Türen des Ministeriums. So der Beschluß wegen des Tabakmonopols, die Verwerfung des Sozialistengesetzes ohne Prüfung, die Bennigsensche Rede, worin er dem Ministerium ein Mißtrauensvotum gegeben...

[61] Das notwendige Korrelat zum Sozialistengesetz

*11. 9. 1878, Votum Stolbergs*

In der Konseilsitzung vom 5. Juni d. Js. sind unter dem unmittelbaren Eindruck des Nobilingschen Attentats die Aufgaben erwogen worden, welche für die Staatsregierung aus der alle Bande der gesellschaftlichen und staatlichen Ordnung, Religion, Ehe, Familie, die guten Sitten bedrohenden socialdemokratischen Bewegung erwachsen sind. Dabei herrschte Einverständniß darüber, daß es sich in erster Linie um die Herbeiführung einer energischen und schnell wirkenden Repression der socialdemokratischen Ausschreitungen handle; der dem Reichstage vorgelegte Entwurf des Gesetzes gegen die gemeingefährlichen Bestrebungen der Socialdemokratie bildet das Ergebniß der *in dieser Beziehung* stattgehabten Erwägungen.

Andererseits ist das Staatsministerium, wie auch in der erwähnten Konseilsitzung zu Tage trat, darüber nicht im Zweifel gewesen, daß mit den in Aussicht genommenen repressiven Ausnahme-Maßregeln die Aufgabe einer nachhaltigen, heilenden und bis an die Wurzeln des zu bekämpfenden Übels dringenden staatlichen Gegenwirkung gegen die aus der socialdemokratischen Bewegung entspringenden Gefahren keineswegs erschöpft sei. Dementsprechend ist...hervorgehoben worden, daß die in diesem Gesetz-Entwurfe vorgesehenen

Maßnahmen kaum ausreichen würden, um die socialdemokratische Bewegung völlig zu unterdrücken; dagegen wurde die Erwartung ausgesprochen, daß der Entwurf ein wirksames Mittel gegen die weitere Ausbreitung der Socialdemokratie gewähren und für eine heilsame Gegenbewegung der erhaltenden Elemente in Staat und Gesellschaft Raum schaffen werde.

Auch auf dem Gebiete der Presse haben sich die Organe der nicht-socialistischen Richtung, soweit sie nicht von vornherein den Erlaß von Ausnahmegesetzen bekämpften, fast einmüthig in dem Sinne ausgesprochen, daß als das nothwendige Korrelat des auf die äußere Unterdrückung der socialdemokratischen Agitation abzielenden Repressivgesetzes ein gleichzeitiges Vorgehen mit positiven und organischen Reformen auf den mit den socialen Schäden des Volkslebens zusammenhängenden Gebieten der Gesetzgebung und staatlichen Einwirkung zu betrachten sei und daß nur unter der Voraussetzung eines derartigen Vorgehens auf die innerliche und nachhaltige Überwindung der socialdemokratischen Bewegung gerechnet werden dürfe. In ähnlichem Sinne haben sich auch mehrere deutsche Bundesregierungen durch verschiedene Organe geäußert und namentlich auf die Übelstände hingewiesen, welche nach ihrer Auffassung aus den Wirkungen der neuen Gesetzgebung auf einzelnen Gebieten sich ergeben haben.

Unter diesen Umständen wird meines ganz ergebensten Dafürhaltens die Staatsregierung sich der eingehenden Prüfung der Frage nicht entziehen können, welche organischen Änderungen der bestehenden Gesetzgebung neben den in dem Gesetz-Entwurfe gegen die gemeingefährlichen Bestrebungen der Socialdemokratie vorgesehenen Maßnahmen erforderlich sind, um der bestehenden Staats- und Rechtsordnung in dem Kampfe gegen die Socialdemokratie den schließlichen, nachhaltigen Erfolg zu sichern. Eine rechtzeitige Verständigung über den Umfang und Inhalt der anzubahnenden Reformen erscheint um so dringender, weil der Staatsregierung damit die Lösung der Aufgabe ermöglicht wird, durch die von ihr auch auf diesem Gebiete zu ergreifende kräftige und planvolle Initiative sich die Leitung der organischen Gegenwirkungen gegen die socialdemokratische Bewegung zu sichern. Je maßloser von gewissen Seiten ein vollständiger Bruch mit der bisherigen Entwicklung auf wichtigen Gebieten der Gesetzgebung begehrt wird und je größer bei der in der Tagespresse dominirenden oberflächlichen

Einsicht in die Verhältnisse die Gefahr ist, daß im Hinblick auf die hervorgetretenen socialen Übelstände der ruhige Blick einestheils für die natürlichen Schranken der zu erstrebenden und durch gesetzgeberische Reformen erreichbaren Besserung, anderestheils für die objektive und besonnene Würdigung der bisherigen Entwickelung in weiteren Kreisen getrübt werde: um so mehr erscheint es für die Staats-Regierung geboten, den Vorwurf eines angesichts der vorhandenen Mißstände nicht zu rechtfertigenden Gehenlassens der Dinge von sich abzuwenden. Es wird daher Werth darauf zu legen sein, daß die Staats-Regierung bis zum demnächstigen Zusammentritte des Landtags der Monarchie über ihre Ziele auf diesem Gebiete wenigstens in den Hauptpunkten zu einem Einverständniß gelangt.

Manche der hier in Betracht kommenden Fragen sind freilich vor kurzem erst neu geordnet worden. Ich habe dabei vorzugsweise die Novelle zur Gewerbe-Ordnung im Auge... Andere hierher gehörige Reformen sind bereits aus anderer Veranlassung aufgenommen worden. Hierher dürften z. B. die Fragen wegen einer angemessenen Veranlagung und Vertheilung der direkten Staatssteuern und der Kommunalabgaben, sowie wegen stärkerer Heranziehung der indirekten Steuern gehören. Ebenso geht die Gefängniß-Reform, deren Einfluß auf gewisse sociale Schäden von unverkennbarer Bedeutung ist, durch den im Geschäftsgang befindlichen Gesetz-Entwurf über den Strafvollzug ihrer Regelung entgegen. Immerhin aber bleibt noch eine Reihe wichtiger, mit dem socialen Gebiete im Zusammenhange stehenden Fragen übrig, deren planmäßige legislatorische Behandlung in den Kreis der in Rede stehenden Erwägungen zu ziehen sein dürfte. Ich erlaube mir beispielsweise noch auf folgende Gegenstände ganz ergebenst hinzuweisen: Abänderung des Gesetzes über den Unterstützungswohnsitz... Wiederaufnahme des seinerzeit gleichzeitig mit dem Entwurfe des [Sozialistengesetzes] an das Staatsministerium gelangten Gesetzentwurfs betreffend einige Abänderungen des Strafgesetzbuchs; Reform der Gesetzgebung über das Gesinde- und Dienstbotenverhältniß; Wiederaufnahme der Reformgesetzgebung auf dem Gebiete des Schankgewerbes; Ausdehnung der gesetzlichen Fürsorge für das sittliche, geistige und leibliche Wohl der Arbeiter, insbesondere die Fragen wegen weiterer Ausdehnung und umfassenderer Organisation des Hülfskassenwesens und wegen etwaiger Modifikationen des von vielen Seiten als ungenügend betrachteten Haftpflichtgesetzes; allgemeine gesetzliche Organisation des Fortbildungsschulwesens für Arbeiter, Lehrlinge und Gehülfen; etwaige Änderungen des Reichstagswahlgesetzes...

Im Hinblick endlich auf den Umstand, daß es sich um die Bekämpfung großer, den Bestand der gesamten staatlichen und gesellschaftlichen Ordnung bedrohender Gefahren handelt, daß die eventuell anzubahnenden Maßnahmen wenigstens zum Theil auf dem Gebiete der Reichsgesetzgebung liegen werden, und daß die Ziele, auf welche es ankommt, auch soweit sie in den Bereich der Landesgesetzgebung fallen, doch der Natur der Sache nach ein für alle deutschen Staaten mehr oder weniger gemeinsames Interesse haben, daß endlich auch die wirkliche Erreichung dieser Ziele durch ein gemeinsames Vorgehen... wesentlich gefördert werden dürfte, halte ich es für zweckmäßig, daß in ähnlicher Weise, wie dies in Betreff der Steuerreform mit gutem Erfolge geschehen ist, auf Grund einer preußischerseits auszuarbeitenden Denkschrift durch Konferenzen mit den Ministern der übrigen deutschen Staaten eine Verständigung über ein gemeinsames Vorgehen auf dem Gebiete socialpolitischer Reformen anzubahnen versucht wird...

## [62] Das Zollprogramm

*28. 10. 1878, Zirkularerlaß an die preußischen Gesandten bei den deutschen Höfen*

...Das Bestreben, einzelne Produktionszweige durch Schutzzölle ohne vorwiegende Rücksicht auf finanzielle Ergebnisse zu fördern, ist ein allen Regierungen dauernd oder vorübergehend gemeinsames. Die Abneigung, welcher dasselbe in der Regel bei den am Schutzzoll nicht betheiligten Produzenten begegnet, richtet sich wesentlich gegen das Privilegium, welches einzelnen Zweigen der Gesammtproduktion, angeblich auf Kosten der übrigen, dadurch verliehen wird. Dieser Abneigung gegen Privilegien würde ein Zollsystem nicht ausgesetzt sein können, welches gleichmäßige Anwendung auf *alle* Gegenstände fände, welche überhaupt die Grenze vom Auslande her überschreiten, indem es dieselben ohne Ausnahme einem Werthzolle unterwirft und sich dergestalt in berechtigtem nationalen Egoismus die Aufgabe stellt, der deutschen Produktion in ihrer Gesammtheit und ohne Ausnahme eine etwas günstigere Stellung zu gewähren, als der ausländischen. Ein solches System... hat meiner Ansicht nach die nachstehenden Vortheile:

1. Das finanzielle Ergebniß der fraglichen Einrichtung wird an sich je nach dem Prozentsatze, welcher die Gesammteinfuhr ad valorem trifft, ein sehr erhebliches sein können, da nach den bisherigen, wenn auch oberflächlichen statistischen Erhebungen jedes einzelne Prozent des Werths der Gesamteinfuhr etwa 36 Millionen Mark betragen würde.

2. Ein Finanzzoll in der angedeuteten Form wird, nach der Breite seiner Grundlage, nach keiner Seite hin drückend erscheinen können, namentlich da er alle Lebensverhältnisse gleichmäßig trifft, indem jeder wirthschaftlich produzirende Reichsangehörige zugleich Konsument für die anderen Produktionen bleibt, so daß Vortheile und Nachtheile der Wirkungen dieses Zolls sich gleichmäßiger vertheilen, als bei jedem speziellen Grenzzoll der Fall ist. Nur die kleine Minorität des unproduktiven Theils der Bevölkerung, welche lediglich von Renten, Gehältern und Honoraren lebt, ist in diese Gleichheit nicht vollständig einbegriffen, eine Thatsache, welche allerdings die Schwierigkeiten der Ausführung wesentlich steigert, weil die Mehrheit unserer Gesetzgeber, nicht nur in den Beamtenkreisen der Regierungen, sondern auch in den parlamentarischen Körperschaften, *jener Minorität* angehört....

3. Es wird die zu erzielende Leistung für die Finanzen des Reichs thatsächlich dem inländischen Verbrauch garnicht oder doch nur zum geringeren Theile zur Last fallen. Sie wird vielmehr nur den Gewinn, welchen bisher der ausländische Produzent aus unseren Mitteln bezieht, um den Betrag des Zolls vermindern...Das Reich wird also das Einkommen erweiterter Zölle zum großen Theil vom Auslande erheben.

4. ...Ich habe im Sinne der vorstehenden Erwägungen bisher nach keiner Seite hin Anträge gestellt, und hat diese Mittheilung den Zweck, mich darüber zu vergewissern, ob und wie weit und in welcher Form es für mich als Reichskanzler je nach der dabei zu erwartenden Unterstützung rathsam sein wird, mit solchen Anträgen amtlich vorzugehen...

## [63] Mit Sprengpulver arbeiten

### *a) 11. 1. 1879, Tagebuch Tiedemanns*

...Der Fürst in sehr kriegerischer Stimmung, glaubt, daß im Laufe des Jahres viel mit Sprengpulver gearbeitet werden müsse. Auflösung des Reichstags, eventuell auch Auflösung des Ministeriums. Wenn seine Ideen über Steuer- und Zollpolitik auf wirklichen Widerstand bei den preußischen Ministern stoßen, will er nach Berlin kommen, eine Sitzung des Staatsministeriums berufen und die Kabinettsfrage stellen. Gehen die Herren nicht mit ihm, so wird er sie bitten, sich nach anderen Posten umzusehen und wird dann ein neues Ministerium bilden, sollte er auch die neuen Ressortchefs aus den Kreisen der Assessoren wählen müssen. Der Kaiser einverstanden mit ihm. Er beauftragt mich, Varnbüler ausdrücklich zu sagen, daß er in der schutzzöllnerischen Strömung nur so lange mitschwimme, als der Landwirtschaft auch ein Schutz gewährt werde. Geschehe dies nicht, so werde er es wieder mit den Freihändlern versuchen.

### *b) 12. 1. 1879, Türckheim an Turban*

Der Herr Staatsminister [Hofmann] frug, ob mir schon bekannt sei, wie sich die gr. Regierung schließlich zu der Frage des Tabaksmonopols stelle, und fügte hinzu, der Herr Reichskanzler wünsche sehr lebhaft, daß sich für das letztere eine Majorität im Bundesrat ergebe...Fürst Bismarck erblicke in der Einführung des Tabaksmonopols nicht nur nach wie vor das wirksamste, gerechteste und am wenigsten drückende Mittel, das Reich finanziell auf eigene Füße zu stellen, sondern er betrachte auch diese in ganz Deutschland gleichmäßig zu erhebende, sehr ausgiebige Steuer als eines der wirksamsten Mittel, dasselbe ohne Eingriff in die verfassungsmäßige Machtsphäre der Einzelstaaten dauernd zu einem Ganzen zu verbinden. Ohne eine solche Kräftigung durch das Band einer – wenn einmal eingeführt, nicht leicht wieder rückgängig zu machenden, ausreichenden Einnahmequelle halte Fürst Bismarck, ungeachtet der bis jetzt erreichten Resultate, die Existenz des Reiches noch keineswegs für eine völlig gesicherte. Er selbst sei des ewigen Kampfes gegen die überaus mächtigen Freunde eines großen preußischen Einheitsstaates...und gegen einen ewig nörgelnden und bei jeder großen Frage nur durch Bedrohung mit völligem Bruch zu einer annehmbaren Entschließung zu drängenden Reichstag herzlich satt und habe erst wieder bei dem letzten Besuche des Hr. Ministers Hofmann in Friedrichsruh gegen diesen geäußert: wenn allen seinen für nötig erachteten Bestrebungen und Reformanträgen von allen Seiten nur Widerstand entgegengesetzt und dieselben bis zur Bedeutungslosigkeit herabgemindert würden, so könne er auch einmal bei sich ernstlich erwägen, ob er die undankbare Rolle nicht aufgeben und wieder dahin zurückkehren müsse, wo er vor 1870 gestanden – zurückkehren dahin, daß er der erste Minister des möglichst zu kräftigenden und zur vollen Ausnutzung seiner Hilfsquellen entschlossenen Einheitsstaates Preußen sei. Man könne dann dem Deutschen Reiche ein Denkmal errichten und darauf die Inschrift setzen: »In den Sattel hat man ihm geholfen, aber zu reiten verstand es nicht.« ...

[64] Platonische Regungen im Sinne des Friedens

*15. 1. 1879, Bismarck an Wilhelm I.*

... Daß von päpstlicher Seite in allen schönen und freundlichen Worten keine einzige Konzession auch nur von Haaresbreite gemacht oder in Aussicht gestellt ist, wird den katholischen Untertanen Ew. M. nicht schwarz auf weiß bewiesen werden können, wenn wir nicht die empfangenen vertraulichen Schreiben veröffentlichen wollen, mit der Versicherung, daß sie Alles enthalten, was wir wissen. Daß wir das nicht tun werden, darauf rechnet man in Rom, und für uns ist in der Tat eine Aenderung in dem augenblicklich herrschenden freundlichen und höflichen Tone des Schriftwechsels auch nicht zu wünschen. Das Schreiben des Papstes an den Erzbischof von Köln würde eine praktische Bedeutung haben, wenn es an einen der noch im Amte befindlichen preußischen Bischöfe gerichtet worden wäre, ebenso würde die neueste Encyklika gegen die Sozialisten von einigem politischen Werte sein, wenn darin die Opposition der päpstlichen Partei im Reichstage gegen das Sozialistengesetz getadelt worden wäre. Solange wir keine anderen als dergl. platonische Regungen im Sinne des Friedens kennen, werden wir auch ein Zeugnis über die Betätigung dieser Friedensliebe ohne Schaden für uns selbst nicht wohl ausstellen können. Wohl aber möchte es sich empfehlen, wenn wir mit derselben Münze zahlen und auch unsererseits akademische Erklärungen über unsere Liebe zum Frieden kundgeben, namentlich in Anknüpfung an die sozialistische Encyklika, welche für uns nicht den Formfehler hat, daß sie an die Adresse eines in Preußen abgesetzten Bischofs gerichtet war.

## [65] Appell an die organisierten Interessen

*16. 4. 1879, Bismarck an Thüngen-Roßbach*

Ew. Hochwohlgeboren bitte ich, den Unterzeichnern der Zustimmungsadresse zu unserem Zollprogramm vom 15. December v. J., welche Sie mir mit Ihrem Schreiben vom 12. d. M. zu übersenden die Güte hatten, meinen verbindlichsten Dank zu übermitteln... Ich theile Ihre darin ausgesprochene Ansicht, daß die Getreidezölle als Schutz der Landwirthschaft nach Verhältniß zu den directen Lasten, welche sie trägt, ungenügend sind; sie werden vielleicht nur die gute Folge haben, daß Ordnung und Uebersicht in die Korneinfuhr kommt, und daß namentlich die Ueberfüllung Deutschlands mit unverkauftem Korn sich vermindert. Ich habe aber in den Verhandlungen mit den Regirungen und der Tarifcommission mehr nicht erreichen und namentlich den Ministerien der größeren Bundesstaaten gegenüber das Erreichte nur mit großer Anstrengung festhalten können...

Ein noch größeres Gewicht indessen als auf den Zoll, lege ich auf die Eisenbahntarife, durch welche Einfuhrprämien gegeben werden, welche nicht selten das Vier- und Fünffache des 50-Pfennigzolles erreichen. Wenn es gelingt, diese Ungerechtigkeit zu beseitigen, so verspreche ich mir davon eine größere Wirkung, als von der Verdoppelung oder selbst Vervierfachung der jetzt beantragten Zölle; doch in dieser Beziehung habe ich bisher kaum Hoffnung, die Eisenbahnminister der größeren Bundesstaaten für den Zweck zu gewinnen und zu übereinstimmendem Verfahren zu bewegen...

Wenn in dem Zolltarif-Entwurfe eine Verbesserung noch gewonnen werden soll, so werden vor Allem die Vertreter der Landwirthschaft im Reichstag sich rühren, sich vereinigen und Anträge stellen müssen. Auch der Inhalt Ihres Briefes wäre mir lieber in der Oeffentlichkeit als in meinen Acten; denn was mich betrifft, so kann ich nur sagen: »vous prêchez à un converti« und ich thue ohnehin, was ich kann. Ich habe auf die Tarifcommission, so viel ich konnte, eingewirkt, um die Landwirthschaft pari passu mit der Industrie zu halten, in dieser Beziehung aber eher noch Anklang bei den Industriellen gefunden, als bei den Ministerien, nach deren Instruction die Commissionsmitglieder abstimmten. Ich verharre in diesem Streben, bedarf aber auf dem amtlichen und publicistischen Gebiet einer stärkeren, aber practischeren Unterstützung, als ich sie bisher erfahren habe. Von Ihrer Seite darf ich darauf rechnen und werde für jedes Maß davon sehr dankbar sein.

### [66] Die Ministerkrise in Preußen

*5. 7. 1879, Bismarck an Wilhelm I.*

... Der häufige Wechsel in den Ministern ist gewiß eine bedauerliche Erscheinung und für mich ganz besonders ein Grund der Vermehrung und Erschwerung meiner Arbeiten: Ein wesentlicher Grund, wie er den Rücktritt von Camphausen, Achenbach, Delbrück, v. d. Heydt und schließlich auch des älteren Grafen Eulenburg herbeigeführt hat, liegt darin, daß viele Minister sich die Schwierigkeiten des Amtes durch Nachgiebigkeiten gegen die Parlamente erleichtern und auf diesem Wege früher oder später an einen Punkt gelangen, wo das im Interesse der Krone und des Staates nicht mehr angeht, und daß dann von meiner Seite, der ich leider der einzige bin, der den Beruf hat, ein höheres Interesse als das eines Ressorts wahrzunehmen, eine Gegenwirkung erfolgen muß, die einen Umschlag herbeiführt. Der Graf Eulenburg hat diese Friktion mit mir länger ausgehalten wie andere; nachdem er mir in den ersten zehn Jahren seines Amtes in Gemeinschaft mit Graf Roon tapfer beigestanden hatte, war er aber müde geworden und ließ sich von dem parlamentarischen Strom treiben: dadurch hat er in den letzten Jahren recht schädlich auf unsere Gesetzgebung eingewirkt und manche der Kronrechte fallen lassen, die er in den ersten zehn Jahren seines Amtes energisch verteidigt hatte. Die Arbeit eines Ministers, der den Parlamentsmajoritäten *Widerstand* leistet, ist eben eine aufreibende, wogegen Minister, die sich den Majoritäten fügen und anschließen, eine zeitlang ein bequemes Leben auf Kosten der Kgl. Rechte führen. Sehr zahlreich sind die Bewerbungen um Ministerstellen überhaupt nicht; das Gehalt ist im Vergleich mit den äußeren Anforderungen zu gering, und nur ein *reicher* Mann kann Minister sein, ohne in finanzielle Schwierigkeiten zu geraten. Die geringe Anziehungskraft der dornenvollen Stellung eines Ministers, der *nicht* mit dem Parlamentsstrom schwimmt, brachte es mit sich, daß ich im Frühjahr des vorigen Jahres, um das Ministerium wieder zu vervollständigen, mehrere Wochen hindurch zu Anstrengungen in der Anwerbung neuer Kollegen genötigt war, welche mit der schweren Krankheit endigten, an der ich nachher in Friedrichsruh litt. Hätte ich versprechen können, mit dem Liberalismus und der Majorität unbedingt gehen zu wollen, so wäre es mir leicht geworden, Kollegen zu finden...

## [67] Verlängerung des Septennats

*6. 7. 1879, Bismarck an Kameke*

...Ich glaube nicht, daß es sich empfiehlt, die Forderung einer dauernden Festlegung der Präsenzziffer überhaupt zu stellen. Wir würden, wenn sie uns bewilligt würde, vielleicht die Ersten sein müssen, welche Aenderungen beantragten, und der dauernde Verzicht auf die Mitwirkung beim Militärbudget widerstrebt den parlamentarischen Neigungen dermaßen, daß die etwa nötigen Verstärkungen der Wehrkraft sich leichter werden durchsetzen lassen, wenn wir unsere Forderungen auf eine begrenzte, womöglich wiederum 7jährige Periode der Feststellung einschränken...

Die Steigerung der Friedenspräsenz um 25000 Mann würde allerdings eine Mehrausgabe von gegen 20 Millionen Mark ergeben und mit allen daran hängenden Kosten sich vielleicht auf zwischen 20 und 25 Millionen Mark belaufen. Aber ich glaube, daß uns das bedrohliche Anschwellen der französischen und russischen Heere keine Wahl läßt. Es legt der Regierung wenigstens die Pflicht auf, den *Versuch* zu machen, ob wir die Anzahl unserer waffengeübten Männer zu steigern vermögen. Mißlingt der Versuch an dem Widerspruch des Reichstages, so haben die Regierungen wenigstens ihre Verantwortlichkeit gedeckt. Die Möglichkeit, ja Wahrscheinlichkeit einer ungünstigen Aufnahme im Reichstage kann die Regierungen von der Pflicht, das, was sie für nötig erkennen, dem Reichstage vorzulegen, nicht entbinden. In allen wichtigen Fragen, aber gewiß in denen, wo die Sicherheit und Freiheit des Landes auf dem Spiel stehen, muß die Regierung m. E. ihre Vorlagen ohne Rücksicht auf den voraussichtlichen parlamentarischen Erfolg, ausschließlich nach ihrer eigenen *Ueberzeugung* einrichten und ihre Gesetzentwürfe so gestalten, wie sie dieselben als Gesetz erlassen würde, wenn sie nach ihrem Gewissen *allein* darüber zu bestimmen hätte. Ist das Verlangen der Regierung verständig und den Interessen des Landes entsprechend, so darf sie darauf rechnen, durch ihre Anträge und durch Wiederholung derselben mit oder ohne Auflösung des Reichstages diesen oder doch seine Wähler mit der Zeit dafür zu gewinnen.

...Auf die Frage einer Bewilligung der nötigen Präsenzstärke *für immer* würde ich kein entscheidendes Gewicht legen, wenn sie nur für *längere Perioden* gesichert und nicht in jedem Jahre diskutiert wird.

## [68] Direktiven für die Regierungspresse

*27. 7. 1879, H. Bismarck an Rantzau*

Mein Vater findet, daß die Taktik der Regierung und der ihr befreundeten resp. von ihr abhängigen Presse angesichts der bevorstehenden Wahlkampagne* keine geschickte ist. Die konservativen schutzzöllnerischen Blätter – wenigstens die, welche er liest – täten nichts, als die Angriffe der feindlichen Presse abwehren, und auch das noch meist in sehr schüchterner Weise: wollten sie aber etwas erreichen, so wäre es die höchste Zeit, daß sie endlich zum Angriff übergingen und alle Tage aggressive und kritisierende Artikel gegen die oppositionelle Freihandelspresse bringen. Stoff dazu wäre in Massen vorhanden; zunächst müßte alle paar Tage, immer von neuem, dem Leser und Wähler der von der Fortschrittspartei ausgespielte Triumph »Fort mit Bismarck« vorgehalten und ihm klar gemacht werden, wohin das führen müßte und wohin wir gekommen wären, wenn es eher geschehen oder Bismarck nicht Minister gewesen sein würde. Dann müßte daraus der praktische Schluß gezogen und der Opposition in immer wiederkehrender Frage hingehalten

* Wahlen zum preußischen Abgeordnetenhaus am 8. 10. 1879.

werden: »Wen wollt ihr an seine Stelle?« Die eventuellen Namennennungen würden dann wieder unendlichen Stoff zum Angriff geben, der ja viel leichter, sobald er gegen eine bestimmte Persönlichkeit gerichtet werden kann – wie z. B. Forckenbeck mit seinem unerhörten revolutionären Städtetag. Die Einleitung könnte etwa folgendermaßen gemacht werden: 1) Die Opposition ruft, B. soll fort, weil er ihr zu lange Minister ist und sie selbst Stellen haben will (vide vor. Jahr); sie will also dem Kaiser resp. König, dem in Deutschland und Preußen bisher allein das Recht der Ministerernennung zusteht, dieses aus der Hand winden. 2) B. selbst hat ja aber wiederholt seinen Abschied eingereicht und immer öffentlich erklärt, ihm geschehe der größte Gefallen, wenn er seine Ämter, die ihn aufgerieben, niederlegen könnte, sobald S. M. ihm den oft erbetenen Abschied erteilen würde. Dann aber 3) wer soll ihn ersetzen? Die absolute Unfähigkeit eines jeden, der von der Opposition namhaft gemacht werden könnte, ist leicht nachzuweisen, ebenso die Unmöglichkeit für jeden, mit dem Kaiser sich einzuleben und *jetzt* eine Majorität zu finden. 4) Wozu also das perfide Geschrei und die Aufhetzung, nicht nur des ganz imaginären und »liberalen Bürgertums«, nein der Massen von cowarden Sozialdemokraten, aus deren Reihen erst im vor. Jahr 2 Meuchelmörder hervorgegangen und die trotz des von der Opposition so bekämpften Sozialistengesetzes immer an Zahl wüchsen – wozu die Lügen von der Erdrückung des armen Mannes durch die Zölle und Steuern, ohne die er bald gar keine Arbeit mehr bekommen würde. 5) Nachweis, daß die feindliche Schwenkung der liberalen Opposition – deren Mitglieder sich ziemlich genau decken mit der Freihandelspartei, welche die nationale Arbeit preisgeben will – begann, als Forckenbeck und Stauffenb[erg] im vorigen Winter nicht Minister wurden, schärfer hervortrat beim *ersten* Sozialistengesetz (und *nur* aus jenen persönl. Motiven) und ihren Gipfelpunkt als Deklaration offener Feindschaft beim Städtetag fand, als es mit dem Minister werden definitiv zu Ende war, *nur wegen* des eigenen Ungeschicks der Linken – also nur, weil diese Leute mit B. nicht Minister sein können, deshalb schreien sie gegen ihn und hetzen die Klassen des Volks aneinander – und doch würden sie kaum den Mut haben, *ohne* B. Minister zu sein. 6) Was bedarf unser Volk, wer sorgt für seine Bedürfnisse; und für die Wahlen in Anknüpfung daran schon jetzt die Parole ausgeben, *nicht* konservativ oder liberal, *sondern nur* Schutz oder Preisgebung der nationalen Arbeit, dabei die Petroleumsbrandreden von Lasker, dem »Führer«, zu verarbeiten.

Der Stoff zu 30–50 Leitartikeln ist also da, er muß aber *aggressiv* und nachhaltig verwertet werden...

[69] Das Bündnis mit der Donaumonarchie

*a) 31. 8. 1879, Bismarck an Wilhelm I.*

Euere Majestät wollen Sich huldreichst erinnern, daß ich innerhalb der letzten fünf Jahre in Berichten und Briefen wiederholt die Gefahren hervorgehoben habe, von welchen Deutschland durch Koalitionen anderer Großmächte bedroht sein kann. Die Kriege, welche Euere Majestät sei 1864 zu führen genötigt waren, haben in mehr als einem Lande die Neigung hinterlassen, im Bunde mit anderen Mächten Revanche zu nehmen und den Kristallisationspunkt zu Koalitionen abzugeben, wie deren eine dem Aufstreben Preußens im Siebenjährigen Kriege gegenübergetreten war...

Es bedarf auch keines Beweises, daß wir, in der Mitte Europas, uns keiner Isolierung aussetzen dürfen. Meiner Überzeugung nach *sind* wir derselben aber ausgesetzt, wenn wir ihr nicht durch eine Defensivalliance mit Österreich vorbeugen.

Die Sicherheit, welche wir in der Person des Kaisers Alexander früher zu finden glaubten, ist durch den letzten Brief Seiner Majestät und durch des Kaisers drohende Äußerungen gegen den Botschafter, auch der Form nach zerstört; sie läßt sich in der Art, wie sie früher bestand, nicht wiederherstellen. So gut wie der Kaiser Alexander dazu gebracht werden kann, wegen bulgarischer Lappalien nicht nur dem amtlichen Botschafter gegenüber, sondern in eigenhändigem Schreiben an Euere Majestät mit Krieg zu drohen, so gut wird er auch, und noch viel leichter, unter Fortsetzung der persönlichen Freundschaftsversicherungen diesen Krieg führen. Meines alleruntertänigsten Dafürhaltens mußte das Niederschreiben dieser Drohung gegen den nächsten Blutsverwandten und ältesten Freund mehr Überwindung kosten, als der etwaige Befehl, noch mehr russische Regimenter an der preußischen Grenze anzusammeln, als dort bisher schon stehen. Ich muß nach Pflicht und Gewissen Euerer Majestät versichern, daß ich als Euerer Majestät amtlich berufener Rat an die Zuverlässigkeit des Kaisers Alexander für Euere

Majestät nicht mehr glaube, und daß ich es als meine unabweisliche Pflicht ansehe, bei Euerer Majestät auf die Herstellung einer gesicherten Anlehnung mit Österreich ehrfurchtsvoll anzutragen. Der Gedanke, daß ein Defensivbündnis mit Österreich als Ersatz der Garantien, welche früher der Deutsche Bund gewährte, den Abschluß der deutschen Politik Euerer Majestät zu bilden haben werde, ist für mich kein neuer. Ich habe schon bei den Friedensverhandlungen in Nikolsburg 1866 der tausendjährigen Gemeinsamkeit der gesamtdeutschen Geschichte gegenüber das Gefühl gehabt, daß für die Verbindung, welche damals zur Reform der deutschen Verfassung zerstört werden mußte, früher oder später ein Ersatz von uns zu beschaffen sein werde...

Ich halte einen Krieg mit Rußland für das größte Übel, welches uns auf diesem Gebiete widerfahren kann, schon weil er für uns kein Kampfziel hat, als nur die Abwehr eines barbarischen Angriffs...

Das einzige wirksame Mittel, unseren Frieden sicherzustellen, sehe ich in einem Defensivbündnis zur Wahrung desselben. Es mag vom russischen Standpunkte aus leicht erscheinen, von Warschau aus entweder Preußen oder Österreich anzugreifen, und Polen ist, solange beide deutsche Mächte getrennt sind, eine mächtige Angriffsposition gegen jede von ihnen. Sind sie aber einig und wehren sich gleichzeitig, so wird die Stellung mehr zu einer Sackgasse für Rußland. Meine amtliche Überzeugung geht dahin, daß wir das Bündnis nur zu schließen brauchen, um den Krieg zu verhindern. Rußland wird Frieden halten, wenn es die deutschen Mächte ohne aggressive Tendenz zur Abwehr geeinigt weiß: es wird aber in absehbarer Frist den Frieden brechen, wenn diese Einigung unterbleibt. Wenn Österreich also zu dieser Einigung, ohne daß Deutschland weitere Pflichten übernimmt, bereit ist, so würde ich es mit meinen amtlichen Pflichten und mit meinem Gewissen nicht in Übereinstimmung bringen können, wenn diese Gelegenheit, Deutschland und seinen Frieden zu decken, versäumt würde. Für Rußland könnte eine solche Defensivalliance nichts Verletzendes haben, da ihr jede Absicht und jede Möglichkeit zum Angriff fehlt, und da ein ähnliches Assekuranzbündnis zwischen Preußen und Österreich in Gestalt des früheren Deutschen Bundes 50 Jahre lang in völkerrechtlicher Wirksamkeit war, ohne jemals von Rußland als eine Bedrohung oder Verletzung empfunden zu werden. Ähnlich wie damals würde auch künftig Rußland jederzeit der Dritte in diesem Bunde der beiden deutschen Mächte wiederum werden können, wenn es sich nur entschließen kann, ebenso wie zur Zeit des Deutschen Bundes auf seiner Westgrenze Frieden zu halten. Eine aggressive oder bedrohliche Tendenz gegen Rußland würde unser Bündnis niemals haben, und wenn Österreich Rußland angreifen wollte, so würde es das ebensogut, wie zur Zeit des Deutschen Bundes, auf eigene Gefahr und ohne uns tun müssen. Dadurch würde auch Rußland gegenüber jede aggressive Tendenz des neuen westmächtlich-österreichischen Bündnisses, welches in der Bildung begriffen ist, gehemmt werden.

Damit komme ich zu einer anderen Seite der Frage.

...Wenn Österreich bei Deutschland keinen Schutz gegen unberechenbare Entschließungen Rußlands findet, so wird es dem Bedürfnis, bei Frankreich Anlehnung zu suchen, auf die Dauer nicht widerstehen, denn England kann ihm auf dem Kontinente nicht hinreichenden Beistand leisten; es wird also in dem westmächtlichen Bunde Österreich in seiner vorgeschobenen Stellung auf die Länge mehr von Frankreich als von England abhängig werden. Eine österreichisch-französische Intimität birgt aber für Deutschland dieselben Gefahren, wie eine österreichisch-russische; wie die letztere durch Frankreich, so kann die erstere jederzeit durch die launenhaften Entschließungen der russischen Politik zu einer erdrückenden Tripelalliance gegen Deutschland werden. Ein dauerndes Friedensbündnis zwischen Österreich und Deutschland würde allein die Möglichkeit der Herstellung jener bedrohlichen Tripelalliance aus dem 7jährigen Kriege verhindern können. An dieses Bündnis der beiden mitteleuropäischen Kaiserreiche würde England dann sehr gern eine feste Anlehnung nehmen.

Die einstweilen zunächstliegende Gefahr einer russisch-französischen Alliance gegen uns würde damit auch, soweit menschliche Kräfte reichen, beschworen sein. Das jetzige Frankreich würde sich jedenfalls zu einem Kriege gegen uns nur sehr schwer entschließen, wenn es befürchten müßte, England unter seinen Gegnern zu finden. Dennoch aber würde, wenn den französischen Chauvins die günstige Gelegenheit sich böte, daß Deutschland von Rußland angegriffen würde, die französische Regierung vielleicht nicht stark genug sein, die Revanche-Gelüste der Nation im Zaume zu halten, namentlich, solange wir isoliert sind. Sind wir aber mit Österreich verbündet, so glaube ich, daß in erster Linie der russische Angriff überhaupt unterbleibt, und fände er dennoch statt, daß dann England uns mit Österreich zusammen stark genug findet, um sich uns beiden anzuschließen. Dann würde ein russischer Angriffskrieg vielleicht doch nicht auf Teilnahme Frankreichs rechnen können...

*b) 7.9.1879, Bismarck an Wilhelm I.*

...Graf Andrássy wird seinen beschlossenen Rücktritt, wenn ich Wien ohne nähere Zusicherungen verlasse, nicht weiter aufs Unbestimmte verschieben wollen. Eine spätere Verhandlung mit dem mir persönlich wenig bekannten Nachfolger des Grafen Andrássy von Berlin aus zu führen, davon kann ich mir nicht dieselbe Sicherheit des Erfolges versprechen, wie sie heute vorliegt, wo die Zustimmung des Kaisers Franz Joseph vorhanden ist und das vollste persönliche Vertrauen beider Unterhändler zu einander den Abschluß leicht macht.

Wenn diese Verhältnisse nicht so dringlich lägen, so würde ich mir gar nicht erlauben, bei Euerer Majestät inmitten der Manöverreisen eine Entscheidung so dringlich zu erbitten. Aber die Gelegenheit zum Abschluß geht vorüber, wenn sie nicht ergriffen wird, und die Geschichte beweist, daß versäumte Gelegenheiten in der Regel nicht wiederkehren. Hier bietet sich eine Gelegenheit, in einer europäischen Situation, deren Schwierigkeit für Deutschland seit mehreren Jahren im Steigen ist, und im Steigen bleiben wird, den Gefahren, zu welchen diese Schwierigkeiten sich in Zukunft ausbilden werden, eine Assekuranz gegenüberzustellen, die wir so günstig später schwerlich wiederfinden; eine Assekuranz, die nicht nur unseren Frieden mit Rußland, sondern auch den mit Frankreich befestigt, und der *gefährlichsten* Koalition gegen uns, der von Frankreich, Rußland *und* Österreich, jeden Boden entzieht.

...Die russische Politik hat, seit das Land die Folgen des Krimkrieges verwunden hat, und seit gleichzeitig die panslawische Umsturzpartei zu Einfluß gelangt ist, einen mehr und mehr bedrohlichen Charakter für den Frieden Europas angenommen. Der Friede Europas ist seit dem Falle Napoleons von niemand als ausschließlich von dem slawophilen Rußland bedroht. Es ist, als ob Rußland, unter der Leitung der slawischen Propaganda die Erbschaft des napoleonischen Cäsarismus und damit die Mission übernommen hätte, die schwarzen Punkte am Horizonte des europäischen Friedens zu bilden. Solange die russische Kampflust, die das Ergebnis des langen Friedens nach dem verunglückten Krimkriege war, ihre Befriedigung in Asien suchte, so lange konnte Europa hoffen, daß die Zeit und der Wechsel der Stimmungen das Übel ohne größeren Schaden vielleicht heilen werde. Vor zwei Jahren aber lag die Gefahr schon nahe, daß Österreich von Rußland angegriffen wurde, wenn das drohende Kriegsgewitter sich nicht nach dem Balkan verzog. Der siegreiche Feldzug, die großen Opfer und die großen Erfolge desselben haben aber die panslawistische Kriegslust Rußlands nicht abgekühlt. Die Hoffnung, welche ich vor zwei Jahren hegte und aussprach, daß Siege und Beförderungen, Georgenkreuze, Tedeum, eroberte Roßschweife das Tatenbedürfnis des russischen Heeres befriedigen würden, ist unerfüllt geblieben. Nur die anspruchsvolle Selbstüberschätzung der Russen hat sich gesteigert, und zwingt Europa, gegen die Gefahren auf der Hut zu bleiben, die der Chauvinismus des slawischen Cäsarentums für unseren Frieden heraufbeschwören kann. Diese Gefahren werden täglich größer durch die tägliche Steigerung der an sich schon ungeheuerlichen Ziffern des russischen Heeres, obschon Rußland von keiner Seite bedroht ist...

Wenn Rußland, um die europäische Isolierung zu vermeiden, sich genötigt sieht, auf seinen slawischen Chauvinismus zu verzichten, so läßt sich hoffen, daß der Schwerpunkt im russischen Reiche sich wieder auf die konservativen und besitzenden Klassen überträgt, welche die Leitung des Staates gegenwärtig verloren haben. Es dürfte dies *nicht bloß* im Interesse der Nachbarländer, sondern auch im Interesse der kaiserlichen Dynastie in Rußland dringend zu wünschen sein. Alle diejenigen in Rußland, welche etwas zu verlieren haben, würden es mit Dank erkennen, wenn durch die feste Haltung Deutschlands die revolutionäre Slawen-Propaganda zur Umkehr genötigt würde. Deutschland wird aber eine solche feste Haltung nur im Bunde mit Österreich annehmen können.

Schließlich gestatte ich mir, mit Bezugnahme auf die nationalen Empfindungen im gesamten Deutschen Reiche, noch auf die geschichtliche Tatsache ehrfurchtsvoll hinzuweisen, daß »das deutsche Vaterland« nach tausendjähriger Tradition sich auch an der Donau, in Steiermark und in Tirol noch wiederfindet, in Moskau und Petersburg aber nicht. Diese Tatsache bleibt für die Haltbarkeit und für die Popularität unserer auswärtigen Beziehungen im Parlamente und im Volke von wesentlicher Bedeutung...

*c) 15. 9. 1879, Bismarck an Wilhelm I.*

... Wenn Euere Majestät eine Defensivallianz mit Österreich ablehnen, und Österreich würde dann in dieser Lage von Rußland angegriffen, so könnte Deutschland dennoch, auch ohne Vertragspflicht, gar nicht umhin, Österreich beizustehen, sobald letzteres Gefahr liefe, zu unterliegen; denn wir können es niemals darauf ankommen lassen, auf dem europäischen Kontinent zwischen Rußland und Frankreich, neben dem niedergeworfenen und von uns im Stiche gelassenen Österreich allein übrigzubleiben. Wir würden also dann, ohne Gegenseitigkeit, doch so handeln müssen, als ob wir ein Bündnis geschlossen hätten. Setzen wir aber den Fall, daß ohne ein solches Bündnis *wir* von Rußland zuerst angegriffen werden, wozu Neid und Nationalhaß an sich, dann aber auch die Berechnung führen kann, daß nach Überwindung Deutschlands die russische Politik Osteuropa und den Orient beherrscht; haben wir in solchem Falle das österreichische Bündnis uns nicht schon früher gesichert, so würden wir diesen Mangel schwer empfinden. Wir würden erst unterhandeln, Österreichs Hilfe vielleicht durch schwere Opfer gewinnen müssen; es wäre aber auch möglich, daß das von uns heute verschmähte österreichische Bündnis alsdann von Rußland schon gegen uns gewonnen wäre, vielleicht durch das Versprechen von Schlesien oder einer kaiserlichen Stellung in Süddeutschland mit Mainz und Ulm. Es sind in diesem Jahrhundert schon politische Revirements nicht nur geplant, sondern auch ausgeführt worden, welche ein Jahr vorher viel unwahrscheinlicher aussahen, als das vorstehend angedeutete Zukunftsbild.

Uns gegen solche politische Abenteuer sicherzustellen, bedürfen wir meines ehrfurchtsvollen Dafürhaltens einer sicheren Beziehung zu wenigstens einer der genannten drei Großmächte, und da Frankreich wohl außer Rechnung bleiben muß, entweder mit Österreich oder mit Rußland. Weshalb ich der mit Österreich den Vorzug gebe, das habe ich in früheren alleruntertänigsten Berichten darzulegen gesucht. Ich erlaube mir nur noch hinzuzufügen, daß wir, abgesehen von der größeren Sicherheit eines österreichischen Bündnisses, uns bei Österreich mit einer notwendig friedliebenden, defensiven und konservativen Macht verbinden, bei Rußland aber mit der eroberungssüchtigen und kriegerischen slawischen Revolution.

Ich begreife Euer Majestät Widerstreben gegen eine Entschließung von der Tragweite wie die, welche ich ehrfurchtsvoll unterbreitet habe, aber wie sorgfältig ich auch die Situation nunmehr seit Wochen Tag und Nacht erwägen mag, so kann ich doch, solange Eure Majestät mich meiner amtlichen Stellung nicht zu entheben geruht haben, nach Pflicht und Gewissen nicht anders als von neuem die Genehmigung eines uns sichernden Abschlusses mit Österreich beantragen...

Seit der handels- und finanzpolitischen Wendung, der Allianz von Roggen und Eisen und der gouvernementalen Aufwertung der Zentrumspartei rückte für Bismarck – und er steht hier als maßgeblicher Verteidiger der gegebenen Machthierarchie in Gesellschaft und Politik – der Versuch in den Vordergrund, den politischen Reform- und Machtwillen der bürgerlichen Führungsschicht und des politischen Katholizismus auf die Behauptung und Durchsetzung partieller wirtschaftlicher und sozialer Interessen abzudrängen. Die wachsende politische Diskrepanz zwischen dem nach dem plutokratischen Dreiklassenwahlrecht gebildeten preußischen Abgeordnetenhaus und dem Reichstag des gleichen Wahlrechts mußte es indessen der Reichsregierung einerseits erschweren, Politik aus einem Guß zu machen, andererseits eröffnete sich damit die weidlich genutzte Möglichkeit, die ungleichen Parlamente gegeneinander auszuspielen. Parallel dazu unternahm es der Kanzler, durch Wachhaltung der in den Schichten von Bildung und Besitz grassierenden unterschwelligen Revolutionsfurcht das liberale Bürgertum das Fürchten zu lehren und zum solidarischen Eintreten für die bestehenden Verhältnisse zu bringen. Ergänzend trat die staatliche Sozialpolitik hinzu, zunächst kaum mehr als ein Versuch, die Wirksamkeit des Sozialistengesetzes durch ein Mindestmaß staatlicher Fürsorge zu erhöhen, um durch soziale Befriedung und korporative Organisation die lohnabhängigen Schichten der Sozialdemokratie zu entfremden und an den Staat heranzuführen [61]. Das Ergebnis der Reichstagswahlen von 1881 ließ indessen schon den Mißerfolg dieser Konzeption ahnen. Das »Plebiszit für Bismarcks Steuerreformpläne«[1] [75] endete mit einer schweren Niederlage. Für die Dauer einer verfassungsrechtlichen Schrecksekunde war damals selbst der Gedanke einer Regierungsbildung durch Zentrum oder Nationalliberale nicht mehr undenkbar [84]. Die Methode des Regierens mit wechselnden Mehrheiten von Fall zu Fall wurde seitdem aus einem Notbehelf zum System [70, 72f.].

Die gesamte innere Politik der achtziger Jahre wurde vom Gegensatz der Reichstagsmehrheit zur Politik Bismarcks überschattet. Dieser Gegensatz hat die Lösung der beiden Hauptprobleme dieser Jahre, die Beilegung des Kulturkampfs und den

Aufbau der Sozialgesetzgebung, schwer belastet, zumal der Kanzler hier wie dort versuchte, seiner Politik einen größeren Bewegungsraum gegenüber der Opposition der Reichstagsmehrheit zu verschaffen. Wiederum wäre es verfehlt, in der Lösung des parlamentarischen Dilemmas das Hauptmotiv zu sehen; aber die Erwartung, durch die Sozialversicherung in der »großen Masse der Besitzlosen die konservative Gesinnung zu erzeugen, welche das Gefühl der Pensionsberechtigung mit sich bringt«[2] war doch ebensowenig wegzudenken wie beim Abbau des Kulturkampfs die Hoffnung, auf diese Weise den politischen Katholizismus für den konservativen Staat zu gewinnen [71].

Die positive Leistung der staatlichen Sozialgesetzgebung, wie sie seit 1880 nach und nach Gestalt gewann, bestand in der Neuordnung, Konsolidierung und Ausdehnung des bestehenden, überaus komplizierten betrieblichen und fachgewerklichen Arbeiterversicherungswesens.[3] Ihr Kern war die öffentlich-rechtliche Zwangsversicherung gegen die wichtigsten Gefahren, die den eigentumslosen Arbeiter und seine Familie bedrohten: Krankheit, Unfall, Invalidität, Alter, Tod. In der praktischen Fürsorge war Bismarcks Sozialpolitik weder vom religiösen noch vom fürsorgerischen Gedanken bestimmt, wenn in ihr auch ein Teil ostelbischer Patriarchalismus mitschwang, sondern sie war zuerst und vor allem vom Staat her gedacht.[4] Denn für Bismarcks sozialkonservative Anschauungen war es allein der Staat, der als »permanent identische Persönlichkeit«[5] die soziale Frage lösen konnte – und lösen mußte [76, 80]. Zugleich wurde damit die Industrie von den Kosten der Sozialpolitik weitgehend entlastet. In einer eher taktischen Größenordnung stand daneben der Gedanke, die lohnabhängigen Schichten durch Wohltaten an die Regierung zu binden und nach dem Beispiel des französischen Cäsarismus eine Schicht kleiner Staatsrentner zu schaffen, potentielle Bundesgenossen gegen das Bürgertum. Ein grundlegendes Motiv lag indessen in der Interdependenz der Lösung der sozialen Frage im Innern und der Behauptung der deutschen Machtstellung nach außen. Wenn die Industrialisierung für Bismarck die Hauptvoraussetzung der Großmachtstellung Preußen-Deutschlands darstellte, so galt es doch zugleich, durch die Aktion der Regierung die negativen sozialen Erscheinungen auf ihrer Schattenseite auszugleichen und die Verelendung der absinkenden Handwerker und Bauern zu verhindern, der Sozialdemokratie das

Wasser abzugraben und dem Staat allumfassende Macht über die sozialen Verhältnisse zu geben – in alldem wird man die hauptsächlichen Ziele sehen dürfen, die hinter der Versicherungsgesetzgebung standen, die aber auch die Widerstände konservativer und liberaler, christlicher und sozialistischer Herkunft gegen staatliche Omnipotenz und bürokratischen Dirigismus erklären.

So wurde nach langen Auseinandersetzungen in der Ministerialbürokratie und im Reichstag erst der dritte Entwurf der Unfallversicherung 1884 angenommen. Ein Jahr zuvor war die Krankenversicherung verabschiedet worden [83]. Es dauerte dann noch einmal fünf Jahre, bis im Sommer 1889 die Alters- und Invalidenversicherung zustandekam [119]. In Deutschland bestand damit eine Sozialversicherungsgesetzgebung, die für ihre Zeit als vorbildlich galt und in ihren Grundlagen das Bismarckreich überlebt hat. Trotzdem sollte die unmittelbare politische Wirkung auf die Arbeiterschaft unter dem Sozialistengesetz nicht überschätzt werden. Denn im Gesamtbereich der Sozialpolitik bildete sie nur einen notdürftigen Ausgleich für das systembedingte staatliche Nichtstun auf dem Gebiet des Arbeiterschutzes, etwa in Fragen der Kinder-, Frauen- und Sonntagsarbeit. Hier stellte sich Bismarck auf einen krassen manchesterlichen Standpunkt der angeblichen Freiheit des Arbeiters [34, 41, 151]. Ungeachtet der Warnungen der preußischen Ministerialbürokratie, insbesondere der führenden Köpfe im Handelsministerium, die Versicherung werde ein politischer Fehlschlag bleiben, sofern sie nicht durch staatlichen Schutz des Arbeiters gegen den Fabrikherrn ergänzt würde, verhinderte der Kanzler bis 1890 jede Maßnahme, die dem Interesse der Unternehmer wehtun konnte.[6] So läßt sich die kollektive Zwangsversicherung nicht isoliert beurteilen, sondern muß im Zusammenhang mit dem Sozialistengesetz und dem Kurztreten beim Arbeiterschutz als politisches Kampfmittel gesehen werden. Erst dann wird deutlich, warum sie ihren politischen Zweck nicht erreichte und die erhoffte Befriedung der Arbeiter ein Wunschtraum blieb.

Aber auch der 1878 eingeleitete [55, 64] und sich über Jahre hinziehende Abbau des Kulturkampfs konnte allenfalls als ein Teilerfolg der Regierung gelten. Seit den Wahlen des Jahres 1874 war nicht zu übersehen gewesen, daß der staatliche Druck sein Ziel verfehlte. Statt das Zentrum von Rom und den katholischen Wählern zu isolieren, hatte der Kulturkampf die Partei nur zum Kern der permanenten Opposition gemacht. Erst im Verlauf der konservativen Wendung kam es zu einem Kurswechsel. Seit 1878 rückten Kirche und Klerus als Stütze der monarchischen und gesellschaftlichen Ordnung ins Blickfeld, und das Zentrum bot sich im Zeichen der – wie Windthorst schrieb – »gemeinsamen Bekämpfung der allerdings drohenden politischen und socialen Revolution«[7] als staatserhaltende Kraft und Gegengewicht zu den Liberalen an. Ähnlich wie der nationale Liberalismus vor der vermeintlichen Gewalt der Tatsachen kapituliert hatte, war auch das Zentrum unter dem Druck des Kulturkampfs und im Sog der Depression in die Reihe derer eingeschwenkt, die das Heil allein von der Regierung und nicht mehr vom Reichstag, vom Parlamentarismus und vom Bündnis mit anderen Parteien erwarteten. Das Zentrum hatte mit Bismarcks Deutschland Tritt gefaßt. So konnte der Kanzler den Versuch machen, im Anschluß an die bei der Zoll- und Steuerreform erreichte Annäherung an den politischen Katholizismus wenn nicht einen dauerhaften Frieden, so doch einen stabilen Waffenstillstand zu erreichen. Das geschah nicht ohne die heimliche Erwartung, die Kurie gegen die Parteiführung ausspielen zu können und am Ende, je weniger der Kulturkampf die Gemüter bewegte, die Zentrumspartei zerfallen zu sehen [71, 82, 86, 89][8].

Zunächst begnügten sich jedoch beide Seiten mit akademischen Bekundungen ihres Friedenswillens. Während Rom eine grundsätzliche Regelung anstrebte, wollte Bismarck eine Verständigung Zug um Zug. So kam es nicht vor dem Frühjahr 1880 und unter dem Druck des Zentrums, das gegen das (2.) Septennat stimmte, Bismarcks Plan der Eisenbahnverstaatlichung in Preußen blockierte und bis auf den konservativen Flügel die Verlängerung des Sozialistengesetzes ablehnte, zu einem ersten Gesetzentwurf [70f., 73]. Er beschränkte sich aber darauf, der Regierung die Möglichkeit zur elastischen Handhabung der Maigesetze zu erteilen – daß über diese Frage die Sezession der nationalliberalen Linken stattfand, war ein unerwartetes Nebenprodukt im Sinne der Kanzlerpolitik. Während das Zentrum dieses erste Gesetz noch aus prinzipiellen Erwägungen ablehnte – gleichwohl war man merkbar erleichtert, als es angenommen wurde –, gelang es der Partei im Verein mit den Konservativen, der Regierung in den folgenden Jahren weitere Zugeständnisse abzugewinnen. Doch erst nachdem die weitere Entspannung längere Zeit auf Eis gelegen hatte, wurde 1886/87 im Zusammenhang mit den Septennatsverhandlungen im Reichstag im Zusammenspiel von preußischer Regierung und Vatikan eine definitive Friedensregelung erzielt, ohne daß es aber Bismarck gelang, das Zentrum und vor allem dessen linken, oppositionellen Flügel zu schwächen [99, 103, 112]. Daß es Bismarcks Ziel in diesen Jahren gewesen sei, die Partei zu sprengen, ist wiederholt angenommen worden. Tatsächlich erhöhten sich auch die erheblichen wirtschaftlichen, sozialen und ideologischen Spannungen innerhalb der Partei: ihre agrarisch-mittelständische Ausgangsposition trat hinter dem zunehmenden Gewicht der industriellen Massen in der Wählerschaft zurück. Doch zeigen die Akten, daß Bismarck zwar auf eine Entfremdung zwischen dem Klerus, den Wählern und der Partei rechnete, die wiederholt möglich erscheinende Abspaltung des konservativen Flügels jedoch ablehnte [86, 111]. Es ließ sich absehen, daß dann der Rest der Partei wieder in eine bedingungslose Gegnerschaft zur Regierung treten und nur die Opposition in den Parlamenten verstärken würde.

Es gelang dem Kanzler, eine Entspannung herbeizuführen und einerseits den Gegensatz des politischen Katholizismus zum liberalen Industriekapitalismus offenzuhalten, andererseits aber mit dem Zentrum eine Wirtschaftspolitik zu führen, die Industrie und Großgrundbesitz begünstigte. Gleichwohl wurde die Zentrumspartei selbst in Preußen, wo sie mit den Konservativen »zur Vertheidigung von Thron und Altar« eng zusammenging[9], keine Säule des Systems Bismarck. War es das unerreichte Ziel des Kulturkampfs gewesen, das Zentrum zu zerstören, so brachte auch die Beilegung des Konflikts mit der Kirche nicht das erhoffte Ergebnis: das Zentrum als Aktionsausschuß des politischen Katholizismus[10] vermochte sich aufgrund seiner strukturbedingten inneren Widersprüche ebensowenig für wie gegen die Regierung zu entscheiden. In der Reichspolitik blieb die Partei daher halbwegs zwischen einer dauernden Oppositionsrolle und Bismarcks konservativer Sammlung stehen.

So vermochten weder die Sozialversicherungsgesetze noch der Rückzug im Kulturkampf die parlamentarische Situation grundlegend zu verbessern. »Wir ziehen nun die Bilanz unserer parlamentarischen Taktik und erleiden Niederlage auf Niederlage« – resümierte der preußische Landwirtschaftsminister Lucius die Entwicklung.[11] Der im Zusammenhang mit der großen Reform von 1879 nicht verwirklichte Teil der Finanzpläne beschäftigte den Reichstag wieder und wieder – und wurde

Stück für Stück abgelehnt: Reichsstempelabgaben, Erhöhung der Brausteuer, Wehrsteuer und, als wichtigste der Vorlagen, das Tabakmonopol [63, 80, 83, 88]. Das gleiche Schicksal widerfuhr im preußischen Abgeordnetenhaus dem Verwendungsgesetz, mit dem die vier untersten Stufen der Klassensteuer aufgehoben werden sollten [75]. Die Liste der abgelehnten Vorlagen ist lang; fast so lang wie diejenige der Vorhaben, die das Staatsministerium gar nicht erst an den Reichstag gelangen ließ, da ihr Scheitern nur zu gewiß war. Bismarcks große Lösung hatte nicht mehr zu erreichen vermocht als ein System von Aushilfen. Das Veto einer bunten Reichstagsmehrheit aus dem Zentrum, den Linksliberalen und den Gruppen und Grüppchen der permanenten Opposition auf der einen Seite und die Politik der Regierung auf der anderen blockierten sich gegenseitig.

Der »parlamentarische Strom«[12] hatte sich so tief in die Verfassungspraxis eingegraben, daß Bismarck schon 1878 zu der konservativen ultima ratio gegriffen hatte, der Drohung mit dem Staatsstreich von oben [56, 63][13]. Diese Drohung blieb seitdem die letzte Widerstandslinie der Regierung. Auch der im Zuge der konservativen Wendung unternommene Versuch, die Entwicklung der Parlamente im Reich und in Preußen auf ein quasiständisches Gleis zu schieben – »nicht konservativ oder liberal, sondern nur Schutz oder Preisgebung der nationalen Arbeit« war die Wahlparole 1879 [68] – oder die Opposition im Reichstag zu zersplittern und dadurch das Gewicht der parlamentarischen Kräfte zu verringern, bildete nur eine mildere Form des Kampfes, den der konservative Staat um seine Existenz führte. Mit der Proskription der Sozialdemokratie, der Durchsetzung des Primats der wirtschaftlichen Interessen und dem Übergang zu einem die bestehende Machtverteilung konservierenden Wirtschaftsnationalismus schien der Kanzler für kurze Zeit den Durchbruch in der inneren Politik erreicht zu haben, der die schleichende Parlamentarisierung anhielt, die Sozialisten in eine geistige und politische Gettoexistenz trieb und das Bündnis der »schaffenden Stände« zur Grundlage des Staatslebens machte. Aber es war nur eine Atempause. Soll und Haben gingen für Bismarcks Deutschland nicht auf [87, 93f.]. Denn ungeachtet der Transformierung des Parteiensystems, der parlamentarischen Enterbung der Liberalen und der Entmachtung des Reichstags blieb die permanente Strukturkrisis des deutschen Konstitutionalismus ungelöst. Der halben Herzens beschrittene

Weg der plebiszitären, in den Wahlen zum Ausdruck kommenden Akklamation der Kanzlerpolitik erwies sich als ungangbar [68]. Ebenso schlug der Versuch fehl, die Parteien durch ständische Gruppierungen zu ersetzen, den Reichstag durch ein korporatives Ersatzparlament beiseite zu schieben [77] oder den Bundesrat als anonyme Reichsregierung aufzuwerten und damit das Zentralproblem der ministeriellen Verantwortung vor dem Parlament ins Nebelhafte und Ungreifbare zu verlagern [91, 98, 100, 147].

Auf der gleichen Linie lag der Gedanke, ein konservativ-liberales Kartellverhältnis zuwege zu bringen, eine Koalition, der Bismarck 1880 sogar maßgebliche Beteiligung an den Entscheidungen des Staatsministeriums in Aussicht stellte [74]. Wiederum tauchte der Gedanke an Wahlrechtsänderungen auf [97]. Eine zeitlang erwog Bismarck auch, die Opposition dadurch zu schwächen, daß die Mandate zum Reichstag und Landtag durch Gesetz für unvereinbar erklärt wurden [92]; erst der Notschrei der einzelstaatlichen Regierungen, die fürchteten, dann mit der zweiten Garnitur der Parlamentarier vorlieb nehmen zu müssen, brachte diesen Plan vom Tisch.

Nur in der auswärtigen Politik gelang es dem Kanzler, mit der Erwerbung der ersten deutschen Kolonien am Anfang der achtziger Jahre einen Ton anzuschlagen, in dem wieder ein beflügelndes nationales Ziel anklang. »Jetzt moussiert alles wegen Kolonialpolitik« – schrieb Herbert von Bismarck 1884.[14] Die im Gefolge der zweiten Tiefstandsphase der Depression intensivierte Betätigung in Übersee sollte, ganz abgesehen von der Erschließung neuer Märkte und Rohstoffquellen, die inneren Schwierigkeiten beiseiteschieben und aus dem ständigen Kampf mit der Reichstagsmehrheit herausführen [104]. Um die Wahlen zu gewinnen, nutzte Bismarck mit Hilfe der Regierungspresse, der Exportindustrie und der parlamentarischen Publizität »den Kongo für die innere Politik« planvoll und souverän aus.[15] Die forcierte Kolonialpolitik dieser Jahre blieb freilich einbezogen in die europäische Gesamtsituation. Für Bismarck konnte der koloniale Traum nicht die Realität der deutschen Mittellage in Europa verwischen: »Hier liegt Rußland und hier...liegt Frankreich, und wir sind in der Mitte; das ist meine Karte von Afrika«.[16] Auch für den Versuch, die inneren Gegensätze dauerhaft nach außen abzuleiten, erwies sich die Kolonialschwärmerei nicht als tragfähig, wenn auch in den Wahlen von 1884 das System Bismarck weiter quasi-plebiszitär untermauert wurde und der Gedanke der Sammlung von Landwirtschaft und Industrie neuen Auftrieb erhielt.[17]

Am Ende war jeder Gedanke, innerhalb des konstitutionellen Machtgefüges vom drohenden Übergewicht des parlamentarischen Budget- und Gesetzgebungsrechts loszukommen, zum Scheitern verurteilt, sofern er nicht jenseits des konstitutionellen Kompromisses eine neue Legitimationsbasis fand: dafür taugte aber das Gottesgnadentum nicht mehr und die plebiszitäre Mobilisierung der Wähler und Massenverbände für ein strammes Regiment von oben noch nicht.

Hielten sich aber die zum Ritual der deutschen Innenpolitik gehörenden Auflösungsdrohungen gegen den Reichstag, der antiparlamentarische Appell an die Wähler und der Versuch, aus den Parteien unpolitische Interessengruppen zu machen, noch im Rahmen des formalen Verfassungsrechts, so machte doch Bismarck niemals ein Geheimnis daraus, daß er Gegner des Satzes war: »C'est la legitimité, qui nous tue.«[18] In einer ersten Fassung von ›Erinnerung und Gedanke‹ hatte es noch geheißen – ein Satz, der dann vor dem Druck gestrichen wurde –: »Wenn die Reichsverfassung sich als nicht gangbar erwies und ihre Entwicklung nicht nur die neugewonnene Einheit Deutschlands, sondern auch den Bestand der preußischen Monarchie gefährdet hätte, so würde es meinem Pflichtgefühl nicht entsprochen haben, eine solche Calamität über das Vaterland ohne Gegenwehr hereinbrechen zu lassen.« Bismarck war der Überzeugung, die Revision und selbst die Beseitigung der Verfassung sei ohne Bruch des formalen Rechts möglich. »Aber selbst wenn ein solcher unvermeidlich gewesen wäre, so habe ich niemals daran gezweifelt, daß ein Minister seinem Monarchen im Falle der Noth eher zum Staatsstreich rathen ... müsse, als daß er mit offnen Augen sein Vaterland der Anarchie verfallen und den Staat zugrunde gehen ließe.« Solche nachträglichen Überlegungen verdienten weniger Beachtung, wenn sie nicht in verschiedenen Briefen, Erlassen und Staatsministerialprotokollen unmittelbar der politischen Situation entstammende Vorbilder gefunden hätten [94, 97, 102, 105].

Kein Zweifel, Bismarck war bereit, den Rubikon zu überschreiten, wenn die Rechte der Krone, die konservative Vorherrschaft oder die Hegemonie Preußens in Gefahr standen. Als der Kanzler im Herbst 1884 über das mutmaßliche Ergebnis der kommenden Reichstagswahlen laut nachdachte, hielt Lucius die kühl dahingesagten Worte fest: wenn die Wahlen »über Gebühr oppositionell ausfielen, so würde das parlamentarische System umso schneller ruiniert und die Säbelherrschaft vorbereitet werden«.[19] Dabei konnte die Grenze zwischen der legalen Verfassungsänderung auf parlamentarischem Wege und der Staatsstreichdrohung hauchdünn werden [97][20]. Wenn es auch weder unter Bismarck noch unter seinen Nachfolgern zum Staatsstreich in der vollen Bedeutung des Wortes kam, so war man ihm doch zu verschiedenen Zeiten gefährlich nahe. Vor allem gehörte die Drohung mit der Verfassungsrevision von oben zusammen mit den Machtbefugnissen der Regierung im Ausnahmezustand zu den verdeckten, aber deshalb nicht weniger wirkungsvollen Bestandteilen der Verfassung. Seit 1878 bildete die permanente Staatsstreichdrohung eine Antwort auf die unlösbaren Widersprüche des deutschen Herrschaftssystems, das sich mehr und mehr in eine verfassungspolitische »Sackgasse«[21] manövriert hatte. Die innere Logik des deutschen Reichskonstitutionalismus zwang den Reichstag der späten Bismarckzeit dazu, mit der Drohung des Säbelregiments zu leben. Für den Übergang von Bismarcks Deutschland zum liberal-konstitutionellen Reformstaat war es damit aber, wenn er denn jemals denkbar und möglich gewesen war, endgültig zu spät.

## [70] Das parlamentarische Dilemma

### *a) 3. 11. 1879, Bismarck an Lucius*

...Ueber die parlamentarische Situation* bin ich nicht ohne Sorge. Der erste Anschnitt ist kein glücklicher, die Regirung wird aber wenig thun können, um ihn zu verbessern. Nach der durch die Präsidentenwahl gegebenen Vertheilung werden die nihilistischen Fractionen Fortschritt und Polen es in der Hand haben, der conservativ-klerikalen oder der freiconservativen-nationalliberalen Hälfte die Mehrheit zu geben. Der erste Fehler lag in der Fusion der conservativen; in jeder Flügelpartei verfällt die Führung immer den extremsten Elementen. Die prinzipielle Exclusion, welche die Freiconservativen dem Zentrum gaben, hat die Entscheidung über die Gruppirung verfrüht; es war besser, wenn dieselbe nicht durch theoretische, sondern durch sachliche Differenzen im Laufe der Sitzung erfolgte. Mit einer Majorität, deren Fortbestand von dem freien Willen des Centrums abhängt, wird die Regirung nicht lange wirthschaften können, denn ich glaube kaum, daß das Centrum durch irgendwelche Concessionen jemals zu einer sicheren und dauernden Stütze irgend einer Regirung gewonnen werden könnte, selbst wenn das Maß der *möglichen* Concessionen für unsre Regirung ein größeres wäre...

Eine Majorität, welche ohne das Centrum keine mehr ist, bietet also der Regirung keine Sicherheit, eine andere ist aber nur möglich, wenn die conservative Partei ganz oder zu mehr als der Hälfte, zu Kompromissen nicht nur mit der Reichspartei, sondern auch mit dem ehrlichen Theil der Nationalliberalen gebracht werden kann.

Es wird das sehr schwierig sein, solange die jetzige conservative und die jetzige nationalliberale Fraction ungetheilt bestehen. Die Fortschrittler unter nationalliberaler Maske, die Leute des Städtetages und der »großen« liberalen Partei, mit andern Worten die Republikaner, halte ich für ebenso unsichere und vielleicht noch gefährlichere Stützen als das Centrum. Wenn die theoretischen Fractionsgruppirungen, diese Art parlamentarischer Aktiengesellschaften, überhaupt nicht existirten, so würde sich an der Hand der Praxis die Gruppirung der Majorität besser und natürlicher machen. Es hängt die Heilung dieses Uebels aber nicht von uns ab, vielleicht indessen die Milderung desselben,

* In dem am 8. 10. 1879 neu gewählten Abgeordnetenhaus.

indem man die Differenzen zwischen den *regirungsfähigen* Fractionen möglichst wenig accentuiert und ihre Verbitterung durch die Presse vermeidet. Ich hoffe, daß die demnächstigen Abstimmungen über practische Fragen den Landtag nach andern Linien, als die der Fractionsgrenzen sind, theilen werden, und daß es dann vielleicht gelingt, die Wirkung der Fractionskrankheiten zu mildern. Wenn die Sache im Sinne der Präsidentenwahl sich schroffer entwickelt, so fürchte ich, daß die Regirung schließlich zum Bruch mit einem Theil der Köllerschen Majorität gegen ihren Willen gedrängt wird. Damit würden viele mühsam gewonnene Errungenschaften wieder verloren gehen und die »Laskerei« von neuem in den Vordergrund treten...

*b) 22. 11. 1879, Bismarck an Tiedemann*

Aus Ihrem Brief vom 20. d. M. ersehe ich mit Bedauern, daß die Konservativen ihre und unsere Zeit in der Eisenbahnfrage mit Theorien über Garantien vergeuden. Ich bin bezüglich dieser Frage sehr in Sorge und durchaus nicht so sanguinisch wie die meisten unserer Kollegen und Freunde. Es ist mir ganz zweifellos, daß das Ministerium aus der Annahme und aus der rechtzeitigen Annahme der Eisenbahnvorlage Kabinettsfrage machen muß; ich wenigstens würde nicht in der Möglichkeit sein, Minister zu bleiben ohne Auflösung, wenn die Sache fällt. Ich glaube nun nicht, daß die Gegner den Mut haben, die Vorlage offen abzulehnen, wohl aber den, sie durch Verschleppung zu Fall zu bringen. Ist die Sache nicht von heute in 4 Wochen in *beiden* Häusern erledigt, so ist sie tot, da die Verträge zu Neujahr erlöschen; über die Verschleppung in den Kommissionen mit Suchen nach Garantien und über die Fraktionsverhandlungen können aber sehr leicht einige Wochen hingehen. Die Plenarverhandlungen über alle einzelnen Eisenbahnen werden an sich mindestens eine Woche erfordern, und wir gelangen so bis zu einem Termin, nach dessen unbeachtetem Eintritt die faktische Möglichkeit der rechtzeitigen Erledigung gar nicht mehr vorhanden ist...

Daß die Konservativen die Altenbekener Bahn einem Zentrumsreferenten gegeben haben, um sie vielleicht böswillig zu verhandeln, ist ja sehr erklärlich – denn die Konservativen haben ein Interesse daran, die Schwierigkeiten zu vermehren, welche die Verständigung der Regierung mit den hannöverschen Nationalliberalen hindern können*; von unserer Seite kann wenig geschehen, um eine solche, dem Ganzen schädliche Fraktionspolitik zu verhindern: Die Nationalliberalen tun aber auch ihrerseits so gut wie nichts, um einer Annäherung zwischen ihnen und der Regierung Vorschub zu leisten. Mit der kühlen Zurückhaltung, mit Abwarten und die Regierung sich kommen lassen, haben sie den schweren Fehler begangen, daß nicht sie, sondern das Zentrum dieser Regierung die notwendigen Zölle verschaffte. Bennigsen namentlich hat noch nie in seinem Leben seinerseits eine Annäherung mit ihr gesucht, sondern immer abgewartet, daß ich ihn aufsuchte oder rufen ließ. Die Regierung braucht für ihre Vorlagen Majoritäten, – wer sie ihr verschafft, mit dem tritt sie notwendig in Interessen-Gemeinschaft. Sie wissen, daß mir eine Majorität einer Rechten der Nationalliberalen die erwünschteste ist.

Wenn die letztere uns aber den Brotkorb zu hoch hängt, so zwingt sie dadurch die Regierung, wie sie es seit dem Januar 1878 ununterbrochen getan hat, anderweite Anlehnungen zu suchen und durch ihre politische Tätigkeit herzustellen. Es wäre sehr erwünscht, wenn diesen Doktrinärs ein Praktikum in der Politik gelesen werden könnte, und dafür mag Miquel vielleicht der empfänglichste sein, wenn er nur etwas offener wäre: Ich habe bisher den Boden seiner politischen Gewässer noch niemals erblicken können.

Zunächst müssen wir jeder Verschleppung der Vorlage im Abgeordnetenhause mit allem Regierungseinfluß entgegenwirken, und dazu gehört meiner Ueberzeugung nach, daß wir jeden Zweifel an der Kabinettsfrage für den Fall nicht nur der Ablehnung, sondern auch der tendenziösen Verschleppung rechtzeitig beseitigen. Man muß das Wort »Auflösung« dabei nicht aussprechen, sondern sich des Euphemismus »Rücktritt« dafür bedienen...

* Vgl. unten Dok. 74.

## [71] Gegen ein moralisches Konkordat

*7. 5. 1880, Protokoll des Staatsministeriums*

...Der Herr Minister-Präsident erklärte, er wolle zunächst darlegen, wie jenem Beschlusse* gegenüber seine prinzipielle Auffassung der zu befolgenden Kirchenpolitik sich einigermaßen geändert habe. Bei jenem Beschlusse sei davon ausgegangen, daß den von der Kurie abgegebenen theoretischen Erklärungen zunächst entsprechende thatsächliche Schritte derselben zu folgen hätten und dann, gleichsam als Gegenleistung gegen diese, seitens der Preußischen Regierung in dem Sinne vorzugehen sei, daß sie sich vom Landtage Vollmachten zu einer milderen Handhabung der einschlagenden Gesetze verschaffe. Für die Absichten der Römischen Kurie finde er das Hauptinterpretationsmittel immer in der Haltung des Centrums. Die Haltung des letzteren bei der Zolldebatte habe ihm Vertrauen zu den Absichten der Kurie eingeflößt, die seitdem und besonders wieder in neuester Zeit hervorgetretene, auch bei Fragen ohne kirchliche Bedeutung der Staatsregierung entgegengestellte, schroff oppositionelle Haltung habe ihm dieses Vertrauen wieder geraubt. Er glaube nicht an die Aufrichtigkeit päpstlicher Verhandlungen, nicht daran, daß der Papst in bestimmt formulirte Konzessionen von Erheblichkeit willigen, nicht daran, daß die etwa zugestandenen befriedigend würden gehandhabt werden. Aber auch abgesehen hiervon liege in der Durchführung des gedachten Beschlusses immer eine Art zweiseitigen Geschäfts, das man gerade vermeiden wolle, man gelange gewissermaßen zu einem moralischen Konkordat, an das man sich gebunden achten werde. Um dies zu vermeiden, solle man das, was man überhaupt den katholischen Unterthanen geben könne, ohne den Staat zu schädigen, gratis geben...So lange man das Schwert der jetzigen Gesetzgebung behalte, wenn man es auch bei Seite lege, habe man überhaupt die bis zum Jahre 1848 bestandene Machtvollkommenheit des Staats wieder inne, könne den Kulturkampf als für uns erledigt ansehen und ruhig erwarten, was der Papst seinerseits bringen werde. Man bedürfe seiner Gegenkonzessionen nicht und schneide den von klerikaler Seite ausgestreuten Verläumdungen und den Agitationen des Centrums die Wurzeln ab. Erlange man

* des Staatsministeriums vom 17. 3. 1880 über den Gesetzentwurf betreffend Abänderungen der kirchenpolitischen Gesetze.

ein Gesetz im Sinne des vorliegenden Entwurfs, erlasse dann der König eine Amnestie der erkannten Strafen und werde diese auf Grund des Gesetzes zu einer Rehabilitation erweitert, so werde dem katholischen Wähler nicht mehr mit Erfolg vorgesagt werden können, daß der Staat den katholischen Glauben unterdrücke und seine Bekenner verfolge.

Der Herr Minister der geistlichen p. Angelegenheiten bemerkte...auf dem bisherigen Wege komme man allerdings nicht weiter...Demnach sei er durchaus dafür, daß man zur Beruhigung des Landes, insbesondere der katholischen Mitbürger, jetzt vom Landtage sich die in Rede stehenden Vollmachten erbitte...

## [72] Die steigende Flut

*1. 6. 1880, Bismarck an Ludwig II. von Bayern*

...Ich habe im Beginne meiner ministeriellen Amtsthätigkeit schwere und bedrohliche Kämpfe im Innern zu bestehen gehabt, ich habe aber vor denselben niemals zurückgeschreckt, weil ich mich im Besitze des Vertrauens fühlte, mit dem der König, mein allergnädigster Herr, mich beehrte. Seitdem ich nicht mehr im alleinigen Namen Seiner Preußischen Majestät, sondern im Namen der verbündeten hohen Regirungen Deutschlands den Bewegungen der Zeit und den Angriffen der Gegner monarchischer Ordnung gegenüberstehe, würde die verstärkte Macht des gesamten Vaterlandes mir auch eine verstärkte Zuversicht im Kampfe gewähren, wenn ich diese Macht jederzeit sicher und fest geeinigt wüßte in der Entschlossenheit, sich gegen die steigende Flut der die Monarchie und ihre Ordnungen bedrohenden Bewegungen gemeinsam zu wehren. Sobald aber bei einigen der verbündeten Regirungen entweder in Folge der liberalen Sympathien der Minister und Ministerialbeamten mit den parlamentarischen Bewegungsparteien, oder in Folge der Furchtsamkeit und des parlamentarischen Popularitätsbedürfnisses der Minister und der maßgebenden Beamten, die Erscheinung zu Tage tritt, daß die starke Phalanx der verbündeten Regirungen durch Furcht oder durch Parteinahme für den Gegner sich auflöst, und wenn dieß namentlich angesichts von Uebergriffen des Parlaments gegen die Rechte der Regirungen geschieht, dann würde ich allerdings mir den Muth nicht bewahren können, meine Aufgabe weiter zu führen, weil ich dann an deren befriedigender Lösung den Glauben verlieren würde.

Was mich in dem Kampfe gegen die verfassungswidrigen Eingriffe des Reichstages in die Rechte des Bundesrathes bei der Frage der Zollgränzen am meisten und mehr als die Verworrenheit der parlamentarischen Situation entmuthigt hat, war die amtliche Eröffnung einiger einflußreichen Bundesregirungen, daß dieselben »aus Rücksicht auf die Stellung, welche der *Reichstag* zur Sache genommen habe« auf die Ausübung der Rechte des Bundesrathes zu verzichten beabsichtigten.

Wenn der Reichstag in einer starken und conservativen Mehrheit den verbündeten Regirungen gegenüber eine wohl erwogene Stellung einnimmt, so wird eine verständige Politik gewiß mit derselben rechnen wollen; wenn aber gerade die turbulenten, demokratischen und unitarischen Elemente des Reichstags unter Benutzung der Stimmvortheile, welche sie aus der principiellen Opposition des Centrums ziehn, in die Rechte der Regirungen eingreifen wollen, so darf meines Erachtens unter letzteren die Nachgiebigkeit keine Vertretung finden. Der Verlust der Regirungsrechte ist überall gewiß, wo der Muth zu ihrer Vertretung fehlt...

## [73] Unreife unserer parlamentarischen Zustände

*10. 6. 1880, Tagebuch Lucius'*

Gestern war Staatsministerialsitzung, welcher Bismarck in besonders guter Laune präsidierte, weil der Zollanschluß Hamburgs im Bundesrat angenommen war. Er leitete die Verhandlungen mit einem längeren Exposé ein über die Unreife unserer parlamentarischen Zustände und die falsche Praxis, daß die Regierung schon in den Kommissionsberatungen Zugeständnisse mache. In diesem Stadium habe sie einfach ihre Vorlagen aufrecht zu erhalten, sie dürfe sich hier nicht zum ersten Male als Zitrone auspressen lassen, um denselben Prozeß bis zum letzten Tropfen im Plenum nochmals durchmachen zu müssen. Er habe sich gefreut, daß die Konservativen sich ihm mit Vorschlägen genähert hätten, eine Vereinigung mit den Nationalliberalen zu stande zu bringen. Auch Bennigsen sei bei ihm gewesen, er habe es aber entschieden abgelehnt, regierungsseitig für eine oder die andere Abänderung der Vorlage* zu optieren. Das gäbe den dabei Übergangenen (Zentrum) das Recht zu klagen, die Regierung sei unaufrichtig gewesen, habe die eigene Vorlage aufgegeben und mit den Liberalen paktiert. Werde die Vorlage von allen Parteien abgelehnt, so sei das gar nicht ungünstig, dann habe die Regierung ihre Friedensbereitschaft dokumentiert, überlasse dem Parlament etwas Besseres zu finden, und es bleibe beim alten. Komme ein Gesetz durch Konservative und Nationalliberale zu stande, so sei das das günstigste. Die auch vorliegende Eventualität der Bildung einer Majorität von Zentrum und Konservativen überging er. Sie liegt aber vor, da ein erheblicher Bruchteil der Konservativen geneigt ist, mit dem Zentrum durch dick und dünn zu gehen. Er wolle keinen förmlichen Staatsministerialbeschluß herbeiführen, in den Kommissionen keine Konzession zu machen, aber in diesem Fall müsse so gehandelt werden. Die Regierung sei in einer äußerst günstigen Lage und dürfe sich das Spiel nicht verderben lassen...

* betr. Abänderung der kirchenpolitischen Gesetze, s. oben Dok. 71.

## [74] Der Kartellgedanke

*25. 6. 1880, Protokoll des Staatsministeriums*

Der Herr Minister-Präsident lenkte die Aufmerksamkeit des Staatsministeriums auf die Verhältnisse der politischen Parteien in Hannover. Die Nationalliberalen hätten dort Terrain verloren, zum Theil durch eigne Fehler, zum Theil durch die Stiftung der deutsch-konservativen Parthei, welche...die Bekämpfung der Nationalliberalen als ihre Hauptaufgabe betreibe. Er sei der Meinung, daß die Regierung in jener Provinz *einen* Gegner, das Welfenthum im ultramontanen Verbande, zu bekämpfen habe, daß unter den regierungsfreundlichen Richtungen die nationalliberale bei Weitem die stärkste sei, daß das der letztgedachten Parthei abgerungene Terrain nicht der Regierung, sondern den Welfen gewonnen werde und daß daher, insbesondere bei den Wahlen, von gouvernementaler Seite die Nationalliberalen zu unterstützen seien und dahin gewirkt werden müsse, daß den Kandidaten der letzteren nicht besondere Kandidaten der Deutschkonservativen gegenübergestellt, vielmehr gemeinsam die Kandidaten der Welfen bekämpft würden. Der Herr Minister-Präsident verlas ein Schreiben vom 22. Juni d. J., welches er in diesem Sinne an den Herrn Vice-Präsidenten gerichtet* und auf welches er eine ... zustimmende Antwort erhalten habe. Operirten die Nationalliberalen, oder wenigstens einige derselben ungeschickt, indem sie namentlich auf religiösem und auf wirthschaftlichem Gebiet die Gefühle eines Theils der Bevölkerung verletzten, so sei ihnen deshalb die Unterstützung nicht zu versagen, denn man habe nun doch einmal dort keine bessere Truppe...Er spreche gegen den Herrn Minister des Innern den Wunsch aus, daß regierungsseitig auf die Zurückziehung der doch jedenfalls aussichtslosen deutsch-konservativen Kandidatur hingewirkt werde.

Der Herr Minister des Innern erklärte...von der Bildung der deutschkonservativen Parthei in Hannover habe er stets abgerathen, dieselbe sei erst eingetreten in Folge der Haltung, welche die Nationalliberalen der ersten Socialistenvorlage gegenüber und in der Zollpolitik beobachtet hätten...[Es sei seine] Auffassung, daß von der Aufstellung aussichtsloser Kandidaten, die nur gewissermaßen zur Bezeugung konservativer Ansichten erfolge, abzusehen sei.

Der Herr Minister-Präsident hob hervor, vor den nächsten allgemeinen Wahlen werde es wohl thunlich sein, ein Abkommen mit den Nationalliberalen in diesem Sinne zu treffen. Er nehme doch an, daß dieselben unter von Bennigsen's und Miquel's Führung mehr von der Fortschrittsparthei sich entfernen und die Idee einer großen liberalen Parthei fallen lassen würden.

Der Herr Vice-Präsident erklärte sich mit einem derartigen Abkommen ganz einverstanden, wies jedoch gleichfalls darauf hin, daß ein solches früher von den Nationalliberalen nicht gehalten worden sei...

* GW VIc 186.

## [75] Steuerreform und Wahlen

*a) 28. 8. 1880, Protokoll des Staatsministeriums*

In Betreff der Finanzfragen sowohl des Reichs wie Preußens seien ihm [Bismarck] von mehreren Seiten Besorgnisse entgegengetreten, daß der Ausfall der nächsten Wahlen namentlich für die konservativen Parteien ungünstig werden möchte, wenn es nicht gelinge, inzwischen in *Wirklichkeit* Erlasse an den direkten Steuern zur Ausführung zu bringen. In der That sei das Bedürfniß, mit den Erleichterungen an direkten Steuern endlich vorwärts zu kommen, politisch unabweislich. Der Gedanke, etwa in der Hoffnung demnächstiger Reichsüberschüsse schon jetzt eine Quote direkter Steuern zu erlassen und das Deficit inzwischen durch Anleihen zu decken, widerspreche einer soliden Finanzpolitik und würde auch weder die Zustimmung des Finanzministers noch die der Landesvertretung finden. Aber auch bloße beruhigende Versicherungen unter Wiederaufnahme der vorjährigen Steuervorlagen und selbst unter Hinzufügung einer Erhöhung der Branntwein- oder Zuckersteuer reichten nicht aus. Was diese letzten beiden Steuererhöhungen anbetreffe, so seien sie bekanntlich von vornherein ein Schrekken für die gesammte Landwirthschaft. Gleichwohl sei es vielleicht möglich, eine Erhöhung der Branntwein- und Zuckersteuer ohne thatsächliche Schädigung der Landwirthschaft durchzuführen, unter der Voraussetzung nämlich, daß man gleichzeitig die Exportbonifikationen für die betreffenden Fabrikate zutreffender als dies jetzt der Fall sei, regulire. Allein selbst unter dieser Voraussetzung werde man vor dem Reichstage eine Erhöhung jener beiden Steuern nur dann vertreten können, wenn sie Zug um Zug mit der Erleichterung der direkten Steuern erfolge, und jedenfalls bedürfe das Projekt der Erhöhung der Branntwein- und Zuckersteuer noch der vorsichtigsten Erwägung ihrer Rückwirkung auf die Landwirtschaft...

*b) 8. 12. 1880, Randbemerkung Bismarcks zu einem Bericht Boettichers über neue Steuervorlagen im Landtag*

...Als nächsten politischen Zweck, im Hinblick auf Wahlen, betrachte ich, daß sich die *Regierung binde* bezüglich der Verwendung von Reichsüberschüssen zum dir[ekten] Steuer-Erlaß, damit der Vorwand im Reichstage fortfalle, daß man indir[ekte] Steuern nicht bewilligen könne, so lange man nicht wisse, wozu sie verwendet werden sollen.

## [76] Der Staat als Träger der Unfallversicherung

*28. 8. 1880, Protokoll des Staatsministeriums*

[Bismarck: Das Haftpflichtgesetz] habe schon in seiner jetzigen Gestalt und bei der Art und Weise, wie es von den Gerichten gehandhabt werde, nach dem allgemeinen Zeugnisse der betheiligten Kreise nicht die Zufriedenheit, die man erwartet habe, erzeugt, sondern vielmehr Erbitterung und Unfriede. Im Handelsministerium sei die Neigung hervorgetreten, in der Richtung, welche das jetzige Haftpflichtgesetz verfolge, noch weiter zu gehen. Ihm erscheine dies im höchsten Grade bedenklich. Es liege ihm über diesen Gegenstand eine gut geschriebene Denkschrift des Kommerzienraths Baare in Bochum vor. Dieselbe werde den Mitgliedern des Staatsministeriums mitgetheilt werden, und es sei seine Absicht, damit die Herstellung einer Vorlage über diesen Gegenstand einzuleiten, durch welche die Härten und Ungerechtigkeiten der jetzigen Haftpflicht abgemindert und nicht auf die Fälle ausgedehnt würden, in denen eine wirkliche Verschuldung des Haftenden nicht nachweisbar, eine gerechte Verantwortlichkeit des Arbeitgebers nicht begründet sei. Die Unbilligkeit der jetzigen Haftpflichtgesetzgebung müsse nach Möglichkeit gemildert werden. Vielleicht lasse sich einerseits die Höhe der Entschädigungen begränzen, andererseits aber die Zahl der Fälle, in denen Unterstützung zu gewähren sei, vermehren. Falsch sei es, als Fundament des Anspruchs eine *präsumtive* Verschuldung des Arbeitgebers zu supponiren, denn diese Präsumtion trete in sehr vielen Fällen in schroffen Widerspruch mit der Wirklichkeit; sie sei unwahr und wirke durch die Ungeheuerlichkeiten, zu denen sie führe, auf die Arbeitgeber entmuthigend; sie könne ganze Industrien lahm legen und erdrücken. Auf die Arbeiter wirke sie als Ermuthigung zu rechtswidrigen Ansprüchen überhaupt. Es werde darauf ankommen, einen richtigeren Weg zu finden, bei dem die Möglichkeit des Bestehens der Industrie gewahrt bleibe. Als Grundlage werde vorwiegend das Recht und die thatsächliche Unterstützungsbedürftigkeit in's Auge zu fassen sein. Erreichbar werde ein annähernd befriedigendes Verhältniß vielleicht im Wege der Assekuranz sein, und zwar unter verhältnißmäßiger Heranziehung der Arbeitgeber, der Arbeiter und auch der Armenverbände. Dabei werde man auf die Festsetzung gewisser Maximalbeträge kommen müssen. Immerhin seien aber die

Privatversicherungsgesellschaften zur Lösung dieser Aufgabe außer Stande, schon weil der Unfall als solcher von sittlichen Gesichtspunkten aus nicht Gegenstand der Spekulation und Ausgangspunkt der Dividendenvertheilung sein sollte. Man werde also auf den Vorschlag einer Reichs- oder Staatsversicherung kommen müssen. Daß ein derartiges Projekt von vornherein die Zustimmung des Reichstags finden werde, sei vielleicht zweifelhaft, schon weil es als eine Stärkung der Macht der Reichsregierung erscheine. Aber schon mit dem Antrage begegne man wirksam der schwebenden Agitation, und allmälig werde der an sich gesunde Gedanke einer derartigen Reform doch durchbrechen. Übrigens betrachte er diese Mittheilungen lediglich als vorläufige. Er würde auch nicht dagegen sein, wenn das bis jetzt über diesen Gegenstand gesammelte Material zunächst etwa als Ausgangspunkt einer weiteren Expertise verwerthet würde ...

### [77] Ein wirtschaftliches Nebenparlament

*10. 9. 1880, Bismarck an Wilhelm I.*

...Die gegenwärtige Art der Vorbereitung der das wirtschaftliche Leben des Volkes betreffenden Gesetzesvorlagen hat sich vielfach als ungenügend erwiesen und namentlich die Garantie, die früher der Staatsrat bot, vermissen lassen, daß solche Vorlagen auch vom Standpunkte unbefangener, sachkundiger Kritik der beteiligten Kreise demnächst als praktisch ausführbar und fördersam anerkannt wurden. In Übereinstimmung mit zahlreichen aus dem Handels- und Gewerbestande an mich gelangten Petitionen halte ich es daher für sehr wünschenswert, daß dem Handelsministerium in einem etwa als volkswirtschaftlicher Rat zu bezeichnenden Organ eine begutachtende Behörde an die Seite gestellt werde, welche bei allen einschlagenden, neuen Gesetzentwürfen die Interessen des Handels und der Gewerbe einschließlich der Landwirtschaft wahrzunehmen und vom Standpunkte derselben sich gutachtlich über solche Vorlagen zu äußern haben würde, bevor dieselben der parlamentarischen Beratung hingegeben werden, bei welcher auf eine gleich sachkundige und unbefangene Mehrheit nicht zu rechnen ist, sondern die Abstimmung meist nach anderen, namentlich die Wahlfrage im Auge behaltenden Erwägungen erfolgt. In jene

Behörde würden meines Dafürhaltens etwa zwei bis drei Mitglieder auf je eine Million Einwohner aufzunehmen, diese Mitglieder auf den Handel, die Gewerbe und die Landwirtschaft nach dem überwiegenden Charakter der verschiedenen Provinzen angemessen zu verteilen, und sämtlich evtl. auf Vorschlag geeigneter Organe, insbesondere der Handelskammern, landwirtschaftliche Vereine und ähnlicher, vom Minister zu ernennen sein, jedoch weder Beamtenqualität noch Besoldung erhalten. Die Tätigkeit dieses Organes würde sich der Regel nach in für die verschiedenen Interessenkreise ständig zu bildenden Sektionen und nur ausnahmsweise in Plenarversammlungen zu vollziehen haben...

## [78] Erhaltung des Friedens

*7. 11. 1880, Instruktionsentwurf*

In erster Linie ist das Ziel unserer Politik im Orient die Erhaltung des Friedens überhaupt; wir haben auch die Kriege anderer Mächte zu scheuen wegen der unvermeidlichen Rückwirkungen auf unsere wirtschaftlichen Interessen und ebensosehr, weil wir nie vorherzusehen vermögen, wie weit wir in fremde Händel hineingezogen werden können. Besonders aber verlangt unser Interesse die Aufrechterhaltung des Friedens zwischen Österreich und Rußland; denn der Bruch zwischen diesen unseren Nachbarstaaten wird uns immer in die Verlegenheit bringen, früher oder später zwischen beiden optieren zu müssen, auch wenn für uns kein casus foederis vorliegt. Hiermit im Zusammenhange hat die deutsche Politik im Orient noch eine andere, allgemeine Aufgabe, die freilich nicht ostensibel hervortreten darf: Die Lösung oder Verhinderung der Kooperation von Rußland und England. Das Zusammengehen von Rußland und England muß notwendigerweise dahin führen, daß die orientalischen Verhältnisse ohne Berücksichtigung der österreichischen Interessen geregelt werden, und hat somit die Gefahr eines Bruches zwischen Österreich und Rußland im Gefolge, während die Fortdauer der früheren guten Beziehungen zwischen Österreich und England dazu beitragen würde, den Zusammenstoß Österreichs mit Rußland zu verhindern. Die augenblickliche, für den Frieden gefährliche Gladstonesche Allianz mit Rußland wird voraussichtlich durch jede schärfere Aktion, respektive kriegerische Operation, gelöst werden, welche die eine der Mächte oder beide gemeinsam gegen die Türkei unternehmen. In beiden Fällen wird die Unvereinbarkeit ihrer weiteren Ziele zutage treten. Nur solange sich die Interessengemeinschaft von England und Rußland im Orient auf diplomatischem Gebiet bewegt, ohne auf die Probe der aktiven Betätigung gestellt worden zu sein, kann sie dauernd Unheil stiften. Es läge deshalb vielleicht für Deutschland kein Anlaß vor, eine gemeinsame englisch-russische Aktion, welche am sichersten die Lösung der gefährlichen Verbindung herbeiführen könnte, zu hindern, wenn dabei nicht zu besorgen bliebe, daß Österreich in seiner ängstlichen, über nächste, nur scheinbar entscheidende Ergebnisse leicht erregten Politik, die Entwickelung der Dinge in solchen Fällen nicht abwarten, sondern seinerseits zu früh eingreifen würde...

## [79] Das Dreikaiserabkommen

*17. 1. 1881, Bismarck an Prinz Reuß*

...Daß durch das fragliche Abkommen, wenn es von den drei Kaisern angenommen wird, eine starke Bürgschaft für den Frieden mehr geschaffen wird, als bisher existiert, ist nicht zweifelhaft. So groß auch das Mißtrauen Baron Haymerles gegen Rußland sein mag, so wird mein österreichischer Herr Kollege doch nicht bestreiten, daß *ohne* vertragsmäßige Versprechungen das Mißtrauen in die russische Politik immer noch berechtigter bleibt als nach einer kaiserlichen Zusage, Frieden halten zu wollen.

Wenn die russische Politik gegenwärtig bedenkliche Absichten hätte, so würde sie vermeiden, sich die Verwirklichung derselben durch die Herstellung der Barriere zu erschweren, welche durch ein kaiserliches, zwei benachbarten Monarchen gegebenes Wort neu errichtet werden soll. Suchte Rußland gegenwärtig Krieg oder Verwirrung, so würde es die Dinge in statu quo lassen und unsere Annäherungsversuche in freundlicher Form dilatorisch behandelt haben. Daß dies in keiner Weise der Fall gewesen, daß Rußland im Gegenteil die Initiative ergriffen hat, um das Wort des Kaisers für friedliche Politik zu verpfänden, darin sehe ich einen Beweis des Sieges der friedliebenden und konservativen Elemente der russischen Politik über die chauvinistischen...

Wie Euerer pp. bekannt ist, hat die Gewißheit, daß Deutschland wie Österreich-Ungarn von Rußland isoliert nicht angegriffen werden können, bei uns die Überzeugung nicht vermindert, daß ein Krieg mit Rußland, auch wenn er siegreich geführt würde, für keinen der beiden Bundesgenossen ein erwünschtes Ereignis sein würde, weil es immerhin ein gefährlicher Krieg und ein Krieg bleibt, der für uns kein annehmbares Kampfziel hat. Es bleibt deshalb nach wir vor unsere Aufgabe, dahin zu wirken, daß die Wahrscheinlichkeit eines solchen Krieges vermindert und kein Mittel zurückgewiesen werde, welches diesem Zwecke dienen kann...

Der jetzige Vorschlag eines Abkommens zu Dreien geht nicht so weit, wie unser mit Österreich bestehendes Abkommen, es würde zu *keiner* aktiven Leistung verpflichten; es nimmt eine kriegerische Leistung für *keinen* Fall in Anspruch, sondern nur gegenseitige kaiserliche Versprechungen, Frieden untereinander halten und auf Beteiligung an kriegerischen Koalitionen gegeneinander verzichten zu wollen...

## [80] Zukunftspläne

*18. 6. 1881, Tagebuch Lucius'*

...Hierauf entwickelte [Bismarck im Staatsministerium] in längerer Rede seine Zukunftspläne über Arbeiterversicherung und Finanzreform. An ersterer halte er fest, ohne Belastung des Arbeiters. Die Konservativen hätten in ihrer Dummheit sich zu einem unannehmbaren Kompromiß durch das Zentrum verleiten lassen. Außerdem ginge er um mit großen Kanalprojekten, auch die Schul- und Armenlasten müßte der Staat übernehmen und zeigen, welche nützliche Verwendung für Staatsmittel man habe. Nicht zweihundert, dreihundert – viele hundert Millionen könne man für solche nützliche Zwecke brauchen. Der Finanzminister solle seinen Marschallstab über die Mauer werfen und so weiter. Er verhandle geheim über einen Handelsvertrag mit Frankreich, welcher gegen Holland und Belgien gerichtet sei. Niemals sei man in Frankreich uns freundlicher gesinnt gewesen als jetzt, wo man ihnen in Tunis freie Hand gelassen habe. Zudem hätten sich dabei Italiener und Franzosen gründlich verfeindet. Holland, das uns die Lachse wegfange und in Schiffahrtsfragen keine Konzessionen mache, verdiene auch keine Rücksicht.

Ein Reich von vierzig Millionen könne uns reelle Vorteile bieten. Er schwanke noch, ob er den Reichstag für November zur Budgetberatung auf sechs Wochen berufen oder ihn später gleichzeitig mit dem Landtag berufen solle. Genug, er war voll Projekte und trotz seines leidenden Gesundheitszustandes höchst unternehmungslustig. Hindernisse für alle diese gigantischen Pläne sieht er nicht und meint, alles durchsetzen zu können. Schließlich empfahl er sich für eine längere Abwesenheit: die Posten des Vizepräsidenten und des Staatssekretärs des Äußern bleiben vorläufig unbesetzt.

## [81] Vor den Wahlen

*6. 7. 1881, H. Bismarck an Tiedemann*

Verehrtester Herr Geheimer Rath, mein Vater hat den Wunsch, daß die uns befreundete Presse schärfer ins Zeug gehe, als es bisher der Fall gewesen, daß sie dasselbe Mittel verwende, dessen sich unsere Gegner bedienen: immer wieder auf diejenigen Punkte zurückzukommen, welche dem Wähler am verständlichsten sind, und auf welche für die Wahlen am meisten ankommt; es müssen dabei die Themata, welche wir auf unser Wahlpanier schreiben, alle 2 Tage variirt u. kürzer oder länger mit Polemik gegen die Feinde besprochen werden, und wenn es 30–40 mal geschieht, so ist das für den dickfelligsten Leser noch kaum genug: je öfter, desto besser...

Bitte sagen Sie an Rössler und an die Redaction der ›Nordd.‹, ›Post‹, ›D[eutsches] T[a]g[e]b[latt]‹, daß bis zu den Wahlen *alle* häuslichen Zwiste ruhen müßten, und daß sie sich ganz darauf concentriren, *alle Tage* scharfe Angriffe in allmählig steigender Scala gegen Fortschritt u. Freihandel zu bringen. Zuerst wünscht mein Vater mehrere Artikel in den genannten Blättern über Kornzölle – Grundsteuer, welche mit anderen Worten stets das nämliche sagen. Auch die Prov. Corr. möchte solchen Artikel bringen mit dem Thema: 1. das Geschrei über Vertheuerung des Getreides durch die Zölle ist unbegründet, wie schon so oft nachgewiesen (auf Beweise gar nicht mehr einlassen, nur immer dieselben Behauptungen wiederholen). 2. Wäre es den Schreiern *patriotischer Ernst* mit ihren falschen Behauptungen u. glaubten sie es wirklich, so müßten sie mit allen Kräften darauf hinwirken, daß die inländische Besteuerung unseres

Getreidebaues durch die *Grundsteuer* aufhöre, damit die deutschen Landwirthe billiger produciren können: nicht der kleine Zoll an der Grenze übt einen Einfluß auf die viel größeren Schwankungen des Weltmarktpreises, wohl aber würden die inländischen Consumenten dem inländischen Producenten weniger zu zahlen brauchen, wenn diese nicht der Doppelbesteuerung ihres Ertrages aus Grund u. Boden... unterworfen wären. 3. absichtliche Verdunkelung dieses Tatbestandes durch Freihandel u. Fortschritt u. bisherige Geduld des Landwirths...

In aufrichtigster Verehrung bin ich Ihr ergebenster

H. Bismarck

[82] Waffenstillstand mit Rom

*22. 7. 1881, Bismarck an Goßler*

Nach der augenblicklichen Stellung der Parteien, wie sie voraussichtlich aus den Wahlen wiederum hervorgehen wird, und wie sie seit etwa 4 Jahren die Reformen der Gesetze und die Konsolidierung des Reichs verhindert, kann die Regierung eine Mehrheit im Reichstag nur dadurch gewinnen, daß den konservativen Stimmen entweder die liberalen oder die des Zentrums hinzutreten. Daß eine rein konservative Majorität aus den Wahlen hervorginge, ist leider nicht zu erwarten. Ich habe in Erkenntnis dieser Sachlage seit vier Jahren daran gearbeitet, einen Kompromiß zwischen dem rechten Flügel der Liberalen und den Konservativen herzustellen; ich bin in der Richtung so weit gegangen, daß ich 1877 mit Herrn von Bennigsen unterhandelt habe in der Absicht, ihn S. M. zum Minister vorzuschlagen. Mein Bestreben ist erfolglos geblieben und seitdem der rechte Flügel der Liberalen mehr und mehr der Führung der Fortschrittspartei verfallen, so daß die gesamten Liberalen in Verbindung mit dem Zentrum die meisten Regierungsvorlagen zu Fall bringen und die Entwicklung des Reiches augenscheinlich eine rückläufige geworden ist. Die im Liberalismus tonangebende fortschrittliche Partei ist eine republikanische. Wer sich darüber täuscht, wer den gegenteiligen Versicherungen des Fortschritts Glauben schenkt, mit dem bin ich außerstande, gemeinsam Politik zu treiben. Mein Urteil ist das Ergebnis einer mehr als 30jährigen Erfahrung und einer erfolgreichen Tätigkeit auf dem Gebiete der Politik. Ich müßte mich selbst für urteilslos erkennen, wenn ich am Schluß meiner Laufbahn mir hierüber noch nicht klar wäre. Die mir erwünschtere Anlehnung der Regierung an die Liberalen ist deshalb unmöglich, so lange letztere unter Leitung der Fortschrittspartei stehen, und diese über die Mehrheit aller Organe der öffentlichen Meinung verfügt. Ich habe den Kampf gegen die päpstlichen Anmaßungen energischer geführt als irgendeiner meiner Kollegen, den Minister Falk mit eingerechnet, denn letzterer ist nur von mir durch wiederholte Stellung der Kabinettsfrage schließlich bewogen worden, auf Anregung der Verfassungsänderungen einzugehen, welche 1873–75 stattgefunden haben. Ich habe auch allen Einfluß, den ich hatte, seinerzeit angewandt, um mit Rücksicht auf den Kampf gegen Rom Falk von dem Rücktritt abzuhalten, zu welchem er schon einige Jahre vor seinem definitiven Austritt geneigt war, weil er sich außeramtlichen Einflüssen gegenüber nicht stark genug fühlte. Ich darf mich deshalb als den intellektuellen Träger des Kampfes gegen Rom die letzten 10 Jahre hindurch ohne Ueberhebung ansehen. Wenn ich mich nun aber überzeugen muß, daß die liberale Partei, anstatt der Regierung in dem Kampf gegen die Hierarchie ehrlich beizustehen, die Schwierigkeiten, welche dieser Kampf der Regierung macht, benutzt, um auch ihrerseits die Regierung anzugreifen und zur Schwächung derselben Konzessionen von ihr zu erpressen, so muß ich mir sagen, daß die Regierung diese beiden Gegner gleichzeitig nicht bekämpfen kann, ohne selbst Schaden zu nehmen. Sie kann m. E. den Kampf gegen Rom erst dann fortsetzen, wenn sie sich außerhalb des Zentrums auf eine Majorität zu stützen vermag, welche sie nicht durch das Preisgeben von Kronrechten zu erkaufen braucht. Sobald wir eine solche Majorität ohne das Zentrum haben werden, können wir den Kampf gegen Rom mit Aussicht auf Erfolg fortsetzen; bis dahin aber müssen wir uns gegen den Fortschritt als den gefährlicheren Feind wehren. Was der Fortschritt der Krone abgewinnt – und das ist unter dem Ministerium Eulenburg nicht unerheblich gewesen – das bleibt unwiederbringlich verloren und bildet eine Etappe auf dem Wege von der Monarchie zu republikanischen Institutionen. In dem Kampf gegen Rom aber können wir nach Belieben eine Pause eintreten lassen, während welcher jedes für den katholischen Wähler aufregende Symptom eines Kampfes nach Möglichkeit von der Bildfläche verschwindet. Es gehört die Beruhigung des katholischen Wählers und der Eindruck, daß ein Kampf überhaupt nicht mehr stattfände, zu den Mitteln der Bekämpfung der Fortschrittspartei, indem man ihr und ihren Freunden den Glauben nimmt, daß sie der Regierung für den Kampf gegen Rom unentbehrlich sei...

## [83] Das Patrimonium des Arbeiters

*22. 8. 1881, Votum Bismarcks*

...Was erforderlich ist, um die Kosten der beabsichtigten sozialpolitischen und steuerlichen Reformen zu decken, kann nur von dem Tabakmonopol in der Hauptsache erwartet werden. Wenn darüber hinaus gesteigerte Einnahmen aus indirekten Steuerquellen oder durch eine gerechtere Ausbildung unseres direkten Steuersystems erforderlich und nützlich sein sollten, so glaube ich, daß wir die Herbeiführung derselben erst in Aussicht nehmen sollen, *nachdem* das ergiebigste und berechtigste Objekt, der Tabak, zum vollen Ertrage gebracht sein wird. Ich fürchte, daß wir uns die Erreichung des Tabakmonopols, welches an sich allein wichtiger ist als die übrigen Objekte zusammengenommen, erschweren, wenn wir vorher oder gleichzeitig geringere Steigerungen zu den Reichs- und Staatseinnahmen auf anderen Gebieten in Aussicht nehmen. Die beabsichtigten Vorlagen für Unfall -und Altersversorgung im Reiche, für die Beteiligung des Staates an den Schul-, Armen- und anderen bisher auf die Gemeinden abgebürdeten Staatslasten, sowie für die Herstellung eines umfassenden Kanalsystems in Preußen, werden mit Erfolg nicht eingebracht werden können, ohne eine so bedeutende Steigerung des Reichseinkommens in Aussicht zu nehmen, wie sie nur die Monopolisierung oder eine analoge Behandlung des Tabaks gewähren kann, und wenn wir letztere mit den zugunsten der ärmeren Klassen erstrebten Reformen prinzipiell in einen solchen Zusammenhang bringen, daß die Erträge des Tabaks als das Patrimonium des Arbeiters und des Armen am Staate sich darstellen, so daß beide in systematischem Zusammenhange stehen, so werden die uns gestellten Aufgaben auf beiden Gebieten an Wahrscheinlichkeit der Erfüllung gewinnen.

In vorstehender Auffassung sollten wir meiner Ansicht nach unser Augenmerk zunächst ausschließlich auf die Herstellung des Tabakmonopols richten, und gleichzeitig mit den wirtschaftlichen und sozialen Reformen das Monopol als Unterlage derselben im Prinzip zur Anerkennung zu bringen suchen. Diese Aufgabe wird aber nach meinem Eindruck erschwert und unseren Gegnern die Ablehnung erleichtert, wenn wir vor oder neben dem Tabak andere geringere Geldforderungen einbringen. Die specifischen Gegner der letztern werden sich mit den Gegnern des Tab[ak]Monopols dann zur Ablehnung unsrer gesammten Vorlage verbünden...

[84] Nach den Wahlen

*a) 14. 11. 1881, Protokoll des Staatsministeriums*

...Unter einigen Andeutungen über die zunächst einzuschlagende Politik bemerkte der Herr Reichskanzler, er habe von Seiner Majestät die Ermächtigung erbeten und erhalten, falls er für seine Politik eine Majorität im Reichstage nicht erlange, mit den Führern des Centrums und der Liberalen, als den beiden Seiten der voraussichtlichen Reichstagsmajorität in Unterhandlung darüber zu treten, ob und unter welchen Bedingungen sie die Leitung der Reichsgeschäfte zu übernehmen bereit seien.

*b) 14. 11. 1881, Tagebuch Lucius'*

Dann sprach er über die aus den Wahlen sich ergebenden Kombinationen: Franckenstein oder Moufang müßten Kanzler werden, während er sich auf den Altenteil der äußeren Politik zurückziehen, also auswärtiger Minister und preußischer Ministerpräsident bleiben wolle. Dasselbe hätten ja die Nationalliberalen auch früher erstrebt, sie hätten die übrigen Ministerien für sich haben und ihn als Hausknecht für die europäische Politik behalten wollen. Es war das natürlich scherzhaft gemeint, aber doch mit einiger Bitterkeit ausgesprochen. Er behandelte dabei die eigenen Schöpfungen sehr en bagatelle. Bezüglich der Antisemitenbewegung tadelte er deren Inopportunität...Er sei nur gegen die fortschrittlichen, nicht gegen konservative Juden und deren Presse, er würde unter allen Umständen gegen den Fortschritt für Zentrum und Sozialisten stimmen. Letztere erstrebten *Unmögliches*, was doch unter allen Umständen schließlich mit dem Schwert niedergeschlagen werden müßte; der Fortschritt aber erstrebe eine mögliche Staatsform, die Republik.

## [85] Der Reichstag und der Zollanschluß Hamburgs

*a) 6. 12. 1881, Bismarck an Bitter*

Ew. Excellenz gefällige Schreiben von heute und gestern, bezüglich der Anträge im Hamburger Ausschuß* habe ich zu erhalten die Ehre gehabt. Abgesehen von den Bedenken, welche ich selbst gegen jede Verschiebung der verfassungsmäßigen Competenz-Grenze zwischen dem Reichstage und den zollverbündeten Regierungen hege, würden wir auch bei vorhandenem Einverständniß zwischen Ew. Excellenz und mir doch nicht in der Lage sein, die verbündeten Regierungen durch Erklärungen im Ausschuß zu vinculiren oder in Änderungen ihrer Beschlüsse zu willigen. Auch wenn ich einer späteren Ratihabition unserer Äußerungen durch die Regierungen sicher wäre, so habe ich es doch in meiner parlamentarischen Erfahrung immer nachtheilig gefunden, in Ausschüssen des Landtags oder Reichstages Concessionen zu machen, welche, sobald sie dort ausgesprochen sind, die Regierung binden, das Plenum des Reichstags aber in keiner Weise. Vorbehaltlich ausführlicherer Äußerung stelle ich deshalb bis zur Fassung anderweiter Bundesrathsbeschlüsse ergebenst anheim, alle Forderungen nur ad referendum zu nehmen und bei dem Mangel persönlicher Competenz zu Concessionen, nicht auf *die* Reichsregierung, sondern auf die zollverbündeten Regierungen Bezug zu nehmen, da es eine Reichsregierung, welche ohne Beschluß dieser Regierungen dem Reichstage Concessionen machen könnte, verfassungsmäßig nicht gibt. Bei solchen Forderungen, welche eine Minderung der zollvertragsmäßigen Competenz der Regierungen involviren, und die des Reichstags direct oder indirect zu erweitern [suchen], dürfte sogar ein einstimmiger Beschluß der Bevollmächtigten unentbehrlich sein, da die Verträge an sich per majora nicht modificirt werden können.

* Reichstagskommission für den Zollanschluß Hamburgs; – Hamburg und Bremen waren (Art. 34 RV) als Freihäfen außerhalb der gemeinschaftlichen Zollgrenze geblieben, »bis sie ihren Einschluß in dieselbe beantragen«.

*b) 7. 12. 1881, Bismarck an Bitter*

Ew. pp. beehre ich mich im Anschluß an meine vorläufige Mittheilung vom gestrigen Tage... nunmehr auch amtlich meine Überzeugung von der Richtigkeit der in jenem Schreiben angedeuteten Grundsätze ganz ergebenst auszusprechen. Wie es hiernach angezeigt sein wird, daß die Vertreter der Reichsregierung jedenfalls in der Kommission zu keinem der in den erwähnten Anträgen enthaltenen Vorschläge sich mittelbar oder unmittelbar zustimmend verhalten, so vermag ich auch für etwaige spätere Stadien der Verhandlung nur etwa die... Fragen des Grenzgebiets, des Eigenthumsübergangs an Abfertigungsanstalten und der Übernahme von Pensionen auf das Reich als solche anzusehen, welche ohne Preisgebung verfassungs- und vertragsmäßiger Rechte der Zollverbündeten Regierungen eine gesetzliche Regelung finden könnten. Auch hinsichtlich dieser Puncte möchte ich aber selbst für die Berathungen des Reichstagsplenums eine entgegenkommende Erklärung der Regierungsvertreter, welche alsdann nur unter Vorbehalt der Zustimmung des Bundesraths abgegeben werden könnte, nicht empfehlen. Meiner Ansicht nach wird die Freiheit der Entschließung für die Verbündeten Regierungen bei Abänderungsanträgen, die zu Regierungsvorlagen im Reichstage gestellt werden, in allen wichtigen Fragen nur dann ausreichend gewahrt, wenn bei der Berathung derartiger Anträge unbedingt der in der Vorlage ausgedrückte Standpunct vom Regierungstische aus vertreten wird. Wenn dabei das Zustandekommen von Reichsgesetzen unter Umständen verhindert oder verzögert wird, indem Gesetzesvorlagen in Folge einer vom Reichstage beschlossenen Änderung zu wiederholter Berathung und Beschlußnahme im Bundesrath und Reichstag gelangen, so vermag ich hierin im allgemeinen keinen Nachtheil zu erblicken; jedenfalls entspricht der der Einsetzung der beiden gesetzgebenden Körper zu Grunde liegenden Absicht ein solches Verhandeln mit einander zweifellos mehr als die in letzter Zeit stillschweigend und im Gegensatz zu dem Geist unserer Verfassungseinrichtungen fast zur Regel gewordene Geschäftsübung, wonach der Bundesrath zu derartigen im Reichstage geänderten Gesetzesvorlagen lediglich über Annahme oder Ablehnung befindet, ohne seinerseits eine anderweitige Amendirung anzunehmen und das Gesetz in dieser Fassung dem Reichstage von Neuem zugehen zu lassen. Ew. pp. stelle ich ergebenst anheim, im Falle Ihrer Übereinstimmung mit vorstehenden Ansichten, denselben im Ausschusse nach Bedürfnis Ausdruck zu geben.

## [86] Hauptsache, daß das Zentrum nicht auseinanderfällt

*22. 2. 1882, Tagebuch Holsteins*

Vor einiger Zeit hatte Schorlemer durch P[aul] H[atzfeldt] mündlich anfragen lassen, ob der Reichskanzler ihn empfangen würde? Ja. Darauf Brief. Bitte um Audienz, »in tiefster Ehrfurcht«, »Ew. gehorsamster«. Erschien im Frack und weißer Krawatte. Überraschte den Chef durch wohlerzogenes, fast schüchternes Benehmen.

Sch. entschuldigte sich zunächst wegen seiner früheren Angriffe. Antwort: In solchen Fällen schießt man hinüber und herüber. Sodann äußerte er den lebhaften Wunsch, sich zu verständigen und künftig ohne Unterschied der Konfession mit den Konservativen zu gehen.

Auch der Chef wünschte eine Verständigung, jedoch müßte das Abkommen noch annehmbar für die Freikonservativen und womöglich für die Nat.liberalen sein; denn um mit dem Zentrum unter vier Augen allein zu bleiben, dazu sei sein Vertrauen noch nicht groß genug. Hauptsache sei, daß das Zentrum nicht auseinanderfalle. In kürzerer oder längerer Zeit werde der Fall eintreten, daß man mit einer fortschrittlichen Regierung zu rechnen habe, denn der Thronwechsel werde gleichbedeutend mit Systemwechsel sein. Wenn der Kanzler bleiben wollte, würden die Dinge noch »mittelgut« gehen. Er habe jedoch nicht mehr die Kampflust, um mit Kollegen zusammen zu arbeiten, die er nicht achte und die ihm mißtrauten, die ihn ebenso wie der Kaiser selbst mit der Hoffnung begleiten würden, daß er sich blamiere. In solchen Zeiten sei ein Zentrum von 100 Köpfen nützlich; eine rein parlamentarische Regierung, die bereit sei, Ehre und Seligkeit für eine Majorität zu verkaufen, werde sich mit dem Zentrum abfinden und ihm vielleicht größere Konzessionen als die heutige Regierung machen. Die fakultativen Bestimmungen würden unter solchen Verhältnissen nützlicher sein als feste Gesetze, welch letztere die Verständigung wesentlich erschweren würden.

Sch. wandte ein, es sei für das Zentrum unerläßlich, plus

royaliste que le roi zu sein, da der Vorwurf der Lauheit ihnen viele Sitze kosten würde, besonders den Konservativen. Deshalb sei dringend zu wünschen, daß die nötigen Transaktionen resp. Konzessionen von Rom aus direkt gemacht würden. Er hoffe sehr auf Nachgiebigkeit des Staates hinsichtlich der Anzeigepflicht. Der Kanzler erwiderte, er lege auf die Anzeigepflicht keinen besonderen Wert. Beim Abschiede gab er Schorlemer die Hand, was er beim Kommen nicht getan hatte.

## [87] Kein Verhandeln! Kein Kompromiß!

*27. 3. 1882, Bismarck an Goßler*

...Ich warne vor jeder Verhandlung mit den Fraktionen. Es gibt nichts Betrüglicheres auf diesem Gebiete, als deren Zusicherungen. Am allerunglaubwürdigsten sind die des Zentrums unter W.s Führung. Für uns bildet die von uns gemachte Vorlage den einzig sicheren Anhalt. Das »Finassieren« über etwas mehr oder weniger, was uns diese oder jene Fraktion verspricht, kann keine Vorteile bieten, durch welche die Nachteile *verfehlter* Kompromißversuche für Würde und Zukunft der Regierung aufgewogen würden. Halten wir an der Vorlage fest und lassen wir die Abweichungen durch die Fraktionen unter sich auskämpfen, ohne Partei zu nehmen. *Es ist nicht notwendig, daß überhaupt etwas zu stande kommt.* Es ist aber notwendig, daß die Regierung ihre mit königlicher Unterschrift gemachte Vorlage nicht unsicheren und unaufrichtigen Fraktionsversprechungen opfert; daß W.s Anträge *vor* Ostern beraten und von der Regierung abgelehnt werden, würde ich mehr für nützlich wie für schädlich halten.

Auf Versprechungen von Zentrumsstimmen für die Konservativen gebe ich keinen Pfifferling, solange W. die Führung des Zentrums hat. Die Regierung kann sich auf niemand als auf sich selbst verlassen, auch nicht auf die Konservativen, wie die Vorgeschichte des Steuererlasses zeigt, und in der kirchlichen Frage treten noch die Tripotagen mit dem Zentrum dazu, auf dessen wechselnde Vorspiegelungen die Konservativen schon so häufig hereingefallen sind. Ich rate daher von jedem Kompromiß mit irgend einer Fraktion ab, zum einfachen Beharren bei der Vorlage, zur Annahme *des* Überrestes derselben, der aus den Parteikämpfen hervorgeht, und zur absoluten Nichteinmischung in letztere. Ein fester Vertrag ist mit keiner der Fraktionen möglich, am allerwenigsten aber mit Windthorst, der immer in letzter Instanz tun wird, was uns am nachteiligsten ist. Ohne ausdrückliche Einwilligung Sr. M. d. K. kann meo voto das Staatsministerium in keine Änderung der Vorlage vor der definitiven Abstimmung willigen; von diesem Prinzip abzugehen, könnten wir uns nur berechtigt finden, wenn das Zustandekommen von irgend etwas absolut notwendig und periculum in mora wäre. Beides liegt nicht vor; im Gegenteil halte ich unsere Situation für günstiger, wenn das Zentrum die von uns beabsichtigten Verbesserungen abvotiert und wir ohne und gegen das Zentrum mit dem Papste ein Bistum nach dem anderen besetzen.

Ich würde eher bereit sein, künftig dem Papste aus *eigener* Initiative mit neuen Vorlagen näher zu treten, als jetzt im Kampf mit dem Zentrum irgendwelche Kapitulationen mit W. einzugehen. Damit will ich ebensowenig ein Paktum mit anderen Fraktionen befürworten. Auch sie werden schließlich den kleinsten Fraktionsvorteil dem Staatsinteresse vorziehen. Die Regierung muß sich um ihre eigene Achse drehen und sich durch trügerische Hoffnung auf Majorität in ihrem mit k. Genehmigung wohlerwogenen Gange nicht beirren lassen. Unsere bisherige Stellung ist für die nächsten 10 Jahre ebenso haltbar, wie sie es für die vergangenen 10 Jahre war. Wir mögen dem Zentrum konzedieren, was wir wollen, tatsächlich wird sein Einfluß bei den Wahlen *immer* unseren Gegnern verbleiben...

In Eile und Elend. v. Bism.

## [88] Das Tabakmonopol im Bundesrat

### *a) 19. 4. 1882, W. Bismarck an Boetticher*

Ew. Excellenz dankt mein Vater für das hochgeneigte Schreiben vom 18. Was die Abstimmung in den vereinigten Ausschüssen* betrifft, so hält er es der Verfassung zuwiderlaufend, daß die Staaten mehr als eine Stimme darin führten. In den Ausschüssen säßen Staaten, keine Bevollmächtigten, die Verfassung schreibe im Art. 8 ausdrücklich vor, daß jeder Staat nur eine Stimme führen solle, diese Bestimmung dürfe für die vereinigten Ausschüsse nicht umgangen werden, das Gewicht der Stimmen werde sonst in unzulässiger Weise verschoben. Wenn die

* des Bundesrats.

Geschäfts-Ordnung die Frage in verfassungswidriger Weise regle, so bedürfe sie der Abänderung, aber auch schon ehe eine solche erfolgt, brauchten wir uns einen Abstimmungsmodus, wie er nach Ew. Excellenz Schreiben bevorstehe, nicht gefallen zu lassen. Die Geschäfts-Ordnung könne nie die Verfassung ändern.

Was die Sache selbst betrifft, so wird Gf. Hatzfeldt inzwischen Ew. Excellenz das Konzept eines Artikels gezeigt haben, der durch ein Versehen heute früh nicht gedruckt zu sein scheint u. der meines Vaters Stellung zur Sache angibt. Ew. Excellenz möchten in diesem Sinne mit den Kollegen im Bundesrathe sprechen und ihnen sagen, die Opposition der Regierungen sei ja unnöthig, da das Monopol mit Sicherheit im Reichstage abgelehnt werde. Wenn das geschehe, so werde mein Vater weder auflösen, noch Kabinetsfrage stellen. Er verlange nur, daß die Frage öffentlich diskutirt u. die Stellung der Parteien geklärt werde. Wenn aber die Vorlage im Bundesrathe fiele... könne mein Vater nicht Kanzler bleiben. Er könne die Verantwortung nicht dafür tragen, daß das Monopol nicht ans Tageslicht käme, weil ohne daß dieß geschehe, die Frage der Steuerreform nicht in ein meritorisches Stadium treten könne. Die letztere dürfe nicht in der Wiege erwürgt werden. Wer das Monopol nicht wolle, werde durch die Diskussion genöthigt werden, Gegenvorschläge zu machen.

*b) 24. 4. 1882, W. Bismarck an Boetticher*

...Die Vorlage ist unten durch, aber Bayerns Haltung hat [meinen Vater] erstaunt und niedergeschlagen, wegen der Perspektive auf die allgemeine Zukunft, welche dadurch eröffnet wird. Er hat die bayerische Regierung bisher einer solchen Schwäche nicht fähig gehalten. Jede Regierung wünscht sich in ihrem Innern zweifellos das Monopol sowohl wegen des Geldes u. der dadurch gewonnenen Macht, als wegen der großen Klientel, welche eine Regie-Verwaltung mit sich bringt. Wenn deshalb eine Regierung sich bestimmen läßt, gegen die Einführung des Monopols zu stimmen, so ist das ein bedauerliches Zeichen von Schwäche, Furcht vor öffentlicher Meinung und Popularitätssucht, welche eine selbstbewußte kräftige Regierung niemals beschleichen wird. Mein Vater bittet Ew. Excellenz, diese seine Meinung auch dem Grafen Lerchenfeld nicht vorzuenthalten.

## [89] Das Kleingeld der möglichen Konzessionen

*11. 6. 1882, Tagebuch Lucius'*

Über die kirchenpolitische Frage gab [Bismarck dem Staatsministerium] sehr günstige Aufklärungen. Man sei nun zu einem Abschluß und Stillstand gekommen in den möglichen Konzessionen und müsse jetzt abwarten, was Rom tue. Man habe das ganze Kleingeld der möglichen Konzessionen im Interesse der eigenen Untertanen ausgegeben. Man könne und werde das auch ferner tun, aber den Klang des römischen Beutels habe man noch nicht vernommen. Man müsse sich zufrieden zeigen mit dem Erreichten und kein Verlangen nach mehr haben. Es sei mit der Kurie wie mit Weibern: der, welcher sich nicht um sie zu kümmern scheine, sie verletze, habe den meisten Erfolg. Oder es sei wie beim Pferdehandel: wenn man das Verlangen nach einer gewissen Klasse von Pferden zeige, so schlage der Preis auf. Das vom Bischof Kopp erhobene Verlangen, man solle andeuten, welche Konzessionen noch der Staat zu machen denke, sei höchst naiv. Jede derartige Andeutung sei eine Konzession ohne Gegenleistung. Umgekehrt müsse man sich behaglich und befriedigt von dem jetzigen Zustand zeigen. Wenn die Fortdauer dieses Zustands die römische Kirche nicht geniere – uns könne das recht sein. Wenn die Bischöfe gemeinsame Schritte in Rom tun wollten, so möchten sie das immerhin auf ihre Rechnung und Gefahr tun. Die ganze Wirksamkeit eines solchen Schritts sei verloren, sobald der geringste Schein staatlicher Einmischung dabei hervortrete.

Goßler erklärte sich zwar mit diesen Direktiven ganz einverstanden, schien aber nicht davon überzeugt. Er wünscht offenbar mit weiteren Konzessionen die konservativ-klerikale Allianz zu befestigen...

## [90] Zollschutz und Handelsverträge

*a) 14. 10. 1882, Bismarck an Burchard*

Eurer Excellenz gefälliges Schreiben vom 11. d. Mts.... habe ich mit verbindlichem Danke erhalten. Ich halte Ihren Schlußantrag auch für richtig; es ist mir nur zweifelhaft, ob es nicht parlamentarische Gründe giebt, die Zeit für die Verhandlungen mit Österreich zu verschieben. Verhandlungen, auch die vertrautesten mit Österreich, bleiben erfahrungsmäßig nicht geheim und wir würden dann in den Reichstagskämpfen über Zollerhöhung auch einen Widerstand gegen uns haben, der von den österreichischen Industrieinteressenten, welche von dem Handelsvertrage die deutsche Concurrenz zu fürchten hätten, ausgehen würde. Unterhandlungen mit Österreich sind schwierig, solange wir nicht Positionen in unseren Zollgesetzen gewonnen haben, von denen aus wir Österreich überhaupt Concessionen machen können. Solange wir in Wien nur auf Grund unserer *Absichten* bezüglich veränderter Tarife und nicht auf der Basis *wirklich vollzogener* und für Österreich nachtheiliger Änderungen unterhandeln, werden wir nach den dortigen Geschäftsgewohnheiten, die nicht ohne Anflug von römischer oder orientalischer Praxis sind, wahrscheinlich nur dilatorische Verhandlungen erreichen, bei denen der Gegner in der Hoffnung, daß wir im Reichstage unterliegen werden, sein letztes Wort nicht spricht. Der ganze Plan bietet vielleicht mehr Aussicht, wenn es uns gelingt, im Reichstage solche Zollerhöhungen zu erreichen, welche uns mehr als bisher in den Stand setzen, andern Ländern Concessionen zu machen. Im Reichstage selbst würden auch die Freunde von Handelsverträgen dem practischen Argumente sich nicht versagen können, daß ein Zollgebiet, welches dem Auslande ohne Äquivalent sehr viel niedrigere Zollsätze bewilligt, als das Ausland ihm, nicht in der Lage ist, fremden Staaten Concessionen zu machen, für die man Gegenconcessionen erkauft. Wenn wir dagegen ein Zollsystem haben, welches anderen Nationen ebenso nachtheilig ist, wie uns das Russische, Französische oder Amerikanische, so werden wir durch Abminderung dieser Nachtheile von den anderen Concessionen erkaufen können, die uns Vortheil bringen. Bisher sind unsere Zölle im allgemeinen und in den meisten Fällen überhaupt nicht so hoch, daß die Aussicht auf Verminderung derselben das Ausland zur Gegenseitigkeit in der Ermäßigung der Tarife vermögen könnte und ich glaube kaum, daß wir mit den Wiener Elementen erfolgreich werden verhandeln können, solange wir nur auf unangenehme Möglichkeiten als Eventualität hinweisen können. Meine Ansicht ist daher, daß die Schritte auf allgemeine Erhöhung der Zölle auf Russische und Amerikanische Producte* vorläufig ohne Rücksicht auf Österreichs eventuelle Begünstigung in's Werk zu setzen wären und erst,

* In erster Linie Getreide.

wenn sie in ihrer Allgemeinheit Erfolg gehabt haben, der Moment gekommen ist, um unser näheres Verhältniß zu Österreich auf wirthschaftlichem Gebiete zum Ausdruck zu bringen und dadurch auch auf politischem zu befestigen.

Ich bitte, diese meine Äußerung noch nicht als Directive anzusehen, sondern mir zunächst Euerer Excellenz gefällige Ansicht darüber mitzutheilen.

*b) 2. 11. 1882, Bismarck an Burchard*

...Meines Erachtens werden wir für unser finanzielles Bedürfniß doch nur die Massenverbrauchs-Gegenstände im Auge zu behalten und bei den übrigen das Hauptgewicht auf die Frage des Schutzes zu legen haben.

Bei der geringen finanziellen Bedeutung des Objectes habe ich kein Bedenken dagegen, daß wir in Bezug auf Südfrüchte Concessionen machen. Ich muß zugeben, daß Italien hierbei mehr in's Gewicht fällt als Spanien und bin deshalb der Meinung, daß wir versuchen, wie weit wir Spanien gegenüber mit geringen Concessionen kommen. Ob wir das Eine oder Andere zu Gunsten Spaniens hergeben oder für Italien reserviren sollen, kann ich nicht beurtheilen, da ich den Umfang des Gegenverkehrs nach beiden Ländern nicht kenne und es mir auch nicht bekannt ist, ob wir mit beiden Ländern gleichzeitig verhandeln können werden. Ich bitte deshalb nach eigenem Ermessen bei den Verhandlungen zu verfahren...

## [91] Der anonyme Bundesrat

*9. 12. 1882, Votum Bismarcks*

...Dem Reichskanzler liegt die Verantwortlichkeit für die Anordnungen und Verfügungen des Kaisers ob, aber nicht für die Beschlüsse des Bundesraths*, und in seiner Eigenschaft als Reichskanzler ist er nicht einmal zur Vertretung dieser Beschlüsse vor dem Reichstage berufen. Vielmehr findet nach Artikel 16 der Verfassung diese Vertretung durch Mitglieder des Bundesrathes oder von letzteren besonders zu ernennende Com-

* Anlaß zu diesem Votum gab eine Interpellation Windthorsts betr. Aufhebung des Gesetzes über die unbefugte Ausübung von Kirchenämtern vom 4. 5. 1874.

missarien statt. Aber selbst in der Eigenschaft eines Preußischen Mitgliedes des Bundesraths würde der Reichskanzler nicht befugt sein, den Mehrheitsbeschlüssen des Bundesraths amtlich Motive unterzulegen, ohne daß solche Gegenstand des Beschlusses selbst gewesen sind. In der Natur einer gesetzgebenden Versammlung, die nach Majoritäten abstimmt, liegt es, daß jeder Abstimmende seine besonderen Gründe haben kann, ohne daß er gehalten wäre, dieselben überhaupt oder doch in erschöpfendem Umfange seinem Votum beizufügen. Beide gesetzgebende Körper, Bundesrath und Reichstag, sind in dieser Beziehung bei ihren Majoritätsbeschlüssen in der gleichen Lage, und wenn die Reichstagsmitglieder, welche die Interpellation unterstützen, von dem Vorsitzenden des Bundesraths Rechenschaft über die Gründe fordern, aus welchen dieser Körper seine verfassungsmäßigen Beschlüsse gefaßt hat, so wird das Verhältniß, in welchem ein solcher Anspruch zu den Grundsätzen der Reichsverfassung steht, am klarsten durch die Annahme beleuchtet werden, daß etwa eine Anzahl von Stimmen des Bundesraths von dem Präsidium des Reichstages die Angabe der Gründe verlangte, aus welchen der Reichstag zu Gesetz-Entwürfen des Bundesrathes eine ablehnende Stellung eingenommen habe. Der Präsident des Reichstages würde in diesem Falle kaum geneigt sein, die Verantwortlichkeit für eine amtliche Äußerung bezüglich dieser Gründe zu übernehmen. In gleicher Weise hält sich auch der Reichskanzler nicht für berufen, für einen Beschluß des Bundesrathes, welcher in dem Tenor der Beschlußfassung Motive nicht enthält, die Motive der Abstimmungen seinerseits amtlich zu ermitteln und kundzugeben.

Der Reichskanzler glaubt nicht, daß der Bundesrath und seine Beschlüsse in dieser Beziehung einer Controlle durch den anderen gesetzgebenden Körper und einer Verpflichtung, Rechenschaft zu legen, unterliegen, für welche die Gegenseitigkeit fehlen würde.

Mit Rücksicht auf die verfassungsmäßige Stellung des Bundesraths glaubt daher der Reichskanzler, eine Beantwortung der in [der Interpellation] gestellten Frage nicht nur in diesem Fall, sondern principiell ablehnen zu müssen.

## [92] Unvereinbarkeit von Reichstags- und Landtagsmandat

*14. 2. 1883, Bismarck an Friedberg*

Der Versuch, die Etatsperioden, und im Anschluß daran die Legislaturperioden des Reichs zu verlängern, ist, wie Eurer Excellenz bekannt, wiederholt, aber bisher stets erfolglos beim Reichstag unternommen worden. Die seitdem gemachten Wahrnehmungen haben die Überzeugung von der Unhaltbarkeit der jetzigen, durch die Verfassung gegebenen Ordnung, wie ich glaube, nur bestärken können. Das Zusammentreffen der Reichstags- und Landtagssitzungen läßt sich, wie praktisch sich herausgestellt hat, unter der Herrschaft des jetzigen Etatsrechts nicht vermeiden und die Übelstände, welche daraus für die Regierung wie für die Volksvertretung erwachsen, vor allem die übermäßige Belastung der einzelnen Sessionen mit Berathungsmaterial, die Schwierigkeit einer gründlichen Vorbereitung der Vorlagen, die aufreibende Inanspruchnahme der Regierungsorgane und die damit verbundene Störung des Ganges der Verwaltung müssen naturgemäß immer schärfer hervortreten.

Nachdem in der gegenwärtigen Session des Reichstages auch der Versuch, die Bedenken gegen eine Verlängerung der Etatsperioden wenigstens in finanztechnischer Beziehung durch die Vorlegung eines Doppeletats zu beheben, kein Entgegenkommen gefunden hat, muß ich z. Zt. die Aussicht als geschwunden betrachten, daß die zweijährigen Etatsperioden Seitens der Volksvertretungen Annahme finden werden. Es scheint mir daher angezeigt, wenigstens eine Lösung derjenigen Schwierigkeiten in Angriff zu nehmen, welche aus dem gleichzeitigen Tagen des preußischen Landtags mit dem Reichstag erwachsen. Eine solche Lösung ist nur möglich, indem die Kumulierung von Mandaten zum Reichstage und zum preußischen Landtage gesetzlich inhibirt wird. Wenngleich dadurch die aufreibende Tätigkeit, welche für die Minister und deren Gehülfen an die Vertretung der Vorlagen sich knüpft, nicht vermindert werden wird, so kann doch jedenfalls, worauf Angesichts der vorhandenen Mißstände in erster Reihe Gewicht zu legen ist, der Gefahr vorgebeugt werden, daß der Gang der Staatsverwaltung überhaupt in das Stocken geräth. Auch den Interessen der Wählerschaft würde die gesetzliche Incompatibilität der Mandate in beiden Volksvertretungen mehr gerecht werden, als die jetzige Einrichtung, da ein Abgeordneter, welcher zwei, oft nach Zeit und Ort nicht miteinander vereinbare Mandate übernommen hat, keine seiner beiden Wählerschaften mit der durch die Wichtigkeit der Sachen gebotenen Gewissenhaftigkeit vertreten kann.

Aus diesen Erwägungen halte ich es für wünschenswerth, daß bei dem Bundesrathe ein Gesetzentwurf eingebracht wird, welcher die Incompatibilität zwischen den Mandaten zum Reichstag und denen zum preußischen Landtag ausspricht. Ew. Excellenz beehre ich mich um eine geneigte Äußerung über die Stellung, welche Hochdieselben zu einem solchen Vorschlag glauben einnehmen zu sollen, ganz ergebenst zu ersuchen.

## [93] Der Reichstag und die preußische Armee

*24. 2. 1883, Bismarck an Wilhelm I.*

...Die unmittelbare Beziehung des preußischen Heeres zu Ew. M. und Allerh. Nachfolgern an der Krone bildet in dem Maße eine Lebensfrage für die Zukunft der Monarchie und des Reiches, daß ich mich durch meine persönlichen Beziehungen zu Ew. M. Kriegsminister nicht abhalten lassen darf, meine Überzeugung mit der Unumwundenheit auszusprechen, die meine amtliche Pflicht mit sich bringt.

Die Wahrnehmung, daß die Grenze des Gebietes, welches – auch ohne den Artikel 46 der Verfassung* – ausschließlich von Ew. M. Oberbefehl abhängig bleiben muß, in neuester Zeit nicht mehr mit derselben Klarheit festgehalten wird, wie dies auch in den bewegten Zeiten unserer Verfassungsentwicklung durch Kriegsminister wie die Generäle von Strotha und von Schrekkenstein geschehen ist, hat bei mir schon beim Beginn der Budgetberatung im Reichstag das Bedürfnis hervorgerufen, auf schärfere Abwehr der durch Interpellation und Anträge versuchten Übergriffe hinzuwirken...

Wenn in Preußen wie in England der Kriegsminister ein Zivilist und die Macht des Parlaments auch in betreff der Armee eine verfassungsmäßig ebenso eingreifende wäre, so würde die Beziehung des Heeres zu dem Allerh. Kriegsherrn durch größere oder geringere Fügsamkeit eines solchen Kriegsministers vom Zivil gegen das Parlament und durch ein mehr oder minder sich unterordnendes Werben um die Gunst des Parlaments für die Armee weniger berührt werden. Bei uns aber ist der Kriegs-

* Art. 46 d. preuß. Verfassungsurkunde: »Der König führt den Oberbefehl über das Heer.«

minister gleichzeitig Ew. M. aktiver General und ein hervorragendes Mitglied der Armee, und jedes Werben und Paktieren um die Gunst des Parlaments, welches die Grenzen der Unabhängigkeit des Kgl. Oberbefehls nicht ganz zweifellos innehält, muß in Ew. M. Kriegsheer dem Gedanken, vom Parlament mehr oder weniger abzuhängen, in einem Maße Eindruck verschaffen, welches durch die Verfassung an sich nicht geboten ist. Ein parlamentarischer General in activem Dienste ist stets eine unpreußische Erscheinung, als Kriegsminister aber eine gefährliche. Damit würde eine Zukunft angebahnt werden, in welcher die monarchischen Traditionen unseres Heeres langsam aber sicher hinfällig werden müßten...

Alle anderen Institutionen können eher von der Gunst der Parlamente abhängig erscheinen; für die Armee aber muß m. E. auch der Schein vermieden werden, als ob deren Vertreter das Bedürfnis haben, Parlamentsbeschlüsse durch Bitten und künstliche Manöver wie Tausch- und Handelsgeschäfte zu erreichen. Die Vertretung der Armee in jüngster Zeit ist nach meiner ehrf. Ansicht nicht *vornehm* genug gehalten, und doch ist das notwendig, weil Institutionen wie Personen durch Mangel an *berechtigtem* Selbstgefühl auch in der Schätzung anderer verlieren...

## [94] Das steigende Gewicht der Parlamente

*3. 3. 1883, Bismarck an die Minister v. Puttkamer, Friedberg und Lucius*

Von Euren Excellenzen sind mir...die Bedenken zugegangen, welche den verschiedenen Vorschlägen entgegenstehen, die ich mir erlaubt habe, zur eventuellen Abhülfe der Schwierigkeiten zu machen, welche durch das gleichzeitige Tagen der Reichs- und Landesvertretungen für unsere parlamentarische Thätigkeit entstehen.*

Ich erlaube mir zunächst, meine Ansicht gegenüber den verschiedenen Auffassungen, welchen meine unvollkommene Darlegung derselben Raum gegeben hat, richtig zu stellen.

Meiner Überzeugung nach kann eine Reichsgesetzgebung bezüglich der Incompatibilitäten oder Stellvertretungen sich entweder nur auf den Reichstag allein, oder muß sich gleich-

* Dok. 92.

zeitig auf alle Landtage und darf sich niemals blos auf den Preußischen beziehen.

Die Hauptschwierigkeit der Reichsgesetzgebung tritt ein, wenn diese über das Gebiet der Reichstagswahlen hinaus für die Landtage etwas festsetzen soll...Ich glaube hiernach, daß die Incompatibilität zwischen Reichs- und Landes-Mandat im Wege der *Reichs*gesetzgebung in *der* Form zweifellos ausgesprochen werden könnte, daß kein Mitglied des Reichstags gleichzeitig ein Wahlmandat für den Landtag annehmen oder führen kann; dasselbe könnte meiner Meinung nach im Wege der *Preußischen* Gesetzgebung für unseren Landtag ausgesprochen werden, ohne mit der Reichsgesetzgebung in Conflict zu treten...

Ein anderer und nach meinen bisherigen Eindrücken praktisch besser gangbarer Weg zur Beseitigung der Übelstände...liegt in der Wiederherstellung des Instituts der Stellvertreter, wie solches bis 1848 für den vereinigten Landtag in Preußen bestanden hat...Diesem Auswege gegenüber machen Euere Excellenzen übereinstimmend das Bedenken geltend, daß auf diesem Wege die parlamentarische Körperschaft, in welcher Stellvertretung stattfände, an Bedeutung verlieren würde, weil im allgemeinen die Stellvertreter nicht von gleicher Befähigung, wie die Abgeordneten, sein würden. Daß dies thatsächlich nicht zutrifft, sagen mir meine Erinnerungen aus dem vereinigten Landtage 1847, dem ich als Stellvertreter beiwohnte. Auf die Wahlen wirken jederzeit so viel persönliche u. Partei-Erwägungen, daß ein Abwägen der persönlichen Befähigung für die Stellvertretung bei den Wählern nicht in Übung ist, und wo eine persönliche Begabung bei den Wahlen entscheidend ins Gewicht fällt, da ist es in der Regel die untergeordnete Geschicklichkeit in sicherer und scrupelfreier Handhabung des Wortes, eine Befähigung, die mit der staatlichen Brauchbarkeit des Gewählten in keiner Beziehung steht; hervorragende rhetorische Begabung ist mit einem klaren politischen Urtheil nicht oft gepaart. Ich halte die Aufgabe eines Abgeordneten überhaupt für nicht so schwierig, als in der mir entgegentretenden Auffassung vorausgesetzt wird, wenn nur der Abgeordnete nicht den bedauerlichen Ehrgeiz hat, die Zahl der zeitraubenden Redner zu vermehren.

Wenn ich der Meinung wäre, daß die Befähigung zur Kritik der Regierung und zur Bethätigung der parlamentarischen Macht heut zu Tag so gering wäre, daß es die Aufgabe der Regierung wäre, den Stand der oratorischen und oppositionellen

Leistungsfähigkeit, welchen die parlamentarische Technik gewonnen hat, zu pflegen und mindestens auf der bisherigen Höhe zu erhalten, wenn ich die Befürchtung theilte, daß eine Verminderung in der Ziffer der parlamentarischen Koryphäen eine Schädigung unseres Verfassungslebens involvirte, dann würde ich mir die Bedenken Euerer Excellenzen ohne Zögern aneignen. Aber ich bin frei von *dieser* Sorge.

Es ist richtig, daß in der Regel die gleichen Persönlichkeiten in einem Jahr wie in dem anderen aus den Wahlen hervorgehen und daß in Folge dessen die Ausübung der Volksvertretung einen zunftmäßigen, gewerblichen Charakter angenommen hat. Gerade hierin aber sehe ich eine der Gefahren für die Zukunft unserer Verfassung im Reich und im Staat; ich halte es für eine der Aufgaben der Regierungspolitik, diesen Ring der Parlamentarier zu erweitern; daß es an Bewerbern dazu nicht fehlt, zeigt die große Zahl der bei jeder Wahl unterliegenden Kandidaten aller Parteien. Unter ihnen würde es an solchen, welche bereit sind, sich als Stellvertreter wählen zu lassen, nicht fehlen, wobei ich bemerke, daß ich die Stellvertretung, wenn sie überhaupt erstrebt werden soll, nicht blos im Wege der Reichsgesetzgebung für den Reichstag, sondern auch in dem der Landesgesetzgebung für den Preußischen Landtag gleichzeitig in Anspruch nehmen würde.

Ich halte die constitutionellen Befürchtungen bezüglich eines Rückgangs in der Qualität unseres Landtages nicht für begründet, und wenn dennoch eine Verminderung der Zahl der Führer und Redner einträte, so würde, mit der heutigen Abundanz an diesen Staatsmännern, zugleich ein Element des Siechthums und der Unfruchtbarkeit aus den Parlamenten schwinden. Jedes Parlament liebt aber seine Krankheiten und hält sie für Vorzüge; es ist deshalb sehr zweifelhaft, daß wir die parlamentarische Zustimmung zu irgend einer Reform gewinnen werden, und die Parteien und ihre Führer werden das Gefühl haben, daß ihr bisheriges Gefüge sich lockern und ihr Übergewicht im Verhältniß zu Reichs- und Staatsregierungen sich mindern könnte, wenn ihre Geschlossenheit durch Zutritt von Stellvertretern durchbrochen würde. Daß diese Befürchtung auch von Eueren Excellenzen, wie ich aus den drei geehrten Zuschriften übereinstimmend ersehe, getheilt wird, hatte ich bei meiner Anregung der Sache nicht vorausgesehen. Meiner Überzeugung nach liegen die Übelstände der Gegenwart und für die Zukunft gerade an dem von Jahr zu Jahr über die Grenzen der Verfassung hinaus steigenden zu starken Gewicht der parlamentarischen Körper im Vergleich mit der Regierungsgewalt, – ein Übergewicht, welches die Höhe erreicht hat, daß in Preußen der § 45 der Verfassung den Königlichen Alleinbesitz der vollziehenden Gewalt nicht mehr schützt**, und daß im Reichstage der dem Kaiser allein zustehende Oberbefehl über das Heer und die in beiden Versammlungen bestehenden monarchischen Rechte der Vertagung und Berufung den parlamentarischen Übergriffen auf diesem Gebiete keine sichere Grenze mehr ziehen. Dieses parlamentarische Schwergewicht wird meiner Ansicht nach in einer auf die Dauer gefährlichen Weise von Jahr zu Jahr stärker auf die Entwickelung unserer staatsrechtlichen Verhältnisse drücken. Die Zahl der politischen und administrativen Capacitäten in den Parlamenten, wenigstens derer, die sich dafür halten, ist m. E. jetzt übergroß, nicht minder die Zahl der Gewohnheits-Redner und der Redebedürftigen, und ich würde ein Glück für unsere verfassungsmäßige Zukunft darin sehen, wenn die Matadore weniger anspruchsvollen, aber praktischen Mitarbeitern im Staate theilweis Platz machten. Auch die Möglichkeit, daß sich in einem Landtage andere Bestrebungen als im Reichstage geltend machten, birgt gegenüber der durchschlagenden Competenz des Reichstages keine Gefahr, im Gegentheil würde ich es für nützlich halten, wenn der preuß. Landtag gelegentlich sich von der Herrschaft der Redner und Fractions-Unternehmer des Reichstags emancipirte. Unter den 71 preußischen Inhabern von Doppelmandaten befinden sich 13 Conservative und 7 Nationalliberale; man kann nicht behaupten, daß die Regierungspolitik und die sichere Entwickelung der staatlichen Zukunft von *jedem* dieser 20 Abgeordneten stets auf Unterstützung zählen könnte; 51 aber gehören Fractionen an, welche principiell die Regierung bekämpfen, darunter 6 Secessionisten, 11 Fortschrittler, 27 Centrumsmitglieder, 7 Polen und die Herren von Bockum-Dolffs, Lassen und von Ludwig. Unter diesen Herren sind an hervorragenden Rednern von der Färbung, daß die Regierungspolitik in der Regel auf ihre Unterstützung rechnen kann, einschließlich der Nationalliberalen nur die Herren von Minnigerode und oft Herr von Bennigsen; die Herren von Hammerstein, Stöcker, von Benda, Gneist, Hammacher halten diese Richtung nicht so regelmäßig ein, daß auf sie bei Durchschnittsrechnung zu

** »Dem Könige allein steht die vollziehende Gewalt zu. Er ernennt und entläßt die Minister. Er befiehlt die Verkündigung der Gesetze und erläßt die zu ihrer Ausführung nöthigen Verordnungen.«

zählen wäre. Wenn aber von den Herren Dr. Mayer, Rickert, Thilenius, Büchtemann, Dirichlet, Hänel, Klotz, Löwe, Parisius, Richter, Virchow und von den Centrums-Abgeordneten und Polen auch nur einige ihrer Wirksamkeit in einer der Versammlungen durch Stellvertretung entzogen werden könnten, so kann ich daraus eine Sorge für unsere politische Zukunft nicht ableiten. Das Ansehen der Parlamente könnte dabei nur gewinnen. Ich glaube aber nicht, daß eine solche Erleichterung der politischen Geschäfte infolge meiner Anregung eintreten wird... Wenn es wirklich zu erwarten wäre, daß durch das System der Stellvertretung das Gewicht der parlamentarischen Körperschaften und die Continuität der in ihnen vorhandenen Parteibildungen eine Abschwächung erleiden könnte, so würde es doch niemals auf den Gebieten sein können, wo das Recht parlamentarischer Entscheidungen auf der *Verfassung* beruht. Innerhalb dieses *berechtigten* Gebietes sind und bleiben die parlamentarischen Entschließungen nothwendig durchschlagend, wie groß oder wie gering auch das Gewicht und die Beredsamkeit der einzelnen Parteiführer sein mögen. Außerhalb dieses Gebietes, da, wo das Parlament über seine verfassungsmäßigen Rechte hinaus einen unberechtigten Druck auf die Königliche Exekutivgewalt ausübt, liegt in dem Übergewicht der Parlamente eine Gefahr für unsere Zukunft, welche zu verringern m. E. unsere Aufgabe bleibt, auch wenn unser Streben auf *sofortigen* Erfolg keine Aussicht bietet. Die Wege Frankreichs und anderer Sitze der Parlamentsherrschaft beleuchten diese Gefahr mit zweifelloser Klarheit.

Wenn es richtig wäre, daß Alles, was wir an politischen Fähigkeiten in Deutschland besitzen, in den bisher bei jeder Wahl wiederkehrenden Namen beschlossen wäre, so würden wir zu tadeln sein, daß wir nicht die hervorragendsten dieser Herren der Regierung längst assimilirt hätten. Ich bin aber weit entfernt, dieser Ansicht zu sein, ich glaube vielmehr, daß das in Deutschland vorhandene Quantum von Unfähigkeit und Größenwahn unter den gewerbsmäßigen Parlamentariern über Verhältniß vertreten ist, und daß bessere Kräfte zur Hebung kommen würden, wenn es irgend einer staatlichen Maßregel gelänge, den Ring der Redner und Parteiführer, den Ring der traditionellen Senioren, unter denen sich gute Mensur-Praktiker, aber wenige politische Kräfte befinden, zu durchbrechen. Ich glaube meinerseits kaum, daß ein anderes Mittel als die Zeit und die Abnutzung der gewohnheitsmäßigen Klopffechter der

Tribüne zu einem so glücklichen Resultat führen wird, aber der Inhalt der Schreiben Ew. Excellenzen... macht es mir zum Bedürfniß, mich über diese Seite unserer Diskussion mit Hochdenselben zu verständigen, da es unsere gemeinsame Aufgabe ist, die Stellung der Königlichen Regierung dem in jedem Jahr sich steigernden Machtgefühle der Parlamente gegenüber zu erhalten und zu befestigen und, soweit wir es können, die Gewalt der konzentrisch auf uns und jede Regierungsautorität gerichteten Angriffe der in sich zusammenhängenden und unter gemeinsamer Leitung stehenden parlamentarischen Parteien zu mildern und in verfassungsmäßigen Schranken zu halten...

v. Bismarck

## [95] Kriegsministerium und Kommandogewalt

*20. 4. 1883, Rottenburg an Albedyll*

Eigenhändig. Ganz vertraulich.
Der Herr Reichskanzler hat aus den Zeitungen ersehen, daß die Allerhöchste Kabinetsordre vom 17. d. Mts. betr. die Armeetrauer für S. K. H. den Großherzog von Mecklenburg-Schwerin an den Herrn Kriegsminister adressirt und als zweifellose Commandosache nicht contrasignirt ist.

S. D. würde es erwünscht sein, darüber informirt zu werden, ob das verantwortliche Kriegsministerium nur als solches oder auch als Organ zur Eröffnung von Militärbefehlen an die Armee zu denken ist. Letzteres würde S. D. mit constitutionellen Auffassungen nicht ganz für verträglich halten, weil das Kriegsministerium doch in seiner Gesammtheit ein dem Parlamente verantwortliches Organ ist. Ist diese Auffassung richtig, so hätte die betreffende Trauerordre nicht an den Kriegsminister, sondern an die betheiligten kommandirenden Offiziere gehen müssen.

Der Herr Reichskanzler hat zu dem Herrn Kriegsminister das Vertrauen, daß diesem gegenüber die Sache keinen Unterschied mache; wegen etwaiger zukünftiger Verfassungstheorien hält er es aber für angezeigt, daß solche Fragen scharf angesehen und der Thatsache Rechnung getragen werde, daß der Kriegs-Minister nicht mehr wie vor der Verfassung lediglich ein S. M. dem Könige untergebener General ist, sondern daneben eine Stellung hat, die der Kritik des Parlaments unterliegt.

Da die gedachte Allerhöchste Ordre nicht contrasignirt ist, so ist die in Rede stehende Frage keine gegenwärtig bedenkliche. Seine Durchlaucht erachtet sie aber wegen der Zukunft für erwägenswerth und erlaubt sich daher ganz vertraulich an Euere pp. die ergebenste Bitte zu richten, ihm gen. Hochdero Auffassung von der Sache mittheilen zu wollen.

## [96] Die französische Republik und die deutsche Politik

*18. 11. 1883, Bismarck an Prinz Reuß*

...Ich glaube, daß der Entwicklungsgang der französischen Republik den Völkern als abschreckendes Beispiel nützlich sein werde, und daß Sozialismus und Demokratie, wenn sie sich in Frankreich und England noch stärker ausprägen als bisher, dazu führen werden, die im östlichen Europa bestehenden Monarchien von den untergeordneten Interessen, welche zwischen ihnen streitig sind oder werden können, abzulenken, und sie unter einander zur Erhaltung und gemeinsamen Verteidigung des monarchischen Princips zu einigen, auf dessen Basis allein große Staaten heutzutage regiert werden können. Die lehrreiche Entwicklung ad absurdum, welche sich in Frankreich bezüglich der Republik gegenwärtig vollzieht, würde unterbrochen und für andere Völker unfruchtbar gemacht werden, wenn man sagen könnte, daß sie durch auswärtige Einflüsse gehindert worden wäre, alle ihre Konsequenzen zu ziehen. Wenn ich deshalb die fortschreitende Zersetzung des ursprünglich musterhaft organisierten französischen Staatswesens, welche mit der Republik verbunden ist, in ihrer Rückwirkung auf uns nicht nur nicht fürchte, sondern für nützlich halte, so würde mich doch weder diese meine Ansicht, noch die Befürchtung, daß ein französischer König oder Kaiser leichter als die Republik Bundesgenossen gegen uns in Europa finden würde, dazu bewegen, Seiner Majestät dem Kaiser einen direkten Eingriff in die innere Entwicklung Frankreichs anzuraten; und die französischen Royalisten sind im Irrtum, wenn sie annehmen, daß unsere friedliche und wohlwollende Politik Frankreich gegenüber, so lange ich Einfluß auf dieselbe habe, sich ändern würde, wenn Frankreich wieder eine Monarchie werden sollte. Ich zweifele zwar nicht, daß ein französischer König, und noch mehr Kaiser, leichter als die Republik Bündnisse gegen uns finden würde, aber ich bin der Meinung, daß wir mit der Republik in Frankreich ebenso leicht und noch leichter, in Krieg geraten können als mit der Monarchie, weil in der Republik Leute, die keine Verantwortlichkeit und Nichts zu verlieren haben, leichter dazu kommen, das entscheidende Wort über Krieg und Frieden zu sprechen, und wenn die Republik auch weniger bündnisfähig ist, so würde sie doch vielleicht, wenn sie einmal den Krieg mit uns vom Zaune gebrochen hat, ebenso leicht wie die Monarchie tatsächlich den Beistand anderer Mächte finden, die ihrerseits durch den kriegslustigen Teil ihrer Bevölkerung gedrängt werden würden, diese gute Gelegenheit nicht unbenutzt zu lassen. Ich sehe deshalb in der Fortdauer der Republik nicht notwendig eine Friedensgarantie, wohl aber die Wahrscheinlichkeit einer fortwährend zunehmenden inneren Schwäche und also Verminderung der Kriegsfähigkeit Frankreichs und einen lehrreichen Vorgang für alle Republikaner und solche, die es werden möchten. Von dieser Auffassung bis zu dem Entschlusse, der Wiederherstellung der Monarchie in Frankreich feindlich entgegenzutreten, ist aber ein weiter Weg, den unsere Politik, le cas avenant, schwerlich einschlagen würde. Ich würde es im Gegenteil, wie gesagt, für nützlich halten, dem monarchischen Frankreich gegenüber dieselbe Politik beizubehalten, die wir bisher gegen die französische Republik geübt haben: wohlwollend auf allen Gebieten, die unsere Interessen nicht berühren, und den französischen Angriff ruhig abwartend, ohne ihm zuvorzukommen. Ich würde auch dann dem Grundsatz treu bleiben, den Krieg niemals um deswillen zu beginnen, weil man annimmt, daß er so wie so unvermeidlich sei; man kann das eben nicht vorher wissen...

## [97] Gedanken zur Wahlrechtsänderung

*20. 12. 1883, Bismarck an Puttkamer*

Verehrter Freund und College, aus Ihrem Schreiben vom 18. d. Mts. entnehme ich, daß wir zwar in Betreff des Stern'schen Antrages* und alles dessen, was Sie darüber gesagt haben, gleicher Meinung sind, aber nicht über die Bedeutung eines Artikels

* Der von der Fortschrittspartei eingebrachte Antrag sprach sich für Einführung der geheimen Stimmabgabe auch bei Abgeordnetenhaus- und Kommunalwahlen aus. Am 6. 12. 1883 vom Abgeordnetenhaus abgelehnt.

in der ›Nordd. Allg. Ztg.‹. Wenn dieselbe so zweifellos in allen ihren Productionen für mein Organ gelten sollte, so würde ich besser thun, für die nicht sehr häufigen Fälle, in denen ich überhaupt etwas drucken lasse, mich des ›Staatsanzeigers‹ zu bedienen, da ich von diesem überzeugt sein kann, daß der Inhalt der von mir nicht benutzten Nummern mir nicht in's Conto geschrieben wird. In der ›Nordd. Allg. Ztg.‹ aber kann ich nicht hindern, daß an vielleicht 28 Tagen im Monat ihr Inhalt ganz ohne meine Mitwirkung entsteht, und die Verantwortung desselben ist mir unmöglich. Ich habe die ›Nordd. Allg. Ztg.‹ bisher als ein Blatt angesehen, in dem ich berechtigt bin, nach Bedürfniß eine Polemik *mit mir selbst* zu führen und meine eigenen Artikel anzugreifen. Der fragliche von Ihnen perhorrescirte Artikel ist so sehr *taktischer* Natur, daß ich trotz der darin ausgesprochenen Überzeugung, daß keine Bundesregierung einen Antrag auf Änderung des Wahlgesetzes stellen werde, doch bis zu diesem Tage selbst die Absicht habe, das zu thun. Ich halte nur für nützlich, daß die Frage als eine in den Regierungskreisen noch nicht entschiedene, sondern, nach Maßgabe Ihrer eigenen Worte, als eine im Schoße der Preußischen Regierung noch in Erwägung zu ziehende aufgefaßt werde. Um diesen Eindruck zu machen und einstweilen zu erhalten, ist es nöthig, daß Meinungsverschiedenheiten zu Tage treten, und auch für die Stellung der ›Nordd. Allg. Ztg.‹ halte ich es für nützlich, den Schein zu durchbrechen, als ob ausschließlich *meine* Ansichten darin ausgesprochen werden. Ich beabsichtige deshalb zunächst einen Artikel in ihr erscheinen zu lassen, der, in Einklang mit der auffällig gut unterrichteten ›Kölnischen Zeitung‹, meine volle Übereinstimmung mit Ihnen und Ihrer Rede konstatirt; danach aber möchte ich den wesentlichsten Theil des auf Ihren Wunsch zurückgehaltenen Artikels in der Form einer mit dem Reichskanzler nicht einverstandenen Correspondenz bringen lassen, die mich über die voraussichtliche Nutzlosigkeit solcher Anträge belehrt. Zu diesem Zwecke werden in dem Artikel einige Modifikationen anzubringen sein, namentlich auch die Bestimmtheit gemildert werden, mit der versichert wird, daß keine Anträge der Art vorliegen oder beabsichtigt werden.

Ich habe bei dieser Gelegenheit Ihre Reden vom 5. und 6. d. Mts. nochmals gelesen, deren Text mir bei Entwurf des fraglichen Artikels nicht vorlag. Ich kann danach nicht umhin, Ihnen nochmals meinen Glückwunsch zu der meisterhaften Art auszusprechen, mit der Sie das Gefecht eingeleitet und fortgeführt haben. Aber ich habe dabei nicht bloß die rhetorische Leistung im Auge, sondern ich bin nach wie vor mit jedem Ihrer Sätze aus voller Überzeugung einverstanden, auch die Art, wie Sie die Stellung der Preußischen Regierung zur Frage gezeichnet haben, ist eine so vorsichtige, daß sie zu Nichts verpflichtet, nichts präjudizirt, aber auch Sie selbst und Ihre Stellung zur Sache nicht in dem Maße festlegt, wie Sie in dem Schreiben vom 18. d. Mts. anzunehmen scheinen. Die Erklärung, daß in ernste Erwägung von Seiten der Preußischen Regierung genommen werden würde, ob sie darauf wird Bedacht nehmen müssen, ihren Einfluß dafür einzusetzen, daß Anträge in Erwägung gezogen werden, verpflichtet noch zu Nichts als zur Erwägung, weder Sie noch die anderen Collegen. Sie beweist im Gegentheil, daß eine Entscheidung nicht getroffen ist und daß Meinungsverschiedenheiten in Collegien möglich und zulässig sind; ja, daß Sie Selbst Sich noch nicht schlüssig gemacht haben, ob Sie bis zur Stellung eines solchen Antrages gehen wollen. Hätte ich selbst an Ihrer Stelle zu sprechen gehabt, so hätte ich mich vielleicht bestimmter für Anträge im Bundesrath ausgesprochen, als es von Ihnen geschehen ist, aber ich würde allerdings hinzugefügt haben, daß ich an dem allgemeinen Stimmrechte festhielte und sogar dessen Ausdehnung auf Landtags- und Communalwahlen zu befürworten geneigt sei. Es sind dies Nuancen in den Ansichten über Zweckmäßigkeitsfragen, wie sie in jedem Ministerium der Welt vorkommen und auch unter zwei Collegen, zwischen deren politischen Auffassungen eine so volle Übereinstimmung stattfindet, wie zwischen uns. Ich lasse mich in solchen theoretischen Fragen, bei denen ich nur für meine Ansicht, nicht für den Erfolg einstehen kann, stets mit Leichtigkeit überstimmen und fühle mich durch das Vorhandensein von Meinungsverschiedenheiten, auch wenn solche bekannt werden, in der gemeinsamen Thätigkeit niemals beengt. Hier aber handelt es sich im Grunde zwischen uns nicht einmal um Meinungsverschiedenheiten in der *Sache*, denn in *der* sind wir vollkommen *einig;* nur in der Taktik halte ich eine größere Maskenfreiheit in dem Carnaval der Presse für zulässig, als Sie mir gestatten wollen. Es liegt das aber nicht in Mangel an Collegialität, sondern nur in der Gewöhnung an diplomatische Winkelzüge.

Irgendwie sollten wir meines Erachtens verhindern, daß man von uns glaubt, wir erwarteten von der Öffentlichkeit eine *durch-*

*greifende* Änderung der Wahlresultate. Die Erfahrung könnte das Irrthümliche dieser unserer Berechnung zu leicht beweisen. Nicht, daß ich an die Annahme des Antrages im *Reichstage* glaubte; wohl aber könnte auf anderem Wege eine Änderung des Wahlgesetzes resp. eine Revision der Verfassung herbeigeführt werden, wenn die Regierungen sich von der Unmöglichkeit überzeugen müßten, mit den jetzigen Einrichtungen die Einheit des Reiches zu erhalten. Den freiconservativen Gedanken, aus Furcht vor den nächsten Wahlen die Frage tot zu schweigen, halte ich nicht für ausführbar; die Fortschrittspartei wird sie auf der Tagesordnung erhalten, und im Reichstage über die Absichten der Regierung *Interpellationen* stellen, auf die zu schweigen auch eine Antwort sein würde.

Wenn Sie keinen Theil und kein Bruchstück des fraglichen Artikels für die ›Nordd. Allg. Ztg.‹ geeignet halten, so verzichte ich natürlich darauf und werde das, was mir zu sagen nützlich scheint, in einem andern, noch unentdeckten Winkel der Publizistik unterzubringen suchen. Aber vielleicht werden Ihre Bedenken schwinden, wenn Sie die Erklärung meines vollsten Einverständnisses, und mehr wie das, in der Nordd. Allg. Ztg. gesehen haben werden. Stets der Ihrige

v. Bismarck

P. S. Ist Ihnen vielleicht bekannt, ob sich im Gefolge des Kronprinzen ein Correspondent der ›Kölnischen Zeitung‹ befindet? Letztere giebt über Dinge, die meines Wissens nur den Höchsten Herrschaften, dem Auswärtigen Amte und dem Gesandten in Rom bekannt sein können, genaue und richtige Nachrichten. Die Beimischung von angeblichen unmuthigen Äußerungen Seiner Kaiserlichen Hoheit über »die Reise durch die halbe Welt« giebt einen Fingerzeig in der Richtung der Preßagenten im Gefolge des hohen Herrn.

## [98] Den Reichstag trockenlegen

*13. 1. 1884, Bismarck an Boetticher*

... Auf dem Gebiete der *Reichs*gesetzgebung ... erscheint es mir als ein Mangel und als ein Widerspruch gegen den ursprünglichen Gedanken der Reichsverfassung, daß infolge der Entwöhnung der einzelnen Regierungen von Antragstellungen im Bundesrate die Initiative der Gesetzgebung mehr und mehr auf die isolierte Autorität des Reichskanzlers beschränkt wird. Ich gehe daher mit der Absicht um, Sr. M. dem Kaiser die Bildung einer Behörde vorzuschlagen, welche nach Analogie des Staatsrates mit dem Namen des »Reichsrates« bezeichnet werden könnte, und deren Gutachten von Sr. M. erfordert werden würde auf allen den Gebieten, wo die Präsidialtätigkeit zum Ausdrucke kommt. Mitglieder dieser unter dem Vorsitze des Reichskanzlers beratenden Behörde würden meiner Ansicht nach die preußischen Minister und die Chefs der Reichsämter in erster Linie sein und demnächst diejenigen Persönlichkeiten, ähnlich wie beim Staatsrate, welche S. M. dazu beruft. Dazu könnten die Elemente, die jetzt im Volkswirtschaftsrat tagen, herbeigezogen werden, die Vertretung anderer verbündeter Regierungen, so weit es von letzteren gewünscht wird, wäre nicht ausgeschlossen.

Eine andere Möglichkeit, die wirtschaftlichen Interessen der beteiligten Klassen zum Ausdruck zu bringen, bietet der Bundesrat selbst, namentlich in der Gestalt, welche er durch die unbegrenzte Vertretungsberechtigung gewonnen hat. Es steht dem nichts im Wege, daß der König von Preußen genügende Vertreter der Arbeiter, für welche die Diäten verweigert werden, zu Mitgliedern des Bundesrates ernennt und sie dadurch in die Lage setzt, ihre Befähigung auch dem Reichstage gegenüber wirksam zu verwerten.

Ich behalte mir vor, diese Eventualität mit Ew. Exz. mündlich näher zu besprechen; ich will an vorstehendes nur die Bitte knüpfen, den Gedanken Ihrerseits einer Prüfung zu unterziehen. Ich werde dann gemeinschaftlich mit Ew. Exz. zugleich die Frage in Erwägung ziehen können, ob und inwieweit es sich empfiehlt, die bisherigen Beziehungen der Träger der Exekutivgewalt, also der Chefs der Reichsämter, zu den legislativen Körperschaften, dem Bundesrate und dem Reichstage beizubehalten, zu beschränken oder abzubrechen. Die Gefahr, der direkten Regierung durch wechselnde Parlamentsmajoritäten zu verfallen, beruht auf der Einmischung der legislativen Körperschaften in die Aufgaben der Exekutive und ihrer Verwaltung. Das Gewicht dieser Einmischung ist erfahrungsmäßig ein wachsendes und basiert auf der unmittelbaren Beteiligung der verwaltenden Minister an den öffentlichen Verhandlungen der gesetzgebenden Körperschaften. Diese läßt sich nach der preußischen Verfassung nicht vermeiden, mit Leichtigkeit aber nach der Reichsverfassung, wenn der *unentbehrliche* persönliche Einfluß der Reichsminister selbst auf die Gesetzgebung aus den legislativen Körperschaften in den »Reichsrat« verlegt und die Vertretung der Gesetze vor dem Parlamente solchen rednerischen Begabungen übertragen wird, welche mit der Verwaltung und der Ausübung der Kais. Exekutive *direkt* nichts zu tun haben.

## [99] Gegen erzwungene Konzessionen in der Kirchenpolitik

*14. 1. 1884, Bismarck an Goßler*

...Den Reichenspergerschen Antrag* halte ich für eine gleichgültige Sache, wenn die Regierung mit höflicher und kühler Zurückhaltung ihn ohne eingehende Begründung ablehnt und sich auf oratorische Gefechte nicht einläßt, sondern Bezug darauf nimmt, daß sich die Fürsorge des Königs für seine katholischen Unterthanen durch Thatsachen dokumentire, die einer weiteren Beleuchtung nicht bedürfen. Irgendwelche promissorische Äußerungen der Regierung würde ich nicht für angezeigt halten. Wenn wir eine kirchenpolitische Novelle einbringen wollen, so dürfen wir nicht in den Schein verfallen, als ob wir es unter irgendwelchem Drucke einer Situation oder des Reichenspergerschen Antrags oder der bevorstehenden Wahlen thäten, sondern müssen eher sagen, daß die Möglichkeit und Bereitwilligkeit der Regierung zu weiteren Schritten durch Schachzüge, wie den Reichenspergerschen Antrag, nicht gefördert werden würde, im Gegentheil die Übertreibungen, die in solchen Ansprüchen lägen, nur entmuthigend auf die Regierung wirken könnten. Was die Regierung gewähren könnte, würde sie lediglich aus Rücksicht auf die katholischen Preußen ohne Gegenkonzessionen thun, aber promissorische Äußerungen müßte sie ablehnen...

Wir müssen vor Allem dem Irrthum der Kurie und des Centrums entgegentreten, daß »Angriffe« die Regierung zu Konzessionen geneigter machen könnten, und also das aggressive Reichenspergersche Vorgehen mit vermehrter Kälte ablehnen, ohne dem Gegner durch Reden vom Regierungstische Stoff und Futter zu geben. Schweigen halte ich für die beste Politik, und rathe dringend davon ab, die Verhandlungen mit der Kurie auch nur mit einem Worte zu berühren. Von zweiseitigen Verhandlungen können wir überhaupt kein Resultat in Aussicht stellen, ohne auf das Terrain der Konkordate oder konkordats-

* Auf Wiederherstellung der drei kirchenpolitischen Artikel der Verfassung.

ähnlichen Verpflichtungen zu gerathen. Ebensowenig aber halte ich es tactisch angezeigt, den Abbruch oder Abschluß der Verhandlungen mit dem Papste öffentlich zu konstatiren.

Vorstehende Erwägungen bieten nach meinem Votum keinen Anlaß, die Begnadigung des Bischofs von Münster zu unterlassen oder aufzuschieben, sie könnte im Gegentheil nur dazu dienen, den Reichenspergerschen Angriff und unsere Stellung zur Sache nützlich zu beleuchten.

## [100] Der Kampf gegen verantwortliche Reichsminister

*a) 14. 3. 1884, Nostitz-Wallwitz an Fabrice*

Höchst vertraulich.

Der Reichskanzler ließ mich heute zu sich entbieten und entwickelte mir in einem Vortrage, welcher ziemlich eine Stunde dauerte, im wesentlichen folgende Gedanken:

Er beschäftige sich mit dem Programm der neuen deutschen freisinnigen Partei und zwar vor allem mit dem darin aufgestellten Verlangen, ein verantwortliches Reichsministerium an die Stelle des unverantwortlichen Bundesrates zu setzen. Dieser Teil des Programms der genannten Partei sei bisher in der Presse und zwar namentlich auch den offiziösen Regierungsorganen noch wenig beachtet worden. Indessen sei es besonders in Hinsicht auf die Zukunft dringend notwendig, der daraus entstehenden Gefahr in Zeiten entgegenzuarbeiten. Er wende sich deshalb zunächst an die sächsische Regierung, weil diese allein durch das Vertrauen, welches sie bei ihrem Landesherrn wie bei der Bevölkerung und der Landesvertretung genieße, im Stande sei, eine selbständige und folgerechte Politik zu verfolgen... Er habe in den ersten Jahren nach Begründung des Deutschen Reichs der nationalliberalen Partei mehr Raum gewährt, als er sonst getan haben würde, weil er besorgt, daß die Dynastien und Regierungen der Einzelstaaten Sonderpolitik zu treiben geneigt sein würden. Nachdem er erkannt, daß die Dynastien fest zum Reiche und zur Reichsverfassung stehen, habe er allen unitarischen Tendenzen Widerstand geleistet. Er hege aber lebhafte Befürchtungen, daß, wenn der Kaiser die Augen schließe, der Kronprinz nicht nur sich mit liberalisierenden Ratgebern und Ministern umgeben, sondern unitarischen Tendenzen Raum geben werde. Er selbst werde dann nicht mehr zur Stelle sein, denn er habe keine Neigung, der Kollege von Männern zu sein, die anderen Sinnes seien als er. Es erscheine deshalb nötig, bereits jetzt vorzubauen. Die Einheit Deutschlands beruhe viel weniger auf dem Gefühl der nationalen Zusammengehörigkeit, welches nur in Zeiten großer Krisen, wie kriegerischer Bedrohung lebhaft aufzulodern pflege, als auf dem von den Regierungen geschlossenen Bund. Bedingung des letzteren aber sei die Aufrechterhaltung der wesentlichen Basen der Reichsverfassung. Nach der letzteren sei der Kanzler der Exekutivbeamte des Kaisers in Bezug auf die dem Kaiser vorbehaltenen Angelegenheiten. Durch die Entwicklung der Dinge und wesentlich durch die Tätigkeit des Staatsministers Delbrück sei der Bundesrat von seiner verfassungsmäßigen Stellung als unverantwortliche Reichsregierung zurückgedrängt und die Anschauung gezeitigt worden, daß sich im Reichskanzler die gesamte Reichsregierung verkörpert und der Reichskanzler ein dem Reichstage verantwortlicher Minister sei, während er nur dem Kaiser als dessen Exekutivbeamter und den verbündeten Regierungen für Aufrechterhaltung der Reichsverfassung verantwortlich sei. Er sei aus allen diesen Gründen der Ansicht, daß es für die verbündeten Regierungen geraten sei, bei allen sich darbietenden Gelegenheiten, auch im Bundesrate, gegen den Gedanken eines verantwortlichen Reichsministeriums sich auszusprechen. Auf meine Bemerkung, daß im Bundesrate sich keine geeignete Gelegenheit dazu ergeben werde, erwiderte er, es werde vielleicht sich mehr empfehlen, dies in dem Sinne nach identischen Noten, welche, bezugnehmend auf das Programm der Deutschen Freisinnigen Partei, den entgegengesetzten Standpunkt der betr. Regierungen in höflicher Form aber mit Entschiedenheit betonten, zu tun. Hierdurch werde ihm Gelegenheit geboten, darauf mit Zustimmung des Kaisers entgegenkommend zu antworten...

*b) 5. 4. 1884, Äußerung Preußens im Bundesrat*

...Je mehr die Regierung Seiner Majestät des Königs sich bewußt ist, unter schweren Kämpfen und Gefahren erfolgreich dafür eingetreten zu sein, daß dem deutschen Volke das für seine nationale Geltung erforderliche Maaß von Einheit gewonnen wurde, um so sorgfältiger ist sie darauf bedacht, zu verhüten, daß dieser Gewinn durch politische Mißgriffe wieder in

Frage gestellt werde. Einen solchen Mißgriff würde sie in jeder Überschreitung der Bedürfnißgrenze in unitarischer Richtung erblicken.

Die Errichtung verantwortlicher Ministerien im deutschen Reich ist nicht anders möglich als auf Kosten der Summe von vertragsmäßigen Rechten, welche die verbündeten Regierungen gegenwärtig im Bundesrath üben. Die wesentlichsten Regierungsrechte der Bundesstaaten würden von einem Reichsministerium absorbirt werden, dessen Thätigkeit durch die Art der ihm auferlegten Verantwortlichkeit dem maßgebenden Einflusse der jedesmaligen Majorität des Reichstags unterliegen müßte. Man wird nicht fehlgehen, wenn man in der von der neuen fortschrittlichen Partei* erstrebten Einrichtung eines solchen Ministeriums ein Mittel zur Unterwerfung der Regierungsgewalt im Reiche unter die Mehrheitsbeschlüsse des Reichstags erblickt. Die königlich preußische Regierung würde in einer derartigen Verschiebung des Schwerpunktes der Regierungsgewalt eine große Gefahr für die Dauer der neugeborenen Einheit Deutschlands erblicken. Selbst wenn es gelänge, feste Majoritäten aus den heute im Reichstage vorhandenen Parteien zu bilden, würde die Königliche Regierung doch die Herstellung eines parlamentarischen Regiments für eine sichere Einleitung zum Verfall und zur Wiederauflösung des deutschen Reiches halten. Die Regierung eines großen Volkes durch die Mehrheit einer gewählten Versammlung ist untrennbar von all' den Schäden und Gefahren, an welchen ein jedes *Wahlreich* nach den Erfahrungen der Geschichte zu Grunde geht. Die Regierungsgewalt, geübt von Parlamenten, welche aus allgemeinen Wahlen hervorgehen, unterliegt derselben Gefahr, die Bedürfnisse des Landes dem Bedürfnisse des Gewähltwerdens unterzuordnen, durch welche bisher jedes Wahlreich seinem Verfall und seinem Untergange entgegengeführt worden ist...

* Fusion von Sezession und Fortschrittspartei zur Deutsch-Freisinnigen Partei im März 1884.

## [101] Das Staatsministerium und die Sozialdemokratie

*8. 12. 1884, Protokoll des Staatsministeriums*

...4. Der Herr Minister des Innern trug vor, das hiesige Polizei-Präsidium habe bisher den sozialdemokratischen Reichstagsabgeordneten gegenüber den sogenannten kleinen Belagerungszustand* stets zur Anwendung gebracht, habe dieselben von hier ausgewiesen, sie nur für die Dauer der Reichstagssession hier geduldet, ihr Auftreten in öffentlichen Versammlungen verhindert. Er erbitte eine Meinungsäußerung des Staatsministeriums darüber, ob hierin etwa eine Änderung einzutreten habe in Folge der Verstärkung der sozialdemokratischen Fraktion im Reichstage**, die jetzt im Seniorenkonvent vertreten sei und überhaupt parlamentarisch eine gleiche Rolle spiele wie die übrigen Fraktionen...Der Herr Minister-Präsident erwiderte ...an und für sich halte er das Anwachsen der Sozialdemokratie nicht für besonders bedenklich. Die in die Augen fallende Unausführbarkeit ihrer Ziele lasse sie minder gefährlich erscheinen als die Fortschrittspartei, die Furcht vor ihr könne sogar einen Theil der jetzigen Oppositionsmänner Mäßigung lehren. Offener Gewaltthat zu begegnen, werde die Staatsregierung stark genug sein, und falls es dazu käme, hieraus erhöhte Stärke gewinnen. Er sei gleichwohl dafür, daß man nach wie vor die gegen die Sozialdemokratie bestehenden Ausnahmebestimmungen handhabe und in dem zu erstattenden Rechenschaftsbericht vertrete, jedoch ohne besondere Schärfe und ohne sich das Ansehen zu geben, als habe man den etwaigen Wegfall des Gesetzes zu scheuen.

* nach § 28 des Sozialistengesetzes vom 21. 10. 1878.

** die Sozialdemokratie hatte bei den Reichstagswahlen vom 28. 10. 1884 bei einem Stimmenanteil von 9,7% 24 Mandate erhalten.

## [102] Den Reichstag schußrecht kommen lassen

*15. 12. 1884, Tagebuch Lucius'*

Eine sehr heftige Szene im Reichstag! Fürst Bismarck versicherte auf Ehrenwort und Diensteid die Berechtigung einer Etatsforderung (neue Direktorenstelle im Auswärtigen Amt), welche schließlich unter dem kleinlichen, höhnischen Widerspruch von Fortschritt, Zentrum, Sozialdemokraten abgelehnt wurde. Ich habe den Fürsten wohl nie so erregt gesehen und fürchte, er wird ernste Konsequenzen daraus ziehen. In der später stattfindenden Staatsministerialsitzung meinte er, man müsse den Reichstag nicht mit Auflösungsdrohungen ängstigen, sondern weitere Torheiten begehen lassen, bis er schußrecht sei...Mit dem Kaiser habe er vier Jahre gegen Kammermehrheiten regieren können, der Kronprinz glaube aber an Majoritäten. Mit diesem Wahlgesetz sei nicht auszukommen. Man müsse sagen, wie Fürst Schwarzenberg von der Verfassung von Kremsier: »Diese Einrichtung hat sich nicht bewährt.« Es sei merkwürdig, wenn er jetzt nach zweiundzwanzigjähriger Regierung mit einer budgetlosen Zeit ende, wie er damals begonnen habe. Er betonte wiederholt, daß er einen Putsch der Sozialdemokraten wünsche, man möge den Stoff zu weiteren Konflikten sich weiter entwickeln lassen. Er war so ruhig und resigniert, wie er sonst nach ähnlichen Konflikten nicht ist. Gerade darum trägt er sich vielleicht mit ernsten, weitertragenden Plänen.

## [103] Das Zentrum und die Verhandlungen mit Rom

*23. 1. 1885, Bismarck an Goßler*

Ew. pp. danke ich verbindlichst für die gef. Mittheilung vom 19. d. Mts. Das derselben beigefügte Schreiben des Herrn Bischofs von Fulda ist mir insofern von Interesse, als es mich in der Überzeugung befestigt, daß wir von der bisherigen zurückhaltenden Politik Rom gegenüber nicht abgehen dürfen. Wir haben an Concessionen bereits eine recht erhebliche Summe von Vorschüssen geleistet; jedes weitere einseitige Entgegenkommen würde im Vatican den Glauben erwecken, als ob von uns noch mehr dergleichen zu erwarten wäre, weil wir uns in einer Nothlage befänden, während umgekehrt die durch unsere Concessionen herbeigeführte Situation für uns eine dauernd haltbare ist. Wenn schon Herr Kopp, wie ich aus seinem Schreiben ersehe, unsere Lage für eine unbequeme erachtet, so ist anzunehmen, daß man sich in Rom auf Grund der verfälschten Darstellungen unserer dortigen Gegner ein noch viel unrichtigeres Urtheil gebildet hat.

An die Möglichkeit einer Verbesserung unserer parlamentarischen Verhältnisse durch Concessionen an Rom habe ich keinen Glauben und bin überzeugt, mich darin mit Ew. pp. in Übereinstimmung zu befinden. Die Annahme des Herrn Bischofs, daß das Centrum sein Verhalten genau nach der Lage der kirchlichen Verhandlungen richte, wird durch unsere Erfahrungen im preußischen Landtage und im Reichstage widerlegt. Das Centrum wird, so lange Herr Windthorst die Leitung desselben in Händen hat, stets eine Oppositionspartei bleiben, und die Lage der Verhandlungen mit Rom bestimmt höchstens die Form der Angriffe auf die Regierung. Ich kann nur wiederholen, was ich im Reichstage bei Berathung des Windthorstschen Antrages betr. das Expatriirungsgesetz geäußert habe. Wir müssen durchaus abwarten, bis uns Rom seinerseits auf dem Wege der Concessionen einen Schritt entgegengethan haben wird, bis wir wenigstens die Farbe und das Gepräge der Münze kennen, mit der S. Heiligkeit dem Grundsatz petimus damusque vicissim gerecht zu werden gedenkt. Sollte wirklich, wie Herr Kopp glaubt, augenblicklich eine friedliche Stimmung in Rom herrschen, so wird es im eigensten Interesse des Vaticans liegen, dieselbe zum Ausdruck zu bringen. Auf ein schriftliches Versprechen, Erleichterungen in Bezug auf die Vorbildung des Clerus und die Freiheit der bischöflichen Jurisdiction zu gewähren, wird die Regierung sich m. erg. Dafürhaltens niemals einlassen können. Eine solche Vereinbarung wäre materiell immer eine Art Concordat und würde einen Verzicht auf die Unabhängigkeit unserer Gesetzgebung auch für den Fall involviren, daß die Einrichtung sich nicht bewährte...

## [104] Anfänge deutscher Kolonialpolitik

*25. 1. 1885, Bismarck an Münster*

...Für uns hat die zukünftige Gestaltung der ägyptischen Verhältnisse *an und für sich* nicht viel Wert. Wir halten aber an den Rechten fest, welche die Verträge bezüglich des Orient uns gewähren und machen den darauf beruhenden Einfluß auf die europäische Politik nach Maßgabe der Interessen, die wir auf anderen Gebieten haben, geltend. Englands Kolonialpolitik hat uns gezwungen, unsere Kolonialinteressen durch Widerstand gegen Englands ägyptische Politik wahrzunehmen. Es wird das auch ferner nach Bedürfnis geschehn. Ich bitte Ew. pp., sich dies gegenwärtig zu halten und sich in diesem Sinne zu Lord Granville auszusprechen...

Ich wiederhole deshalb, daß alle ägyptischen Dinge für uns nur ein mittelbares Interesse haben, daß die Kolonialfrage aber schon aus Gründen der inneren Politik eine Lebensfrage für uns ist. Ich hoffe, daß meine letzten Angaben, sowie die jüngsten Verhandlungen im Reichstage dazu beigetragen haben, Ew. die

Bedeutung der Kolonialfrage für unsere innere Politik zu vergegenwärtigen. Die öffentliche Meinung legt gegenwärtig in Deutschland ein so starkes Gewicht auf die Kolonialpolitik, daß die Stellung der Regierung im Innern von dem Gelingen derselben wesentlich abhängt. Ich bitte Ew. deshalb nicht zu vergessen, daß Ägypten als solches für uns ganz gleichgültig und für uns nur ein *Mittel* ist, den Widerstand Englands gegen unsere kolonialen Bestrebungen zu überwinden. Der kleinste Zipfel von Neu-Guinea oder Westafrika, wenn derselbe objektiv auch ganz wertlos sein mag, ist gegenwärtig für unsere Politik wichtiger als das gesamte Ägypten und seine Zukunft...

## [105] Nötigenfalls die Verfassung brechen

*7. 3. 1886, Tagebuch Lucius'*

Eine sehr merkwürdige Sitzung. Gestern war nach einer dreitägigen Diskussion, in welche Bismarck wiederholt mit großen Reden eingriff, die Spiritusvorlage einer Kommission überwiesen worden mit dem klaren Verdikt, daß die Vorlage als definitiv abgelehnt zu betrachten sei. Nur um noch zu diskutieren, um die Vorlage nicht in der schroffsten Form abzuweisen, war das geschehen. Dazu war unmittelbar nach dem am 2. März stattgehabten Diner beim Kanzler verbreitet worden, er selbst habe das Projekt aufgegeben und dem Abgeordneten Buhl gesagt: »Die Nationalliberalen möchten sich nicht in den Schlund des Monopols stürzen.« Dieses Gerücht hatte Bötticher feierlich desavouiert, es ging aber doch durch alle Zeitungen und wurde geglaubt.

Heute leitete Bismarck nun die Ministersitzung mit einer sehr erregten langen Rede ein: Er wünsche sich die Meinung der Herren Kollegen darüber zu versichern, ob es nicht geboten sei, um den Ernst des Willens der Regierung zu bezeugen, sofort im Abgeordnetenhaus ein Lizenzsteuergesetz einzubringen, wodurch den Schankwirten der Krieg bis aufs Messer gemacht werde. Er wolle gar nicht gerecht und billig sein, er kümmere sich nicht um die Verfassung des Reichs, sie solle in allen Fugen krachen, er erwarte unser aller Unterstützung, nötigenfalls die Verfassung zu brechen. Die Konservativen hätten nicht einmal den Mut gehabt, auf die schüchterne Andeutung des Ministers von Puttkamer auf die Möglichkeit einer Änderung des Reichswahlrechts auch nur entfernt einzugehen*. Wir erlägen der Tyrannei der Schankwirte, welche schon in England und Frankreich herrschen. Man solle mit der Fabrikatsteuer drohen, wenn die Konservativen nicht für das Monopol eintreten. Scholz widersprach sehr bestimmt der gleichzeitigen Einbringung einer Lizenzsteuer in das Abgeordnetenhaus, welche dort mit einem noch größeren Fiasko enden werde, wie das Monopol im Reichstag! (Wörtlich!) 1882 sei das Lizenzsteuergesetz, welches nur eine Einnahme von 14 Millionen erstrebt habe, schimpflich zu Fall gekommen, und so werde es jetzt auch gehen. Zu einer großen Aktion sei er sonst auch bereit – das sei aber keine solche. Puttkamer, ich, Bötticher stimmten dem Finanzminister bei...

* S. oben Dok. 97.

## [106] Der parlamentarische Stil gegenüber der Opposition

*21. 3. 1886, Protokoll des Staatsministeriums*

...Der Herr Minister-Präsident sprach seine Ansicht dahin aus, daß es sich empfehlen werde, den intransigenten Abgeordneten, wenn man ihnen widersprechen müsse, immer möglichst kurz und knapp zu antworten. Oft werde die Antwort genügen, daß man ihre Behauptungen bestreite und den Beweis erwarte. Man liefere ihnen sonst eine größere Angriffsfläche, als nöthig sei. Eine Hoffnung, die Herren zu überzeugen, sei nicht vorhanden und die staatliche Würde könne bei Diskussionen mit ihnen herabgezogen werden. Er stelle anheim, daß man eine Änderung des bisherigen, zu entgegenkommenden Verhaltens eintreten lasse. Wenn auch Anfragen, die der Reichstag in seiner Mehrheit beschlossen habe, regelmäßig zu beantworten sein würden, so habe doch nicht jedes einzelne Mitglied Anspruch darauf, daß dessen Fragen beantwortet würden, und dies um so weniger, wenn zu merken sei, daß das betreffende Mitglied die Antwort benutzen wolle, um sich daraus eine Angriffswaffe gegen die Regierung zu schmieden. Nur auf höfliche Anfragen werde entgegenkommend und eingehend zu antworten sein.

Das Staatsministerium erklärte sich...einverstanden.

## [107] Das Verhältnis zu Rußland und die deutschen Agrarzölle

*25. 8. 1886, Berchem an Boetticher*

*Ganz vertraulich!*
Euere Excellenz beehre ich mich unter Bezugnahme auf mein Schreiben vom 28. Mai d. J.... betreffend Russische Zollpolitik zu benachrichtigen, daß der hiesige Kaiserlich russische Botschafter wiederholt den Gedanken angeregt hat, zur Milderung des zwischen Deutschland und Rußland bestehenden Gegensatzes auf wirthschaftlichem Gebiete im Wege der Korrespondenz Unterhandlungen zwischen den beiderseitigen Regierungen einzuleiten und zu diesem Zwecke entweder russische Techniker hierher oder deutsche Sachverständige nach St. Petersburg zu entsenden. Nach einer Bestimmung des Herrn Reichskanzlers soll, sobald dieser Gedanke russischerseits in amtlicher Form zum Ausdruck gebracht wird, erwidert werden, daß wir sehr bereit seien, hierauf einzugehen; schon früher hätten derartige Verhandlungen stattgefunden, dieselben seien zwar fruchtlos geblieben, allein dies würde uns nicht abhalten, dem Vorschlage zuzustimmen, sobald in St. Petersburg Neigung zu Unterhandlungen kundgegeben werde. Gleichzeitig hat der Herr Reichskanzler schon jetzt, wie ich zu Euerer Exzellenz persönlichen Information zu bemerken mich beehre, hervorgehoben, daß wir keinesfalls, wie es vielleicht russischerseits gewünscht werden könnte, unsere Agrarzölle rückgängig machen könnten.

Es ist nicht unwahrscheinlich, daß die in Aussicht stehende amtliche Kundgebung russischerseits nunmehr binnen Kurzem erfolgen wird, und es wird dann an der Zeit sein, einen diesseitigen Kommissar zu ernennen und denselben mit Instruktion zu versehen. Bei der Wichtigkeit des Gegenstandes scheint es mir geboten, schon jetzt über diese letztere schlüssig zu werden.

... Wir haben bisher von Rußland verlangt, daß es den bestehenden Differenzialzoll auf Kohlen aufhebe und die Einfuhr unserer wichtigeren Einfuhrartikel weiteren Zollerhöhungen, einer differenziellen Behandlung oder Einfuhrverboten nicht unterwerfe. Als wichtigere Artikel der deutschen Einfuhr nach Rußland haben wir bezeichnet: Eisen, Eisenwaaren aller Art, Steinkohlen, Maschinen, Baumwoll-, Woll-, Seiden-Garne und -Waaren. Euere Excellenz ersuche ich ergebenst, mir gefälligst diejenigen Desiderata bezeichnen zu wollen, auf die der deutsche

Kommissar seinerzeit sein Augenmerk zu richten haben wird. Nach meiner Überzeugung dürfte ein Erfolg von den Unterhandlungen nur dann einigermaßen zu erhoffen sein, wenn diese Desiderata von vornherein auf die möglich geringste Anzahl beschränkt würden...

### [108] Die Septennatsfrage

*a) 27. 10. 1886, Bismarck an Bronsart von Schellendorff*

Ew. pp. geheimes Schreiben vom 23. d. M. habe ich zu erhalten die Ehre gehabt und bin mit den darin enthaltenen Vorschlägen ganz einverstanden.

Es ist mir nur zweifelhaft, ob es nicht besser sein würde, die vierten Bataillone, ebenso wie die zwei Infanterie-Regimenter, sämtlich nach der Westgrenze, statt einen Teil derselben an die russische zu verlegen. Meiner Ansicht nach sind wir der Gefahr eines *plötzlichen* russischen Angriffs in absehbarer Zeit nicht ausgesetzt. Ich halte bei richtiger Entwicklung der gegenwärtigen politischen Situation selbst den Bruch zwischen Rußland und Oesterreich für nicht sehr wahrscheinlich. Solange aber Kaiser Alexander lebt, und wenn nicht etwa ein sozialer oder politischer Umsturz in Rußland eintreten sollte, ist meiner Ansicht nach ein russischer Ueberfall unserer Grenzen ausgeschlossen. In vorstehendem will ich indessen nur mein politisches Sentiment zum Ausdruck bringen und bescheide mich, wenn Ew. pp. aus militärischen Gründen die Dislokation eines Teiles der vierten Bataillone in die polnischen Landesteile für wünschenswert erachten.

Was die formale Behandlung der Sache anbelangt, so glaube ich, daß, wenn wir die Erhöhung der Präsenzstärke zwar schon heut, aber erst für den 1. April 1888 fordern, wir das wirksamste Argument für die Notwendigkeit derselben, den hohen Stand der französischen Streitkräfte, erheblich abschwächen würden. Wenn wir von vornherein einräumen, daß wir die veränderten Stärkeverhältnisse der französischen Armee mehr wie ein Jahr hindurch ohne Gefahr ertragen können, so legen wir der Opposition den, namentlich dem Wähler gegenüber, schwer zu widerlegenden Einwand nahe, daß die Armee ebensogut wie für das nächste Jahr auch fernerhin allen Anforderungen gewachsen sein werde, u. daß es besser sei, dieses Jahr u. seine Ereignisse abzuwarten, bevor der Reichstag Stellung zu der Frage nimmt. Ich möchte deshalb empfehlen, daß die Erhöhung schon für den 1. April 1887 gefordert wird...

*b) 8. 11. 1886, Diktat Bismarcks*

Geheim
Mit Bezug auf Schreiben des Kriegsministers vom 6. d. Mts. Ich würde auf den im Eingange gemachten Vorschlag eingehen, wenn irgend eine Wahrscheinlichkeit vorläge, daß dieser Reichstag den »eingefügten Paragraphen« mit Zubehör bis zum ersten Januar annehmen wird. Der Reichstag wird vielmehr absichtlich die Sache verschleppen, um die Regierung in die Lage zu bringen, *ohne* Bewilligung des Reichstages so zu handeln, als ob eine solche vorläge, und um diese verfassungsmäßig falsche Position der Regierung im Fall der Auflösung bei den Neu-Wahlen auszunutzen. Dagegen schützt uns nur Unterlassung jedes Anfanges der Ausführung vor erfolgter Bewilligung.

Mit Vorschlägen wegen Formation des Sächsischen Armeekorps und von 4 preußischen Regimentern bin ich einverstanden.

Ich bitte im Sinne des Vorstehenden mit Kriegsminister zu sprechen und General Caprivi vertraulich au fait zu setzen.

*c) 13. 12. 1886, Tagebuch Lucius'*

In Friedrichsruh zur Besprechung über das Ansiedlungsgesetz. Bismarck empfing mich vor der Tür. Beim Frühstück brach er in Vorwürfe aus über die Reichstagsschwindler und über die Minister, welche sie ernst nähmen und vertraulicher Mitteilungen würdigten. Es wäre ja recht gut, wenn sie die Militärvorlage ablehnten und so Grund zur Auflösung gäben. Gefahr eines Krieges mit Rußland sei jetzt weniger wie je, wir seien völlig einig mit Bezug auf Bulgarien. Die Österreicher machten törichte Politik und er stehe zwischen ihnen und den Russen, wie zwischen zwei bissigen Hunden, welche aufeinanderstürzen würden, wenn er das Halsband loslasse. Wenn wir einen Krieg mit Frankreich bekämen, würde das sicher geschehen. Auch würden die Russen schwerlich dulden, daß wir die Franzosen völlig vernichteten...

## [109] Vor der Reichstagsauflösung

### *a) 13. 12. 1886, Bismarck an Bronsart von Schellendorff*

...Meine Mittheilungen sind nur dem Wunsche entsprungen, unsere Stellung und die der verbündeten Regirungen, gegenüber so *frivolen* Einwendungen und Ansprüchen, wie sie die Gegner erheben, zu wahren, und dieß nicht nur aus Rücksichten der Würde, sondern auch der politischen Nützlichkeit. Wenn die Regirungen sich dazu herbeilassen, auf jede unehrliche Anzapfung der Opposition einzugehen, so wird der politischen Lüge der Fractionsschwindler eine Art amtlicher Stempel der Bedeutung und des Gewichtes beigelegt, welches sie nach ihrer Urtheilslosigkeit, namentlich aber nach ihrer Verlogenheit, nicht haben. Offen auszusprechen, daß das, was die Gegner uns gegenüber vorbringen, von *ihnen selbst* nicht geglaubt wird, ist nach der traditionell gewordenen parlamentarischen Heuchelei nicht thunlich. Aber das Verhalten der Regirung kann doch immer die Thatsache zum Ausdruck bringen, daß wir dieß parlamentarische Komödiantenthum nicht ernsthaft nehmen und über den Mangel an Ehrlichkeit unserer Gegner nicht in Zweifel sind. Verkehren wir mit denselben aber »vertraulich«, so wird nicht nur das Publikum, sondern die Betrüger selbst werden den Eindruck haben, daß irgend eine Art von Vertrauen zu ihnen bei uns vorhanden sei; dieser Glaube aber macht sie dreister und wirkt ansteckend auf andere.

Für unsere gesamte politische Stellung würde das Verharren der Opposition bei der ursprünglichen Gegnerschaft und die dadurch bedingte Auflösung das Nützlichste sein, es ist aber mit unserem Pflichtgefühl nicht verträglich, diese Wendung anzustreben; das Verschieben der Entscheidung auf das Gebiet der *Zeit*frage von 5 oder 7 Jahre erschwert unsere Position, ändert sie aber nicht. Der Ihrige.

### *b) 14. 12. 1886, Bismarck an Bronsart von Schellendorff*

...Ich halte es mit gewissenhafter Politik nicht vereinbar, auf Ablehnung unsrer Vorlage hinzuarbeiten; aber ich möchte auch nicht dazu rathen, daß wir der natürlichen Neigung ehrlicher Leute, etwas »zu Stande zu bringen«, weiter nachgeben, als der Anstand fordert. *Wir* haben die factischen Consequenzen einer

Ablehnung nicht zu fürchten; wohl aber Windthorst und Richter. Wir müssen uns nur hüten, diese Herrn für ehrliche Mitarbeiter am Staate zu halten und zu behandeln. Sie mißbrauchen es, und unsre achtungsvolle Behandlung stärkt ihr Ansehn.

## [110] Wenn wir im nächsten Kriege unterliegen

*24. 12. 1886, Bismarck an Bronsart von Schellendorff*

...Die Frage, über welche ich Ew. Exz. sachkundiges Urteil erbitte, ist die, ob die Truppe, welche das kleinere Kaliber des 8 mm-Gewehres führt, eine Waffe besitzt, deren Wirkung der des 11 mm-Kalibers wesentlich überlegen ist...

Der Gedanke, daß wir in dem kleineren Kaliber ein Modell erblicken, welches wir für das Retablissement *nach* dem nächsten großen Kriege in Aussicht nehmen, ist einigermaßen nahegelegt durch den Vorgang, daß wir dieselbe Operation nach dem letzten Kriege gemacht haben, um das Zündnadelgewehr durch das Mausergewehr zu ersetzen, und ich würde in ihm Beruhigung finden, wenn es verbürgt wäre, daß wir auch im nächsten großen Kriege Sieger bleiben, und dies auch mit der Elevation des stärkeren Kalibers gegen das rasantere schwache. Ich hoffe dies eventuell; aber wenn diese Hoffnung eine Täuschung wäre, wenn wir nach Gottes Willen im nächsten Kriege unterliegen sollten, so halte ich das für zweifellos, daß unsere siegreichen Gegner jedes Mittel anwenden würden, um zu verhindern, daß wir jemals oder doch im nächsten Menschenalter wieder auf eigene Beine kommen, ähnlich wie im Jahre 1807. Die Aussicht, uns aus unserer damaligen Ohnmacht bis zur Lage von 1814 wieder emporzuarbeiten, wäre eine sehr geringe gewesen ohne die unberechenbare und von uns unabhängige Vernichtung der großen französischen Armee durch den russischen Winter und ohne den Beistand Rußlands, Oesterreichs und Englands. Daß wir auf letzteren wiederum rechnen können, nachdem diese Mächte gesehen haben, wie stark ein einiges Deutschland ist, hat wenig Wahrscheinlichkeit. Nicht einmal auf das einige Zusammenhalten des jetzigen Deutschen Reiches würden wir *nach* einem unglücklichen Feldzuge rechnen können: Der Reichstag und seine Wahlen beweisen zur Genüge, wie gering das Nationalgefühl und wie bereitwillig der Parteihaß ist, das eigene

Vaterland im Stich zu lassen, sobald das Parteiinteresse ausländische Anlehnungen nützlich erscheinen läßt. Das siegreiche Frankreich würde in unseren heutigen Oppositionsparteien nicht weniger dienstbarer Gefälligkeit begegnen als Napoleon seinerzeit im Rheinbunde. Ich will aus diesem Rückblick nur den Schluß herleiten, daß unsere Situation, wenn wir besiegt werden sollten, eine so böse sein wird, daß wir *kein Finanzopfer*, und wäre es noch so groß, scheuen dürfen, um uns den Sieg zu sichern, wenn wir können. Daher würde die Kostenfrage für mich, wenn es sich um das bessere Gewehr handelt, immer irrelevant erscheinen; auch wenn eine erhebliche Anleihe dafür notwendig werden sollte, würde ich nicht davor zurückschrekken, sie im Reichstage mit der Absicht eventueller Auflösung einzubringen, oder auch beim Preußischen Landtage diese Geldhilfe nachzusuchen.

Boulanger verschafft sich einen Kredit von mehr wie einer halben Milliarde Franken, und Rußland sucht in Frankreich Anleihen zu gleichem Rubelbetrage oder wenigstens von einigen hundert Millionen zu negotiieren. Diese Erscheinungen enthalten auch für uns eine Aufforderung zur Prüfung der Frage, wieviel Geld wir außer dem Juliusturm nötig haben, *wenn* wir schon im kommenden Jahre von unseren beiden Nachbarn mit den Mitteln der Kredite, die sie sich augenblicklich verschaffen, angegriffen werden sollten. Ich halte dies allerdings nicht für wahrscheinlich, namentlich von russischer Seite, für *möglich* doch aber auch dort. Frankreich wird sicher losschlagen, sobald es der russischen Anlehnung sicher ist...

Solange die jetzige Haltung Rußlands bleibt, wird Frankreich uns mit *berechneter Ueberlegung nicht* angreifen, aber Berechnung und Ueberlegung können leicht in die Brüche gehen, wenn solche Verlegenheiten der Republik, wie der jüngste Regierungswechsel, sich wiederholen und Boulanger dreist genug ist, die Verlegenheit aller anderen zu benutzen, um sich in der leitenden Rolle, unter Ablenkung des Zündstoffes nach außen, zu versuchen. Es fragt sich daher, sind wir nicht genötigt, den französisch-russischen Geldrüstungen gegenüber uns auch mit einer eventuellen Kriegsanleihe von 300 Millionen Mark zu versehen...

## [111] Das Septennat und die Revision der Maigesetze

*2. 1. 1887, Protokoll des Staatsministeriums*

8. Über die Frage der *weiteren Revision der kirchenpolitischen Gesetze* hielt der Herr Minister der geistlichen pp. Angelegenheiten Vortrag. Derselbe schickte die Bemerkung voraus, daß er ganz objektiv vom Standpunkt seines Ressorts aus den Gegenstand behandeln und seine Vorschläge machen werde, dabei aber selbstverständlich geneigt sei, seine Meinungen da zu modifiziren, wo dies höhere Gesichtspunkte, welche über den unmittelbaren Interessen seines Ressorts ständen, erfordern möchten. Er referirte sodann über die Erörterungen, welche bisher zur Vorbereitung der in der Note vom 23. April 1886 der Römischen Kurie zugesagten weiteren Revision der kirchenpolitischen Gesetze sowohl zwischen ihm und dem Herrn Minister der auswärtigen Angelegenheiten als auch zwischen dem letzteren und Rom gepflogen sind, und knüpfte daran die folgenden Ausführungen: Für ihn hätten sich in Rücksicht auf die weitere Revision der kirchenpolitischen Gesetze zwei Gesichtspunkte ergeben, von denen er sich bei seinen Vorschlägen glaube leiten lassen zu sollen: 1. daß nur eine Revision der Maigesetze vorzunehmen, und 2., daß nur diejenigen Bestimmungen der Maigesetze für eine Revision in Frage kämen, die in der Novelle vom 21. Mai 1886 nicht erwähnt seien. Nur in dieser Beschränkung habe die Römische Kurie die weitere Revision verlangt und nur in dieser Beschränkung sei eine solche diesseits zugestanden worden...

[Ordensgesetz]. Der Herr Kultusminister führt aus: Er sei ursprünglich der Meinung gewesen, daß in dieser Frage die Staatsregierung nicht die Initiative ergreifen möge, habe sich aber dem Einwande des Herrn Ministers der auswärtigen Angelegenheiten nicht entziehen können, daß uns diese Frage doch werde gebracht werden, da dies der wichtigste Punkt sei, wo Concessionen erwartet würden. Einig sei er mit Seiner Durchlaucht dem Fürsten von vornherein gewesen, daß von einer Zurückberufung der Jesuiten nebst den verwandten Orden und der Schulorden nicht die Rede sein könne... Was die Zulassung der beschaulichen und der Seelsorge-Orden anlange, so habe er, wenn auch mit schwerem Herzen, seinen Widerstand fallen lassen und in Gemeinschaft mit dem Herrn Minister des Innern einen Revisionsvorschlag entworfen...

Der Kommissarius des Herrn Minister-Präsidenten [Rottenburg] bemerkte, derselbe lege großen Werth auf die Zulassung dieser letztgedachten beiden Kategorien von Orden. Er gehe von dem Gesichtspunkte aus, daß das deutsche Reich zu schützen sei durch eine starke Armee und durch Zufriedenheit der Bevölkerung. Wie die Militairvorlage dem ersteren Zweck diene, so handle es sich hier um Förderung des zweiten.

Auf eine Sprengung des Centrums rechne er nicht, dieselbe würde ihm sogar insofern nicht unbedenklich sein, als ein Theil desselben zur Verstärkung der Demokratie dienen würde. Dagegen hoffe er auf eine Reduktion der Zahl der Centrumsmitglieder, wenn man Rom günstig stimme, dieses auf die Bischöfe, letztere auf den Klerus wirkten und die Wähler von letzterem nicht im staatsfeindlichen Sinne beeinflußt würden. Für diese günstige Stimmung in Rom sei aber die Zulassung der beschaulichen und der Seelsorge-Orden von hoher Bedeutung. Auf die Zulassung der Jesuiten rechne der Papst selbst nicht, auch den deutschen Bischöfen – mit Ausnahme von Korum – sei diese nicht erwünscht.

...[Boetticher:] Es sei nothwendig, den Kulturkampf zu schließen. Durch denselben sei nichts erreicht, das Centrum stehe da als die geschlossenste, staatsfeindlichste und gefährlichste Parthei, es müsse bei den Wahlen geschwächt werden und dahin sei zu wirken durch Gewinnung der günstigen Meinung des Papstes. Dieser politische Gesichtspunkt stehe jetzt im Vordergrunde...

Der Herr Kriegsminister erklärte, es sei im gegenwärtigen Augenblick von der größten Wichtigkeit, den zwischen der Staatsregierung und dem Papste bestehenden Frieden vor aller Welt zu dokumentieren und um dieses Zweckes willen scheue er auch die Zulassung der Orden nicht. Die Gefahren derselben würden oft übertrieben. Die den Orden abgeneigten katholischen Kreise, auf welche die Herren Minister Lucius und Maybach sich bezogen hätten, müßten doch von hervorragendem Einfluß nicht sein, wenigstens habe die Staatsregierung bei ihrem Kampfe gegen die Kurie und den Klerus von ihnen eine wirksame Hülfe nicht erfahren. Man müsse die Elemente des Centrums stärken, welche von dessen jetziger Leitung loskommen möchten, und es sei doch nicht gering zu schätzen, wenn der jetzige Papst dieser staatsfeindlichen Leitung nicht, wie es der frühere getan, die Direktive gebe.

Der Herr Minister für Landwirtschaft entgegnete, was an den

Maigesetzen revisionsbedürftig gewesen, sei bereits revidirt. Von weiteren Concessionen sei nicht eine Schwächung, sondern eine Stärkung des Centrums zu erwarten. Offenkundiger könne doch nicht an den Tag gelegt werden, daß dasselbe durch festes Zusammenhalten einen Erfolg nach dem andern erringe und daß derjenige Katholik, der sich auf die Seite des Staats stelle, von letzterem geopfert werde. Man dürfe einer augenblicklichen günstigen Stimmung des gegenwärtigen Papstes nicht zuviel Gewicht beilegen. Die Tradition der katholischen Kirche weise dem Papst eine gegen Preußen feindliche Stellung an und dabei werde es bleiben.

...Der Herr Staatsminister von Boetticher bemerkte noch, entscheidend sei für ihn, daß der Kreis der rein kirchlichen Angelegenheiten, welche den Kitt für das Centrum bildeten und dem katholischen Wähler vor die Augen gerückt würden, aus den Streitpunkten ausgeschieden werde. Auf einen förmlichen Verzicht des Papstes auf die Zulassung der Jesuiten rechne er allerdings nicht.

...Es wurde konstatirt, daß das Staatsministerium einstimmig damit einverstanden sei, daß, wenn höhere Rücksichten dies erforderten, die Verhandlungen mit der Kurie auf der Grundlage der Zulassung der beschaulichen und seelsorgerischen Orden geführt würden, daß jedoch vier der Herren Staatsminister dabei erklären, daß sie nach ihrer persönlichen Überzeugung die Nichtzulassung auch dieser Orden vorziehen würden...

## [112] Der Septennatskonflikt und die Reichsverfassung

### *a) 2. 1. 1887, Bismarck an Schlözer*

Nach Ihrem Telegramm Nr. 1 vermute ich, daß man in Rom den Wert überschätzt, den die Zustimmung des Zentrums zur Militärvorlage für uns hat. Durch Ablehnung der letzteren würde die Regierung auf eine allerdings andere, vielleicht aber sehr viel günstigere Operationsbasis gestellt. Nur ehrliche Gewissenhaftigkeit veranlaßt uns, für Annahme zu tun, was tunlich ist.

Ew. pp. Auftrag war mir von dem Wunsche eingegeben, dem Papst eine schöne Rolle zuzuwenden, nicht ein unschönes Tauschgeschäft zu machen. Geschähe letzteres, so würde

Windthorst den Ruhm von dieser Intrige ernten und nicht der Papst. Die Armeeverstärkung machen wir auch ohne Zentrum, und zur Not ohne den Reichstag.

*b) 9. 1. 1887, Protokoll des Staatsministeriums*

Der Herr Minister-Präsident erklärte, er habe das Staatsministerium zu der heutigen Besprechung eingeladen, um festzustellen, ob dasselbe mit ihm darin übereinstimme, daß an dem Entwurf eines Gesetzes betreffend die Friedens-Präsenzstärke des deutschen Heeres, dessen zweite Lesung im Plenum des Reichstages am 11. d. M. beginnen werde, unbedingt und in allen seinen Theilen festzuhalten sei. Nachdem diese Frage einstimmig bejaht worden, bemerkte der Herr Minister-Präsident, er beziehe dieses Festhalten auch auf die in dem Entwurf enthaltene Festsetzung eines neuen Septennats, indessen mehr um deswillen, weil der Entwurf einmal in dieser Weise, im Anschluß an die analogen Bestimmungen der Militairgesetze vom 2. Mai 1874 und 6. Mai 1880 eingebracht sei, als aus Überzeugung von der Nützlichkeit dieser Bestimmung.

Die Reichsverfassung schreibe in Art. 59 vor, daß jeder wehrfähige Deutsche sieben Jahre lang dem stehenden Heere angehöre; im Art. 63, daß der Kaiser den Präsenzstand bestimme; im Art. 62, daß bei Feststellung des Militair-Ausgabe-Etats die auf Grundlage dieser Verfassung gesetzlich feststehende Organisation des Reichsheeres zu Grunde zu legen sei. Ursprüngliche Absicht der Reichsverfassung sei gewesen, den Kaiser in den Bestimmungen über die Stärke der Armee – innerhalb der Zahl aller wehrfähigen Deutschen – frei und unabhängig von Beschlüssen des Reichstages hinzustellen. Es liege eine Beschränkung dieser Kaiserlichen Machtvollkommenheit darin, wenn das Gesetz vom 9. Dezember 1871 und demnächst die vorgedachten Gesetze von 1874 und 1880 Friedenspräsenzstärken festsetzten, welche die Zahl sämtlicher Wehrpflichtigen nicht erreichten, und je länger die Gültigkeitsdauer eines solchen Gesetzes sei, um so länger beschränke dasselbe die Machtvollkommenheit, welche die Verfassung dem Kaiser beilegt, so lange dieselbe nicht durch ein besonderes Gesetz von jüngerem Datum eingeschränkt ist.

Komme ein neues Militair-Gesetz nicht zu Stande, so sei man allerdings, wie er anerkenne, bis zum 31. März 1888 an die Festsetzungen des Gesetzes vom 6. Mai 1880 gebunden, aber, abgesehen von dieser Beschränkung, trete dann die Befugniß des Kaisers, welcher nach Art. 17 der Verfassungsurkunde die Ausführung der Reichsgesetze zu überwachen habe, wieder ohne gesetzliche Beschränkung in Kraft, nach Art. 59 und 63 Alinea 4 den Präsenzstand festzusetzen. Die Pflicht des Reichstages, die Mittel dafür im Ausgabe-Etat zu bewilligen, beruhe auf Alinea 4 des Art. 62.

Auch in von Roenne's bekanntem, im liberalen Sinne geschriebenen Staatsrecht*... werde anerkannt, daß in dem vorausgesetzten Fall einer Nichteinigung über eine Präsenzziffer eine gesetzliche Bestimmung über eine solche (außer Art. 59) nicht vorhanden und eine Lösung des Konflikts nur wie bei dem jährlichen Etatsgesetz zu finden sei. Roenne übergehe dabei die Bestimmung des Art. 62 Al. 4 nach ihrer den Reichstag verpflichtenden Wirkung. Einen solchen Konflikt würde man mit Hülfe des Bundesraths wohl siegreich bestehen können.** Er bitte um Äußerung, ob Bedenken dagegen beständen, daß er mit dieser Deduktion vor den Reichstag trete.

Der Herr Staatsminister von Boetticher bemerkte, er vermöge über den Art. 60 der Reichsverfassung nicht wegzukommen. Derselbe setze, trotz der Vorschrift des Art. 59 über die allgemeine Wehrpflicht, eine Friedenspräsenzstärke bis zum 31. Dezember 1871 fest und bestimme, daß dieselbe für die spätere Zeit *im Wege der Reichsgesetzgebung* festgestellt werde...

Der Herr Minister des Innern bemerkte, er theile die Auffassung, daß wenn eine Einigung mit dem Reichstage nicht zu Stande komme, der Kaiser die Präsenzstärke zu bestimmen habe, aber nach der Vorschrift des Art. 60, daß die Präsenzstärke im Wege der *Reichsgesetzgebung* festzustellen sei, könne man es bei jener Bestimmung nicht bewenden lassen, habe vielmehr die Verpflichtung, das Zustandekommen eines solchen Gesetzes zu betreiben...

Der Herr Minister-Präsident entgegnete, wenn der Kaiser (Art. 63) den Präsenzstand der Kontingente festsetze, so bestimme er damit den Präsenzstand des Heeres, denn dieses sei die Gesamtheit der Kontingente. Die Eilbedürftigkeit der gegenwärtigen Vorlage gedenke er nicht in erster Linie zu betonen, die Vorlage sei nicht auf den Moment berechnet, sondern auf Menschenalter, ihre Hauptwirkung bestehe nicht in der Ver-

* Die Verfassung des Deutschen Reichs, 4. Aufl. Berlin 1882.

** Der vorletzte Satz von Bismarck hs. eingefügt, der letzte gestrichen.

stärkung des Heeres für das Jahr 1887, sondern in der Vermehrung der Zahl ausgebildeter Mannschaften für die Folgezeit. Ihm komme es darauf an, darzulegen, daß alle über Präsenzstärke getroffenen Bestimmungen schon Concessionen seien gegenüber der allgemeinen Wehrpflicht, daß die Regierungen keinen Anlaß hätten, sich zu weiteren Concessionen drängen zu lassen und daß bei der Nichteinigung die Präsenzziffer sich erhöhe auf die Zahl aller Wehrfähigen. Daß letzteres der Fall, sei auch in der heutigen Diskussion nicht in Abrede gestellt worden.

### [113] Kaiserliches Heer oder Parlamentsheer

*11. 1. 1887, Bismarck im Reichstag*

...Wir haben keine kriegerischen Bedürfnisse, wir gehören zu den – was der alte Fürst Metternich nannte: saturierten Staaten, wir haben keine Bedürfnisse, die wir durch das Schwert erkämpfen könnten; und außerdem wenn das der Fall wäre, so blicken Sie doch auf die friedliebende Tätigkeit – und ich sage das ebensogut nach dem Auslande wie hier zu dem Reichstage – der Kaiserlichen Politik in den letzten sechzehn Jahren...

Ich wiederhole alles, was ich früher mit dem viel gemißbrauchten und totgerittenen Ausdruck von den Knochen des pommerschen Grenadiers gesagt habe: die ganze orientalische Frage ist für uns keine Kriegsfrage. Wir werden uns wegen dieser Frage von niemand das Leitseil um den Hals werfen lassen, um uns mit Rußland zu brouillieren. (Bravo rechts.) Die Freundschaft von Rußland ist uns viel wichtiger als die von Bulgarien und die Freundschaft von allen Bulgarenfreunden, die wir hier bei uns im Lande haben.* (Heiterkeit rechts.)

Ich kann also wohl sagen, die Hoffnung, die ich an das Gelingen des Bestrebens knüpfte, die drei Kaisermächte wieder zu einigen, welche ich zuerst faßte, als es erreicht war, die Monarchen hier in Berlin im Jahre 1872 zusammenzubringen – die hat sich insoweit verwirklicht, daß wir weit entfernt sind von der Wahrscheinlichkeit, mit Österreich oder mit Rußland in Händel zu kommen; es liegen gar keine direkten Motive vor, die unseren Frieden mit diesen beiden gefährden könnten. Aber der Schutz, den der Frieden durch diese Verbindung zu Dreien – ich möchte sagen, durch das trianguläre Carré, welches die drei Kaiserreiche

* Gemeint war der kronprinzliche Hof.

unter sich formieren, wenn der Ausdruck nicht unsinnig wäre – gewinnt, ist eben stärker zu Dreien als zu Zweien, und die Schwierigkeit der Aufgabe liegt nicht darin, unseren Frieden mit Österreich oder Rußland zu erhalten, sondern den Frieden zwischen Österreich und Rußland. Dort liegt die Sache anders...

Wir werden Frankreich nicht angreifen, unter keinen Umständen. Es gibt viele Franzosen, die darauf warten, weil sie lieber einen Verteidigungskrieg als einen Angriffskrieg führen wollen, weil es viele gibt, bei denen der französische Angriff auf Deutschland nicht populär ist. Sie werden, wer von Ihnen die französische Geschichte kennt, mir recht geben, daß die Entschließungen Frankreichs in schweren Momenten immer durch energische Minoritäten und nicht durch die Majoritäten und das ganze Volk bewirkt worden sind. Diejenigen, die den Krieg mit uns wollen, die suchen einstweilen nur die Möglichkeit, ihn mit möglichster Kraft zu beginnen. Ihre Aufgabe ist, le feu sacré de la revanche zu unterhalten, die Aufgabe, die Gambetta dahin definierte: Ne parlez jamais de la guerre, mais pensez-y toujours! – und das ist auch heute noch die Signatur der französischen Situation. Man spricht nicht davon, man spricht nur von der Befürchtung, von Deutschland angegriffen zu werden. Diese Befürchtung ist unwahr, und wer sie in Frankreich ausspricht, weiß, daß er die Unwahrheit sagt. Wir werden Frankreich nicht angreifen. Nichtsdestoweniger wird damit dem friedliebenden Franzosen Jacques Bonhomme, der lieber seinen Acker baut, als in den Krieg zieht, vorgeredet, daß der ruchlose Deutsche es ist, der ihm womöglich – ich weiß nicht was abnehmen wollte. Die Franzosen haben ja gar nichts, was für uns irgendwie begehrenswert wäre...

Schon wenn der Krieg ausbräche, würde die Kalamität eine große. Bedenken Sie, was allein der ausbrechende Krieg, ganz unabhängig von dem Ausgange desselben, zu sagen hat! Unser ganzer Handel zu Lande und zur See, unsere ganzen industriellen Unternehmungen würden sämtlich lahmgelegt sein; – ich brauche das wohl nicht zu schildern, Sie haben es selbst erlebt. Diese Kalamität, daß der Krieg ausbrechen könnte, wird vielleicht gefördert, wenn der Krieg leicht erscheint, wird verhindert, wenn der Krieg schwer erscheint. Je stärker wir sind, desto unwahrscheinlicher ist der Krieg. Die Wahrscheinlichkeit eines französischen Angriffs auf uns, die heute nicht vorliegt, tritt ein, wenn unter dem Eintritt einer anderen Regierung als die heutige Frankreich irgendeinen Grund hat, zu glauben, daß es uns überlegen sei. Dann, glaube ich, ist der Krieg ganz sicher...

Das deutsche Heer ist eine Einrichtung, die von den wechselnden Majoritäten des Reichstags nicht abhängig sein kann. Wer bürgt uns denn dafür, daß eine Majorität, die sich auf so heterogene Weise zusammensetzt wie die jetzige, eine dauernde sein werde? Daß die Fixierung der Präsenzstärke von der jedesmaligen Konstellation und Stimmung des Reichstags abhängen sollte, das ist eine absolute Unmöglichkeit. Streben Sie doch nicht nach solchen Phantasiegebilden, meine Herren! (Bravo! rechts.) Ohne unser deutsches Heer, eine der fundamentalsten Haupteinrichtungen und Grundlagen, ohne das Bedürfnis der gemeinsamen Verteidigung gegen auswärtige Angriffe, wäre der ganze Bund, auf dem das Deutsche Reich beruht, gar nicht zustande gekommen. Vergegenwärtigen Sie sich das immer, wenn Sie diese Hauptbedingung seiner Existenz ihm unter den Füßen wegziehen und es gefährden; denn geschützt sein wollen wir alle, auch Ihre Wähler – rechnen Sie darauf!

Der Versuch, der mit diesen Anträgen gemacht worden ist, den Stand des Heeres von den wechselnden Majoritäten und den Beschlüssen des Parlaments abhängig zu machen, also – mit anderen Worten – aus dem Kaiserlichen Heer, das wir bisher in Deutschland haben, ein Parlamentsheer zu machen, ein Heer, für dessen Bestand nicht Seine Majestät der Kaiser und die verbündeten Regierungen, sondern die Herren Windthorst und Richter zu sorgen haben (Heiterkeit links), wird nicht gelingen. Mit anderen Worten: Dieses Streben, wenn Sie es haben, liegt ganz außerhalb aller Möglichkeit, und die Tatsache, die bei diesen Verhandlungen zur Kenntnis gekommen, daß es bei uns Leute gibt, die danach streben, die das für möglich halten, verpflichtet uns allein schon, über diese Frage an das Volk, an die Wähler zu appellieren, ob das wirklich die Meinung der Wähler ist. (Bravo! rechts. – Aha! links.)...

Wenige Ereignisse in der Geschichte des Bismarckreichs zeigen so deutlich die Verflochtenheit von innerer und äußerer Politik wie das Septennat von 1887, seine Vorgeschichte und seine langfristigen Folgen. Seit 1884 hatte sich die Lage Deutschlands in Europa zusehends verschlechtert. Der serbisch-bulgarische Krieg brachte die benachbarten Großmächte Österreich und Rußland bis an den Rand des Krieges. Bismarck, desinteressiert am Balkan [113], regte ohne Erfolg eine Abgrenzung der Interessensphären an, setzte sich aber entschieden gegen den österreichischen Versuch zur Wehr, den Bündnisfall auszuweiten. Leitgedanke der deutschen Politik war es, den Krieg zu verhindern. Brach er aus, würde Deutschland aufgrund seiner Mittellage unweigerlich hineingezogen werden. Denn: »Es liegt im Interesse Deutschlands, daß die Zahl der Großmächte nicht geringer werde. Wenn die beiden uns befreundeten Mächte Rußland und Österreich in Krieg geraten, können wir es allenfalls ruhig mitansehen, daß eine erste Schlacht von dieser oder jener verloren wird. Wir können es aber nicht vertragen, daß eine derselben, gleichgültig welche, in Stücke geschlagen oder sonst derartig geschwächt wird, daß sie aufhört, Großmacht zu sein. Ein solches Ergebnis würden wir hindern müssen.«[1] Da man sich in Petersburg durch diese deutsche Haltung an einem raschen und für das Prestige des Zarentums erwünschten Sieg gehindert fühlte, stieg die seit dem Berliner Kongreß und vollends seit der Abschließung des deutschen Marktes vorhandene Erbitterung gegen Deutschland. Diese Entwicklung enthielt jedoch um so mehr Gefahren, als sie mit einer Aktivierung des französischen Revanchegedankens zusammenfiel, der im Kriegsminister Boulanger eine für deutsche Militärs nicht eben beruhigende Verkörperung gefunden hatte. Vorübergehend schien es zwar, nachdem das französisch-britische Kondominium über Ägypten im Juli 1882 zerfallen war, daß Deutschland wieder der Schiedsrichter Europas werden und mit Frankreich einen Ausgleich in Übersee finden könne. »Falls wir auf den französischen Antrag eingehen«, schrieb Holstein, »wird uns Frankreichs Freundschaft, Vergeben und Vergessen in Aussicht gestellt. Wenn wir nicht darauf eingehen, wird Frankreich...die Freundschaftsanerbietungen in Erwägung ziehen müssen, welche von russischer Seite unablässig in Paris gemacht werden.«[2] Aber der Preis des Pariser Wohlwollens, die Entfremdung gegenüber England, schien zu hoch und der dauernde Erfolg zu ungewiß, um auf die französische Karte zu setzen.

Statt die europäischen Mächte am Rande Europas und in Übersee begrenzte Konflikte austragen zu sehen, stand das deutsche Reich unter der Drohung des Zweifrontenkrieges. Die doppelte Gefahr von Osten und Westen machte das Dreikaiserabkommen zu einem wertlosen Papier. Während nun die verbündeten Generalstäbe in Berlin und Wien sich die Vorteile eines raschen Präventivkriegs vorrechneten und die meisten Zeitungen für den ganzen Krieg anstelle des halben Friedens plädierten, schrieb Bismarck Ende 1886 einen Brief an den preußischen Kriegsminister, der vom Alpdruck der französisch-russischen Koalition diktiert war und der Skepsis gegenüber jedem Kalkül Ausdruck gab, das den früheren Krieg für den besseren erklärte [110]. Deutschland hatte nach Meinung Bismarcks keine andere Wahl, als seine Stellung nach innen und außen weiter abzusichern – nicht, um den Krieg herbeizuführen, sondern um seinem Ausbruch vorzubeugen. Deutschland war saturiert, so beschwor Bismarck die Nation [113]. Es konnte in dem künftigen Krieg nichts gewinnen, aber alles verlieren. Kam ein großer Krieg, so würde er anders sein als der von 1870/71. Es konnte ein siebenjähriger, es konnte ein dreißigjähriger Krieg sein – die gesellschaftliche Ordnung würde ihn nicht überdauern.

Während Bismarck den drohenden Wegfall der russischen Neutralität durch Steigerung der deutschen Rüstung und innenpolitische Sammlung wettmachen wollte [109f., 144], versuchte er gleichzeitig, das mit der Heeresvermehrung verbundene vernehmliche Säbelrasseln durch Parlamentsreden über das angeblich ungetrübte Verhältnis zu Rußland zu übertönen [113]. In der Folge suchte er nicht nur nach weiteren bündnismäßigen Sicherungen durch Verlängerung des Dreibunds und Heranziehung Englands [114] – 1889 ließ er auch die Möglichkeit eines Bündnisses mit England sondieren [134] – sondern setzte auch alles daran, das entwertete Dreikaiserabkommen durch einen zweiseitigen Vertrag mit Rußland zu ersetzen, der Deutschland, wenn es gegen Frankreich zum Krieg kam, weiterhin den Rücken freihielt [115–118]. Angesichts der in beiden Ländern hochgehenden Wogen kriegerischer Redensarten war der Abschluß des Rückversicherungsvertrags vom 18. 6. 1887 eine diplomatische Meisterleistung, die jedoch gegenüber der russischen Öffentlichkeit mit strikter Geheimhaltung des Textes erkauft war. Unzweifelhaft ist, daß das geheime Zusatzprotokoll, das Rußland Unterstützung bei der Verteidigung des Zugangs zum Schwarzen Meer versprach, mit anderen Bündnisverpflichtungen Deutschlands in Widerspruch stand. Die Beurteilung wird aber letzten Endes davon auszugehen haben, daß das Bismarcksche Bündnissystem nicht auf seine Funktionsfähigkeit im Kriege, sondern auf die diplomatische Sicherung des Friedens hin konzipiert war [126f.] – gerade dieser Widerspruch zu einem vom Krieg ausgehenden und klare Fronten voraussetzenden militär-strategischen Denken hat dazu beigetragen, daß das System den Sturz des Kanzlers nicht überdauerte.[2a] Im übrigen zeigt aber bereits die deutsche Außenpolitik am Ende der Ära Bismarck, wie wenig man sich dem im Kissinger Diktat vorgezeichneten Idealzustand anzunähern vermocht hatte [40]. Die freie Mittlerstellung Deutschlands war ferner gerückt denn je, und Bismarck mußte sich auch in der auswärtigen Politik auf ein System von Aushilfen beschränken, das, wenn es auch den nächsten Krieg hinausschob, die dunkle Gewitterfront hinter der Szene der europäischen Diplomatie nicht mehr zu bannen vermochte [123f.].

Die Bedeutung des Septennats lag aber nicht allein in der auswärtigen Politik; im Innern wurde es Ausgangspunkt des konservativ-liberalen Kartells. Schon bei der Vertretung des Branntweinmonopols im Reichstag hatte Bismarck die Gefahren ausgemalt, denen Deutschland in Zukunft ausgesetzt sein könne [105]. Er hatte dabei an die Zeit vor 100 Jahren erinnert, »als Friedrich der Große noch lebte und wenig Leute daran dachten, daß das tausendjährige Deutsche Reich seinem Ende so nahe wäre, wie es sich nachher bestätigte«.[3] Wer wisse denn, ob nicht im nächsten Kriege »die Fortsetzung, gewissermaßen der vierte Teil desselben Werkes uns dargeboten werden würde, daß wir nicht an den Fahnen der feindlichen Armee, an ihren roten Fahnen die sozialistischen Ideen angebracht sehen würden«? Zwar erlitt der Kanzler mit dem Monopol wiederum eine parlamentarische Schlappe, aber der Boden für die kommenden großen Militärvorlagen war vorbereitet.

Unter diesen stand an erster Stelle die Verlängerung des Septennats. Bismarck kam es nicht nur auf die Absicherung der Heeresvermehrung an – und das um jeden Preis, selbst den eines

Verfassungskonflikts [112] – sondern er rechnete damit, die Militärfrage zum Hebel des innenpolitischen Umschwungs zu machen und sich im Reichstag wieder eine regierungstreue Mehrheit zu verschaffen. Hatte er doch schon im Frühjahr 1886 eine kleine Militärvorlage im Staatsministerium mit der Begründung zu Fall gebracht, daß sich mit ihr schwerlich ein »Schlag gegen die Reichstagsmajorität werde führen lassen«.[4]

Für eine Anlehnung an Bismarck und die Konservativen waren in der Nationalliberalen Partei seit ihrem Heidelberger Programm (1884) die Voraussetzungen so günstig wie nie zuvor.[5] Während Konservative und Liberale einander bereits zusicherten, im kommenden Wahlkampf nicht gegeneinander loszuschlagen, ließ der Kanzler, um den Ernst der Lage zu beweisen, mittels einer großangelegten Pressekampagne Kosaken und Zuaven in den Angstträumen des deutschen Bürgertums ausschwärmen. Daß dies nicht ohne Wirkung blieb, zeigte die Börsenpanik, die von dem – wenn auch in der Praxis äußerst lässig gehandhabten – Pferdeausfuhrverbot, der Einberufung von Reservisten und den Nachrichten über eine Kriegsanleihe ausgelöst wurde.[6]

Als die Opposition zwar die Heeresvermehrung zugestand, aber nur auf drei statt auf sieben Jahre, war die Gelegenheit gekommen: Bismarck löste den Reichstag auf [112f.]. Die das platte Land und den agrarischen, dünnbesiedelten Osten begünstigende Wahlkreisgeometrie und das Stichwahlabkommen der Kartellparteien sicherten ihnen die Mehrheit. Der Kriegsschrecken hatte für die Innenpolitik seinen Dienst getan.

Das Kartell nahm nun in rascher Folge das Septennat und das Landwehrgesetz an, bewilligte neue Steuern und verlängerte die Legislaturperiode von drei auf fünf Jahre [121]. Aber schon bei der Erhöhung der Getreidezölle versagte es. Dafür fand sich wieder jener »schwarz-blaue Block« von Zentrum und Konservativen zusammen, der im preußischen Landtag niemals aufgehört hatte zu existieren und den wiederherzustellen die Hochkonservativen unablässig bemüht blieben.

Das Kartell kann als die größtmögliche Annäherung an eine Regierungskoalition unter konstitutionellen Vorzeichen betrachtet werden. Aber je länger es dauerte, desto deutlicher traten auch die Grenzen liberal-konservativer Interessenharmonie hervor; das zeigte sich weniger bei den Vorlagen, die der Reichstag erhielt und verabschiedete, als bei solchen, die aus Furcht vor der sicheren Niederlage zurückgehalten wurden. So war Bismarck klug genug, sich 1889 dem kaiserlichen Wunsch nach Verschärfung der Strafbestimmungen gegen die Presse zu widersetzen und die Reform der Militärstrafprozeßordnung zu verhindern – beides Probleme, von denen seine Nachfolger zermürbt werden sollten [131, 146]. Auch die Wahlrechtsrevision, obwohl von langer Hand vorbereitet, unterblieb [143].

Als im Frühjahr 1888 Wilhelm I. starb, war der liberale Thronfolger bereits dem Tode nah, so daß das deutsche Ministerium Gladstone, bis dahin ein ständiger Alpdruck Bismarcks [100], der unerfüllbare Traum einiger liberaler Parlamentarier blieb. Während der 99 Tage wurden einige Nobilitierungen und Ordensverleihungen vorgenommen und der durch üble Wahlbeeinflussung belastete reaktionäre Innenminister von Puttkamer mußte seinen Abschied nehmen – an liberale Reformen, wie sie das Reich dringend bedurfte, war nicht zu denken [126, 128]. Beim Tod Friedrichs III. schrieb kein Geringerer als Friedrich Nietzsche, dieses Ereignis sei ein großes, entscheidendes Unglück für Deutschland; die letzte Hoffnung auf deutsche Freiheit gehe zu Grabe. In diesem Epilog war zusammengefaßt, was das liberale Deutschland von der Zukunft fürchtete und was das konservative Deutschland von Wilhelm II. erhoffte.

Schon vor der Thronbesteigung hatte der junge Herr niemandem verschwiegen, daß er gesonnen war, die Regierung selbst zu führen und nicht allezeit im Schatten des großen Kanzlers zu stehen: »Sechs Monate will ich den Alten verschnaufen lassen, dann regiere ich selbst.«[7] Der Sturz Bismarcks war seitdem nur noch eine Frage der Zeit [122, 137]. Doch wäre es verfehlt, ihn allein oder auch nur vorwiegend aus dem persönlichen Gegensatz zum Kaiser erklären zu wollen [138]. Dieses Verhältnis entwickelte sich in der Tat sehr unerfreulich, was ohne Zweifel in einer Krisensituation die Fronten verschärfen mußte. Aber bestimmend war eine Mehrzahl von Motiven, die seit dem Frühjahr 1889 zunehmend Gewicht erlangten.

Wohl kein Einzelproblem aus der Geschichte des Kaiserreichs hat die Forschung bis heute so in Atem gehalten wie der Sturz Bismarcks. Und nur in einem Punkt hat sich so etwas wie eine communis opinio herausgebildet: daß Bismarcks Rücktritt eine tiefe Zäsur in der Geschichte des Kaiserreichs bedeutet, das Ende einer Epoche. Aber schon die weitere Frage, inwieweit der Wilhelminismus Kontinuität oder Wandel bedeutete, die Frage, inwieweit der »Neue Kurs« tatsächlich neu war oder nur in der

Bismarckzeit angelegte Kräfte und Tendenzen freisetzte und über sich selbst hinausführte, hat sehr unterschiedliche Antworten gefunden.

Noch mehr gilt das für die Frage nach den Gründen, die schließlich den Bruch zwischen Kaiser und Kanzler herbeiführten. Daß es nicht allein persönliche Spannungen zwischen dem alten Kanzler und dem jungen Kaiser waren, der im Potsdamer Kasinoton Politik machen wollte, wurde bereits von den Zeitgenossen bemerkt. Gleichwohl ist dieser Gegensatz nicht selten als entscheidend angesehen worden, alles andere nur als Mittel und Vorwand. Nun haben zweifellos Unterschiede des politischen Stils [129, 145], persönliche Imponderabilien und intrigante Ratgeber und Günstlinge an der Seite des Monarchen wesentlichen Anteil an der Zuspitzung des Verhältnisses gehabt [132]. Von erheblich größerer, vielleicht entscheidender Bedeutung waren aber die Unterschiede in der Beurteilung der sozialen Frage. Sie ließen sich nicht mehr übersehen, seitdem Wilhelm II. die Sozialdemokratie durch Reform der Schulpläne bekämpfen wollte, Bismarck aber gelassen feststellte, daß bei dem unausweichlichen letzten Gefecht alle Bildung nicht zählen werde, sondern nur Gewalt [139f.]. Dieser Gegensatz wirkte unter der Oberfläche fort. Er zeigte sich bei der Behandlung der Gelsenkirchener Streiks im Frühjahr 1889 [141] ebenso wie bei der dilatorischen Behandlung, die Bismarck dem von Wilhelm II. vorgelegten Arbeiterschutzprogramm angedeihen ließ [149, 151], während er gleichzeitig verbissen an der Kampfpolitik des Sozialistengesetzes festhielt – und damit das Kartell ruinierte.[8] Das System der taktischen Bündnisse zur Unterdrückung der Sozialdemokratie reichte aber 1890 nicht mehr aus. Wollte man den scharfen Kurs fortführen, blieben nur das enge, auf Parlamentarisierung zulaufende Bündnis mit dem Bürgertum oder der Staatsstreich von oben.[9]

Weiter ist die These beachtenswert, daß Bismarck unter der Oberfläche des komplizierten Systems der konstitutionellen Monarchie immer von dem Bündnis mit der Armee abhängig geblieben sei. Nur mit dem festen Rückhalt an der maison militaire sei er in der Lage gewesen, seinen schroffen Kampfkurs im Innern durchzuhalten. Der latente Gegensatz zwischen militärischer und ziviler Beurteilung der auswärtigen Politik ist dann seit 1886 durch die Präventivkriegsproblematik wesentlich verschärft worden [123, 127, 142]. Der Kanzler fiel, als es Wilhelm II. gelang, die militärische Seite mit Moltke und dem

Generalstabschef Graf Waldersee an der Spitze zur Aufkündigung dieses Bündnisses zu bestimmen.[10]

Erst in letzter Zeit ist auch die Rolle der politischen Parteien in der Krise von 1890 noch einmal eingehend untersucht worden.[11] Das Ergebnis zeigt, daß die Frage nach der Zukunft des Kartells Bismarck und Wilhelm II. doch offenbar weit stärker entzweit hat, als man bisher hat annehmen können. Bismarck habe danach die Niederlage des Kartells bewußt nicht nur in Kauf genommen, sondern mit herbeigeführt, da die Aussicht, gegen die Reichstagsmehrheit anzuregieren, es dem Kaiser erschweren mußte, den Lotsen von Bord gehen zu lassen. Es lag auf der Hand, daß es im Interesse des Kaisers war, die Macht des Kanzlers nicht auf einmal, sondern Stück für Stück zu demontieren. Nach der Wahlniederlage der Kartellparteien am 20. Februar 1890 hat aber Bismarck offenbar seine Stellung überschätzt, indem er die konservativ-katholische Koalition [150] als Alternative der Regierungspolitik in greifbare Nähe rückte – was die gleichzeitig verfolgten Staatsstreichpläne nicht behinderte [148, 153, 154]. Dadurch wurde es aber für die Führer des Kartells zu einer politischen Existenzfrage, den sich abzeichnenden Bruch des Kaisers mit dem Kanzler zu beschleunigen. Im Kampf um die Macht erwies sich dann der Erbmonarch im Bunde mit den hinter dem Kartell stehenden Kräften als der Stärkere [152, 155 f.].

Als Bismarck das Reichskanzlerpalais verließ, war das Verfassungssystem von 1871 tief gestört. Es hatte auf der Voraussetzung beruht, daß sich kaiserliche potestas und kanzlerische auctoritas die Waage hielten, ja letztere sogar überwog. Bismarck hatte diese Machtverteilung in einem Maße auf sein Verhältnis zu Wilhelm I. zugeschnitten, daß die Persönlichkeit des Kanzlers geradezu einen Teil der Verfassung darstellte, eine Macht *sui generis*, ohne die das System ins Gleiten geriet. 1890 zeigte es sich, daß die cäsaristische Monarchie der bestimmende Faktor im deutschen Staatsleben geworden war, ohne Gegengewicht in den Institutionen. Darin zeigte sich eines der schweren Versäumnisse Bismarcks. Das persönliche Regiment Wilhelms II. konnte nur deshalb florieren, weil es weder im Reichstag noch im Bundesrat oder im preußischen Staatsministerium ein Gegengewicht gab. Nach dem Sturz Caprivis (1894), des »unbequemen Untertanen«, besaß dann auch die Kanzlerstellung nur noch einen Schatten der Macht, die ihr unter Bismarck einst zur Verfügung gestanden hatte. Das persönliche Regiment verband sich in der Mitte der neunziger Jahre mit einer neuen Ära plebiszitärer Machtverankerung, der Kombination von monarchischem Charisma und bürgerlichem Imperialismus und der ideologisch-demagogischen Steuerung eines politischen Massenmarkts.[12]

Diese Entwicklung barg um so mehr Gefahren, als die Grundprobleme des deutschen Reiches ungelöst geblieben waren und, je mehr die Zeit fortschritt, immer weniger lösbar wurden: die innere Dynamik des unvollendeten Nationalstaats, die Diskrepanz zwischen ökonomisch-staatlicher Modernisierung und mangelnder Demokratisierung und die Belastung der europäischen Politik, die aus der deutschen Großmachtrolle erwuchs.

Am 18. März 1890 war der Lotse von Bord gegangen. In völliger Verkennung der deutschen Situation rief der Kaiser: »Der Kurs bleibt der alte! Volldampf voran!« Bismarcks europäisches Bündnissystem, vom Primat der Innenpolitik belastet, war seit einem Jahrzehnt äußerst kompliziert geworden; zu kompliziert, um von Dauer zu sein. Nach wenigen Jahren geriet die deutsche Außenpolitik in rasche Fahrt; sie zielte auf imperialistische Entfaltung, auf Seemacht und Weltgeltung. Was aber als der Weg in ein neues Zeitalter begann, wurde bald der Aufbruch zu einer sizilischen Expedition.

## [114] England und das Gleichgewicht Europas

*3. 2. 1887, Bismarck an Hatzfeldt*

. . . Ich habe Sir Edward Malet gebeten, bei seinem Chef die Versicherung zu geben, daß wir jede Annäherung zwischen Italien und England als erwünscht betrachteten, weil wir überzeugt sind, daß die Sicherstellung des europäischen Friedens durch eine solche gefördert wird. Ich bedauerte, aus neueren Nachrichten verschiedener Quellen zu entnehmen, daß Lord Salisbury durch die inneren Verhältnisse Englands dessen Zurückhaltung in allen auswärtigen Fragen für geboten halte. Eine solche Zurückhaltung sei meiner Ansicht nach für eine Macht wie England nicht möglich, ohne zu vollständiger Isolierung derselben zu führen, indem dadurch Kombinationen aller anderen Mächte untereinander ermöglicht und gefördert werden, in welchen jede Rücksicht auf England fortfiele, weil letzteres durch seine prinzipielle Zurückhaltung an jeder Gegenleistung und an jeder Förderung der Interessen der anderen Mächte verhindert wird. Ich erläuterte dies an unserm Beispiel, indem ich anführte, daß wir, wenn England sich von jeder Beteiligung an der europäischen Politik zurückzöge, keinen Grund mehr haben würden, den französischen Wünschen in Ägypten oder den russischen im Orient, wie weit immer dieselben sich erstrecken möchten, unsere Förderung vorzuenthalten. Wir hätten das Interesse, mit diesen beiden Nachbarmächten in Frieden zu leben; wenn wir auf Englands Beistand in der Haltung der Verträge und des status quo und auf dieselbe englische Machtentwickelung rechnen könnten, wie sie noch zur Zeit des Krimkrieges stattgefunden habe, so würden wir zu egoistischen Wünschen Frankreichs oder Rußlands eine andere Stellung nehmen können, als bei völliger Enthaltsamkeit Englands für die Interessen unserer Nation angezeigt sei. Die letzteren würden weder durch Frankreich in Ägypten noch durch Rußland in Konstantinopel Schaden leiden können. In Kriegen mit unsern beiden Nachbarn, Rußland sowohl wie Frankreich, hätten wir nichts zu gewinnen, und wenn wir den Frieden mit ihnen dadurch erkaufen könnten, daß wir ihnen auf Gebieten, die für uns gleichgültig wären, freie Bewegung ließen, sie vielleicht sogar mit mehr oder weniger Wohlwollen förderten, so würde darin nur eine Fürsorge für den Frieden Deutschlands liegen, die zu den Pflichten der Regierung gehöre . . .

Ich habe Sir Edward Malet darauf aufmerksam gemacht, daß wir in der gegenwärtigen Situation nicht viel mehr leisten können, als Frankreich in Schach zu halten. Wenn dies aber im vollen Sinne der Fall ist, so wird dadurch für England sowohl wie für Italien die Möglichkeit einer freieren Bewegung geschaffen, und wenn diese beiden Mächte in Verbindung mit Österreich stark genug sind, um russische Friedensstörungen mit Wahrscheinlichkeit zu hindern, und wenn auf der anderen Seite Deutschland und Frankreich einander so aufwiegen, daß ein Schwert das andere in der Scheide hält, so wäre damit das Gleichgewicht und der Friede in Europa gesichert. Beides hängt nur von England ab; wenn aber England aus jener Kombination ausscheidet, so würden wir genötigt sein, nach anderen oben angedeuteten Auskunftsmitteln zu suchen, um unsererseits für die Erhaltung des Friedens zu tun, was wir können.

Daß wir Frankreich trotz aller Boulangerschen Provokationen nicht angreifen werden, habe ich dem englischen Botschafter wiederholt versichert und dabei im Hinblick auf englische Zeitungen die Frage aufgeworfen, ob England im Grunde ein Interesse daran zu haben glaube, daß der Krieg zwischen uns und Frankreich ausbreche. Manche englischen Blätter ließen das vermuten, ich kann aber nicht daran glauben. Auch Sir Edward Malet widersprach dem mit Eifer und Überzeugung und versicherte, daß England den Krieg an sich nicht wünschen könne, noch weniger aber eine Niederlage Deutschlands in demselben, weil England sich dann mit Frankreich und Rußland gewissermaßen allein auf der europäischen Bildfläche befinden würde. Dieser Satz ist ganz richtig, aber wenn England glaubt, sich tot stellen und uns allein die Regelung der kontinentalen Fragen überlassen zu können, dann liegt doch die Gefahr nahe, daß es sich eines Tages auch ohne vorherigen Untergang Deutschlands lediglich wegen Mangels an Beteiligung an der europäischen Politik isoliert einer der kontinentalen Mächte gegenüber befinden könnte. Ich halte es im Interesse der Sicherheit Deutschlands für geboten, entweder mit England oder mit Rußland eine nähere Fühlung zu suchen, wenn nicht durch die oben skizzierte Konstellation der Frieden und das Gleichgewicht gesichert wird...

## [115] Frankreich als europäischer Faktor

*25. 2. 1887, Bismarck an Schweinitz*

Wenn Sie wieder eine Gelegenheit finden, die Frage der Großmachtsstellung Frankreichs mit russischen Staatsmännern zu besprechen, so können Sie letztere über unsere Stellung zu derselben vollkommen beruhigen. Wir haben einmal durchaus kein Bedürfnis, Frankreich anzugreifen; *wenn* wir aber bei einem Angriffe Frankreichs auf uns siegreich bleiben sollten, so irrt Herr von Giers, wenn er annimmt, daß wir nicht das gleiche Interesse an der Aufrechterhaltung von Frankreichs Großmachtstellung haben, wie Rußland. Frankreichs Fortbestehen als Großmacht ist *für uns* ebenso Bedürfnis, wie das jeder andern der Großmächte, allein schon aus dem Grunde, weil wir für gewisse Fälle eines maritimen Gegengewichtes zur See gegen England bedürfen. Bei der naheliegenden Möglichkeit der Wiederkehr einer radikalen Regierung in England liegt auch der Lieblingsgedanke des Herrn Gladstone, d. h. ein russisch-englisches Bündnis, nicht außerhalb unserer Erwägungen. Schon mit Rücksicht auf diese Eventualität liegt die Fortexistenz Frankreichs als Großmacht innerhalb der Erwägungen jeder deutschen Politik, die mit einem längern Zeitraum als dem der momentanen Konstellation zu rechnen hat. Es ist ein Bedürfnis der deutschen Politik, wenigstens mit einer der großen westlichen Seemächte, wenn es mit beiden nicht geht, auf freundschaftlichem Fuße zu stehen; da dies für jetzt mit Frankreich nicht möglich ist, welches durch die Haltung der russischen Presse in eine besonders feindselige Stimmung gegen Deutschland hineingehetzt wird, so sind wir gegenwärtig auf England angewiesen; es kann sich das aber bald ändern, und es ist sehr gut denkbar, daß unsere Beziehungen zu Frankreich in kurzer Zeit noch intimer werden, als sie selbst zur Zeit des Herrn Ferry waren. Die russische Annahme, als ob wir Frankreichs Großmachtsstellung dauernd vernichten wollten, ist also eine kurzsichtige; wir brauchen Frankreich in den politischen Konstellationen nach Umständen sogar mehr, als Rußland desselben zu bedürfen glaubt. Wenn wir von Frankreich angegriffen würden und siegten, so würden wir doch nicht an die Möglichkeit glauben, eine Nation von 40 Millionen Europäern von der Begabung und dem Selbstgefühl wie die Franzosen vernichten zu können. Es ist das drei großen Reichen im Osten seit 100 Jahren nicht einmal mit der im Vergleich mit der französischen so unbedeutenden polnischen Nationalität gelungen, obschon in der letztern der in Frankreich fehlende Zwiespalt zwischen Adel und Bauern die Aufgabe leichter erscheinen läßt. Wir würden deshalb den aussichtslosen Versuch, Frankreich als Macht zu vernichten, niemals unternehmen. Wenn aber Frankreich jedenfalls stark bleibt oder nach kurzer Erholung wieder wird, so daß wir mit seiner Nachbarschaft stets zu rechnen haben, so wird sich im nächsten Kriege, wenn wir siegen, eine schonende Behandlung empfehlen, grade wie Österreich gegenüber 1866. Wenn ich im Reichstage anders gesprochen habe, so geschah es, um vom Kriege abzuschrecken. Gelingt letzteres nicht, so würden wir nach der ersten gewonnenen Schlacht Frankreich unter günstigen Bedingungen den Frieden bieten. Würden wir geschlagen, so läßt sich kaum annehmen, daß der russischen Politik das geographische Näherrücken der siegreichen französischen Republik sehr willkommen sein könne...

## [116] Die monarchische Solidarität und der europäische Friede

*15. 5. 1887, Bismarck an Prinz Reuß*

...Aus Ew. pp. Bericht geht hervor, daß Seine Majestät der Kaiser Franz Joseph wünscht, daß das Hauptgewicht der Veröffentlichung auf das *Fortbestehen* des Vertrages* gelegt werden soll. Ich halte letzteres für zweifellos erwünscht; und hoffe darauf. Aber wenn wir heut die *Zukunft* unseres durch Mißtrauen gegen Rußland ursprünglich eingegebenen Bündnisses in den Vordergrund stellen, so kennzeichnen wir dadurch dieses Mißtrauen öffentlich vor Europa als ein für alle Zukunft begründetes, was ich im Interesse des Friedens an sich nicht für nützlich, jedenfalls aber für eine Schwächung der Sache der Monarchie für die, wie ich glaube, bevorstehenden revolutionären Kämpfe halten würde. Ein als dauernd proklamierter Zustand des Mißtrauens zweier Kaiser gegen den dritten ist immer eine Ermutigung für die Feinde monarchischer Einrichtungen. Wir haben ein Jahrhundert hindurch ein Bedürfnis, Rußland gegenüber ununterbrochen gerüstet zu sein, nicht empfunden, und es können ähnliche Zeiten wiederkehren. Eine Situation, in welcher die Erklä-

* Deutsch-österreichischer Bündnisvertrag von 1879.

rung liegt, daß wir auf Menschenalter hinaus dem Frieden nicht trauen, würde die Erhaltung desselben an sich gefährden und die Hoffnungen unserer Gegner stärken.

### [117] Deutschland, Rußland, Österreich

*28. 7. 1887, Bismarck an Wilhelm I.*

Dem Vernehmen nach wird der Kaiser Franz Joseph Euere Majestät im Laufe der nächsten beiden Wochen in Gastein besuchen, und bei Gelegenheit der politischen Besprechung ohne Zweifel auch das im vorigen Monat abgelaufene Vertragsverhältnis mit Rußland zur Sprache kommen. Ich erlaube mir, ehrfurchtsvoll darauf aufmerksam zu machen, daß wir nach den mit dem Kaiser Alexander getroffenen Verabredungen verpflichtet sind, jedermann und auch dem befreundeten Österreich gegenüber die Tatsache geheim zu halten, daß der Kaiser von Rußland mit uns allein einen geheimen Vertrag wieder geschlossen hat. Der Kaiser Alexander legt auf diese Geheimhaltung einen besonders hohen Wert, weil er befürchtet, daß ihm dieser Abschluß mit Deutschland in der russischen öffentlichen Meinung, wenigstens in der panslawistischen Richtung derselben, nachteilig sein werde...

Es bleibt der Vertrag des Kaisers von Rußland mit Euerer pp. wenigstens ein Band, welches erhöhte Möglichkeit gewährt, Rußland in der Bahn des Friedens und der monarchischen Politik festzuhalten. Wäre Rußland für die nächste Zukunft ganz ohne Vertrag mit uns oder mit Österreich, so würde uns jede Kontrolle der Bahnen, welche die russische Politik gehen könnte, fehlen. Den Einfluß, welchen uns der deutsch-russische Vertrag auf die russische Politik gewähren kann, werden Euere pp. gewiß geneigt sein, nur in demselben Sinne auszunutzen, als ob das Bündnis zu Dreien mit Rußland und Österreich fortbestände. Die beiden Verträge zu Zweien, vermöge deren Euere pp. gegenwärtig einerseits mit Österreich, andrerseits mit Rußland defensiv verbunden sind und daher das Interesse haben, den Frieden auch zwischen Österreich und Rußland nach wie vor zu erhalten, bilden einen Ersatz für den abgelaufenen und an der Weigerung des Kaisers Alexander, mit Österreich direkt zu paktieren, gescheiterten Drei-Kaiser-Vertrag; der Form nach keinen vollständigen, in der Tat aber einen mindestens ebenso wirksamen. Auch in dem früheren Vertrage zu Dreien fiel Euerer pp. allein die Aufgabe wesentlich zu, den Frieden zwischen Österreich und Rußland zu erhalten. Das wird auch in der Zukunft vermöge der Defensivallianz, in der Euere pp. mit jedem einzelnen der beiden Kaiser stehen, der Fall sein...

Für unsern geheimen Vertrag mit Österreich tritt im Oktober d. Js. die verabredete zweijährige Kündigungsfrist ein, d. h., wenn der Vertrag mit Österreich 1889 aufhören soll zu bestehen, so müssen wir ihn jetzt kündigen. Euere pp. möchte ich ehrfurchtsvoll bitten, den Kaiser Franz Joseph darüber nicht in Zweifel zu lassen, daß Allerhöchstdieselben den Vertrag im Oktober *nicht* kündigen, sondern weiter fortsetzen werden. Wir stehen dann für die nächsten drei Jahre, auf welche unser russischer Vertrag abgeschlossen ist, in dem Verhältnis, daß wir Österreich beistehen, falls es von Rußland angegriffen wird; daß wir aber neutral bleiben, wenn Rußland von Österreich angegriffen würde. In dieser Stellung liegt eine starke Nötigung für die beiden andern Kaisermächte, untereinander Frieden zu halten. Welche von ihnen für den Fall, daß sie dennoch miteinander in Krieg gerieten, der angreifende Teil gewesen sein würde, darüber würde die unparteiische und loyale Entscheidung Euerer pp. zustehen. Daß dieser Fall eintritt, ist aber gerade infolge der Lage unserer Verträge wenig wahrscheinlich...

Der Haupteffekt unseres deutsch-russischen Vertrages bleibt für uns immer der, daß wir drei Jahre hindurch die Zusicherung haben, daß Rußland neutral bleibt, wenn wir von Frankreich angegriffen werden. Einen Angriff Frankreichs auf Deutschland infolge innerer französischer Zustände und Vorgänge halte ich nach wie vor für die nächstliegende Wahrscheinlichkeit einer Friedensstörung in Europa; viel wahrscheinlicher als die eines russischen Orientkrieges.

### [118] Isolierung Frankreichs

*8. 8. 1887, Bismarck an Hatzfeldt*

...Zu dem Texte Ihres Berichtes vom 3. d. Mts. bemerke ich noch, daß auch ich glaube, daß Rußland sich der Aktion enthalten will, bis der deutsch-französische Krieg zum Ausbruch kommt. Vielleicht aber ist Rußland nicht die einzige Macht, welche auf diese Eventualität wartet, um Stellung zu nehmen, und auch der besonnene Teil der Franzosen wartet wieder darauf, daß ein deutsch-russischer Krieg ausbrechen werde, um danach Deutschland anzugreifen.

Zu einem deutsch-russischen Kriege liegt auch heute, wie seit einem Jahrhundert, nicht die mindeste Aussicht und Veranlassung vor: Ich halte unsern Frieden mit Rußland für gesichert; und auch zu einem russischen Kriege gegen Österreich liegt gegenwärtig eine Velleität namentlich bei Kaiser Alexander nicht vor. Der Kaiser ist persönlich friedliebend, und *kein* russischer Kaiser, der nicht unter dem Drucke einer Revolution oder der Furcht vor einer solchen handelte, würde einen deutschen Krieg vom Zaune brechen, weil ein solcher auch im Siege für Rußland keinen Kampfpreis haben, bei unglücklichem Verlauf aber der Dynastie gefährlich sein würde. Deutschland aber wird ganz sicher Rußland noch weniger wie Frankreich angreifen, und wenn Frankreich uns angreift, so müßten wir vollständig von Gott verlassen sein, wenn wir ihm nicht gewachsen wären.

Daß Frankreich bei solchem Angriffe den Beistand Rußlands haben würde, glaube ich sicher nicht. Ich bin überzeugt, daß Rußland im Fall eines deutsch-französischen Krieges Zusagen über die Art unseres Friedensschlusses im Fall des deutschen Sieges von uns verlangen würde; aber ebenso fest bin ich überzeugt, daß, wenn wir solche Zusagen geben, eine französische Aggression nicht die mindeste Aussicht auf russischen Beistand haben würde. Aber selbst wenn das Gegenteil stattfände, würden wir mit einer Million guter Truppen unter guten Offizieren an *jeder* unserer beiden Grenzen, ganz abgesehen von dem Beistande Österreichs, immer noch in keiner verzweifelten Lage sein. Ich wiederhole indessen Euerer pp. den Ausdruck meiner festen Überzeugung, daß eine russisch-französische Allianz gegen uns ganz außerhalb der Berechnung liegt, und daß wir Frankreich nicht angreifen, einen einseitigen französischen Angriff aber, der die Folge politischer Bewegungen und Konvulsionen sein kann, mit ruhiger Sicherheit abwarten werden...

## [119] Alters- und Invalidenversicherung

*11. 9. 1887, Votum Bismarcks*

Ich kann nicht umhin, einige der Bedenken zu teilen, welche gegen die Grundsätze zur Alters- und Invaliden-Versicherung von den Herren Ministern für Landwirtschaft und der Finanzen in deren Votis vom 27. Juli und 21. August d. J. angeregt worden sind.

Vorweg erlaube ich mir zu bemerken, daß, als ich seinerzeit die aus dem Tabaksmonopol zu erwartenden Einkünfte als das »patrimonium der Enterbten« bezeichnete, mich dabei der Gedanke leitete, daß das Reich *alle* durch die Alters- und Invaliden-Versicherung entstehenden Kosten aus eigenen Mitteln tragen werde.

Geschähe dies, so würden damit nicht nur das von dem Herrn Finanzminister für diejenigen Betriebe, bei welchen der Arbeitslohn den Hauptfaktor der Produktionskosten bildet, aus der Beitragspflichtigkeit der Arbeiter und der dadurch bedingten Steigerung der Produktionskosten hergeleitete Bedenken einer Beeinträchtigung der Konkurrenz- und Exportfähigkeit der Waren, sondern auch die Einwendungen, welche gegen die Höhe und die verschiedene Bemessung der Beiträge bei ausnahmslos gleicher Normierung der Renten erhoben worden sind, wegfallen.

Den Satz, daß man nicht die Gesamtheit der Steuerzahler zugunsten einzelner Klassen der Bevölkerung belasten dürfe, vermag ich als richtig nicht anzuerkennen. Vielmehr trifft hier der Grundsatz zu, auf dem schon die Fabel des Menenius Agrippa von den Gliedern des Körpers und dem Magen beruht. Wie jeder lebendige Organismus an der Erhaltung und dem Wohlbefinden eines jeden seiner Glieder ein vitales Interesse hat, so hat auch die zum Staat gefügte Gesamtheit aller Stände und Berufszweige ein Interesse daran, daß jeder einzelne – insbesondere auch Industrie und Landwirtschaft – gedeihe, und darf sich nicht scheuen, dafür Opfer zu bringen.

Die Alters- und Invaliden-Versicherung ist ein allgemeines und nationales Bedürfnis, welches daher aus dem Nationalvermögen befriedigt werden sollte. Eine itio in partes zu diesem Zweck würde dem nationalen Bedürfnis nicht entsprechen und wirtschaftlich ungleich wirken. Jedenfalls müßten die zu belastenden Verbände ausnahmslos größer gegriffen werden, als die bisherigen Genossenschaften und Gemeinden sind...

## [120] Allein auf die russische Karte setzen?

*12. 11. 1887, Randbemerkungen Bismarcks zu einem Bericht des Botschafters in London*

Unmöglich*; wir können nie eine Politik machen, in Folge deren wir isolirt wären, sobald Rußland es gut finden [wird]. Wir können uns nicht auf Rußlands Liebe *allein* verlassen, nach allem was seit 78 vorgegangen ist, u. uns nicht mit Oest[er]r[eich] Engl[an]d Ital[ien] mit denen das Bündniß in Deutschl[an]d populär ist, brouilliren. *Was* sollten wir im Bunde mit Rußland erstreben, um uns von Petersburger Launen abhängig zu machen!

* Bezieht sich auf eine aktive Unterstützung Rußlands im Orient durch Deutschland, die das britische Kabinett von der Thronbesteigung des Prinzen Wilhelm (später Wilhelm II.) befürchtete.

## [121] Verlängerung der Legislaturperiode

*21. 9. 1887, Rottenburg an Puttkamer*

Euerer Excellenz beehre ich mich im Auftrage des Herrn Minister-Präsidenten für das hochgeneigte Schreiben vom 20. d. Mts. verbindlichst zu danken.

S. D. theilt durchaus Ew. p. Auffassung, daß eine Verlängerung der Legislatur-Perioden im Reiche und in Preußen von 3 auf 5 Jahre wünschenswerth sei; es würde jedoch seiner Ansicht nach taktisch schädlich und für die Weiterentwicklung der Sache gefährlich sein, wenn man schon jetzt mit einer erkennbar gouvernementalen Preß-Agitation dafür einträte. Die Folge davon würde die Inscenirung einer Gegen-Agitation sein, welche die gegenwärtig, wie es scheint, günstige Stimmung der die Majorität bildenden Parteien verschlechtern würde. Insbesondere ist zu besorgen, daß die Nationalliberalen, deren Presse für das Projekt...eintritt, ängstlich werden würden, wenn sie sich vor der Öffentlichkeit zu lange als im Einverständniß mit der Regierung stehend produciren müßten. –

S. D. glaubt hiernach von einer Preßthätigkeit der Regierung zu Gunsten des in Rede stehenden Projekts g. erg. abrathen zu sollen.

## [122] Prinz Wilhelm

*9. 12. 1887, Tagebuch Lucius'*

...Es werden jetzt lebhafte Versuche gemacht, den Prinzen Wilhelm in das hochkonservative und orthodoxe Lager zu ziehen, welches Bismarck sehr scharf verurteilt und mißbilligt. Was lange Röcke trage (Frauen, Pfaffen, Richter) tauge nichts in der Politik, und wer diese Richtung begünstige, mit dem sei das Tischtuch zerschnitten. Stöcker müsse sich vom Prinzen und von der Politik zurückziehen. Der Prinz Wilhelm habe die reaktionärsten Anwandlungen und wolle zum Beispiel den Juden verbieten, in der Presse tätig zu sein. Er werde in die bedenklichsten Konflikte geraten und müsse einen vernünftigen Ziviladlatus erhalten, welcher ihn gehörig informiere und beeinflusse.

## [123] Das Problem des Präventivkrieges

*a) 15. 12. 1887, Bismarck an Prinz Reuß*

Eure Durchlaucht gehen...scheinbar von der Voraussetzung aus, daß die militärischen Auffassungen des Generalstabes, welche Ihnen...zur Orientierung und Belebung der österreichischen Militärs mitgeteilt wurden, für meine *politische* Auffassung maßgebend wären. Ich habe dabei nur die Absicht gehabt, die österreichische Armeeleitung durch das Feuer der unsrigen zu erwärmen und nur mit wenigen Worten auf den Schluß hingewiesen, welchen der Chef des Generalstabes von *seinem* Standpunkte aus militärisch gezogen hat, um durch Eurer Durchlaucht Vermittelung die dortigen Militärs darüber zu informieren, wie unser Generalstab die Situation auffaßt. Wir sind kriegsbereiter als das österreichische Heer, und halte ich die ... erwähnte Auffassung des Grafen Moltke bezüglich *unseres* militärischen Verhaltens für verfrüht; ich erinnere mich, daß unser Generalstab sowohl im Jahre 1867 als auch im Laufe der 70er Jahre bezüglich Frankreichs wiederholt ähnliche aggressive Vorschläge vertreten hat, wie jetzt bezüglich Rußlands; wenn man auch in der Frage von Krieg und Frieden eine Sicherheit für die Zukunft nicht haben kann, so halte ich es doch durchaus nicht für angezeigt, Seiner Majestät dem Kaiser wegen der bisherigen russischen Rüstungen und Bedrohungen einen Angriffskrieg gegen Rußland anzuraten. Solange ich Minister bin, werde ich meine Zustimmung zu einem prophylaktischen Angriffe auf Rußland nicht geben, und ich bin auch weit entfernt, Österreich zu einem solchen zu raten, *solange* es nicht der *englischen* Mitwirkung dabei absolut sicher ist. Wenn letztere einträte, so würde sich das ganze Bild der europäischen Lage wesentlich ändern... – Wir werden, sobald casus foederis, d. h. ein russischer Angriff auf Österreich, vorliegt, nicht zögern, auch unsererseits den Krieg gegen Rußland mit allen Frankreich gegenüber entbehrlichen Kräften aufzunehmen; aber den *Angriff* auf Rußland werden wir weder selbst übernehmen, noch den casus foederis als vorhanden ansehen, wenn Österreich ihn unternimmt... Für uns liegt ein Kriegsmotiv niemals in den Balkanfragen, sondern immer nur in dem Bedürfnis, die Unabhängigkeit Österreichs auch unsererseits zu vertreten, sobald sie durch Rußland bedroht wird. Österreich hat keine Pflicht übernommen, bei französischen oder dänischen und anderen Verwickelungen für uns einzutreten, und wir nicht für die außerhalb seiner Landesgrenze liegenden orientalischen Interessen Österreich-Ungarns. Das ist beiderseits festzuhalten. Der Unberechenbarkeit der russischen Politik gegenüber müssen wir *beide* gegen russischen Überfall *stark* gerüstet sein, aber an einem Angriff auf Rußland wollen wir uns nicht beteiligen, auch wenn unsere Militärs überzeugt sind, daß wir den Krieg heut unter günstigeren Verhältnissen führen könnten wie später.

... Wenn wir von den Österreichern mehr verlangen, als sie zu leisten imstande sind, so werden sie zu nervöser Politik gedrängt werden und uns, wenn sie weiter gehen, wie uns erwünscht, sagen können, es sei auf unser Drängen geschehen, und wir deshalb verpflichtet, sie zu decken. Es liegt in keiner Weise in unserem Interesse,... daß die Österreicher Rußland jetzt oder später die Alternative stellen »Krieg oder Frieden«; der Angriff Rußlands muß abgewartet werden...

Um die jetzige klare Abgrenzung des casus foederis nicht zu verwischen, dürfen wir die Versuchung nicht verstärken, in der die Österreicher sich ohnehin befinden, die Situation auszunutzen, um die deutsche Heereskraft für ungarische oder katholische Ambitionen im Balkangebiet zu verbrauchen. Wir dürfen nicht vergessen, daß es in Österreich Aspirationen gibt, denen eine Verminderung der gegenwärtigen Stärke Deutschlands nicht unerwünscht sein würde. Wir müssen dahin wirken, daß Österreich sich stark macht, um von einem russischen Angriff nicht überlaufen zu werden, und um uns in solchem Falle ein starker Bundesgenosse zu sein. Aber auf eine Zusage *unserer* Unterstützung Österreichs im Falle des österreichischen Angriffs auf Rußland werde ich mich *unter keinen Umständen* einlassen. Wenn ich Seiner Majestät dazu raten wollte, so würden wir der österreichischen Politik eine Prämie auf das Händelsuchen setzen.

Wenn der russische Krieg durch österreichischen Angriff auf Rußland entsteht, so ist für uns meines Erachtens nicht die Beteiligung an demselben, sondern der sofortige Angriff auf *Frankreich* indiziert, und unser Verhalten zum russischen Kriege von dem Erfolg unseres französischen Krieges abhängig zu machen. *Wir dürfen Österreich durchaus nicht zu aggressivem Vorgehen gegenüber Rußland ermutigen, nur zum Starksein in der Defensive.* Ob die österreichische Armee irrtümlich glaubt, daß wir ein Schutz- und Trutzbündnis für alle Fälle hätten, ist für unsere Politik ganz gleichgültig; wir können nur beklagen, daß das Wiener Kabinett nicht wenigstens die amtlichen Kreise in Zivil und Militär über diesen Irrtum aufklärt.

Es empfiehlt sich, dem bei jeder Gelegenheit zu widersprechen und hervorzuheben, daß wir in einem deutsch-französischen Kriege kein vertragsmäßiges Recht auf Österreichs Unterstützung haben, sondern nur in einem russischen, und daß die Ausdehnung unseres Bündnisses auf jeden Angriff, auch auf den französischen, nicht von uns, sondern von Österreich abgelehnt worden ist. Erwünscht ist uns der Krieg unter keinen Umständen...

Euere Durchlaucht wollen die vorstehenden Ausführungen als *für Ihre persönliche Orientierung* bestimmt ansehen.

*b) 27. 12. 1887, Bismarck an Prinz Reuß*

...Ich kann mich...des Eindrucks nicht erwehren, daß in gewissen militärischen Kreisen Wiens die Absicht besteht, unser *Defensiv*bündnis zu verschieben, und betone deshalb wiederholt, daß es für keinerlei offensive Zwecke geschlossen wurde. Graf Kálnoky ist mit mir darüber vollkommen einverstanden. Wir müssen nur beiderseits darauf achten, daß die Berechtigung, unsere Monarchen *politisch* zu beraten, nicht faktisch unsern Händen entgleite und auf die Generalstäbe übergehe.

Wir dürfen solche Bestrebungen nicht über die von mir Ew. gegenüber mündlich bezeichnete Linie hinaus ermutigen, und durch unsere Empfehlungen starker Rüstung auf den Fall russischen *Angriffs* nicht die Vermutung erwecken, daß wir einen österreichischen Angriff auf Rußland mitmachen oder unterstützen würden.

*Unser* Eintreten in den eventuellen Krieg wird durch den russischen *Angriff* auf Österreich *prinzipiell* bedingt; eine *gleichzeitige* Kriegserklärung oder Mobilmachung, welche in dem militärischen Fragebogen Erwähnung finden, kann daher nicht vorkommen, weil Österreich, wenn casus foederis für uns eintritt, bereits von Rußland angegriffen und mit ihm im Kriege sein wird.

In *welcher* Weise wir dann ein- und Rußland angreifen, das wird wesentlich davon abhängen, einmal wo der russische Angriff auf Österreich erfolgt, mit welchen Kräften letzteres ihm entgegentritt, wieviel Truppen es sofort und wieviel in jeder demnächstigen Woche wird aufstellen können.

Daß für uns der Krieg gegen Frankreich dem Ausbruch des russisch-deutschen Krieges unverzüglich folgen wird, ist nicht zweifelhaft: Sollte er wider Erwarten nicht von selbst eintreten, so würde es für uns mehr oder weniger geboten sein, ihn ohne Verzug herbeizuführen. Wir können einen Krieg nach Osten so lange nicht mit *voller Kraft* und *weit* über unsere Grenzen hinaus leisten, als wir noch die volle französische Macht ungeschwächt und angriffsbereit im Rücken haben. Wir wissen nicht, wie es in dem Fall dann in Frankreich aussehn wird, aber wenn unser Friede dort nicht gesicherter ist, wie heute, so wird es vielleicht geboten sein, daß wir dem Ausbruche des russisch-österreichischen Krieges unsere Kriegserklärung gegen Frankreich folgen lassen, um dann nach Sicherstellung unserer Westgrenze unsere volle Macht gegen Rußland zur Verfügung zu haben. Ich bitte Ew., diese letzten Erwägungen durchaus zu sekretieren...

Die Größe der Kalamität, welche für die Völker Österreich-Ungarns und Deutschlands mit einem französisch-russischen Kriege, wie immer er ausfallen mag, verbunden sein wird, legt uns die Pflicht auf, den Ausbruch desselben, wenn wir können, zu verhüten, und jedenfalls der göttlichen Vorsehung nicht dadurch vorzugreifen, daß wir ihn herbeiführen, ehe er sich uns aufdrängt. Die Zeit läuft mehr zu unsern als zugunsten der Gegner; in Frankreich wie in Rußland sind die Zustände gespannter als bei uns und können zu inneren Entwicklungen dieser Länder führen, welche uns eines Kampfes von so riesigen

Dimensionen überheben würden. Wir dagegen glauben in 2 bis 3 Jahren stärker zu sein wie heut, im Innern wie nach außen; die volle Kraft des deutschen Volkes werden wir aber *nur* für einen defensiven Krieg, für Abwehr eines Angriffs in Tätigkeit bringen können. Den Beweis, daß wir den Krieg, weil er später doch ausgebrochen wäre, *jetzt* führen müßten, und daß die Umstände dazu heut günstiger wären wie später, wird man nicht einmal den Parlamenten, viel weniger dem Volke führen können, und niemand kann vorhersehn, ob der Erfolg der Behauptung entsprechen wird, daß der Zeitpunkt zum Losschlagen *jetzt* der günstige sei...

[124] Krieg in drei Jahren

*30. 12. 1887, Bismarck an Bronsart von Schellendorff*

...Nach meiner Berechnung würde ein Zeitraum von etwa 2 Jahren hinreichen, um uns in der Neubewaffnung einen Vorsprung zu gewähren, den die gegnerischen Mächte nicht mehr einholen. Ich kann keine Sicherheit dafür haben; aber ich hoffe, daß es möglich sein wird, den Frieden wenigstens mit Rußland, so lange zu erhalten, wie nach vorstehendem erforderlich ist, während der Frieden mit Frankreich allerdings von explosiven und unberechenbaren Elementen und Zuständen abhängt. Nach Ablauf von 2 bis 3 Jahren vermute ich, soweit menschliche Voraussicht reicht und unvorhergesehene Ereignisse die Situation nicht ändern, daß für uns nicht mehr von einem einseitigen französischen, sondern nur von einem gleichzeitigen Kriege mit Rußland und Frankreich die Rede sein wird. Bis dahin haben wir, wie ich hoffe, noch Zeit, unsere Armee mit den relativ besten Gewehren in Europa zu versehen und das dafür nötige Pulver ausreichend zu beschaffen, wenn wir uns *sofort* und *ohne jeden Zeitverlust* daran begeben, die nötigen neuen Maschinen, Gewehre und Pulversorten herzustellen. Versäumen wir in dieser Beziehung kürzere oder längere Fristen, in der Hoffnung, in den eigenen Staatsanstalten ein noch etwas besseres als das R. C. P.-Pulver zu erfinden, so verlieren wir damit *Zeit* u. ist m. A. n. mit Wahrscheinlichkeit anzunehmen, daß die Katastrophe zum Ausbruch kommen wird, *bevor* wir fertig sind. Ich sehe dabei von unberechenbaren Ereignissen, durch welche dieser Eintritt beschleunigt werden kann, vollständig ab; ich kann in meine Berechnung nur die berechenbaren Elemente der Politik aufnehmen und glaube danach, daß wir in 3 Jahren den russischen Krieg auch dann haben werden, wenn *keine* unvorhergesehenen Ereignisse eintreten, lediglich infolge der Schwerkraft der Situation. Ich betrachte 3 Jahre als den spätesten Termin, in welchem wir die Kraftprobe, von der unsere Existenz abhängt, zu bestehen haben werden, und hoffe, daß es der Politik gelingen werde, den Ausbruch der Katastrophe bis dahin zu verzögern, wenn ich auch Gewißheit dafür nicht geben kann. Wenn ich diese Ueberzeugung habe, so werden Ew. pp. aus derselben gewiß den Schluß ziehen, daß *jeder Tag der Verzögerung* in unserm entschlossenen Vorgehen zur Neubewaffnung mit einiger Schwere auf meinem politischen Gewissen lastet...

## [125] Gegen Demokraten helfen nur Soldaten

*6. 1. 1888, Bismarck an Prinz Wilhelm*

...Wir wären in der Vergangenheit von nur 17 Jahren der Parlamentsherrschaft schon verfallen, wenn die Fürsten nicht fest zum Reich gestanden hätten, und freiwillig, weil sie selbst zufrieden sind, wenn sie behalten, was ihnen das Reich verbürgt; und noch mehr in Zukunft, wenn der Nimbus von 1870 verblaßt sein wird, liegt die Sicherheit des Reiches und seiner monarchischen Institutionen in der Einigkeit der Fürsten. Letztere sind nicht Unterthanen, sondern Bundesgenossen des Kaisers, und wird ihnen der Bundesvertrag nicht gehalten, so werden sie sich auch nicht dazu verpflichtet fühlen, und Anlehnung suchen wie früher, bei Rußland, Oesterreich und Frankreich, sobald die Gelegenheit dazu günstig erscheint, wie immer national sie sich halten mögen, solange der Kaiser der stärkere ist. So war es seit 1000 Jahren, und so wird es sein, wenn die alte Eifersucht der Dynastien wieder gereizt wird.* Acheronta movebunt; auch die Opposition im Parlament würde eine ganz andere Kraft gewinnen, wenn die bisherige Geschlossenheit des Bundesrathes aufhörte und Bayern und Sachsen mit Richter und Windthorst gemeinsame Sache machten...

Der nationale Gedanke ist auch den Social- und anderen

* Prinz Wilhelm (Wilhelm II.) hatte für den Zeitpunkt seiner Thronbesteigung einen »Erlaß« an die Bundesfürsten entworfen, der von der Überzeugung ausging »Parirt muß werden«. – Außerdem setzte er sich für die Berliner Stadtmission des Hofpredigers Stöcker ein; darauf bezieht sich der zweite Teil des Schreibens.

Demokraten gegenüber, auf dem Lande vielleicht nicht, aber in den Städten stärker als der christliche. Ich bedauere es, sehe aber die Dinge, wie sie sind. Die festeste Stütze der Monarchie suche ich aber in beiden nicht, sondern in einem Königthum, dessen Träger entschlossen ist, nicht nur in ruhigen Zeiten *arbeitsam* mitzuwirken an den Regierungsgeschäften des Landes, sondern auch in kritischen lieber mit dem Degen in der Faust auf den Stufen des Thrones für sein Recht kämpfend zu fallen, als zu weichen. Einen solchen Herrn läßt kein deutscher Soldat im Stich, und wahr bleibt das alte Wort von 1848 »gegen Demokraten helfen nur Soldaten«. Priester können dabei viel verderben und wenig helfen; die priesterfrommsten Länder sind die revolutionärsten, und 1848 standen in dem gläubigen Pommerlande alle Geistlichen zur Regierung, und doch wählte ganz Hinterpommern sozialistisch, lauter Tagelöhner, Krüger und Eieraufkäufer. Ich komme damit auf den Inhalt des gnädigen Schreibens vom 21. v. M. und beginne am liebsten mit dem Schlusse desselben und dem Ausdruck des Bewußtseins, daß Friedrich der Große Ew. Ahnherr ist, und bitte Höchstdieselben, ihm nicht bloß als Feldherr, auch als Staatsmann zu folgen. Es lag nicht in der Art des großen Königs, sein Vertrauen auf Elemente wie das der inneren Mission zu setzen; die Zeiten sind heut freilich andere, aber die Erfolge, welche durch Reden und Vereine gewonnen werden, auch heut keine dauernden Unterlagen monarchischer Stellungen; für sie gilt das Wort, »wie gewonnen so zerronnen«. Beredtsamkeit der Gegner, giftige Kritik, tactlose Mitarbeiter, deutsche Zanksucht und Mangel an Disciplin bereiten der besten und ehrlichsten Sache leicht einen betrübten Ausgang...

Ich bin alt und matt und habe keinen andern Ehrgeiz mehr, als mir die Gnade des Kaisers und Seiner Nachfolger zu bewahren, wenn ich meinen Herrn überleben sollte. Mein Pflichtgefühl gebietet mir, dem Kaiserhause und dem Lande ehrlich zu dienen, so lange ich kann, und zu diesem Dienst gehört es, daß ich Ew. in Antwort auf höchstdero Schreiben dringlich abrathe, Sich vor der Thronbesteigung schon die Fessel irgend welcher politischen oder kirchlichen Vereins-Beziehung aufzuerlegen. Alle Vereine, bei welchen der Eintritt und die Thätigkeit der einzelnen Mitglieder von diesen selbst abhängig ist und von ihrem guten Willen und persönlichen Ansichten, sind als Werkzeuge zum *Angreifen* und *Zerstören* des Bestehenden sehr wirksam zu verwenden, aber nicht zum Bauen und Erhalten.

Jeder vergleichende Blick auf die Ergebnisse conservativer und revolutionärer Vereinsthätigkeit überzeugt von dieser bedauerlichen Wahrheit. Zum positiven Schaffen und Erhalten lebensfähiger Reformen ist bei uns *nur* der König an der Spitze der Staatsgewalt auf dem Wege der *Gesetzgebung* befähigt. Die Kaiserliche Botschaft bezüglich socialer Reformen wäre ein todter Buchstabe geblieben, wenn ihre Ausführung von der Thätigkeit freier Vereine erwartet worden wäre; die können wohl Kritik üben und über Schäden Klage führen, aber heilen können sie letztere nicht...

## [126] Das System der auswärtigen Politik

*23. 3. 1888, Protokoll des Kronrats*

Der Minister-Präsident bat um Erlaubniß, die Richtung, in welcher unter der Regierung des Hochseligen Kaisers und Königs Majestät die auswärtige Politik geleitet worden, in Kürze darlegen und sich der Allerhöchsten Willensmeinung darüber versichern zu dürfen, ob dieselbe in gleicher Weise weitergeführt werden solle.

Seit siegreiche Kriege zur Errichtung des Norddeutschen Bundes und demnächst des deutschen Reichs geführt hätten, sei die Politik Seiner Majestät vornehmlich darauf gerichtet gewesen, den Frieden zu bewahren und Koalitionen auswärtiger Mächte gegen Deutschland vorzubeugen.

Eine Koalition hätte sich leicht in der Ausdehnung, wie die von Kaunitz begründete bilden, d. h. Rußland, Frankreich und Österreich umfassen können. Es sei deshalb geboten gewesen, eine Versöhnung mit einer der beiden bekämpften Großmächte zu suchen und diese habe nur Österreich sein können. Diese Versöhnung sei geglückt und habe zu einem Bündniß geführt. Hierbei falle uns die Aufgabe zu, wenn der Widerstreit der Interessen Österreichs und Rußlands einen schärferen Charakter annehme, auf die Kriegslust der befreundeten Macht – auf die Gefahr hin, dort russenfreundlich zu erscheinen – mäßigend einzuwirken, denn ein für Österreich unglücklich verlaufender Krieg zwischen jenen nöthige uns, selbst über die vertragsmäßige Pflicht hinaus Österreich Hülfe zu leisten, da dessen ungeschwächte Großmachtstellung für uns ein Bedürfniß des europäischen Gleichgewichtes sei.

Wir hätten keine eignen Interessen auf der Balkanhalbinsel, die den russischen entgegenständen. Die Frage, wer in Bulgarien, ja selbst wer in Konstantinopel herrsche, berühre uns nicht direkt. Bulgarien als russischer Besitz würde für Rußland ein zweites Polen, keine Stärkung sein, eine Herrschaft auf der Balkanhalbinsel seine Kräfte spalten und von den Weichselländern abziehen.

Für uns sei es kein Unglück, wenn Rußland nach Osten hin vorzudringen suche. England würde dann die unwahre Position aufgeben müssen, als ob es ihm gleichgültig sei, wer in Konstantinopel herrsche, es würde genöthigt sein, Rußland entgegenzutreten; Österreich und Italien würden ihm beistehen, unser Verhalten nach der weiteren Entwicklung der Dinge sich richten.

Englands Bestand sei uns ebenso wichtig wie die Erhaltung Österreichs, und wir würden z. B. eine Eroberung Englands durch Frankreich nicht dulden dürfen, indessen sei Englands Position weniger gefährdet und die Besorgniß, um seinetwillen in einen Krieg verwickelt zu werden, nicht naheliegend.

Frankreich allein sei uns nicht gewachsen. Nur als Verbündeter Rußlands sei Frankreich gefährlich und von dort drohe überhaupt die größte Gefahr.

Er könne nur befürworten, daß die deutsche Politik nach wie vor die Aufrechterhaltung des Friedens zum Ziel nehme, ohne Voreingenommenheit für die eine oder andere auswärtige Macht (abgesehen von unseren Bündnißverträgen).

Allerdings sei unsere Heeresrüstung eine starke, aber die Organisation derselben, nach welcher im Nothfall drei Millionen Mann unter schwerem Eingriff in alle wirthschaftlichen Verhältnisse zu den Fahnen gerufen würden, sei eine solche, daß sie nur in einem allerseits als gerecht anerkannten, namentlich einem Vertheidigungskriege zur vollen Wirksamkeit gelange.

So lange Seine Majestät es nicht anders befehle, werde er in diesem Sinne auch ferner zu wirken bemüht sein.

Seine Majestät der Kaiser und König [Friedrich III.] geruhten Allerhöchst Ihr Einverständniß mit dieser Auffassung zu erkennen zu geben.

## [127] Die Bewahrung des status quo

### *a) 3. 5. 1888, Bismarck an Prinz Reuß*

Nach Ew. pp. Bericht... hat Graf Kálnoky Anwandlungen von Zweifel darüber, ob die Generalstabsoffiziere, welche im Herbst zum Kriege rieten, nicht doch recht gehabt hätten. Es ließe sich hierüber streiten, wenn ein solcher Krieg möglicherweise die Folge haben könnte, daß Rußland[a], wie Graf Kálnoky sich ausdrückt, »zertrümmert« würde. Ein derartiges Ergebnis liegt aber auch nach den glänzendsten Siegen außerhalb aller Wahrscheinlichkeit. Selbst der günstigste Ausgang des Krieges würde niemals die Zersetzung der Hauptmacht Rußlands zur Folge haben, welche auf den Millionen eigentlicher Russen griechischer Konfession beruht. Diese würden, auch wenn durch Verträge getrennt, immer sich ebenso schnell wieder zusammenfinden wie die Teile eines zerschnittenen Quecksilberkörpers. Dieses unzerstörbare Reich russischer Nation, stark durch sein Klima, seine Wüsten und seine Bedürfnislosigkeit, wie durch den Vorteil, nur *eine* schutzbedürftige Grenze zu haben, würde *nach* seiner Niederlage unser geborener und revanchebedürftiger Gegner bleiben[b], genau wie das heutige Frankreich es im Westen ist. Dadurch wäre für die Zukunft eine Situation dauernder Spannung[c] geschaffen, welche wir gezwungen werden können, auf uns zu nehmen, wenn Rußland uns oder Österreich angreift, welche aber freiwillig herbeigeführt zu haben, ich nicht auf meine Verantwortung nehmen möchte. Das »Zertrümmern« einer Nationalität[d] ist drei starken Großmächten schon in betreff der viel schwächeren polnischen in 100 Jahren nicht gelungen. Die Vitalität der russischen wird nicht minder zähe sein; wir werden meines Erachtens immer am besten tun, sie wie eine elementarisch vorhandene Gefahr zu behandeln, gegen die wir Schutzdeiche[e] unterhalten, die wir

Randbemerkungen des Kronprinzen Wilhelm:

[a] Russische *Macht* hat er gesagt, damit dürfte die Armee gemeint sein.

[b] nicht mehr[h] wie es jetzt schon ist; bedürftig vielleicht, aber nicht in der Lage[i].

[c] wie jetzt auch[k].

[d] wohl aber ihrer Kampfesmittel, Armee etc.[l]

[e] wenn der Deichbruch kommt, ist dann große Überschwemmung[m].

Bemerkungen Bismarcks zu den Randbemerkungen des Kronprinzen Wilhelm:

[h] Doch *mehr*!

[i] aber *bald* wieder, wie Frankreich seit 12 Jahren längst wieder

[k] die Spannung ist auf französ. Seite doch stärker wie im Osten, für *uns*

[l] die sind in 5 Jahren ersetzt, cf. Frankreich.

[m] wenn wir ihn selbst durchstechen, noch früher

aber nicht aus der Welt schaffen können. Durch einen *Angriff* auf das heutige Rußland würden wir seinen Zusammenhang festigen; durch Abwarten *seines* Angriffs aber können wir seinen inneren Verfall und seine Zersetzung möglicherweise früher[f] erleben als seinen Angriff, und zwar um so früher, je weniger wir es durch Bedrohungen hindern, tiefer in die orientalische Sackgasse hineinzugehen[g].

[f] hoffentlich!
[g] Es hat aber leider die Sackgasse gemerkt, und zeigt bisher verzweifelt wenig Lust hineinzugehn[n].
Bemerkungen Bismarcks zu den Randbemerkungen des Kronprinzen Wilhelm:
[n] doch, es geht hinein, sobald Oestreich aufhört es zu hindern.

### *b) 9. 5. 1888, Bismarck an Kronprinz Wilhelm*

Aus Ew. Kaiserlichen Hoheit Randbemerkungen zu dem Wiener Bericht vom 28. April und zu meiner Antwort auf denselben vom 3. Mai* ersehe ich, daß Höchstdieselben mit der bisher nach den Intentionen des hochseligen Kaisers geführten Politik nicht einverstanden sind, sondern mehr mit der Äußerung des Grafen Kálnoky, daß die Generalstabsoffiziere, welche im Herbst rieten, die russische Macht zu »zertrümmern«, recht hatten.

Nach menschlicher Voraussicht wird, bevor eine längere Zeit vergeht, die Entscheidung über Krieg und Frieden ausschließlich in der Hand Ew. Kaiserlichen Hoheit liegen. Diese Tatsache verleiht jeder Andeutung, welche von Höchstdenselben auf diesem Gebiete ausgeht, ein Gewicht, welches mir nicht gestattet, Ew. Kaiserlichen Hoheit Randbemerkungen stillschweigend zu den Akten des Auswärtigen Amts gehen zu lassen...

Schon zur Zeit der Luxemburger Frage 1867 habe ich der Voraussicht öffentlich Ausdruck gegeben, daß im Kriegsfalle Frankreich gegenüber der Kampf sich nicht auf ein Kriegsjahr beschränken, sondern Jahrzehnte und mehr ausfüllen werde. Wenn dieselben Konsequenzen, wie voraussichtlich, sich an einen von uns freiwillig herbeigeführten russischen Krieg knüpfen sollten, so würden wir künftig ein zweites Frankreich haben, bereit, jede günstige Gelegenheit zu benutzen, um im Bunde mit anderen über uns herzufallen. Wir würden in einer solchen Situation, in welcher wir die beiden nächst der deutschen stärksten kontinentalen Militärmächte zu geborenen Gegnern in

* S. das vorhergehende Dokument.

*jedem* Kriege hätten, dauernd in eine gewisse Abhängigkeit von der Unterstützung geraten, welche die übrigen Mächte, in erster Linie Österreich, dann auch England und Italien, uns zu leisten geneigt sein würden. Der italienische Bundesgenosse kann durch innere Ereignisse Italiens leicht aus dieser Berechnung schwinden und sogar für den Gegner in die Wagschale fallen. England wird mit seinen inneren Angelegenheiten möglicherweise zuviel zu tun haben, um sich seiner auswärtigen Politik annehmen zu können. Ob uns das Bündnis Österreichs gesichert bleibt, ist im Hinblick auf die dort recht starken ultramontanen, slawisch-russenfreundlichen und in Ungarn und Kroatien franzosenfreundlichen Elemente ebenfalls nicht zweifellos. Jedenfalls würde Österreich, wenn es nach Verbrennung unserer Schiffe in der russischen Richtung unsere *alleinige* Stütze bliebe, und wir Rußland und Frankreich als *geborene* Gegner uns gegenüber hätten, einen analogen Einfluß auf das Deutsche Reich wiedergewinnen, wie wir ihn 1866 mit Glück beseitigt haben. Die Sicherheit unserer Beziehungen zum österreichisch-ungarischen Staate beruht zum großen Teile auf der Möglichkeit, daß wir, wenn Österreich uns unbillige Zumutungen macht, uns auch mit Rußland verständigen *können*. Fällt die letztere Möglichkeit fort, so wird Österreich ein viel anspruchsvollerer Bundesgenosse werden, als es bisher war, und wenn es Anlehnung bei Rußland findet, vielleicht ebenso anspruchsvoll als zur Zeit des Deutschen Bundestages ...

Wenn es in der Absicht des künftigen Kaisers läge, den Krieg zu beschleunigen, so müßten dementsprechende Modifikationen unsrer bisherigen Politik sobald als möglich eintreten, und die Möglichkeit dieses Ziel zu erreichen, d. h. Rußland zum Beginn des Krieges seinerseits zu reizen, ist bei geschicktem diplomatischen Verfahren keineswegs ausgeschlossen, sobald man überhaupt glaubt, daß der *frühere* Krieg der *bessere* sei. Meine unvorgreifliche Ansicht liegt auch heute nicht in dieser Richtung. Wenn aber die Überleitung unsrer Politik aus der bisherigen friedlichen Tendenz in eine kriegerische nach Ew. Kaiserlichen Hoheit Intention bevorstände, so würde ich es noch immer für zweckmäßiger halten, den Krieg zuerst im *Westen* zu suchen als im Osten. Einmal ist er dort leichter und unauffälliger zu finden. Frankreich hat uns mannigfache Anknüpfungspunkte gegeben, die wir nur weiter zu spinnen brauchten, wenn wir Krieg wollen. Wäre letzteres der Fall, so müßte unsere ganze Stellung zu den inneren französischen Fragen, zu Boulanger und der jetzigen Regierung eine andere sein, als sie heut ist; wir müßten Boulanger zu fördern und die Regierung zu schwächen suchen, wozu sich Mittel finden lassen. Der Krieg mit Frankreich würde sich der öffentlichen Meinung Deutschlands gegenüber als ein *notwendiges* Opfer, um zur Ruhe zu gelangen, sehr viel leichter motivieren lassen als der Krieg gegen Rußland. Außerdem würde er nach oberflächlichem Urteil leichter zu führen und schneller abzuschließen sein. Es ist auch anzunehmen, daß ein deutsch-französischer Krieg geführt werden kann, ohne daß wir gleichzeitig zum Kampf gegen Rußland genötigt würden. Es ist dagegen ganz sicher, daß wir den Krieg auf beiden Seiten haben, sobald wir ihn auf der russischen Front beginnen, wie es nach dem »Ja« in der Randbemerkung auf dem Wiener Bericht vom 28. April Ew. Kaiserliche Hoheit empfehlen. Die geheimen Verträge, welche wir mit Rußland haben, sind Ew. Kaiserlichen Hoheit bekannt. Ihr Text gibt die *Gewißheit*, daß Rußland beabsichtigt, in die »Sackgasse« hineinzugehen, und es würde schon darin sein, wenn es nicht auf *unser* Verlangen durch österreichische Opposition daran gehindert würde. Kommt diese Opposition in Wegfall, so hört damit auch die russische Zurückhaltung auf...

[128] Das Staatsministerium und Friedrich III.

*4. 6. 1888, Tagebuch Lucius'*

Eben bei Bismarck gewesen. Er meinte: Unter jetzigen Verhältnissen müßten wir alle fest zusammenhalten und auch einen einzelnen nicht herauspellen lassen. *Sie* [Kaiserin Friedrich] wolle ihren fortschrittlichen Freunden ein Opfer bringen, weil sie in gewissen Dingen nicht compos mentis sei. Er sei so völlig schwach und willenlos, daß man ihn sich nicht überlassen dürfe. Man dürfe sich in solchen Lagen nicht damit trösten: es sei schon recht, wenn alles schief ginge, warum habe man uns schlecht behandelt und aus dem Amt gehen lassen! Er würde sich fest an seinen Stuhl halten und nicht gehen, selbst wenn man ihn herauswerfen wolle. Er würde auch nicht gehen, wenn man ihm seinen Abschied ins Haus schickte, weil er ihn nicht kontrasigniert habe. Wenn er sich so leicht hätte zum Gehen bestimmen lassen, so würde er nie etwas durchgesetzt haben, nicht einmal den österreichischen Krieg. Er habe viele heftige Kämpfe mit dem hochseligen Herrn gehabt, man dürfe nicht so leicht gehen. Zudem handle es sich um ein Gesetz*, welches aus Initiative des Landtags hervorgegangen sei, demgegenüber sich man zwar wohlwollend verhalten, es aber nicht für notwendig gehalten habe. Übrigens könne es immer noch zu beliebiger Zeit publiziert werden. Inzwischen werde schon jetzt Se. Majestät erschrocken sein über die Tragweite, welche sein Refus bekommen habe. Es dauere höchstens noch bis August. Bergmann habe prognostiziert, wenn er den Mai erlebe, werde in dieser Zeit eine Besserung eintreten, welche aber bald neue schwere Leiden im Gefolge haben werde, die sehr peinlich sein würden. – Bismarck will offenbar die Sache wieder einrenken, räsonnierte dann noch auf die Kartellparteien, welche sich untereinander herumbissen und der Regierung gegenüber keinen Appell hätten.

* Gesetz über die Verlängerung der Legislaturperioden im Anschluß an das entsprechende Reichsgesetz.

## [129] Das Selbstbewußtsein des jungen Herrn

*2. 8. 1888, Bismarck an Scholz*

Verehrter Freund und College.
Das Staatsministerium hat mir den beifolgenden von Euerer Excellenz und dem Herrn Minister des Innern unterzeichneten Entwurf zu einem Immediatbericht in Sachen NN übersandt.

Nach meinem psychologischen Urtheil möchte ich nicht dazu rathen, unserm jungen Herrn bei dieser Gelegenheit mit einer so scharfen Auffassung des Falles gegenüber zu treten. Meiner Ansicht nach empfiehlt es sich namentlich nicht, die allgemein staatsrechtliche Entwicklung der Frage, was der König ohne Contrasignatur der Minister kann und nicht kann, theoretisch, und ich möchte sagen, polemisch mit Seiner Majestät zur Erörterung zu bringen. Der Moment unmittelbar nach den Eindrücken der nordischen Reise ist kein günstiger für solche Erörterungen, und wenn sie in Zukunft unvermeidlich werden sollten, so möchte ich doch nicht empfehlen, sie in der Form eines derartigen Staatsministerial-Berichtes zu beginnen, hinter der unmittelbar die Cabinet-Crisis steht. Ich theile die dem Entwurf zu Grunde liegende Auffassung, aber ich glaube, daß Zeit und Gewohnheit die Entwicklung von selbst in das richtige Geleise führen werden. Die Form einer ministeriellen staatsrechtlichen

Belehrung würde bei dem Character Seiner Majestät die richtige Wirkung vielleicht nicht thun. In den Eigenheiten dieses Characters werden vielleicht manche Unbequemlichkeiten für uns und spätere Minister liegen, aber auch so große Vortheile für das Land und für die Monarchie, daß ich es nicht für unsere Aufgabe ansehe, ihnen von Haus aus in einer Personalfrage mit polemischer Schärfe entgegenzutreten.

Im Eingange des Entwurfs ist gesagt, daß das Staats-Ministerium sich »mit Seiner Majestät einverstanden« erklärt; darin würde der Anspruch auf ein dem Könige coordinirtes Zustimmungsrecht liegen, welches wir staatsrechtlich meines Erachtens nicht haben. Nach dem Wortlaut der Verfassung liegen alle Rechte der vollziehenden Gewalt in der Hand des Königs persönlich. Seine Majestät bedarf für jeden Act der Ausübung dieser Rechte allerdings der Contrasignatur, und darin liegt die Aufforderung an den König, sich ehe er befiehlt, zu vergewissern, ob er auf eine solche rechnen kann. Aber ein gesetzlicher Zwang, die Contrasignatur vor dem Königlichen Erlasse sicher zu stellen, ist nicht gegeben. Dem Könige bleibt die Möglichkeit, sich nach Vollziehung des Erlasses einen Minister zu verschaffen, welcher zur Contrasignatur bereit ist. Es kommt also immer auf die Frage eines Cabinets- oder Personen-Wechsels hinaus, und die Schärfe der Sprache in dem Entwurfe würde diese, meines Erachtens in diesem Augenblick sehr bedenkliche Eventualität in Aussicht stellen...

Ich habe in meiner langen ministeriellen Thätigkeit stets gefunden, daß die schwierigsten Aufgaben der Diplomatie in den Beziehungen mit dem eigenen Hofe liegen, und wenn Euere Excellenz zu den Erfahrungen, die ich auf diesem Gebiet mit vier Königen gehabt habe, Vertrauen hegen, so möchte ich anheimstellen, in dem Entwurfe die Stellen, deren Streichung ich mit Bleistift angedeutet habe, fallen zu lassen und meine vorgeschlagene Aenderung zu ratihabiren. Von der Absendung des Berichtes in der ursprünglichen Form möchte ich abrathen; ich würde darin eine Ueberhastung des Prozesses sehen, vermöge dessen wir uns mit dem jungen Herrn einleben müssen, der durch seine Eigenschaften verdient, daß wir dieser Aufgabe die Sorgfalt treuer und erfahrener Diener widmen...

## [130] Das preußische Votum im Bundesrat

*September 1888, Randbemerkung Bismarcks zu einer Vorlage des Reichsschatzamts vom 31. 8. 1888*

Ich glaube in dieser Sache* die Formulierung der Abgabe des Preußischen Votums dem Herrn Finanzminister anheimstellen zu müssen. Seine Excellenz wird voraussichtlich in Betreff der Divergenz-Punkte das Votum Preußens durch Staats-Ministeriums-Beschluß feststellen wollen. Das Recht über das Preußische Votum zu verfügen habe ich, nicht als Reichskanzler, sondern als Preußischer Ressort-Minister für auswärtige (Bundes-)Angelegenheiten, nur in so weit, als ich mich mit der Mehrheit des Staatsministeriums in Übereinstimmung glaube, wenn ich muß, ohne letztere, die Entscheidung auf Gefahr eines Diskurses im Cabinet auf mich nehme, oder vom König (nicht Kaiser) abhängig mache.

* Projekt einer Nachsteuer, die bei dem bevorstehenden Zollanschluß Bremens und Hamburgs für bestimmte Produkte erhoben werden sollte.

## [131] Der Reichstag und die Wünsche Seiner Majestät

*2. 10. 1888, Bismarck an den Sohn Herbert*

Deinen Brief vom 29. habe ich erhalten, und derselbe erfüllt mich mit einiger Sorge. Ich glaube nicht, daß auch nur eines Haares Breite in dieser Frage zu erreichen ist. Die Minister im Bundesrath für ihr Portefeuille und jeder Abgeordnete im Reichstag für seine Wiederwahl besorgt, fürchten sich, gegen die Presse ins Feld zu ziehen, und nach meiner Kenntniß des Bundesraths werden wir nicht einmal in diesem, ja selbst nicht im preußischen Ministerium eine Mehrheit für eine Preßnovelle erreichen. Ich werde in dieser Beziehung nähere Ermittlungen anstellen bei den einzelnen Collegen und Regirungen, aber nicht vor den Wahlen, die gegenwärtig bereits im Gange sind und in 4 bis 5 Wochen stattfinden. Bis dahin ist dringend zu wünschen, daß nicht eine Sylbe über diese Wünsche Seiner Majestät jemand anderem als Dir und mir bekannt werde. Wir haben keine Anstrengung gescheut, den Herrn von den Beschuldigungen der Reichsgegner freizuhalten, welche eine Aera der Reaction und des Krieges von Ihm voraussagten. Es ist das in weniger als

3 Monaten ziemlich gelungen. Wenn aber jetzt auch nur eine glaubliche Andeutung darüber verlautbart, daß eine Novelle zum Preßgesetz von Seiner Majestät beabsichtigt werde, so würde damit die Demokratie, die socialistische wie die politische, besitzen, was ihr bisher fehlte, ein Feldgeschrei für die Wahlen, ein Feldgeschrei, welches unisono von allen Zeitungen ohne Ausnahme adoptirt werden würde. Denn auch das conservativste Blatt ist, wie ein 40 Jahre alter, aber richtiger Satz lautet, immer mehr Blatt wie conservativ. Wenn im Bundesrath bei der Sorge, mit welcher jeder deutsche Minister die heimathliche Presse im Auge hält, auch wirklich durch preußischen Druck eine Mehrheit zustande gebracht werden könnte, so würde doch im Reichstag die Minorität, in welcher eine Preßvorlage bliebe, eine so geringe sein, daß der Rückschlag der ganzen Operation ein sehr starker sein würde, ein Fiasko, welches man vermeiden muß...

[132] Im letzten Akte meines Dramas

*7. 10. 1888, Bismarck an den Sohn Herbert*

...Die Personalfragen im auswärtigen Dienst gehören...zu den Geschäften, über die ich mir, nach Art. 3 des Stellvertretungsgesetzes vom 17. 3. 1878, alle Amtshandlungen, also auch den Immediatvortrag vorbehalten habe...Schon jetzt bemerke ich zu Deiner Verwendung, daß ich die Ernennung des fraglichen Gesandschaftskandidaten nach Oldenburg* für politisch unbedenklich halte, keineswegs aber die Herstellung von Vakanzen an wichtigeren Stellen und deren Neubesetzung in dem gedachten Sinne. Dergleichen Gewaltsamkeiten schaffen eine Unsicherheit, durch welche die besseren und zuverlässigen Elemente vom auswärt. Dienst abgeschreckt werden, von einer Karriere, in welcher sie nach Willkür *unerprobten* und unverdienten Günstlingen ihrer Vorgesetzten geopfert werden können... Die Träger unsres Einflusses bei den Mittelstaaten sind nicht die Preuß. Gesandten, sondern das Reichskanzleramt und der Bundesrat; der Gesandte hat nur *die* Autorität, die er von Berlin ableiten kann; alle Lokal- und Personalkunde nützt ihm *nichts*, wenn er nicht die Autorität eines gewiegten und in die Berliner Verhältnisse eingeweihten Geschäftsmannes hat. Die Situation in München, Dresden, Stuttgart, Karlsruhe etc. sind [!] so durchsichtig, daß keine Finasserie oder Terrainkunde den Gesandten dort viel helfen kann. Die Geschäfte machen sich in *Berlin* von Minister zu Minister, und der *Gesandte* kann, wenn er leichtgläubig und klatschig ist, viel Unheil stiften, nützen aber nur in dem Maße seiner Vertrautheit mit den beiderseitigen Ministern und des *Gewichtes*, welches ihm beiwohnt, nicht der Lokalkunde. Ich kann mit den Erfahrungen, die ich auf diesem Gebiete 40 Jahre lang gesammelt habe, nicht in Widerspruch treten und kann im letzten Akte meines Dramas nicht auf das gute Gewissen verzichten, welches ich mir in schweren Kämpfen mit meinem alten Herrn, bei aller Liebe zu ihm, doch dem *Lande* gegenüber erhalten habe...

* Wilhelm II. wollte seinen Freund Graf Philipp Eulenburg zum Gesandten machen.

## [133] Kanzler und preußischer Kriegsminister

*24. 10. 1888, Bismarck an Bronsart von Schellendorff*

...Selbst auf dem Gebiete des Preußischen Staatsrechts, wo die Berechtigung der einzelnen Ressortchefs, mit Sr. M. ohne Mitwirkung ihrer Kollegen zu verkehren, eine sehr viel größere ist als im Reich, würde es immer den kollegialischen Gewohnheiten nicht entsprechen, wenn einer der Staatsminister über die von ihm beabsichtigten Vorlagen eine Allerhöchste Willensäußerung aktenmäßig extrahierte, bevor die mitbeteiligten Ressorts in der Lage gewesen sind, eine Meinung zu äußern. Die Regel bildet die vertrauliche Vorbesprechung der betheiligten Minister. Entstehen bei derselben Meinungsverschiedenheiten, so werden diese auf gemeinsamen Vortrag oder im Kronrat von Sr. M. entschieden. In der Reichsverfassung nimmt, abgesehen von den gesetzlichen Vertretungen, der Reichskanzler an sich die analoge Stellung ein, wie das Staatsministerium in Preußen, und der Ressortchef der einzelnen Verwaltungen ist im Reich verfassungsmäßig nicht berechtigt, die Willensmeinung Sr. M. des Kaisers zu extrahieren und festzulegen ohne vorgängige Verständigung mit dem Kanzler. Wird dies außer acht gelassen und wird nach dem System verfahren, welches Ew. pp. Schreiben vom 18. d. M. als Regel aufstellt, so liegt darin eine Umkehr der verfassungsmäßigen Einrichtungen; dann ist es nicht mehr S. M. der Kaiser, der über Vorlagen und Anträge des Kanzlers entscheidet, sondern es wird umgekehrt dem letzteren zugemutet, über Vorlagen Sr. M. zu entscheiden oder in Diskussion zu treten. Einer so unwillkommenen und, ich möchte sagen, achtungswidrigen Situation mich auszusetzen, bin ich verfassungsmäßig nicht verpflichtet. Es ist nicht meine Aufgabe, über irgendwelche Reichssachen ein Votum *nach* erfolgter Meinungsäußerung Sr. M. des Kaisers abzugeben. Ich kann in Ausnahmefällen durch Allerhöchste Initiative in den Fall gebracht werden, aber nicht durch die Initiative einer Reichsverwaltung. Ich halte mich deshalb in meiner Eigenschaft als Reichskanzler dadurch präkludiert, daß Ew. pp. die Allerhöchste Meinung in der Angelegenheit der Entschädigung der Offiziere für die Beschaffung von Pferden bereits ohne mich extrahiert haben.

Ew. pp. haben indessen einen anderen Weg als den, durch mich Ihre Anträge zur legislativen Entscheidung zu bringen. Um Gesetz zu werden, muß jede Vorlage zunächst im Bundesrate eingebracht werden, wo ihr Schicksal wesentlich von dem Preußischen Votum abhängt, und Ew. pp. sind als Preußischer Staatsminister vollständig berechtigt, im Preußischen Staatsministerium bezüglich des von Preußen im Bundesrat bei den bevorstehenden Verhandlungen über das Budget abzugebenden Votums, jeden Antrag zu stellen. Ich kann als preußischer Minister der auswärtigen Angelegenheiten, zu dessen Ressort die Beziehungen Preußens zum Reich gehören, nur dann ohne einen Beschluß der preußischen Regierung – also des Königs und des Staatsministeriums – im Bundesrat votieren, wenn ich nach eigenem verantwortlichen Ermessen annehmen darf, daß mein Votum von der preußischen Regierung ratihabiert werden wird, auch ohne daß ich einen besonderen Beschluß derselben extrahiere. In Fragen, welche über das Maß der Verantwortlichkeit hinausgehen, welches ich nach meinem Ermessen ohne Rückfrage bei dem Staatsministerium übernehmen kann, liegt mir die Pflicht ob, das preußische Votum vorher im regelmäßigen Wege durch Ministerialbeschluß feststellen zu lassen und der Allerhöchsten Genehmigung zu unterbreiten...

## [134] Allianzangebot an England

*11. 1. 1889, Bismarck an Hatzfeldt*

Ew. pp. habe ich bei Ihrer Anwesenheit in Friedrichsruh ersucht, die nächste Gelegenheit vertraulicher Besprechung mit Lord Salisbury zu benutzen, um demselben meine Überzeugung auszusprechen, daß der Friede, der England und Deutschland gleichmäßig erwünscht ist, oder auch nur die Frist, in welcher sie ihre Bewaffnung der Größe der Gefahren der nächsten Kriege entsprechend herzustellen vermögen, nicht sicherer erreicht werden könne als durch den Abschluß eines Vertrages zwischen Deutschland und England, durch welchen beide Mächte sich für einen begrenzten Zeitraum zu gemeinschaftlicher Abwehr eines französischen Angriffes auf eine von beiden verpflichten. Ein *geheimer* Vertrag der Art, wenn er möglich wäre, würde beiden Mächten erhebliche Sicherheit für den *Ausgang* eines solchen Krieges gewähren, die *Verhinderung* desselben aber würde nur von dem *öffentlichen* Abschluß erwartet werden können.

England und Deutschland sind von einem anderen als einem französischen Angriffe nicht bedroht. Nur durch österreichisch-russische Verwickelungen würde Deutschland in einen russischen Krieg hineingezogen werden können, und da letztrer für Deutschland auch im günstigsten Falle keinen annehmbaren Kampfpreis hat, so werden wir bestrebt sein müssen, den österreichischen Krieg nach Möglichkeit zu verhüten.

Ein bedrohliches Element für *beide* befreundete Mächte, Deutschland und England, ist nur der einzige beiderseitige Nachbar, Frankreich; einen andern gemeinsamen Nachbar bedrohlicher Natur haben beide nicht...

Die auswärtige englische Politik würde nach allen Seiten freie Bewegung haben, wenn sie nur gegen die *französische* Kriegsgefahr durch ausreichende Bündnisse gedeckt wäre. Auch dann, wenn solche Bündnisse nur auf die kurze Zeit abgeschlossen würden, deren England bedarf, um die Schäden seiner maritimen Wehrfähigkeit auszubessern, sollte ich meinen, daß die in ihnen liegende absolute Friedenssicherheit auf ein Jahr oder mehrere für alle friedliebenden Mächte von großem Nutzen sein könnte. Es handelt sich dabei nicht um das Stärkersein im Falle des Krieges, sondern um das *Verhindern* des Krieges. Weder Frankreich noch Rußland werden den Frieden brechen, wenn sie amtlich wissen, daß sie, wenn sie es tun, auch England sicher und sofort zum Gegner haben. Sie werden ihn nur brechen, wenn sie hoffen dürfen, die friedliebenden Mächte in Europa eine *nach* der andern angreifen zu können. Wenn nur festgestellt wird, daß England gegen einen *französischen* Anfall durch ein deutsches und Deutschland gegen einen *französischen* Anfall durch ein englisches Bündnis gedeckt sein würde, so halte ich den europäischen Frieden für gesichert auf die Zeit der Dauer eines solchen *öffentlich verlautbarten* Bündnisses...

Mein Gedanke ist der, daß, wenn Seine Majestät es genehmigt, zwischen der englischen und der deutschen Regierung ein Vertrag geschlossen werden sollte, durch welchen beide sich zu gegenseitigem Beistande verpflichten, wenn Frankreich im Laufe der nächsten 1, 2 oder 3 Jahre, je nach Befinden, einen der beiden *angreifen* sollte, und daß dieser Vertrag, der für das Deutsche Reich auch ohne Parlamentsbeschluß bindend sein würde, dem englischen Parlament zur Genehmigung vorgelegt und dem Deutschen Reichstage öffentlich mitgeteilt würde...

Es ist meines Erachtens nicht nützlich für England, die Politik der Enthaltung so weit zu treiben, daß alle kontinentalen Mächte, namentlich Deutschland, sich darauf einrichten *müssen*, ihre Zukunft ohne Rechnung auf England sicherzustellen. Wäre die Überzeugung, daß dies dauernd der Fall sein muß, einmal zur definitiven Annahme gelangt, so würde Deutschland eben in der Notwendigkeit sein, sein eigenes Heil in solchen internationalen Beziehungen zu suchen, die es ohne England erreichen kann. Solche Wege, einmal eingeschlagen, sind in der Politik nicht leicht zu verlassen.

Ich ersuche aus diesem Grunde Ew. pp., Lord Salisbury, einstweilen in meinem Namen, die Frage zu stellen, ob er es nach den Interessen Englands und nach denen seiner eigenen Regierung, auf deren Dauer ich den höchsten Wert lege, für möglich hält, dem oben angeregten Gedanken näherzutreten, indem er die Maßgebenden unter seinen Freunden über dessen Ausführbarkeit vorsichtig sondiert...Ich beabsichtige nichts, als mit ihm in Gemeinschaft die Frage zu prüfen, ob wir auf dem vorgeschlagenen Wege durch *öffentliche* und dreiste Anerkennung des Friedensbedürfnisses Europas und durch *parlamentarische* Vertretung desselben den Krieg hintenanhalten können, wenigstens pro tempore, vielleicht für lange Zeit...

## [135] Kritik an der Einkommensteuervorlage

*22. 1. 1889, Votum Bismarcks*

...Nach dem Entwurf werden die bisher getrennten beiden Steuern, Klassen- und Einkommensteuer, in eine Einkommensteuer zusammengeschmolzen, welche letztere bis zu dem Einkommen von 9000 M. progressiv zunimmt.* Mit Herstellung einer progressiven Einkommensteuer betreten wir zum ersten Mal einen Weg, auf welchem, sobald er einmal betreten ist, der Stillstand schwierig sein wird. Eine rationelle Begrenzung des Prinzips der progressiven Besteuerung ist nicht möglich, dasselbe entwickelt sich, einmal rechtlich anerkannt, weiter in der Richtung, in welcher die Ideale des Socialismus liegen. Ich möchte daher vorschlagen, es bei der bestehenden Unterscheidung zwischen Klassen- und Einkommensteuer zu belassen und erstere vielleicht auf alle Vermögen bis 9000 M. Einnahme auszudehnen. Eine Degression innerhalb der Klassensteuer ist herkömmlich und unbedenklich, weil sie Vermögensverhältnisse trifft, in welchen die Einnahme aus der körperlichen u. geistigen Arbeit im Ganzen vorwiegt, gegen die unabhängig von derselben zufließende.

Ferner habe ich Bedenken gegen das Prinzip, jede Art von Einkommen in gleicher Höhe heranzuziehen. Alle produktiven Klassen der Gesellschaft unterliegen bezüglich ihres Einkommens einer doppelten Besteuerung; sie werden außer zur Einkommensteuer auch noch zur Grund- und Gebäudesteuer oder zur Gewerbesteuer herangezogen. Daß der Rentier von dem Einkommen, welches er nicht nur ohne neue Werte zu produzieren, sondern auch ohne eigene Arbeit erzielt, mehr zahle, wie von dem durch Arbeit gewonnenen, erscheint in der Billigkeit begründet. Ich erlaube mir daher zur Erwägung zu stellen, ob es sich nicht empfehlen dürfte, gleich wie dies in dem Jahre 1883 und 1885 geschehen ist, mit der Reform der Einkommensteuer gleichzeitig die Einführung einer Kapitalrentensteuer zu verbinden...

Aus wirtschaftlichen und politischen Gründen lege ich ferner Wert darauf, daß das Renteneinkommen aus ausländischen Fonds einer Präzipualsteuer unterworfen werde. Ich glaube nicht, daß die Kapitalbildung bei uns bereits soweit fortgeschritten ist, daß wir gezwungen sind, Anlagen im Auslande

* Das Staatsministerium ließ die Vorlage stillschweigend fallen.

aufzusuchen; die bei uns leider weit verbreitete Tendenz, unser Geld in fremden Fonds zu investieren, dürfte vielmehr mit der unsoliden Neigung unserer Landsleute zusammenhängen, hohe Zinsen zu erzielen ohne Rücksicht auf die Bonität des Schuldners. Anders würde es unerklärlich sein, daß nach einer vor einigen Jahren aufgestellten Schätzung ein bis zwei Milliarden russischer Werte sich in Preußen befanden, und daß seitdem infolge von Emissionen serbischer, mexikanischer, argentinischer und anderer Anleihen durch Berliner Bankhäuser der ausländische Besitz sich noch vermehrt hat. Im Interesse der Sicherung unseres Nationalwohlstandes sollten wir gegen derartige unsichere Anlagen deutschen Kapitals ein Korrektiv schaffen, und das zweckdienlichste scheint mir eine Präzipualbesteuerung ausländischer Renten zu sein. Meines ergebenen Dafürhaltens kann das deutsche Kapital in unserer Industrie und Landwirtschaft reichliche Gelegenheit zu einer nützlichen Verwendung finden, da noch heutzutage zahlreiche und besonders einträgliche industrielle Unternehmungen in Deutschland, wie Wasser- und Gaswerke, Pferdeeisenbahnen usw. mit englischem Gelde arbeiten...

## [136] Das Wesen der Sozialdemokratie

*13. 2. 1889, Votum Bismarcks*

...Meinerseits glaube ich, mich wiederholt dafür aussprechen zu sollen, das Sozialistengesetz als »Ausnahmegesetz« fortbestehen zu lassen. Die Gründe dafür habe ich in dem von mir als Minister für Handel pp. abgegebenen, allen Herren Staatsministern mitgeteilten Votum vom 6. August v. J.* dargelegt und dort insbesondere ausgeführt, daß die Bestrebungen der Sozialdemokratie *an sich* strafbar sind und deshalb durch Sondergesetze bekämpft werden müssen, welche nur diese Bestrebungen treffen.

Das Wesen der Sozialdemokratie besteht darin, daß sie die staatliche Ordnung negiert. Daraus ergibt sich für den Staat das Recht und die Pflicht, seinerseits die Sozialdemokratie nicht nur in ihren Wirkungen, sondern in ihrer Berechtigung zur Existenz im Staate zu bekämpfen. Dieselbe befindet sich mit dem Staate im Kriegszustand, und der Staat ist befugt und seinen gegen die

* GW VIc 393.

Sozialdemokratie schutzbedürftigen Angehörigen gegenüber verpflichtet, sie nach Kriegsrecht zu behandeln. So wenig der in das Land einfallende Feind auf den Schutz des einheimischen Rechtes Anspruch hat, ebensowenig kann vom Staate gefordert werden, daß er die auf seinen Umsturz gerichteten Bestrebungen der Sozialdemokraten unter den Schutz seiner Gesetze nehme.

Den Wunsch des Herrn Ministers des Innern, das Sozialistengesetz auf die Dauer bewilligt zu erhalten, teile ich, da die immer wiederkehrende Frage der Verlängerung desselben der Sozialdemokratie ein wirksames Agitationsmittel in die Hand gibt. Ich bin deshalb dafür, das Gesetz ohne Fristbestimmung beim Reichstage einzubringen und für den Fall des Widerspruchs im Wege des Kompromisses auf eine möglichst lange Geltungsdauer hinzuwirken...

## [137] Aktivierung der kaiserlichen Regierungstätigkeit

*24. 2. 1889, Tagebuch Lucius'*

[Bismarck] machte [in der Sitzung des Staatsministeriums] eine längere theoretische Ausführung über die Möglichkeit der Trennung der Geschäfte, welche im Fall seines Rücktritts eintreten könne. Der Reichskanzler könne in verschiedene Ministerien aufgelöst und auf den Vorsitz im Bundesrat und den Chef der Reichsämter reduziert werden, ohne daß er selbst und die Mitglieder des preußischen Ministeriums auch Mitglieder des Bundesrats sein müßten. Er machte die Wendung: »wenn mich der Schlag rührt, was jetzt die Zeitungen wohlwollend supponieren«. Die Instruktion könne dann durch den preußischen Minister des Auswärtigen geschehen. Er habe Sr. Majestät geraten, die Minister öfters zu sehen und womöglich alle Woche eine Conseilsitzung zu halten, damit er mit den Geschäften in Berührung komme und auch nach außen den Eindruck der eigenen Regierungstätigkeit mache. Darauf habe sich Se. Majestät bei ihm zu Tisch angesagt und die Anwesenheit von Damen nicht als erwünscht bezeichnet. Übrigens habe er gesagt, das soll künftig geschehen. Es mache aber Sr. Majestät mehr Vergnügen, nach Potsdam zu Offiziersdiners zu fahren und Regimenter zu alarmieren.

## [138] Wilhelm II., Presse und Parteien

*18. 3. 1889, Protokoll des Kronrats*

Seine Majestät der Kaiser und König geruhten dem Staatsministerium zu eröffnen, daß Sie dasselbe hauptsächlich aus Anlaß des in der hiesigen ›Volkszeitung‹* vom 9. d. M. unter der Überschrift ›Zum 9. März‹ erschienenen Artikels zusammenberufen hätten. An dem ersten Gedenktage des Hinscheidens Sr. Majestät Weiland Kaiser Wilhelms I., der von der Liebe seines Volkes getragen worden, wie kaum ein Monarch vor ihm, sei sein Andenken in seiner Residenz in einer Weise öffentlich verunglimpft worden, wie dies selbst die ausländische Presse nicht gewagt habe. Hiergegen müsse eingeschritten werden, und wenn dies erfolglos bleibe, sei der Beweis erbracht, daß unsere Gesetze ungenügend seien und einer Ergänzung bedürften. Seine Majestät hätten Veranlassung gehabt, der Entwickelung der Presse seit Jahr und Tag spezielle Aufmerksamkeit zu schenken. Ihre Haltung lasse deutlich erkennen, wie sehr sie sich straflos fühle. Nichts sei vor ihren Angriffen sicher, weder unsere gesellschaftlichen Einrichtungen, noch die Religion, noch die Monarchie. Dabei sei ihr Charakter ein so internationaler, daß die inländische Presse sich beeifere, die Angriffe der feindlich gesinnten auswärtigen Blätter zu übernehmen. So sei die Presse systematisch mit Angriffen gegen Seine Person vorgegangen. In Seine Familienverhältnisse habe sie sich eingemischt, die Beschuldigung kriegerischer Gelüste, des Trachtens nach der Regentschaft, ja nach der Krone, der Bestechung der Ärzte habe sie erhoben, die Schuld an dem Tode des Kronprinzen Rudolf von Österreich ihm beigemessen. Der Souverain und Sein Haus genießen nicht einmal des Schutzes, dessen der Privatmann sich erfreue. Attentate auf die Ehre, ja auf das Leben des Monarchen würden als politische Akte milde beurtheilt...

Seine Majestät geruhten darauf dem Präsidenten des Staatsministeriums das Wort zu geben. Derselbe führte aus, unsere Presse sei wesentlich eine Partheipresse und ihre Haltung durch diesen Gesichtspunkt bestimmt. Bis zu den Attentaten des Jahres 1878 seien die Blätter aller Partheien solidarisch verbunden gewesen. Jede Parthei habe gefürchtet, daß eine Maßregel,

* ›Volks-Zeitung‹, sozialdemokratisches Blatt in Berlin, seit 18. 3. 1889 vorübergehend verboten.

welche die Preßorgane anderer Partheien treffe, die ihrigen mittreffen würde. Schon aus gewerblichen Rücksichten seien die Zeitungen einig darin, jede ihnen auferlegte Beschränkung zu bekämpfen. Durch das Sozialistengesetz sei es gelungen, eine Bresche in diese Solidarität zu legen. Man habe indessen, vielleicht mit Unrecht, den Sozialdemokraten allein die Schuld an jenen Attentaten beigemessen, denn das Herunterreißen der Monarchie reiche viel weiter und falle eben so sehr den Männern der nicht-sozialistischen, aber politisch-republikanischen Bewegung (Virchows »gute Revolutionäre«) zur Last. Gelinge es also jetzt, Verschärfung der Gesetze zu erlangen, welche nicht ausschließlich gegen die Sozialdemokraten sich richteten, so sei dies ein großer Gewinn. Die Fortschrittsparthei sei schon auf dem Wege, sich mit jenen zu verschmelzen; auch die Demokraten innerhalb des Centrums gehörten dorthin. Von Hause aus habe er bei der Vorlage zur Abänderung des Strafgesetzbuches und des Pressegesetzes, welche an die Stelle des Sozialistengesetzes zu treten bestimmt sei, nur auf den taktischen Erfolg gerechnet, welcher aus ihrer voraussichtlichen Ablehnung sich herleiten lasse. Nach den Äußerungen, welche er aus Kreisen der Abgeordneten gehört, halte er die Hoffnung auf Annahme nicht für ausgeschlossen. Dieselbe sei um so größer, je mehr die Überzeugung sich verbreite, daß die Haltung der Regierung jedenfalls eine feste sein, daß im Falle der Ablehnung der Vorlage das Sozialistengesetz schärfer gehandhabt werde und wenn man auch dieses nicht wieder erlange, an Stelle des kleinen Belagerungszustandes** bald der große treten werde. Bei der Handhabung des Sozialistengesetzes seien seiner Meinung nach die durch dasselbe den Regierungen verliehenen Ermächtigungen zu eng aufgefaßt worden. Die auf den »Umsturz« der bestehenden Staats- oder Gesellschaftsordnung gerichteten demokratischen, nicht bloß die auf Umwälzung der sozialen und Vermögens-Verhältnisse gerichteten Bestrebungen seien das, was getroffen werden müsse, ohne Unterschied, ob sie in ausschließlich und jederzeit sozialdemokratischen oder in solchen Blättern zu Tage treten, welche äußerlich weniger den wirthschaftlichen als den politischen Umsturz verfolgen...

** nach § 28 des Sozialistengesetzes.

## [139] Eine neue Hoftracht

*29. 4. 1889, Tagebuch Lucius'*

In der heutigen Sitzung des Staatsministeriums zerpflückte Bismarck, unter voller Zustimmung aller Anwesenden, den Plan der Einführung der neuen Hoftracht – kurze Hosen und Strümpfe – und schlug vor, einen entsprechenden Immediatbericht zu erstatten. Er bezeichnet den Plan als einen höchst unzeitgemäßen, unpopulären, als eine politisch nachteilige Maßregel, welche durch diese auffällige Tracht eine Grenzscheide ziehe zwischen der Hofgesellschaft und allen übrigen Menschen. Es sei eine nur noch für Domestiken bei uns übliche Tracht, ungesund für den Träger, kostspielig. Er hoffe, Se. Majestät werde es sich noch ausreden lassen...

## [140] Der Kampf gegen die Sozialdemokratie und die Reform der Schule

*30. 4. 1889, Protokoll des Kronrats*

Seine Majestät der Kaiser und König geruhten dem Staatsministerium zu eröffnen, daß Sie dasselbe hauptsächlich berufen hätten, um eine wirksamere Bekämpfung der sozialdemokratischen Tendenzen zum Gegenstand der Berathung zu machen. Gesetze, Verordnungen und andere Vorschriften, welche man gegen die Sozialdemokratie erlasse, seien Palliative, durch welche man vielleicht Schutz gegen deren äußere Ausschreitungen erlange; um sie aber an der Wurzel anzufassen und soweit als thunlich im Keime zu ersticken, müsse man auf die Jugend einwirken. Der Hauptkampfplatz liege daher in der Schule. Die demokratische Propaganda, welche den arbeitenden Klassen den Glauben beizubringen suche, daß sie von den oberen Klassen lediglich zu deren Nutzen ausgebeutet würden, gewinne ihre Stärke nur aus der Unwissenheit der Massen. Dieselben müßten von Kindheit auf durch zweckmäßigen Unterricht darauf hingewiesen werden, daß die sozialdemokratischen Lehren unausführbar und jedem gleich gefährlich seien.

Es sei der Religionsunterricht fruchtbarer zu gestalten, die ethische Seite, unter Einschränkung des Memorirstoffes, mehr zu betonen. Die vaterländische und zwar auch die neuere Geschichte, welche jetzt hinter die Geschichte fremder Länder, des Alterthums und des Mittelalters zurückgestellt werde, sei vorzugsweise zu lehren; das Verhältniß des Herrscherhauses zum Volke, nach welchem ersteres stets das Wohl des letzteren sich zum Ziele gesetzt habe, mit seinen segensreichen Folgen für die soziale Entwickelung und die Verbesserung der Lage aller Klassen, klar zu legen. In der Volksschule müsse dies in einfachen Sätzen den Schülern eingeprägt, auch in den höheren Schulen aber die bisher mehr kursorisch behandelte neuere preußische Geschichte, die friedericianische Zeit, vor allem aber die bei richtiger Würdigung so lehrreiche Epoche der französischen Revolution eingehend vorgetragen werden.

Seine Majestät hatten eine auf diese Gesichtspunkte gestützte Ordre an das Staatsministerium entwerfen lassen... und stellten zur Diskussion, ob dieselbe als geeignet angesehen werde, um einer Erörterung dieser Fragen und demnächstigen Berichterstattung des Staatsministeriums zur Grundlage zu dienen.

Der Präsident des Staatsministeriums erbat sich das Wort und erklärte, ohne dem Unterrichts-Minister vorgreifen zu wollen, möchte er aus eigener Erfahrung befürworten, daß zwei Geschichtskurse in den Schulen eingerichtet würden, einer zum Zweck allgemeiner Bildung, ein anderer, vielleicht jenem vorausgehend, welcher in hausbackener Weise, an die preußische Geschichte der Gegenwart anknüpfend, den Schülern, auch der Volksschule, einen politisch monarchischen Katechismus liefere, welchen sie wie den christlichen als eine auswendig gelernte Überzeugung in sich aufnähmen. Der geographische Unterricht habe in ähnlicher Weise vom Nächstliegenden auszugehen, nämlich vom Heimathsort. Die katholische Kirche spreche die Überzeugung aus, sie würde, wenn man ihr freie Hand ließe, schon bei den Kindern die Keime der Sozialdemokratie ausrotten. Das glaube er nun zwar nicht, indessen Manches ließe sich doch auf diesem Wege erreichen. Der Unterrichts-Minister solle sich nur durch die Langsamkeit des Erfolgs nicht irre machen lassen. Das Staatsministerium könne es nur mit Dank begrüßen, daß Seine Majestät diesen Weg bahnen wolle.

Nachdem Seine Majestät dem Minister der geistlichen pp. Angelegenheiten das Wort ertheilt hatten, erklärte derselbe... die Unterrichtsverwaltung habe mit der Lehrweise, die Seine Majestät abgestellt wissen wolle, bereits gebrochen und den von Seiner Majestät vorgezeichneten Weg beschritten, wie er dies durch die Lehrpläne der letzten Jahre und die neuere Prüfungsordnung für Lehrer nachweisen könne... Jeder Lehrer, auch derjenige, welcher nur für die untersten Klassen das Befähigungszeugniß erlange, müsse für den Unterricht in der vaterländischen Geschichte ausgebildet sein und dieser Unterricht, der sonst meistens mit dem Tode König Friedrichs des Großen geschlossen habe, werde jetzt bis zur Kaiser-Proklamation vom Jahre 1871 fortgeführt. Die schwierigste Aufgabe sei natürlich, den Unterricht in den Volksschulen richtig zu gestalten. Dieselben zählten 4½ Million Schüler, darunter 2½ Million in einklassigen Schulen. Natürlich werde dem Unterricht eine religiös-monarchische Grundlage gegeben. Die Grundsätze über Mein und Dein würden eingeprägt, das Vertrauen zur Obrigkeit und zur göttlichen Führung. In der mehrklassigen Schule könne man schon Konkreteres geben. Die gefährlichste Zeit für die männliche Jugend sei die von der Entlassung aus der Schule mit 14 Jahren bis zur Einstellung in die Armee...

Der Kriegsminister erbat sich das Wort und erklärte, daß... er an dem jetzigen Unterrichtswesen einen schweren Nachtheil zu beklagen habe, darin bestehend, daß, um das Reifezeugniß für Obersekunda und damit die Berechtigung zum einjährigen Militärdienst zu erlangen, eine Menge junger Leute bis zu diesem Zeitpunkt die Schulen besuchten und mit einer völlig unabgeschlossenen Bildung in die Welt träten, bei welcher sie socialdemokratischen Lehren ganz besonders zugänglich wären. Hier sei seiner Meinung nach eine radicale Reform nöthig, der sich zu widmen eine der ersten Aufgaben seines Amts sein solle...

Der Präsident des Staatsministeriums bemerkte, die Schwierigkeit, die jungen Leute durch die Jahre von der Schule bis zum Militärdienst hindurchzuleiten, sei mit Recht hervorgehoben worden. Die Reichsgesetzgebung habe auf diesem Gebiete durch Beschränkung der Beschäftigung junger Leute von 14–16 Jahren einen Eingriff gemacht, den er wie die *zwangs*weise Beschränkung aller – auch der Sonntags-Arbeit – für einen Fehler halte. Er wolle nur noch darauf hinweisen, daß Seine Majestät für Land und Stadt, für Volks- und höhere Schulen sorgen wolle und daß man über der Sorge für die städtische, gebildetere Bevölkerung die für die ländliche nicht zurücktreten lassen möge. Letztere sei die stärkere an Zahl, wie an Kraft, wenn es sich schließlich bei dem Kampfe zwischen Staatsordnung und Socialdemokratie um Gewalt handele. Hierbei entscheide alle

Schulbildung nicht, und Gymnasien hätten wir schon zu viele. Darauf komme es an, daß schon den Kindern in der Volksschule ein Bild von der Socialdemokratie gegeben werde, welches diese ad absurdum führe. Sie selbst sei außer Stande, zu sagen, wie sie sich eigentlich den Staat denke...

## [141] Die Arbeiterfrage und der Staat

### *a) 9. 5. 1889, Protokoll des Staatsministeriums*

Der Herr Minister-Präsident erklärte, es sei nöthig, daß das Staatsministerium sich über die Behandlung der Gelsenkirchener Arbeiterbewegung verständige. Als er von den dort vorgekommenen Angriffen auf die Polizei und der Zerstörung von Eigenthum gehört, sei er zuerst der Meinung gewesen, daß es erforderlich sein werde, den Belagerungszustand zu erklären. Heute stimme er jedoch noch nicht für diese Maßregel. Die Klagen der Arbeiter seien nicht ohne allen Grund. So würden sie durch Geldstrafen bis zu 3 M. zur Leistung von Überstunden über die gewöhnliche Arbeitszeit angehalten, was mit dem Geiste der gegenwärtigen Gesetzgebung nicht in Einklang stehe. Er lege Werth darauf, daß die traurigen Folgen einer solchen Arbeitseinstellung und der damit verbundenen Gewaltthätigkeiten der öffentlichen Meinung vor Augen geführt würden. Dies werde die Stellung der Staatsregierung bei Berathung der sozialpolitischen Gesetze stärken.

Insbesondere wende er sich...an den Eisenbahnminister und ersuche denselben, auch gegenüber dem Mangel an Kohlen, der sich in Folge der Arbeitseinstellung zeige, die Kohlevorräthe der Eisenbahnverwaltung festzuhalten, da man dieselben für den doch immer als möglich anzunehmenden Fall eines Krieges nothwendig gebrauche. Vielleicht werde sich aus den bedauerlichen Vorkommnissen auch die Nothwendigkeit einer strengeren staatlichen Kontrolle ergeben.

Der Herr Staatsminister von Maybach erklärte, die betheiligten Gruben seien durchweg Privatgruben, so daß die Staatsregierung nur die polizeiliche Aufsicht über den Betrieb, aber keinen direkten Einfluß auf die Beziehungen zwischen den Arbeitgebern und Arbeitnehmern habe...Die Bewegung auf Erzielung höheren Lohns sei erzeugt durch den seit einiger Zeit erheblich gewachsenen Ertrag der Gruben. Im Laufe des letzten

Jahres hätten sich bei manchen derselben die Dividenden verdoppelt, die Kurse der betreffenden Effekten seien stark gestiegen. Eine Erhöhung der Löhne könne von den Arbeitgebern wohl geleistet werden...

Der Herr Minister des Innern theilte mit, daß gegenwärtig etwa 40000 Arbeiter feierten und daß der direkte Verlust an nicht verdientem Lohn und nicht gefördertem Material täglich etwa ½ Million Mark betrage, nicht gerechnet den indirekten Verlust durch Arbeitseinstellungen, zu welchen die Großindustrie wegen Kohlenmangels gezwungen sei. Der Entstehungsgrund der Bewegung sei nicht genau festgestellt, dieselbe sei um die Mitte der vorigen Woche, den Behörden unerwartet, eingetreten und habe sich infolge des Gefühls allgemeiner Solidarität von Gelsenkirchen Anfangs nach Osten, jetzt auch nach Westen verbreitet. Die Forderungen richteten sich auf 1. eine Lohnerhöhung von etwa 15%, 2. eine andere Berechnung der Schichten...3. den Wegfall des Zwanges zur Leistung von Überschichten. Die Arbeitgeber würden zu einer mäßigen Erhöhung der Löhne, welche bei dem seit 1½ Jahren gestiegenen Ertrage unverändert geblieben, vielleicht bereit sein. Dieselben betrügen für Pferdejungen täglich M. 1,80, für Schlepper M. 2,20, für ältere und geübtere Arbeiter im Akkord M. 3,50 bis M. 4.

...Der bei den in Rede stehenden Gruben stark betheiligte Abgeordnete Hammacher habe sich entschieden für Erklärung des Belagerungszustandes für den ganzen Bezirk ausgesprochen, um die Stellung der Arbeitgeber zu stärken. Er selbst würde hierin eine Partheinahme erblicken und rathe hierzu noch nicht. Gegen Gewaltakte müsse natürlich scharf eingeschritten werden, weil die Socialdemokratie, wenn sie auch die Bewegung nicht hervorgerufen habe, sie jetzt doch benutze, wie dies auch von der katholischen Hetzpresse geschehe...

Der Herr Minister-Präsident erklärte...die Staatsregierung müsse durchblicken lassen, daß sie die Schuld keineswegs bloß auf Seiten der Arbeiter finde, vielmehr ein Entgegenkommen der Arbeitgeber, namentlich den älteren Arbeitern gegenüber, als rathsam ansehe. Jede Mißachtung der staatlichen Autorität sei entschieden zu unterdrücken. Es frage sich, ob ausreichende Militärkräfte an Ort und Stelle seien.

Der Herr Kriegsminister theilte aus einem Berichte des Kommandirenden Generals mit, daß in dem von der Arbeitseinstellung ergriffenen, etwa 8 Meilen langen, 2–3 Meilen breiten

Gebiet jetzt sechs Bataillone und 6 Schwadronen ständen und mit Leichtigkeit stärkere Kräfte herangezogen werden könnten. In dem Bericht sei die Überzeugung ausgesprochen, daß socialdemokratische Agitationen bei der Sache mitspielten, daß ein Theil der Arbeiter aber, wenn er nicht von den übrigen gehindert werde, gern für den bisherigen Lohn weiter arbeiten würde.

Der Herr Justizminister bemerkte, daß auch der Oberstaatsanwalt eine geheime Organisation der Bewegung als vorhanden ansehe, und der Herr Finanzminister fand hierfür eine Bestätigung auch darin, daß nach Zeitungsnachrichten rothe Fahnen auf Seiten der Unruhestifter sich hätten blicken lassen.

Der Herr Minister-Präsident regte an, ob bei weiterer ungünstiger Entwicklung der Sache man nicht die Militairpflichtigen unter den Arbeitern zur Fahne einziehen solle. [Er] faßte sodann die Auffassung der Staatsregierung dahin zusammen, daß dieselbe bei gegenwärtiger Lage der Sache zwar jeder Mißachtung der staatlichen Autorität scharf entgegenzutreten, im Übrigen aber zu einer Vergewaltigung der Arbeiter nicht die Hand zu bieten, der Parteinahme sich zu enthalten habe und daß man privatim wie in der nicht offiziellen Presse sich in dem Sinne ausspreche, daß ein Entgegenkommen von Seiten der Arbeitgeber angezeigt sei.

*b) 12. 5. 1889, Protokoll des Staatsministeriums unter Vorsitz des Kaisers*

... Der Präsident des Staatsministeriums führte aus, Einstellung der Arbeit sei ein Recht des Arbeiters, welches ihm nicht verkümmert werden dürfe. Er könne zur Wiederaufnahme derselben nicht gezwungen werden und es fehle an einer gesetzlichen Handhabe zur Einmischung des Staats in das Verhältniß zwischen dem Arbeitgeber und Arbeitnehmer. Selbstverständlich habe der Staat aber Eigenthum und Personen, insbesondere auch den zur Arbeit willigen Arbeiter gegen Gewalt zu schützen und es stehe ihm auch zu, denjenigen, welche indirekt unter den Folgen der Arbeitseinstellung – Kohlenmangel – litten, zu helfen, wie auch vermittelnd zwischen Arbeitgeber und Arbeitnehmer zu treten. Die Arbeitgeber freilich wünschten letzteres nicht. Sie hätten zum Theil den Arbeitern zur Zeit übler Konjunkturen durchgeholfen und glaubten nun die guten Zeiten für sich ausnutzen zu dürfen. Auch seien weder die Löhne besonders niedrig, noch die Arbeitszeit eine lange, indessen gestatteten die jetzigen Ertragsverhältnisse eine Erhöhung der Löhne, und viele Einrichtungen...seien verbesserungsfähig. So gönne er den Arbeitern diese Verbesserungen sehr wohl, aber er wünsche nicht das Beispiel gegeben zu sehen, daß sie dieselben auf dem Wege der Arbeitseinstellung rasch und leicht erreichten. Dies würde zur Nachahmung und zur Wiederholung reizen. Wenn Seine Majestät eine Deputation der feiernden Arbeiter zu empfangen geruhen wolle, so bitte er, daß Allerhöchstdieselben den Deputirten das Unrecht der ohne Kündigung kontraktbrüchig erfolgten Arbeitseinstellung wie der begangenen Gewaltthätigkeiten vorhalten und ohne Eingehen in das Detail ihrer Forderungen eröffnen möchten, letztere würden eingehend geprüft werden, doch müßten Seine Majestät auch die andere Partei hören.

Angesichts der bevorstehenden Berathung über gegen die Socialdemokratie gerichtete Gesetze möchte er es als politisch nützlich ansehen, wenn die Beilegung dieses Streites und seiner traurigen Folgen nicht zu glatt und rasch erfolge, letztere sich vielmehr der liberalen Bourgeoisie fühlbarer machten. Dieselbe gehe immer von der Voraussetzung aus, unter der Socialdemokratie leide die Regierung mehr als der Bürger, und wenn die Bewegung ernsthaft werde, unterdrücke die Regierung sie doch nöthigenfalls mit Gewalt, vorbeugende Gesetze seien also gar nicht so nöthig.

Seine Majestät der Kaiser und König geruhten, dem Staatsministerium von den neuesten von Seiten des Kommandirenden Generals und des Oberpräsidenten über die Arbeiterbewegung in Westfalen empfangenen telegraphischen Meldungen Kenntniß zu geben. Namentlich die letztere schildere die Lage ungünstig. Die Bewegung sei im Zunehmen, drohende Volkshaufen zögen umher, um jede etwaige Wiederaufnahme der Arbeit zu stören, die großen Eisenhütten müßten den Betrieb einstellen; um die Zechen zu schützen, sei eine dauernde Stationirung von Truppen bei denselben und zu diesem Behuf eine Herbeiziehung von noch 2–3 Bataillonen und einigen Schwadronen erforderlich. Seine Majestät bezeichneten als den Grund des Übels, daß ein großer Theil der Gruben im Besitz von Aktiengesellschaften, namentlich auch solcher, die mit ausländischem Gelde arbeiteten, sich befinde. Bei diesen sei die Erzielung möglichst hohen Ertrags der einzig maßgebende Gesichtspunkt, und es fehle jede Rücksicht auf das Gemeinwohl und auf das Ergehen der Arbeiter. Den Behörden falle zur Last, daß, obwohl seit 14 Tagen zu bemerken gewesen, daß eine Bewegung sich vorbereite, nichts geschehen sei, um derselben durch Entgegenkommen gegen berechtigte Forderungen der Arbeiter vorzubeugen. Absicht sei gewesen, im Juni eine allgemeine Arbeitseinstellung ausbrechen zu lassen, die aber in Folge einer Streitigkeit in Gelsenkirchen vorzeitig zum Ausbruch gekommen sei. Seine Majestät hielten die Bewegung nicht für eine socialdemokratische und einen Druck auf die Arbeitgeber, um diese zum Entgegenkommen gegen die berechtigten Forderungen der Arbeiter zu veranlassen, für geboten. Der Arbeitseinstellung müsse ein baldiges Ende gemacht werden, weil die Folgen derselben zu bedrohlich seien. Der Kohlenmangel entwaffne uns, wenn er den Eisenbahnbetrieb und die Bewegungen der Flotte unmöglich mache...

Der Minister-Präsident glaubte die Folgen der Arbeitseinstellung für unsere Wehrfähigkeit nicht als so bedrohlich ansehen zu müssen, denn die Eisenbahnverwaltung besitze den nöthigen Kohlenvorrath für eine Mobilmachung. Die Möglichkeit, daß unsere Feinde uns Kalamitäten, wie sie die Folge von Arbeitseinstellungen seien, bereiteten, wachse mit dem Erfolge der jetzigen Arbeitseinstellung, und die in einem solchen Erfolge liegende Ermuthigung sei das, was er am meisten fürchte. Er begrüße mit Freuden den Gedanken einer Stärkung der Aufsicht des Staats über das Bergwesen. Eine Expropriirung der Aktiengesellschaften, namentlich der ausländischen, eine Verstaatlichung der Gewinnung der Kohlen, als eines unentbehrlichen Bedürfnisses würde er für ein anzustrebendes Ziel halten...

*c) 25. 5. 1889, Protokoll des Staatsministeriums*

Der Herr Minister-Präsident theilte mit, Seine Majestät der Kaiser und König habe gestern gegen ihn mündlich die Frage angeregt, ob es für angezeigt zu erachten sei, in den von der Arbeitseinstellung der Bergarbeiter ergriffenen Revieren den Belagerungszustand zu erklären. Er habe sich vorläufig dagegen ausgesprochen und eventuell vorgeschlagen, daß, wenn es geschehe, man die Erklärung auf Waldenburg beschränken möge, wo die Bewegung unter sozialdemokratischem Einfluß aus Westfalen zurückgekehrter jüngerer Arbeiter, welche dort ihr

Auskommen nicht gefunden hätten, viel gewaltthätiger und roher aufgetreten sei. Als Drohung für die Westprovinzen und Oberschlesien werde auch dies schon wirken. Seine Majestät sei jedoch Selbst der Maßregel, auch in dieser örtlichen Beschränkung, nicht besonders geneigt gewesen und er habe dann zugesagt, die Sache im Staatsministerium zur Sprache zu bringen.

Er halte es zum allgemeinen Besten, zur Verhütung von Wiederholungen und zur Förderung richtiger Erkenntniß der Unfruchtbarkeit und der nach allen Seiten wirkenden unheilvollen Folgen solcher Arbeitseinstellungen für das beste, wenn man gewissermaßen den Brand in sich ausbrennen lasse, statt ihn mit Gewalt zu ersticken. Im letzteren Falle erwecke man bei den Arbeitern das Gefühl, daß sie nur durch gesetzwidrige Unterdrückung von Seiten des Staats gehindert worden seien, bessere Resultate für sich zu erzielen. Lasse man den Dingen thunlichst ihren Lauf, so erhalte man sich den Nimbus, ohne Ausnahmemaßregeln streng gesetzlich verfahren zu sein und führe die Unruhestifter am sichersten ad absurdum... Bezüglich der Berechtigung zur Erklärung des Belagerungszustands habe er keinerlei Bedenken. Dieselbe liege für alle betheiligten Bezirke längst vor. Überall sei Aufruhr vorgekommen und wie bald, nachdem dieser eingetreten, der Belagerungszustand zu erklären sei, sei nicht vorgeschrieben. Überdies bestimme der Artikel 68 der Reichsverfassung, daß der Kaiser jeden Theil des Bundesgebiets in Kriegszustand erklären könne, wenn die öffentliche Sicherheit bedroht sei. Schließe sich hieran der Satz, daß bis zum Erlaß eines bezüglichen Reichsgesetzes das preußische Gesetz über den Belagerungszustand vom 4. Juni 1851 gelte, so seien hierdurch nicht Krieg oder Aufruhr als nothwendige Voraussetzungen der durch den ersten Satz bei Bedrohung der öffentlichen Sicherheit als zulässig bezeichneten Erklärung des Kriegszustandes hingestellt; denn wenn dies der Sinn des Artikels 68 sein solle, sei der erste Satz überhaupt überflüssig. Was die Frage einer Berechtigung des Belagerungszustandes anbetreffe, so sei er hiernach bereit, die Verantwortlichkeit für die Erklärung desselben auf sich zu nehmen, *sofern* diese Maßregel sich als zweckmäßig erweise. Außerdem seien aber nach älteren Bestimmungen, auch ohne daß der Belagerungszustand erklärt sei, die Militärbefehlshaber zum Einschreiten behufs Aufrechthaltung der öffentlichen Ordnung befugt, worüber er noch die Herren Minister des Krieges und der Justiz sich zu äußern bitte...

Der Herr Kriegsminister erklärte... nach Art. 36 der preußischen Verfassungsurkunde solle die bewaffnete Macht zur Unterdrückung innerer Unruhen nur in den vom Gesetze bestimmten Fällen und auf Requisition der Civilbehörde verwendet, in letzterer Beziehung durch das Gesetz die Ausnahmen bestimmt werden. Diese in Aussicht genommenen Ausführungsbestimmungen fehlten bis jetzt und so sehe er ältere Allerhöchste Ordres als noch in Kraft stehend an, nach welchen der Militairbefehlshaber Gewaltthätigkeiten und Störungen der öffentlichen Ruhe nicht zuzusehen, sondern, falls er dies nach seinem Ermessen nöthig finde, gegen dieselben auch ohne Requisition der Civilbehörden einzuschreiten habe.

Der Herr Justizminister erachtete ein solches Einschreiten in flagranti, wo Gefahr im Verzuge sei, auf Grund der §§ 6 und 7 der Zirkular-Verordnung vom 30. Dezember 1798 für zulässig. Im gegenwärtigen Augenblick, wo die äußere Ruhe wiederhergestellt sei, handele es sich jedoch nur um vorbeugende Maßregeln, z. B. Verhinderung der Bildung von Strikekassen, und da komme bezüglich militairischen Einschreitens nur die Verhängung des Belagerungszustandes nach Maßgabe der Reichsverfassung bezw. des preußischen Gesetzes vom 4. Juni 1851 in Betracht...

Es wurde das einstimmige Einverständniß des Staatsministeriums... damit, daß zur Zeit die Erklärung des Belagerungszustandes in keinem der von der Arbeitseinstellung ergriffenen Bezirke empfehlenswerth sei, konstatirt und wird der Herr Präsident des Staatsministeriums in diesem Sinne Sr. Majestät dem Kaiser und Könige Bericht erstatten.

## [142] Kanzler und Kaiser: Gegensätze in der Außenpolitik

*26. 6. 1889, Bismarck an Boetticher*

Ich habe kein *amtliches* Recht, auf den Börsenvorstand einzuwirken. Eine *vertrauliche* Einwirkung, wenn sie möglich wäre, würde nicht verschwiegen bleiben, und vermöge derselben eine Gefälligkeit des Börsenvorstandes für mich in Anspruch zu nehmen, ist nicht tunlich, wenn ich nicht die Erwartung von Gegengefälligkeiten der Regierung erwecken will. Ich muß mich um so sicherer von solchen Wegen fern halten, als ich andernfalls der Vermutung irgendwelchen eigenen Interesses an *Baisse*spekulationen Raum geben würde.

Ich halte auch ein Bekanntwerden einer außeramtlichen Einwirkung zum Nachteil der russischen Konvertierung politisch für schädlich. Schon die Zeitungen der letzten Wochen beweisen die Neigung aller *inneren* Gegner der Regierung, solche Beeinflussung der Börse gegen die Regierung auszubeuten. Dann aber ist es ganz unvermeidlich, daß eine antirussische Haltung der Reichspolitik in dieser Frage mit der Gesamtrichtung unserer Politik im Widerspruch stehen und sie schädigen würde. Das Ziel dieser Gesamtpolitik ist vorläufig die Erhaltung des Friedens, wenigstens bis zu dem Sr. M. bekannten Zeitpunkt, wo wir unsere Vorbereitungen in Gewehr und Munition zum Abschluß gebracht haben werden; womöglich sogar bis zu dem Zeitpunkt, wo Englands jetzige relative Wehrlosigkeit aufgehört haben und auf Englands Mitwirkung bei eintretenden Krisen mehr als bisher zu rechnen sein wird. Aus diesem einstweiligen Friedensbedürfnis geht die Notwendigkeit hervor, wenigstens doch bis *dahin* unsere Beziehungen zu Rußland zu schonen und zu pflegen. Im Sinne dieser Politik habe ich es mir angelegen sein lassen, in dem Streite der monarchischen Staaten gegen die schweizerischen Revolutionsparteien eine Interessengemeinschaft mit Rußland und eine derselben entsprechende gemeinsame Haltung beider Reiche zu erstreben und zur europäischen Anschauung zu bringen...

Solange ich nicht durch eine schriftliche Ordre Sr. M. in die Notwendigkeit versetzt werde, einen dahingehenden allerhöchsten Befehl auszuführen, kann ich meine Zustimmung zu einer in meinem Namen geübten Einwirkung auf den Börsenvorstand nicht geben. Einstweilen und solange ich dazu berechtigt bin, untersage ich jede amtliche Einwirkung auf die Sache.

Ew. pp. bitte ich, Herrn von Lucanus in diesem Sinne mündlich und vertraulich zu verständigen, und dabei durchblicken zu lassen, daß allerhöchste Befehle politischer Natur und von so bedeutender Tragweite, wie sie in einer offenen Parteinahme gegen Rußland bei der heutigen europäischen Situation liegen würde, eine vorgängige Erörterung der Frage zwischen Sr. M. und dem verantwortlichen Minister, namentlich dem des Auswärtigen, erfordern. Wenn ich als Reichskanzler in einer Sache von dieser Tragweite vor die Alternative gestellt werden soll, ob ich einen allerhöchsten Befehl ausführen oder auf mein Amt verzichten will, so muß mir die Kais. Willensmeinung in einer Form bekanntgegeben werden, welche geeignet ist, mir zur Rechtfertigung meiner Entschließung vor der Oeffentlichkeit dienen zu können.

## [143] Änderung des Reichstagswahlrechts?

*27. 6. 1889, H. Bismarck an Rantzau*

...Ad vocem Reichstag wollte ich Dich noch bitten, Papa zu sagen, daß ich auch S. M. von der Abschaffung der Stichwahlen gesprochen habe und daß Allerh. sehr dafür portiert waren. Ich habe Boetticher, der den Gedanken ebenfalls gern aufgriff, in Papas Auftrag ersucht, sich mit Bennigsen und Helldorf darüber in Verbindung zu setzen. Vielleicht hat Boetticher dies damals aber über seinem Ordenskoller, der fast zur Drehkrankheit ausartete, vergessen, und es mag gut sein, daß Du ihn in Papas Auftrag an die Sache erinnerst. Ich könnte vielleicht in Frankfurt auch mit Miquel darüber reden. Ich halte die Aufhebung der Stichwahlen und Einführung der relativen Majorität beim *ersten* Wahlgange für sehr wichtig, und man sollte sie noch mit *diesem* Reichstag durchsetzen, wo wir die Majorität haben. Dann bekommen wir sie im nächsten vielleicht auch. Da es aber lange Debatten geben wird und der Reichstag im Februar eines natürlichen Todes stirbt, muß er schon Ende Oktober einberufen werden, damit die Sache nicht durch Obstruktion frustriert wird. Dies bedingt wieder, daß der Etat 3 Wochen früher fertig wird als sonst, und aus diesem Grunde muß Feuer unter Boetticher gemacht werden. Wie die Sache jetzt liegt, fallen die Regierungsfreunde bei den Stichwahlen immer hinein, weil *alles* Oppositionelle sich gegen sie einigt: für den ersten Wahlgang geht das nicht überall so leicht.

## [144] Über das Septennat hinaus?

*6. 9. 1889, Bismarck an Verdy du Vernois*

...Gewiß halte ich das Septennat nicht für eine Konzession des Reichstages an den Kaiser, sondern umgekehrt für eine solche, die der Kaiser dem Reichstage gemacht hat. Aber gerade darin liegt eine Verstärkung der Schwierigkeit des einseitigen Rücktritts von kaiserlicher Seite. Das Septennat enthält eine zeitweise Verzichtleistung auf gewisse, weitergehende Verfassungsrechte des Kaisers, wie ich das seinerzeit auf der Tribüne des Reichstages darzulegen versucht habe. Diese Verzichtleistung beruht aber auf einem zweiseitigen Geschäfte mit dem Reichstage, der seinerseits dafür Bewilligungen machte, welche vom hochseligen Kaiser Wilhelm als Aequivalent der kaiserlichen Konzession angesehen wurden. Das Septennat, welches ich infolge dieser meiner Rechtsauffassung nicht aus Ueberzeugung, sondern auf Befehl vertreten habe, und welches von mir bei seinem ersten Auftreten 1874 nur akzeptiert worden ist, weil ich das damals vom Kriegsministerium verlangte *Eternat*, die ewige Festlegung des Kriegsetats, für noch weniger nützlich und für unmöglich hielt, bildet heute einen Teil unserer verfassungsmäßigen Gesetzgebung, und das Verlangen, darin vor dem Ablauf Abänderungen vorzunehmen, steht in dem Eindruck, den es in dem Lande machen würde, auf derselben Linie wie etwa die Forderung einer Verfassungsänderung behufs Verstärkung der Kais. oder Kgl. Rechte. Wenn die verbündeten Regierungen ihrerseits berechtigt sind, militärfeindlichen Anträgen, welche im Reichstag gestellt werden könnten, das Septennatsgesetz entgegen zu halten, so wird auch dem Reichstage das gleiche Recht des Widerspruchs gegen *prinzipielle* Lossagung von der im Septennat liegenden Beschränkung zur Seite stehen, und es ist mir fraglich, ob hierfür eine Majorität im Reichstage sich gewinnen läßt...

Ich bin nach wie vor bereit, mit Ew. pp. für die bei unserer letzten Besprechung erwähnte Vermehrung der Zahl der Armeekorps ohne prinzipiellen Bruch mit dem Septennat, und für die Anleihen, welche wir damals besprachen, und über welche ich auch mit dem Reichsschatzamt bereits in Verbindung getreten bin, einzutreten. Weitergehende Absichten aber möchte ich empfehlen, *absolut zu sekretieren* bis nach den Neuwahlen. Wenn letztere ohnehin schlecht ausfallen sollten, so können wir möglicherweise in Verhältnisse zum Reichstage und seinen Wählern geraten, die mit Schwächungen unserer Macht verbunden sein würden, welche auch durch noch größere Verstärkungen der Armee nicht gedeckt werden können. Sollten uns innre Zerwürfnisse durch feindselige Reichstagsmehrheiten aufgedrungen werden, so wird S. M. den Kampf dagegen gewiß aufnehmen; aber die Aufgabe der Politik im Reiche wird es immer bleiben, solche Eventualitäten zu verhüten u. zunächst die bevorstehenden Wahlen nicht zu gefährden.

## [145] Der Kaiser ist jung und rasch

*19. 11. 1889, Bismarck an Maybach*

Ihr Schreiben von gestern habe ich mit Betrübniß gelesen; ich kann aber dem Gedanken nicht Raum geben, daß Sie mich allein im Geschäft sitzen lassen wollen. Kränklich sind wir beide, und das Alter drückt mich mehr wie Sie. Auch ich ginge gern und widmete den Rest meiner Kräfte den eignen Interessen u. der eignen Gesundheit, die beide unter dem Dienste Noth leiden. Aber sind wir sicher, grade heut das Loch stopfen zu können, welches unser Rücktritt lassen würde? Der Kaiser ist jung und rasch, regirt noch nicht 5 Monat. Solche Mißgriffe wie das Telegramm von Pückler an Sie können noch viele vorkommen, ehe der junge Herr u. die neuen Leute, die seinen Hof bilden, Sich in die üblichen Gleise des Verkehrs eingelebt haben werden. Die Tradition ist mit den alten Hofleuten einstweilen verloren gegangen, und bei dem jungen Ersatz sind Tact und Erfahrung noch nicht so gereift, daß jemand wie Graf Pückler wissen könnte, *wer* u. *was* man nomine Regis an einen Minister dienstlich telegraphiren kann. Wir beiden ältesten Minister dürfen uns aber der Aufgabe nicht entziehn, im Staate das richtig zu stellen und einleben zu helfen, was sein rechtes Gleise noch nicht gefunden hat. Daß der Kaiser den Minister in der Wilhelmstraße dafür verantwortlich hält, daß auf einer Sekundärbahn in Oberschlesien eine Bremse nicht wirkt, daß ein Hofmarschall sich competent hält, den Kaiserlichen Verdruß in einem unfreundlichen Telegramm dem Minister zuzuschleudern, beruht auf Mangel an Vertrautheit mit dem Dienst u. dessen *Möglichkeiten* und *Competenzen;* diesem Mangel müssen *wir* abhelfen, aber nicht durch Dereliction des Geschäftes ihn einreißen lassen...

## [146] Reform der Militärstrafprozeßordnung

*7. 12. 1889, Bismarck an Verdy*

*Geheim. Eigenhändig.*
...Das bestehende Verfahren hat, obwohl in manchen Punkten veraltet, doch bisher befriedigend funktionirt. Dank der Handhabung desselben in der Praxis hat selbst der von Ew. p. hervorgehobene theoretische Übelstand, daß Untersuchung, Klage u.

Vertheidigung in der Hand ein und derselben Person ruhen, und daß das Verfahren lediglich ein schriftliches ist, zu keiner praktisch fühlbaren Schädigung geführt. Auch in den jüngsten Reichstagsverhandlungen haben Thatsachen von den Oppositionsparteien nicht geltend gemacht werden können; man hat sich vielmehr darauf beschränken müssen, mit theoretisch-juristischen Erwägungen eine Diskreditierung des bestehenden Zustandes zu versuchen.

Gewiß ist, daß die zur Zeit vorhandene Ungleichheit des Verfahrens innerhalb der deutschen Armee zu Unzuträglichkeiten führt, wie der in Ulm vorgekommene Fall beweist. Derselbe scheint aber nicht zu Gunsten einer Unificirung des Rechtes, sondern nur dafür beweiskräftig zu sein, daß die *Bayerische* Militärstrafgesetzgebung einer Revision bedürftig ist...

Für das Reichsheer halte ich das Bedürfniß für ein legislatorisches Vorgehen auf dem Gebiete des Militär-Strafverfahrens nicht so dringend, daß wir dafür die politischen und militärischen Nachtheile in den Kauf nehmen könnten, welche von der Revision unter parlamentarischer Mitwirkung unzertrennlich sind.

Zunächst würde die Revision unserer Militär-Strafprozeßordnung nothwendig auf eine Schmälerung der Rechte der Landesfürsten hinauslaufen. Würde ein einheitliches Verfahren für das ganze Reich eingeführt werden, so würde die Errichtung einer einheitlichen *obersten* Instanz ebenso unabweisbar sein, wie dies auf dem Gebiete des Civilrechts nach Erlaß der Proceßordnung der Fall gewesen ist. Die politischen Bedenken, welche von jedem Versuch abrathen, die Rechte der verbündeten Fürsten zu mindern und auf Seine Majestät den Kaiser zu übertragen, habe ich mir erlaubt, Ew. p. in meinem Schreiben vom 6. d. M. darzulegen, und darf mich darauf beschränken, auf meine dortigen Ausführungen Bezug zu nehmen...*

Namentlich aber befürchte ich, daß es bei uns nicht gelingen wird, für ein besseres, oder auch nur den militärischen Interessen hinreichend Rechnung tragendes Militärstrafgesetz die Majorität im Reichstage zu gewinnen. In demselben überwiegen, insbesondere auf dem juristischen Gebiete, immer noch liberale Anschauungen, welche, wenn sie zu einer Anerkennung durch die Mehrheit kommen, eine den militärischen Interessen gefährliche Wirkung ausüben müßten. Nach meiner Kenntniß

* Vgl. Dok. 144.

des parlamentarischen Terrains liegen die Verhältnisse heute noch ebenso wie vor 20 Jahren, als das neue Strafgesetzbuch erlassen wurde, und für jede militärische Spezial-Gesetzgebung noch ungünstiger wie für die allgemein strafrechtliche. Das Reichsstrafgesetzbuch aber ist durch die parlamentarische Mitarbeit erheblich verschlechtert worden, und steht weit hinter unserem alten Preußischen Criminalrecht zurück, weil in ihm nicht sowohl der allein berechtigte Gedanke des Schutzes der Gesellschaft, als vielmehr die unklaren Gerechtigkeits- und Humanitätstheorien, unter deren Herrschaft der damalige Reichstag stand, zum Ausdruck gelangt sind. Bringen wir heute eine Vorlage wegen Neuregelung des Militärstrafverfahrens vor den Reichstag, so werden wir den gleichen schwächlichen und civilistischen Anschauungen begegnen. Ein *militärisch* brauchbarer Gesetzentwurf würde selbst bis in die konservativen Parteien hinein und nicht blos bei den Juristen auf Widerspruch stoßen, in Consequenz der schwächlichen und beifallsbedürftigen Richtung, welche Abgeordnete von der Art des Prinzen Carolath u. Anderer in allen Lebensverhältnissen vertreten. Wenn wir dann dem kränklichen Bedürfniß der Regierungsbeamten, etwas »zu Stande zu bringen«, wie es in unseren amtlichen Kreisen sich zum Schaden des Staates geltend macht, nicht nachgeben und jede militärisch unannehmbare Concession ablehnen, so werden die Verhandlungen nur zur Verschärfung der heutigen Situation führen. Schon die Discussion einer solchen Vorlage im Reichstage ist bedenklich. Die Socialisten, der Fortschritt und der demokratische Theil des Centrums und weichliche Glieder der Cartell-Fraktionen, die Conservativen nicht ausgeschlossen, werden die Gelegenheit benutzen, um ihre Theorien dem Lande vorzudeklamieren und schädliche Eindrücke auf die Armee und auf die Bevölkerung zu üben.

Im vollen Bewußtsein der vorhandenen Mängel stimme ich deshalb dafür, daß wir uns jeder gesetzgeberischen Vorlage auf dem Gebiete des Militärstrafverfahrens enthalten . . . Einstweilen lege ich, in meiner Eigenschaft als Ressortminister für die Beziehungen Preußens zum Bundesrathe, gegen jede Mittheilung an den Bundesrath in Sachen der Militär-Straf-Prozeßordnung Widerspruch ein und behalte mir vor, wegen Abgabe der Preußischen Stimmen über die dem Bundesrathe überwiesene Resolution des Reichstages selbst die Befehle Seiner Majestät des Königs einzuholen, da Instruktionen und Aufträge für die Preußischen Herren Vertreter im Bundesrathe zur ausschließlichen Competenz des Preußischen Ministers der auswärtigen Angelegenheiten gehören...

## [147] Die Verantwortlichkeit der Reichsregierung

*20. 12. 1889, Bismarck an Verdy du Vernois*

Geheim
...Es wird sich empfehlen, den Gesetzentwurf über die weitere Entwickelung unseres Bahnnetzes in strategischer Hinsicht nicht in der Form einer Präsidial-Vorlage, sondern in der eines Antrages der Preußischen Staatsregierung an den Bundesrath zu bringen. Es ist ein Vorzug der Reichsverfassung, daß dem Reichstage keine einzelnen Minister persönlich gegenüberstehen, sondern der Bundesrath, der die gleiche gesetzgeberische Competenz hat wie der Reichstag, gleich diesem nach Majoritäten beschließt, die persönlich nicht verantwortlich sind, und ebensowenig wie der Reichstag Motive für seine Beschlüsse anzugeben braucht. Die Opposition und die parlamentarischen Parteien sind stets bestrebt, diese verfassungsmäßige Gleichberechtigung der beiden gesetzgebenden Körper des Reichs zu verdunkeln und die Person des Reichskanzlers resp. der Herren Vertreter desselben direct unter Feuer zu nehmen, um sie zu derjenigen Nachgiebigkeit und Nervosität zu bringen, auf welcher Ministerkrisen zu beruhen pflegen. Der Reichskanzler und seine Vertreter sind nach der Reichsverfassung vollkommen berechtigt, sich dieser Pression zu entziehen, und der Kaiser, für dessen Anordnungen allein, nach Art. 17, der Reichskanzler die Verantwortlichkeit trägt, ist in der Reichsverfassung durch die Majoritätsbeschlüsse des inamoviblen Bundesraths ganz anders gedeckt als nach den gewöhnlichen Verfassungen durch die verantwortlichen Staatsminister, zumal die Gebiete, auf welchen der Kaiserliche Wille unabhängig vom Bundesrathe sich zu bethätigen vermag, nach der Reichsverfassung viel geringer an Ausdehnung sind wie in den üblichen Landesverfassungen.

Es empfiehlt sich, diesen politischen Vorzug der Reichsverfassung, durch welchen die Personen der Souveräne und ihrer Minister dem direkten Druck der Parlaments-Verhandlungen, soweit sie denselben nicht muthwillig auf sich nehmen, entzogen sind, auch dadurch festzuhalten, daß die Initiative der Gesetzgebung im Bundesrathe nach Möglichkeit *den Anträgen der einzelnen* Bundesstaaten überlassen und nicht vom Kaiser unter kanzlerischer Verantwortung im Wege der Präsidial-Vorlagen geübt werde, umsomehr als für letztere die Reichsverfassung einen Anhalt genau genommen nicht bietet, sondern die Initiative in der Gesetzgebung den einzelnen Mitgliedern der beiden gesetzgebenden Körperschaften, also des Bundesraths und des Reichstages zuweist.

Außerdem läßt sich die für Preußische Anträge im Bundesrath erforderliche Vorbereitung im Königlichen Staatsministerium auch für Kaiserliche Präsidial-Vorlagen an den Bundesrath nicht übergehen, wenn der Kaiser und sein Kanzler nicht Gefahr laufen wollen, Anträge im Bundesrath einzubringen, für welche sie später das Königlich Preußische Votum nicht zu gewinnen vermögen.

Aus den vorstehenden Gründen lege ich Werth darauf, daß die militärischen Vorlagen für den Bundesrath mehr in Form von Preußischen Anträgen, also von Anträgen *eines Mitgliedes einer nach Majorität abstimmenden* gesetzgeberischen Versammlung ausgehen, als von der persönlichen Initiative des Kaisers und seines verantwortlichen Kanzlers.

### [148] Vor inneren Kämpfen

*a) 29. 12. 1889, Bismarck an Wilhelm II.*

Eurer Majestät danke ich ehrfurchtsvoll für das huldreiche Geschenk, mit welchem Allerhöchstdieselben mich zu Weihnachten beehrt haben. Das Bild der Parade vor dem Kaiser Alexander vergegenwärtigt den Erfolg, welchen Eure Majestät mit dem ersten politischen Act nach dem Antritt der Regierung mit dem Besuche in Peterhof, errungen haben. Die persönlichen Beziehungen zwischen den beiden mächtigsten Monarchen bilden, trotz aller Gefahren, welche den Frieden bedrohn, doch eine wesentliche Stütze desselben, und wenn Krieg sein soll, so ist grade der mit Rußland der letzte, den wir freiwillig führen sollten. Er hat neben den geographischen Schwierigkeiten des Kampfes selbst, keinen begehrenswerthen Kampfpreis; im Gegentheil, wenn wir siegen, so fällt uns die Vormundschaft über die Polen oder deren freie Nachbarschaft zur Last; Beides kein Gewinn. Daher hat das Land Eurer Majestät für jeden Act der Pflege des Friedens nach Osten doppelt zu danken, und mit dem Gefühl dieser politischen Dankbarkeit blicke ich auf Eurer Majestät Weihnachtsgeschenk.

Mein Sohn, dem ich dieses Schreiben mitgebe, wird die Ehre haben, Eurer Majestät seine Glückwünsche zum Neuen Jahre in Person darzubringen; die meinigen gestatte ich mir in diesem ehrfurchtsvollen Schreiben Eurer Majestät zu Füßen zu legen. Gott wolle Eurer Majestät im kommenden Jahre, gleich wie es bisher der Fall war, mit derselben Gnade zur Seite stehn, welche der Hochselige Kaiser Wilhelm bis an Sein Lebensende erfahren hat. Schwere Kämpfe und trübe Erfahrungen sind dem in Gott ruhenden Herrn allerdings nicht erspart worden; aber die Ritterlichkeit, welche die Widerwärtigkeiten des Lebens siegreich überwand, ist auch Eurer Majestät Erbe, und im Vertrauen darauf kann unser Vaterland den innern und äußern Stürmen, die Gott uns schicken mag, ruhig entgegensehn. Vor der Hand halte ich innere Kämpfe für näher bevorstehend wie äußere Kriege, und bedaure lebhaft, daß ich für dieselben nicht mehr so rüstig bin wie 1862. Meine Kräfte nehmen ab, aber was davon übrig bleibt, verbrauche ich gern in Eurer Majestät Dienst, so lange es Allerhöchstdero Wille ist.

*b) 19. 1. 1890, Bismarck an Boetticher*

...Von Ausschußverhandlungen des Reichstages eine Richtschnur für das Verhalten der verbündeten Regirungen zu entnehmen und schon ihnen gegenüber die Flagge zu streichen*, die wir vor wenigen Monaten in der Vorlage aufgezogen haben, halte ich für einen unrichtigen Weg, der die Regirungen in das Schlepptau der Reichstagsfraktionen bringt, ohne daß letztere die volle Verantwortlichkeit ihrer Abstimmung vor den Wählern hätten.

Es liegt darin immer eine Mitarbeit der Regirungsorgane an der Opposition gegen die Regirungsvorlage. Wenn die Regirungen sich schon vor den Ausschüssen von Position zu Position zurückziehen, so hat die öffentliche Meinung nicht einmal den Eindruck, daß sie dies, wie Bonin bei Trautenau »fechtend« thun, sondern es sieht so aus, als hätten wir uns selbst überzeugt,

* Die Reichstagskommission befürwortete eine über die Regierungsvorlage hinausgehende Erhöhung der Beamtengehälter.

daß unsere im Oktober gemachte Vorlage unrichtig sei und der Correctur durch die Budget-Commission bedürftig...

Daß die Beschlüsse des Reichstages im Plenum in dritter Lesung so übertrieben ausfallen sollten, daß sie für den Bundesrath unannehmbar wären, glaube ich nicht. Wenn dies wirklich der Fall wäre, so würde die Übertreibung auch in der öffentlichen Meinung einleuchten und bei einem darüber entstehenden Conflict der Bundesrath und die Regirungen keine ungünstige Stellung haben. Aber selbst wenn der Bundesrath eine übertriebene Reichstagsvorlage genehmigte, so würde der Rückschlag der Übertreibung bald nach dem Erlöschen des Wahlfiebers nicht die Regirungen, sondern den Reichstag treffen, und es ist nicht unsere Aufgabe, dem Reichstag die Verantwortung dafür vor den Wählern abzunehmen. Es knüpfen sich an diese Erwägungen Möglichkeiten, die ich vorziehe mündlich zu besprechen.

Wir können mit Conjecturen über die Frage, ob der Reichstag in seinem Wahlfieber unter Umständen Thorheiten beschließt oder nicht, unsere eigene Marschroute nicht festlegen. Als eine solche, und wie ich glaube, gewagte Conjectur sehe ich die Befürchtung an, daß der Reichstag dem Bundesrath einen *unannehmbaren* Budgetentwurf vorlegen würde. Wäre es der Fall, so würden wir eben genöthigt sein, ein neues Budgetjahr ohne fertiges Budget zu beginnen, wie das in den ersten Jahrzehnten der Preußischen Verfassung nicht selten und in den ersten Jahren fast regelmäßig der Fall gewesen ist. Ich würde es für kein Unglück halten, wenn diese Eventualität ohne unsere Schuld und in ruhiger Zeit auch mit dem Reichstage einmal vorkäme – oder doch für ein geringeres Übel, wie dasjenige, wenn wir in den Reichstagsfraktionen den Eindruck machen, daß man uns mit der Eventualität des nicht rechtzeitigen Zustandekommens des Budgets so einschüchtern kann, daß wir lieber ein sacrificium intellectus vollziehen als einem Reichstagscommissions-Beschluß Widerstand leisten... Mein Votum geht dahin, es auf den Conflict ankommen zu lassen, falls der Reichstag sich ins Unrecht setzt, und nicht, aus Furcht vor dem Conflict, uns das Unrecht anzueignen, für welches der Reichstag die Wahlangst zur Entschuldigung hat, die Regirung aber keine. Ich glaube aber nicht an Conflictsgefahr, wenn wir gegenüber von *unmöglichen* Anträgen, deren Unmöglichkeit, sobald sie gestellt werden, geltend machen, und dabei hinzufügen, daß die Regirung es bedauern würde, wenn durch solche Übertreibungen das Bestreben des Bundesraths, den Wünschen des Reichstags entgegenzukommen, zu einem ergebnislosen gemacht würde.

Sollte meine Annahme irrig sein und der Reichstag morgen das Budget so modificiren, daß es für den Bundesrath unannehmbar würde, so würde immer noch die Möglichkeit bleiben, daß der Bundesrath die Vorlage, nach angemessener Reduction der übertriebenen Ansätze, dem Reichstage sofort zur nochmaligen Berathung wieder zufertigte, gerade wie dies zwischen Abgeordnetenhaus und Herrenhaus in Preußen nicht selten der Fall gewesen ist. Verfassungsmäßige Bedenken hiergegen werden sich zwar behaupten aber nicht begründen lassen.

## [149] Der Ausbruch des Konflikts

*24. 1. 1890, Tagebuch Lucius'*

Bismarck war erst zwei Stunden [vor der Staatsministerialsitzung] von Friedrichsruh hier eingetroffen: Er wisse nicht, was heute im Conseil verhandelt werden solle. Es sei ohne vorherige Vorbereitung ihm von einem Flügeladjutanten mitgeteilt, daß ein Conseil gehalten werden solle. Was der Gegenstand der Verhandlungen sein werde, wisse er nicht, vermute aber, es handle sich um Arbeiterschutzfragen. Seines Erachtens dürfe das Staatsministerium nicht unvorbereitet in eine solche Diskussion eintreten, dürfe weder eine zustimmende, noch eine ablehnende Haltung annehmen, sondern sich Zeit ausbitten zur Beratung entsprechender Vorschläge.

Damit waren wir alle völlig einverstanden.

Sollte das Sozialistengesetz zur Sprache kommen, so dürfe man sich nicht für Annahme desselben ohne den Ausweisungsparagraphen (§ 24) erklären. Man dürfe auch nicht durch Erklärungen im Reichstag das Zustandekommen ohne diesen Paragraphen erleichtern! Man habe schon bisher vielfach zu großes Entgegenkommen bei anderen Gelegenheiten geübt, um Gesetze zu stande zu bringen. Komme nichts zu stande, so werde der Wähler schon aufmerksam werden; der wolle geschützt sein, aber die Parteiführer seien dagegen...

Um 6 Uhr Abends versammelten wir uns bei Sr. Majestät, welchen wir schon mit Bismarck konferierend antrafen. Se. Majestät gab ein längeres Exposé über die ungesunde Entwicklung der deutschen Industrie gegenüber der englischen. Die Deutschen hätten sich – mit wenig lobenswerten Ausnahmen – nicht um ihre Arbeiter gekümmert, sie ausgepreßt wie Zitronen und auf dem Mist verfaulen lassen. Er habe sich viel mit diesen Fragen beschäftigt und sein Urteil im Verkehr mit Hinzpeter, dem Maler von Heyden (früher Bergmann), Graf Douglas und neuerlich Präsident von Berlepsch gebildet. Es fehle alle Fühlung zwischen Arbeitgeber und -nehmer, wie es die letzten Streiks bewiesen. Die Frucht dieser Unterlassungen sei das Entstehen und Wachsen der Sozialdemokratie, welche wohl zu unterscheiden sei von den Anarchisten. Wie eine Kompanie verlottere, wo sich der Hauptmann nicht selbst um den Dienst kümmere, sondern alles den Unteroffizieren und dem Feldwebel überlasse, so sei es auch in der Industrie. Er habe seinem Adjutanten ein Promemoria diktiert, um die Grundzüge seines Gedankengangs klarer zu präzisieren, als er es in mündlich freier Rede könne. Die Revolutionen seien überall dadurch entwickelt worden, daß man nicht rechtzeitig die nötigen billigen und vernünftigen Konzessionen gemacht habe. So sei es bei uns auch zu befürchten. Er wolle der roi des gueux sein, die Leute müßten wissen, daß sich ihr König um ihr Wohl kümmere. Er müsse in diesen Fragen das Prävenire spielen und täte das am liebsten bald in Form eines feierlichen Manifestes – noch vor den Wahlen. Man erwarte so etwas von ihm!

Wir saßen mit steigendem Erstaunen dabei, wer ihm diese Ideen eingeblasen habe.

Bötticher verlas nun jene Grundzüge, welche in Verbot der Sonntagsarbeit und in sehr weitgehender Beschränkung der Frauen- und Kinderarbeit gipfelten.

Bismarck verhielt sich zunächst auf der verabredeten Linie, verbindliche Äußerungen vorzubehalten bis nach weiterer Überlegung und Prüfung dieser weittragenden Fragen. Den sofortigen Erlaß eines Manifestes widerriet er mit dem Hinweis, daß in den früheren Proklamationen und Thronreden Se. Majestät zu den Arbeiterschutzfragen und zur sozialen Gesetzgebung schon Stellung genommen habe. Ein solches Manifest sei die Ankündigung von Gesetzen, welches ebenso sorgfältig vorzubereiten sei, wie die Gesetze selbst.

Se. Majestät wehrte sich gegen jeden Aufschub, erinnerte, daß heute der Geburtstag Friedrich des Großen sei, welcher auch auf friedlichem Gebiet so viel für die Entwicklung des Landes getan habe.

Es ging nicht ohne einige Erregung, aber doch noch eben friedlich ab, mit dem Beschluß, es sollten Vorbereitungen für entsprechende Vorlagen gemacht werden. Sehr peinlich gestaltete sich aber die nun folgende Diskussion.

[Der Kaiser] wünschte, daß das Sozialistengesetz zu stande komme, und daß man den Ausweisungsparagraph 24 fallen lasse, weil der weniger wichtig sei, wie der Fortbestand des Kartells, welches gefährdet werde, wenn die Session mit einem Dissensus in dieser Frage schließe. Bismarck widersprach immer erregter, zuletzt sagend: Er könne nicht beweisen, daß diese Nachgiebigkeit Sr. Majestät verhängnisvolle Folgen haben werde, glaube es aber nach seiner langjährigen Erfahrung. Wenn Se. Majestät in einer so wichtigen Frage anderer Meinung sei, so sei er wohl nicht mehr recht an seinem Platz. Bleibe das Gesetz unerledigt, so müsse man sich ohne dasselbe behelfen und die Wogen höher gehen lassen. Dann möge es zu einem Zusammenstoß kommen.

Se. Majestät wies diese Auffassung ebenfalls erregt zurück: Er wolle ohne den äußersten Notfall solchen Katastrophen soweit möglich durch Präventivmaßregeln vorbeugen, nicht seine ersten Regierungsjahre mit dem Blut seiner Untertanen färben.

Er bitte die anderen Herren um ihre Meinung.

Offenbar wollte er sich selbst sammeln und für seine Meinung Unterstützung finden.

Die zunächst zur Äußerung provozierten Ressortminister Herrfurth, Schelling und Bötticher gaben gewundene Erklärungen ab, indem sie die Ausweisungsbefugnis als eine zwar selten gebrauchte, aber schneidige Waffe bezeichneten, auf die man nicht verzichten dürfe.

Eine Abstimmung und Fragestellung fand nicht statt, hätte sie stattgefunden, so würde sich im ersten Fall, Behandlung der Arbeiterfrage, die Mehrheit ebenso entschieden auf seiten des Fürsten, im zweiten Fall, Abgabe einer entgegenkommenden Erklärung, auf seiten Sr. Majestät gestellt haben.

Man ging mit ungelösten Differenzen, mit dem Gefühl auseinander, daß ein irreparabler Bruch zwischen Kanzler und Souverän erfolgt war. Se. Majestät bemühte sich zwar, gegen den Fürsten freundlich zu sein, aber es kochte in ihm. Jedenfalls besitzt er eine große Selbstbeherrschung.

Eine Krisis hat mit diesem Kronrat begonnen, welche einen ernsten Verlauf nehmen wird...

## [150] Annäherung an das Zentrum

*26. 1. 1890, Protokoll des Staatsministeriums*

...Der Herr Staatsminister von Boetticher brachte die Frage zur Sprache, wie man sich im Bundesrath zu dem vom Reichstage angenommenen Gesetz-Entwurf, betreffend die Wehrpflicht der Geistlichen stellen solle, und befürwortete seinerseits die Zustimmung zu demselben aus politischen Gründen, indem dies in den katholischen Kreisen einen für die Wahlen günstigen Eindruck, und zwar zu Gunsten des Antragstellers Freiherrn von Huene, dessen Wiederwahl zweifelhaft sei, wie überhaupt der rechtsstehenden Gruppe des Centrums hervorbringen würde.

Die Herren Minister der geistlichen p. Angelegenheiten und der Finanzen erklärten, daß sie bei ihrer in der Sitzung des Staatsministeriums vom 30. Dezember v. J. motivirten entgegengesetzten Meinung stehen bleiben müßten. Die allgemeine Wehrpflicht sei ein fundamentaler Grundsatz des preußischen Rechts...Der Herr Kriegsminister wiederholte seine... Erklärung, daß es im militärischen Interesse erwünscht sei, der Ausbildung der Theologen überhoben zu sein.

Der Herr Minister-Präsident erklärte sich ebenfalls im politischen Interesse für Zustimmung zu dem Gesetze. Der katholische Geistliche sei unter allen Umständen ein Offizier des Papstes...Die linke Seite des Centrums würde es als einen Triumph betrachten, wenn die Regierungen das Gesetz ablehnten.

Der Staatsminister Graf Bismarck hob noch hervor, es liege in unserem Interesse, wenn die rechte Seite des Centrums dadurch gekräftigt würde, daß sie sich bei der Kurie auf einen Erfolg berufen könne, den die preußische Regierung welfisch-radikalen Antragstellern aus dem Centrum nicht concedirt haben würde. Das Staatsministerium entschied sich mit Majorität für die Zustimmung zu dem fraglichen Gesetz...

## [151] Arbeiterschutz und die besitzenden Klassen

*30. 1. 1890, Bericht Lerchenfelds*

Heute mittag hat mich nun der Reichskanzler rufen lassen und hat in einer fast einstündigen Unterredung mir sein Verhältnis zum Kaiser und die Krisis, wie er es nannte, geschildert.

Der Reichskanzler begann damit, die Stellung des Kaisers und die seine zu dem sogenannten Arbeiterschutz darzulegen. Der Kaiser trage sich mit den weitgehendsten Gedanken. Er wolle auf einmal alle Menschen beglücken. Fremde Einflüsse phantastischer Leute (Hinzpeter, Graf Douglas, der Maler Heyden) seien vorhanden. Auf ihn und seine Minister wolle er nicht hören.

Er, der Reichskanzler, betrachte diese Beschränkungen der Freiheit des Arbeiters, zu verdienen, als eine Torheit. Hier folgte eine lange Entwicklung der bekannten Ansichten des Fürsten über die Frage.

Dann kam der Reichskanzler auf den zu erwartenden sächsischen Antrag über Arbeiterschutz zu sprechen. Wäre dieser ohne weiteres gestellt worden, so hätte er ihn im Bundesrat bekämpft. Nun habe aber der König von Sachsen mit dem Kaiser die Sache abgemacht, und zwar ohne daß sein Allergnädigster Herr seine Minister gefragt hätte. Unter diesen Umständen könne er nicht im Bundesrat widersprechen. Er sei aber zu alt und habe keine Lust, seinen Namen für Maßregeln herzugeben, welche seiner Überzeugung zuwiderlaufen.

Bisher habe er sich als Anwalt der Bundesstaaten und Fürsten im Reich betrachten können und seine Aufgabe darin erblickt, die Interessen dieser gegen Übergriffe zu schützen. Nun sei eine Reihe deutscher Fürsten, Sachsen, Baden, Weimar, gegen ihn mit seinem kaiserlichen Herrn vorgegangen.

Seine Lage sei unhaltbar und er sei darum fest entschlossen, den übermäßig aufgebauschten Reichskanzler einer Schweningerkur zu unterziehen. Der Anfang sei gemacht, indem er dem Kaiser den Oberpräsidenten von Berlepsch, auch einen der nicht ganz legitimierten Ratgeber Seiner Majestät, als Handelsminister vorgeschlagen habe, und der Kaiser sei sehr bereitwillig darauf eingegangen. So wolle er nach und nach den Reichskanzler gliederweise ablegen und nur den Rumpf, die Leitung der auswärtigen Politik, behalten. Sei er ganz aus dem preußischen Staatsdienst ausgeschieden, dann könnte im Bundesrat die preußische Stimme auch gegen seine Auffassung abgegeben werden.

Hier kam der Fürst wieder auf den sächsischen Antrag und sagte, daß nach seiner Überzeugung Arbeiterschutzgesetze, wie sie gedacht seien, einen höchst ungünstigen Einfluß auf die Wahlen üben würden. Er habe darum nach Dresden geschrieben und gebeten, man möge doch den Antrag bis nach den Wahlen zurückhalten.

Ich schalte hier ein, daß der Fürst dem sächsischen Gesandten gestern ausdrücklich gesagt hat, er könne dem König Albert schreiben, er, der Reichskanzler, werde an dem Tage seine Demission geben, an welchem der Antrag beim Bundesrat einkommt.

Auf die Wahlen zurückkommend, fuhr dann der Fürst fort, daß der Kaiser eine Proklamation erlassen wolle, worin den Arbeitern alles mögliche an Arbeiterschutz versprochen würde. Dies müßte den denkbar schlechtesten Eindruck auf alle besitzenden Klassen machen. Der junge Monarch wolle alle Leute zufrieden machen. Er wisse noch nicht, daß die absolute Zufriedenheit für niemand in der Welt bestünde. Derartige enthusiastische Bestrebungen seien gefährlich auf dem Thron.

... Er fühle es lange, daß er dem Kaiser unbequem sei als ein Mentor, der immer widerspricht. Der Kaiser vermeide es, ihn zu sehen, er wolle Leute, welche ihm zu Gefallen sprechen, und glaube, alles selbst machen zu können. Der Kaiser werde aufatmen, wenn er ihn erst einmal los sei.

Er, der Reichskanzler, könne ja einen Konflikt jeden Tag herbeiführen. Das wolle er aber nicht. Er würde sich lieber in der Stille zurückziehen. Wie es gehen werde, wisse er nicht, denn vier der anderen Minister seien auch müde und hätten ihm ihre Entlassung angeboten: Bötticher, Scholz, Goßler, Maybach. Er halte sie aber davon ab.

Am Schluß der Unterredung fragte ich den Fürsten, ob es ihm recht sei, wenn ich den Inhalt seiner Mitteilungen meiner hohen Regierung berichte. Er antwortete, daß er dies wünsche, damit die Königliche Regierung die Situation kenne.

Dem Vorstehenden werden Euer Exzellenz entnehmen, daß der Reichskanzler ganz gegen seine Gewohnheit die ganze Angelegenheit akademisch behandelt hat, ohne zu einem bestimmten Schluß zu kommen. Trotz verschiedener Zwischenfragen, die ich gestellt, kann ich nicht sagen, was er vor hat. Er sprach von vollständigem Rücktritt, von Beschränkung seiner Tätigkeit, dabei aber, was die Hauptsache betrifft, den sächsischen Antrag, von dilatorischer Behandlung desselben, ohne aber anzudeuten, was später geschehen soll. Der Fürst war bei der Unterredung weder heftig noch ernster als gewöhnlich...

## [152] Niedergang der monarchischen Gewalt

*10. 2. 1890, Bericht Lerchenfelds*

...Sodann kam der Fürst auf die Politik des Kaisers zu sprechen und sagte, daß er es tief bedauere, seinen kaiserlichen Herrn diesen Weg wandeln zu sehen. Die in den Erlassen vertretenen Ideen seien Utopien. Sie seien darauf gerichtet, die Popularität der niedersten Klassen zu gewinnen. Das werde der Kaiser noch zu bereuen haben, denn diesen Klassen würde damit eine Macht gegeben, die das Königtum verliere. Seit 1862 wäre seine Politik dahin gerichtet gewesen, das Königtum zu stärken, und dasselbe habe sich nicht nur in Preußen, sondern in ganz Deutschland zu der jetzigen Höhe entwickelt. Wenn Utopien verfolgt und vom Thron nach Popularität gehascht werde, so führe dies zum Parlamentarismus und zum Niedergang der monarchischen Gewalt. Der Kaiser zehre an dem Ansehen und der Gewalt, die ihm sein Großvater hinterlassen habe. Wenn er so fortfahre, so brauche er das hinterlassene Kapital auf. Das sei es, was ihn, den Fürsten, schmerze an der gegenwärtigen Situation. Er habe sich vom Kaiser anderes erwartet.

Dann kam der Reichskanzler auf seinen Rücktrittsgedanken zu sprechen. Das Ausscheiden würde ihm nicht leicht, aber er könne die ständigen Friktionen nicht vertragen. Er sehe voraus, daß es bei seinem Verbleiben im preußischen Staatsdienst in kürzester Zeit zum völligen Bruch mit dem Kaiser kommen müsse. Das wolle er vermeiden. Auch habe er eine zu gute Vergangenheit, als daß er gegen seine Überzeugung bei politischen Dingen mitwirke, die er für schädlich halte. Er sei aber bereit, in der Stellung als Reichskanzler die äußere Politik noch ferner zu leiten. Ob dies gehen werde, wisse er nicht, denn die Stellung werde eine schwierige sein. Wenn er bisher einen bestimmenden Einfluß auf die Dinge besessen habe, so habe er dies nicht seiner Überlegenheit über seine Kollegen, sondern seiner festen Stellung bei Kaiser Wilhelm I. zu danken gehabt...

Zugleich mußte ich den Bemerkungen und Fragen entnehmen, daß sein Ziel die Ausübung einer mäßigenden und kontrollierenden Gewalt ist, ohne selbst gezwungen zu sein, bei der Vorbereitung der Angelegenheiten in Preußen mitzuwirken. Handhabe hierzu will er im Bundesrate finden. Er sprach als seine Absicht aus, künftig seine Vertretung einzuschränken und auch bei den Ausschußberatungen mitzuwirken, um rechtzeitiger den Angelegenheiten näherzutreten. Alle Kombinationen, welche der Reichskanzler anstellte, stießen aber stets auf den Punkt, was entstehen wird, wenn die preußische Stimme gegen seine Ansicht instruiert sein sollte.

Nachdem dieser Teil des Gesprächs, der etwa eine halbe Stunde gedauert hatte, beendet war, wiederholte der Fürst, daß seine künftige Stellung nur ein Versuch sein solle; ob es gelinge, wisse er nicht...

## [153] Staatsstreichgedanken

*2. 3. 1890, Protokoll des Staatsministeriums*

1. Der Herr Minister-Präsident besprach den Ausfall der Wahlen zum Reichstage und betonte, daß wenn die Zusammensetzung des neu gewählten Reichstages zu einem Konflikt desselben mit den verbündeten Regierungen führen sollte, das Staatsministerium einmüthig zusammenzustehen haben werde, um darüber zu wachen, daß die *Königlichen*[a] Rechte gewahrt blieben. Es sei ihm von verschiedenen Seiten mitgetheilt worden, daß die Beamten während des Wahlkampfes nicht überall im Sinne der Allerhöchsten Ordre vom 4. Januar 1882 aufgetreten seien, in welcher denselben ein bestimmtes Bekennen ihrer Ansichten zur Pflicht gemacht werde. Er stelle deshalb anheim, den Beamten den Inhalt dieser Ordre wieder ins Gedächtnis zurückzurufen.

Der Herr Minister-Präsident verlas sodann die Allerhöchste Ordre vom 8. September 1852, nach welcher die Herren Ressortchefs ihre Immediatvorträge[b] nach vorheriger Rücksprache mit dem Minister-Präsidenten halten sollen.[c]

*Diese Ordre bestehe auch heut noch zu Recht, so lange sie nicht durch eine neue aufgehoben werde*, und es sei nothwendig, daß der Minister-Präsident von Immediatvorträgen, bei welchen die allgemeine Verantwortlichkeit desselben für die Gesammtpolitik des Ministeriums mit im Spiele sei, vorher informiert werde.[d]

Korrekturen und Zusätze Bismarcks kursiv.
Von Bismarck gestrichen:
[a] Kaiserlichen.
[b] in Gegenwart des Minister-Präsidenten resp.
[c] Das Bedürfnis, welches diese Order hervorgerufen habe, sei auch jetzt noch vorhanden und es sei unumgänglich.
[d] da die Ordre mehreren der Herren Minister neu sei, beantrage er deren Reproduktion zu Protokoll (wieder gestrichener Zusatz Bismarcks).

2. Bei der Besprechung darüber, was zu geschehen haben werde, wenn das Schwarzburg'sche Fürstenhaus aussterben sollte, ist die Frage zur Erörterung gekommen, ob der Bund, *auf welchem die Verfassung des deutschen Reiches beruht*,[e] von den Fürsten oder von den einzelnen Staaten geschlossen sei. Wenn letzteres der Fall wäre, so würden[f] alle deutschen *Landtage bei der Schließung des Bundes betheiligt sein.*[g] Wenn dagegen ersteres der Fall ist, so könnten *nöthigen Falls*[h] die Fürsten und die Senate der freien Reichsstädte den Beschluß fassen, von dem gemeinschaftlichen Vertrage *allseitig* zurückzutreten.[i]

Von einzelnen Rechtslehrern, z. B. Laband *u. a.*, sei die Ansicht verfochten, daß die Staaten, *nicht deren Souveräne*, den Bund geschlossen hätten. Diese Interpretation sei irrthümlich und man müsse der Neigung, die Verfassung von Privatgelehrten *authentisch* auslegen zu lassen, entgegentreten.

Der Herr Minister-Präsident verlas hierauf ein Schreiben an das Reichsamt des Innern und das Reichs-Justizamt, nach welchem er, als Urheber des ersten Entwurfes zur Reichsverfassung und als Mitarbeiter an der endgültigen Redaktion derselben, die Befugniß zu einer Interpretation der Reichsverfassung vorzugsweise in Anspruch nimmt. Ihm sei es unzweifelhaft, und Se. Majestät der Kaiser theile diese Ansicht, daß nur die Fürsten und Senate, nicht die Staaten den Bund geschlossen haben. Es ergebe sich dies schon aus dem Wortlaut des Einganges der Reichsverfassung, in welchem als Kontrahenten die einzelnen Fürsten aufgeführt seien, und aus Art. 6, in welchem die Bundesrathsbevollmächtigten ausdrücklich als Vertreter der Mitglieder des Bundes, *also der Souveraine, welche den neuen Bund, wie den alten, geschlossen haben*, benannt seien.

Übrigens würde man, um der fortgesetzten *Opposition*[k] eines Reichstages, in welchem die oppositionellen Elemente die Mehrheit hätten, zu begegnen, auch andere Mittel anwenden können. Der König von Preußen sei befugt, die deutsche Kaiserwürde niederzulegen. Ohne aber dieses äußerste Mittel anzuwenden, könne er dadurch, daß er z. B. keinen preußischen

[e] welcher zur Gründung des deutschen Reiches geschlossen ist.

[f] gewissermaßen.

[g] Parlamente in den Bund mit eingeschlossen sein.

[h] gegebenenfalls.

[i] Auf diese Weise würde es möglich sein, sich von dem Reichstage loszumachen, wenn die Wahlen fortgesetzt schlecht ausfallen sollten.

[k] Renitenz.

Minister *und keinen Reichsbeamten* in den Bundesrath delegire, die Oppositionslust im Reichstage abschwächen, da es den Parteiführern auf die Dauer nicht gefallen werde, ihre Reden *gegen anonyme Majoritäten*[l] des Bundesrathes zu halten. Auch der Reichskanzler brauche nicht Mitglied des Bundesraths zu sein, *nur dessen Vorsitzender.*

Was die Vorlagen für den neu gewählten, nach Ostern einzuberufenden Reichstag anbetreffe, so würden zunächst *die Arbeitergesetze, dann* die Militärvorlagen einzubringen sein, erst später das Sozialistengesetz, und zwar letzteres in verschärfter Form:

Es werde statt der bestehenden Ausweisungsbefugniß die Befugniß zur Verbannung in den Entwurf aufzunehmen sein, desgleichen verschärfte Strafbestimmungen für die Arbeiter, welche andere zum Streiken zwingen wollen.[m]

[l] untergeordneten Beamten gegenüber.
[m] Das Staatsministerium war hiermit einverstanden.

## [154] Vorkehrungen gegen einen Aufstand

*12. 3. 1890, Verdy an Bismarck*

Geheim. Eurer Durchlaucht beehre ich mich in der Anlage den Entwurf eines Erlasses an die Generalkommandos, betreffend die Überwachung der sozialdemokratischen Bestrebungen, ganz ergebenst zu übersenden. Im Falle Hochdero Einverständnisses beabsichtige ich, zu diesem Entwurf die Allerhöchste Genehmigung...einzuholen und bitte deshalb um recht baldgefällige entsprechende Mitteilung.[a] v. Verdy

Im Anschlusse an die »Instruktion über den Waffengebrauch des Militärs pp.« vom 4. Juli 1863, insbesondere an die daselbst unter III gegebenen Weisungen betreffs des Belagerungszustandes haben Seine Majestät der Kaiser und König befohlen, die Militärbefehlshaber auf Folgendes hinzuweisen:

1. Die Kommandanten bz. Garnison-Ältesten haben sich über die am Orte bestehenden Verbindungen, welche unter das [Sozialistengesetz] fallen, über deren Organisation, Führer, Agitatoren, Zeitungen und Flugblätter, in Gemäßheit der Allerhöchsten Kabinets-Ordres vom 29. Oktober 1819 und

Randbemerkung Bismarcks:
[a] einverst.; schlage nur 2 Fassungsänd. vor. Cf. Anl.

17. Oktober 1820 durch Verbindung mit den bezüglichen Civilbehörden, namentlich den örtlichen Polizeibehörden, dauernd auf dem Laufenden zu erhalten...

2. Für das Preußische Gebiet sind die militärischen Maßnahmen für die »provisorische Erklärung des Belagerungszustandes« und die Ausübung desselben in der oben gedachten Instruktion geregelt...
3. Gleichzeitig mit der Verkündigung ist die vorläufige Festnahme der Rädelsführer und Aufrührer zu bewirken, das Erscheinen der Zeitungen und Flugblätter, durch welche der öffentlichen Sicherheit Gefahr droht, zu unterdrücken und sind alle außerdem erforderlich erscheinenden Maßregeln, insbesondere bezüglich der zu bildenden Kriegsgerichte zu treffen...
4. Soweit eine schnelle Ausführung dieser Maßnahmen es erfordert, sind dieselben durch Vorräthighalten bz. Druck-Vorbereitung der nöthigen Veröffentlichungen, Ermittlung von Räumlichkeiten für Arrestanten usw. in unauffälliger Weise vorzubereiten.
5. Neben den Vorbereitungen für lokale und polizeiliche Maßnahmen haben die Generalkommandos ein etwa erforderliches Einschreiten der Truppe dahin vorzubereiten, daß durch genügende Kraft-Entfaltung und energisches Auftreten jeder Aufruhr im Keime erstickt wird.
   Wird hierbei von der Waffe Gebrauch gemacht, so erwarten Seine Majestät der Kaiser, daß dieser Gebrauch ein dem Ernst der Lage entsprechender ist.

## [155] Sturz Bismarcks

*17. 3. 1890, Tagebuch Lucius'*

Heute 3 Uhr Nachmittags teilte uns Bismarck mit, er habe seinen Abschied von Sr. Majestät gefordert und sei sicher, ihn zu erhalten. Es sei eine Reihe von Vorfällen, welche ihn zu der Überzeugung gebracht hätten, daß er Sr. Majestät im Wege sei. In der am Sonnabend stattgehabten Unterredung habe ihm Se. Majestät vorgeworfen, die Kabinettsorder von 1852 wieder ausgegraben und den Ministern verboten zu haben, ihm Vortrag zu halten. Wer sich beschwert habe, wisse er nicht, wie ja bisher ein festes Einverständnis und Zusammenwirken im Ministerio stattgefunden habe. Die Eintracht sei schon bei der Arbeiterschutzfrage gestört gewesen, wo Bötticher und Verdy anderer Meinung gewesen seien. Allein auch auf dem Feld der auswärtigen Politik sei er nicht mehr alleiniger Berater und genieße nicht mehr das Vertrauen, dessen er bedürfe, um die Verantwortung für die Leitung der Politik zu tragen. Se. Majestät insinuiere in einem (uns vorgelegten) Bleistiftschreiben, daß ihm wichtige Depeschen vorenthalten und unterschlagen würden. Se. Majestät halte die Situation Rußland gegenüber für eine höchst bedrohliche und habe die Reise zu den Manövern in Krasno Selo aufgegeben, während jetzt gerade Graf Schuwaloff von St. Petersburg mit den friedlichsten Versicherungen zurückgekehrt sei. Er sei der Meinung, an der Allianz mit Österreich und Italien festzuhalten, aber auch, daß man zwei Sehnen zum Bogen brauchen könne und eine Annäherung an Rußland immer offen halten müsse. Ein Krieg mit Rußland habe gar keinen Zweck und sei im günstigsten Fall ein großes Unglück für beide Nationen. Der Kaiser beklage sich darüber, nicht alle Depeschen aus Kiew erhalten zu haben, während nur eine davon für ihn von Interesse gewesen sei. Ferner habe ihn der Kaiser gefragt: Ob es wahr sei, daß er durch Bleichröders Vermittlung eine Zusammenkunft mit Windthorst gehabt habe? Das hätte er ihm doch mitteilen müssen. Er (Bismarck) habe darauf geantwortet: »Seit fünfundzwanzig Jahren habe sein Portier die Instruktion, Minister und Abgeordnete jederzeit vorzulassen. Er müsse mit den parlamentarischen Führern in direktem Rapport stehen, um zu wissen, was vorginge. Die Arbeiterschutzfrage sei für ihn keine Kabinettsfrage, aber wenn er in den auswärtigen Angelegenheiten nicht mehr die Leitung haben solle, dann müsse er gehen, und er wisse, daß das dem Kaiser recht sei. Er habe Nadelstiche genug erfahren und dürfe sich nicht dem Vorwurf der Klebrigkeit aussetzen.«

Wir bedauerten diese Entwicklung der Verhältnisse und daß es nicht bei der früher versuchten Lösung geblieben sei, daß er sich auf den Kanzler und auswärtigen Minister zurückgezogen habe.

Die Unterhaltung nahm schließlich einen herzlicheren Ton an und wir schieden unter Protesten. Inzwischen hören wir, daß Se. Majestät schon gestern das Abschiedsgesuch erwartet hat, und daß General von Hahnke dem Kanzler wiederholte Besuche gemacht hat, um daran zu erinnern.

## [156] Das Entlassungsgesuch

*18. 3. 1890, Bismarck an Wilhelm II.*

Bei meinem ehrfurchtsvollen Vortrage am 15. d. M. haben Ew. M. mir befohlen, einen Ordre-Entwurf vorzulegen, durch welchen die Allerhöchste Ordre vom 8. September 1852, welche die Stellung des Ministerpräsidenten seinen Collegen gegenüber seither regelte, außer Geltung gesetzt werden soll.

Ich gestatte mir über die Genesis und die Bedeutung dieser Ordre nachstehende alleruntertänigste Darlegung:

Für die Stelle eines »Präsidenten des Staatsministeriums« war zur Zeit des absoluten Königtums kein Bedürfnis vorhanden, und wurde zuerst auf dem Vereinigten Landtage 1847 durch die damaligen liberalen Abgeordneten (Mevissen) auf das Bedürfniß hingewiesen, verfassungsmäßige Zustände durch Ernennung eines »Premierministers« anzubahnen, dessen Aufgabe sein würde, die Einheitlichkeit der Politik des verantwortlichen Ministerkollegiums zu überwachen und herbeizuführen u. die Verantwortung für die Gesammtergebnisse der Politik des Cabinetes zu übernehmen. Mit dem Jahre 1848 trat diese konstitutionelle Gepflogenheit bei uns ins Leben... Das Verhältnis des Staatsministeriums und seiner einzelnen Mitglieder zu dieser neuen Institution des Ministerpräsidenten bedurfte sehr bald einer näheren, der Verfassung entsprechenden Regelung, wie sie im Einverständnis mit dem damaligen Staatsministerium durch die Ordre vom 8. September 1852 erfolgt ist. Diese Ordre ist seitdem entscheidend für die Stellung des Ministerpräsidenten zum Staatsministerium geblieben, und sie allein gab dem Ministerpräsidenten die Autorität, welche es ihm ermöglichte, dasjenige Maß von Verantwortlichkeit für die Gesamtpolitik des Cabinetts zu übernehmen, welche im Landtage und in der öffentlichen Meinung ihm zugemutet wird. Wenn jeder einzelne Minister allerhöchste Anordnungen extrahieren kann, ohne vorgängige Verständigung mit seinen Collegen, so ist eine einheitliche Politik, für welche jemand verantwortlich sein kann, im Cabinett nicht möglich. Keinem der Minister, und namentlich dem Ministerpräsidenten nicht, bleibt die Möglichkeit, für die Gesamtpolitik des Kabinetts die verfassungsmäßige Verantwortlichkeit zu tragen. In der absoluten Monarchie war eine Bestimmung, wie die Ordre von 1852 sie enthält, entbehrlich u. würde es auch heut sein, wenn wir zum Absolutismus, ohne ministerielle Verantwortlichkeit, zurückkehrten; nach den zu Recht bestehenden verfassungsmäßigen Einrichtungen aber ist eine präsidiale Leitung des Minister-Collegiums auf der Basis des Prinzips der Ordre von 1852 unentbehrlich...

Nach den Mitteilungen, die mir der Generalleutnant von Hahnke und der Geheime Cabinettsrat von Lucanus gestern gemacht haben, kann ich nicht im Zweifel darüber sein, daß Eure Majestät wissen u. glauben, daß es für mich nicht möglich ist, die Ordre aufzuheben und dennoch Ministerpräsident zu bleiben. Dennoch haben Ew. M. den mir am 15. d. M. gegebenen Befehl aufrechterhalten u. in Aussicht gestellt, mein dadurch notwendig werdendes Entlassungsgesuch zu genehmigen.

Nach früheren Besprechungen, die ich mit Ew. M. über die Frage hatte, ob Allerhöchstdenselben mein Verbleiben im Dienste unerwünscht sein würde, durfte ich annehmen, daß es Allerhöchstdenselben genehm sein würde, wenn ich auf meine Stellungen in Allerhöchstdero Preußischen Diensten verzichtete, im Reichsdienst aber bliebe. Ich habe mir nach näherer Prüfung dieser Frage erlaubt, auf einige bedenkliche Konsequenzen dieser Teilung meiner Aemter namentlich bezüglich künftigen Auftretens des Kanzlers im Reichstage in Ehrfurcht aufmerksam zu machen, und enthalte mich, alle Folgen, welche eine solche Scheidung zwischen Preußen und dem Reichskanzler haben würde, hier zu wiederholen. Euere Majestät geruhten, darauf zu genehmigen, daß einstweilen »Alles beim Alten bleibe«. Wie ich aber die Ehre hatte, auseinanderzusetzen, ist es für mich nicht möglich, die Stellung eines Ministerpräsidenten beizubehalten, nachdem Ew. M. für dieselbe die capitis diminutio wiederholt befohlen haben, welche in der Aufhebung der grundlegenden Ordre von 1852 liegt.

Ew. M. geruhten außerdem bei meinem ehrfurchtsvollen Vortrage am 15. d. M. mir bezüglich der Ausdehnung meiner dienstlichen Berechtigungen Grenzen zu ziehen, welche mir nicht das Maß der Beteiligung an den Staatsgeschäften, der Uebersicht über letztere und der freien Bewegung in meinen ministeriellen Entschließungen u. in meinem Verkehr mit dem Reichstage u. seinen Mitgliedern lassen, deren ich zur Uebernahme der verfassungsmäßigen Verantwortlichkeit für meine amtliche Tätigkeit bedarf.

Aber auch wenn es tunlich wäre, unsere auswärtige Politik so unabhängig von unserer inneren und unsere Reichspolitik so unabhängig von der Preußischen zu betreiben, wie es der Fall sein würde, wenn der Reichskanzler der Preußischen Politik ebenso unbeteiligt gegenüberstände, wie der Bayrischen oder Sächsischen, und an der Herstellung des Preußischen Votums im Bundesrate u. dem Reichstage gegenüber keinen Anteil hätte, so würde ich doch, nach den jüngsten Entscheidungen Ew. M. über die Richtung unsrer ausw. Politik, wie sie in dem Allerhöchsten Handbillet zusammengefaßt sind, mit dem Ew. M. die Rückgabe der Berichte des Konsuls in Kiew gestern begleiteten, in der Unmöglichkeit sein, die Ausführung der darin von Ew. M. vorgeschriebenen Anordnungen bezüglich der ausw. Politik zu übernehmen. Ich würde damit alle die für das Deutsche Reich wichtigen Erfolge in Frage stellen, welche unsre ausw. Politik seit Jahrzehnten im Sinne der beiden Hochs. Vorgänger Ew. M. in unsren Beziehungen zu Rußland unter ungünstigen Verhältnissen erlangt hat, u. deren über Erwarten große Bedeutung für die Gegenwart u. Zukunft Graf Schuwalow mir nach seiner Rückkehr von Petersb[urg] soeben bestätigt hat.

Es ist mir bei meiner Anhänglichkeit an den Dienst des Kgl. Hauses und an Ew. M. u. bei der langjährigen Einlebung in Verhältnisse, welche ich bisher für dauernd gehalten hatte, sehr schmerzlich, aus den gewohnten Beziehungen zu Allerhöchstdenselben und zu der Gesamtpolitik des Reiches und Preußens auszuscheiden; aber nach gewissenhafter Erwägung der Allerhöchsten Intentionen, zu deren Ausführung ich bereit sein müßte, wenn ich im Dienste bliebe, kann ich nicht anders, als Ew. M. alleruntertänigst bitten, mich aus dem Amt des Reichskanzlers, des Ministerpräsidenten und des Preußischen Ministers der auswärtigen Angelegenheiten in Gnaden und mit der gesetzlichen Pension entlassen zu wollen.

Nach meinen Eindrücken der letzten Wochen und nach den Eröffnungen, die ich gestern aus den Mitteilungen von Ew. M. Civil- und Militärkabinett entnommen habe, darf ich in Ehrfurcht annehmen, daß ich mit diesem meinem Entlassungsgesuch den Wünschen Ew. M. entgegenkomme und also auf eine huldreiche Bewilligung meines Gesuches mit Sicherheit rechnen darf. Ich würde die Bitte um Entlassung aus meinen Aemtern schon vor Jahr u. Tag Ew. M. unterbreitet haben, wenn ich nicht den Eindruck gehabt hätte, daß es Ew. M. erwünscht wäre, die Erfahrungen u. Fähigkeiten eines treuen Dieners Ihrer Vorfahren zu benutzen. Nachdem ich sicher bin, daß Ew. M. derselben nicht bedürfen, darf ich aus dem politischen Leben zurücktreten, ohne zu befürchten, daß mein Entschluß von der öffentl. Meinung als unzeitig verurtheilt werde.

# Anhang

# Abkürzungen und abgekürzt zitierte Literatur

*BA:* Bundesarchiv Koblenz
*DZA I:* Deutsches Zentralarchiv Potsdam, ehem. Reichsarchiv
*DZA II:* Deutsches Zentralarchiv Merseburg, ehem. Preuß. Geh. Staatsarchiv
*Ghzg:* Großherzog
*GP:* Die große Politik der europäischen Kabinette 1871–1914, Bd. I–VI, Berlin 1922
*GW:* Otto von Bismarck, Die gesammelten Werke (Friedrichsruher Ausgabe, Bd. I bis XV, Berlin 1924–1935
*HZ:* Historische Zeitschrift
*NL:* Nachlaß
*NPL:* Neue Politische Literatur
*PA:* Politisches Archiv des Auswärtigen Amtes, Bonn
*Pr. Kr.:* Protokoll des Kronrats
*Pr. StM.:* Protokoll des Staatsministeriums
*RV:* Reichsverfassung von 1871
*VfZG:* Vierteljahrshefte für Zeitgeschichte
*ZGO:* Zeitschrift für die Geschichte des Oberrheins
*ZGS:* Zeitschrift für die gesamte Staatswissenschaft

*Falk:* Erich Foerster, Adalbert Falk. Gotha 1927.
*Goldschmidt:* Hans Goldschmidt, Das Reich und Preußen im Kampf um die Führung. Von Bismarck bis 1918. Berlin 1931.
*Lerchenfeld:* Hugo Graf Lerchenfeld-Koefering, Erinnerungen und Denkwürdigkeiten. 2. Aufl., Berlin 1935.
*Lucius:* Robert Freiherr Lucius von Ballhausen, Bismarck-Erinnerungen. Berlin 1920.
*Poschinger:* Heinrich von Poschinger, Aktenstücke zur Wirtschaftspolitik des Fürsten Bismarck. Bd. I, Berlin 1890.
*Tiedemann:* Christoph von Tiedemann, Sechs Jahre Chef der Reichskanzlei unter dem Fürsten Bismarck. 2. Aufl., Leipzig 1910.

# Anmerkungen

*Vorwort*

1 U. v. Hassell, Vom andern Deutschland. Aus den nachgelassenen Tagebüchern 1938–1944. Frankfurt 1964, S. 319.

2 L. Dehio, Ranke und der deutsche Imperialismus. In: Deutschland und die Weltpolitik im 20. Jahrhundert. Frankfurt/M. 1961, S. 36, 33.

3 Fr. Meinecke, Die deutsche Katastrophe. Betrachtungen und Erinnerungen. 4. Aufl. Wiesbaden 1949, S. 26; – zur Bismarck-Kontroverse nach 1945 L. v. Muralt, Bismarcks Verantwortlichkeit, Göttingen 1955, S. 218 ff.

4 H. Rothfels, Probleme einer Bismarck-Biographie. Deutsche Beiträge 2. München 1948, S. 170; jetzt in: ders., Bismarck. Stuttgart 1970, S. 13–33.

5 J. Becker, Baden, Bismarck und die Annexion von Elsaß und Lothringen. ZGO 76 (1967), S. 2; – die Kontroverse um den Anteil Bismarcks an der Annexion von Elsaß-Lothringen zeigt, wie wenig gesichert bis heute selbst wesentliche Züge des Bismarck-Bilds sind; vgl. W. Lipgens, Bismarck, die öffentliche Meinung und die Annexion von Elsaß und Lothringen 1870. HZ 199 (1964); – dagegen L. Gall, Zur Frage der Annexion von Elsaß und Lothringen 1870. HZ 206 (1968); jetzt E. Kolb, Bismarck und das Aufkommen der Annexionsforderung von 1870, HZ 209 (1969).

6 H. Rothfels 1965 vor dem Deutschen Bundestag, z. T. veröff. in der ›ZEIT‹ Nr. 14 vom 2. 4. 1965, vollständig VfZG 13 (1965), S. 225 ff.

7 Dazu jetzt H. Böhme, Deutschlands Weg zur Großmacht. Köln 1966, bes. S. 587ff., und H.-U. Wehler, Bismarck und der Imperialismus. Köln 1969, bes. S. 180–193 und 500 f.; vgl. auch zum folgenden.

8 Vgl. M. Stürmer, Staatsstreichgedanken im Bismarckreich. HZ 209 (1969), S. 566–615.

9 Dazu Meinecke, S. 27.

10 H.-G. Zmarzlik, Das Bismarck-Bild der Deutschen – gestern und heute. Freiburg 1967, S. 5.

11 Bismarck-Bibliographie. Quellen und Literatur zur Geschichte Bismarcks und seiner Zeit, hsg. von K. E. Born, bearb. von W. Hertel, Köln-Berlin 1966. – Der Leser findet hier, nach Sachgebieten geordnet, fast die gesamte Literatur über Bismarcks Politik und seine Zeit. Ergänzend sei auf die Bibliographie in den Anm. 7 genannten Untersuchungen hingewiesen.

12 Meinecke, S. 27.

13 K.-G. Faber, Realpolitik als Ideologie. Die Bedeutung des Jahres 1866 für das politische Denken in Deutschland. HZ 203 (1966), S. 39.

14 H. Rothfels, Zeitgeschichtliche Betrachtungen zum Problem der Realpolitik. In: Zeitgeschichtliche Betrachtungen. 2. Aufl. Göttingen 1963, S. 179 ff.

15 Die Tendenz, Bismarck in monumentale Dimension zu rücken, hat selbst in den Auswahl- und Kürzungsprinzipien einer so hervorragenden wissenschaftlichen Edition wie der ›Friedrichsruher Ausgabe‹ Spuren hinterlassen, vgl. Charlotte Sempell, Unbekannte Briefstellen Bismarcks. HZ 207 (1968), S. 609–616.

16 Vgl. Rothfels, Bismarck und der Staat. Ausgewählte Dokumente. Darmstadt 1958, S. XVI f.

17 Das war vor allem das Problem für A. O. Meyers Bismarck-Biographie, die Bismarck nicht nur nachträglich auf den »nationalen Gedanken« verpflichten, sondern ihn auch in die Nähe »völkischer« Anschauungen rücken wollte: Bismarck. Der Mensch und der Staatsmann. Leipzig 1944; weitere Aufl. (m. e. Geleitwort

von H. Rothfels) Stuttgart 1949; – vgl. auch A. O. Meyers Artikel über Bismarck in: Die Großen Deutschen. Neue deutsche Biographie. Bd. III Berlin 1936, S. 385 ff.

18 GW XV (›Erinnerung und Gedanke‹), S. 287.

19 Aus der Rede Bismarcks in der Budgetkommission des preußischen Abgeordnetenhauses am 29. 9. 1862, GW X, S. 140.

20 Es finden sich dazu viele Zeugnisse aus Literatur, Publizistik und zeitgenössischen Briefen. Vgl. z. B. das erstaunliche Selbstzeugnis von Bismarcks liberalem Kontrahenten A. v. Stosch, Denkwürdigkeiten, Briefe und Tagebücher des Generals und Admirals Albrecht von Stosch. Stuttgart 1904, S. 274: »Ich kann ihn nicht lieben, aber ich muß ihn bewundern mit all' meinen geistigen Kräften.«

21 Aus dem Tagebuch Heinrich Gelzers, des geheimen Beraters des badischen Großherzogs, 8. 5. 1872, W. P. Fuchs (Hsg.), Großherzog Friedrich I. von Baden und die Reichspolitik 1871–1907. Bd. I: 1871–1879, Stuttgart 1968, S. 75.

22 An Herm. Baumgarten, 21. 5. 1871, ebd. S. 16 f.

23 Vgl. H. Oncken, Rudolf von Bennigsen. Bd. II, Stuttgart-Leipzig 1910, S. 10.

24 Aus der Fülle der Biographien – Hertel (s. oben Anm. 11) führt mehr als 150 auf – sei nur auf die wichtigsten verwiesen: E. Marcks, Otto von Bismarck. Ein Lebensbild. Stuttgart 1915, 38.–44. Tsd. 1944; dieses Werk dürfte das Bismarck-Bild der Zeit zwischen den beiden Weltkriegen wohl am nachhaltigsten beeinflußt haben. – Scharf kritisch vom Standpunkt des iustitia fundamentum regnorum, aber nicht ohne innere Widersprüche, aus liberaler Sicht E. Eyck, Bismarck. Leben und Werk. 3 Bde. Zürich-Erlenbach 1941/44. Einen Überblick vermitteln W. Mommsen, Bismarck. Ein politisches Lebensbild. München 1959, und W. Richter, Bismarck. Frankfurt/M. 1962; – aus britischer Sicht die geistreiche und unkonventionelle Darstellung von A. J. P. Taylor, Bismarck. The Man and the Statesman. London 1955 (deutsch München 1962).

25 H. Herzfeld, Die moderne Welt. 5. Aufl. Braunschweig 1966, Bd. I, S. 178.

26 Dehio, S. 34.

27 G. Ritter, Deutsche Geschichtswissenschaft im 20. Jahrhundert. In: Geschichte in Wissenschaft und Unterricht. 1 (1950), S. 86.

28 Vgl. Dehio, S. 37.

29 J. G. Droysen, Briefwechsel Bd. II 1851–1884. Berlin 1929, S. 895 f.

30 Das geschah wohl nirgendwo so deutlich wie in den seither viel zitierten Sätzen Heinrich von Sybels in einem Brief an Herm. Baumgarten, 27. 1. 1871: »Wodurch hat man die Gnade Gottes verdient, so große und mächtige Dinge erleben zu dürfen? Und wie wird man nachher leben? Was zwanzig Jahre der Inhalt alles Wünschens und Strebens gewesen, das ist nun in so unendlich herrlicher Weise erfüllt! Woher soll man in meinen Lebensjahren noch einen Inhalt für das weitere Leben nehmen?« – J. Heyderhoff u. P. Wentzcke (Hsg.), Politischer Liberalismus im Zeitalter Bismarcks. Eine politische Briefsammlung. 2 Bde. Bonn 1926, I 391.

31 Aus den ›Historisch-politischen Blättern für das katholische Deutschland‹, 1873, zit. D. Albers, Reichstag und Außenpolitik 1871–1879. S. 40.

32 Parlament und Regierung im neugeordneten Deutschland. (Mai 1918), in: Parlamentarismus. Hsg. von K. Kluxen, Köln 1967, S. 34.

33 Franz von Roggenbach an Großherzog Friedrich, Friedrich I. von Baden und die Reichspolitik I. S. 271.

34 Zit. Zmarzlik, S. 28.

34a 31. 10. 1881, Gustav Freytags Briefe an Albrecht von Stosch. Hsg. von H. Helmolt, Stuttgart 1913, S. 136 f.

35 Zmarzlik, S. 28.

36 Vgl. H. Rosenberg, Große Depression und Bismarckzeit. Wirtschaftsablauf, Gesellschaft und Politik in Mitteleuropa. (Veröff. d. Hist. Komm. zu Berlin Bd. 24), Berlin 1967, bes. S. 201.

[37] Holstein an I. v. Stülpnagel, April 1885. H. Rogge (Hsg.), Friedrich von Holstein. Lebensbekenntnis in Briefen an eine Frau. Berlin 1932, S. 135.

[38] Fr. v. Pourtales (St. Petersburg) an Holstein, 20./21. 3. 1890, W. Frauendienst (Hsg.), Die Geheimen Papiere Friedrich von Holsteins. Bd. III Göttingen 1961, S. 295 f.

[39] Vgl. J. C. G. Röhl, The Disintegration of the Kartell and the Politics of Bismarck's Fall from Power, 1887–1890. The Historical Journal IX (1966), S. 62 f.

[40] An einen ungenannten Adressaten, 31. 3. 1890, BA, Kl. Erwerb. Nr. 20.

[41] Dazu Röhl, S. 63.

[41a] Das Tagebuch der Baronin Spitzemberg. Hsg. von R. Vierhaus, Göttingen 1962, 18. 7. 1892.

[42] Ausführlich H.-J. Puhle, Agrarische Interessenpolitik und preußischer Konservatismus im wilhelminischen Reich 1893–1914. Ein Beitrag zur Analyse des Nationalismus in Deutschland am Beispiel des Bundes der Landwirte und der Deutsch-Konservativen Partei. (Schriftenreihe des Forschungsinstituts der Friedrich-Ebert-Stiftung), Hannover 1966, S. 87 f. – vgl. auch zum folgenden.

[43] Vgl. K. Schilling, Beiträge zu einer Geschichte des radikalen Nationalismus in der wilhelminischen Ära 1890–1909. Diss., Köln 1968, S. 21, 31; – dazu im einzelnen die gründliche Studie von L. Freisel, Das Bismarckbild der Alldeutschen. Diss., Würzburg 1964.

[44] Versmann an Petersen. (Bericht von einem Gespräch mit dem Reichskanzler über Kolonialpolitik), 3. 9. 1889, BA NL Boetticher 34.

[45] G. Ritter, S. 88.

[46] E. Zechlin, Bismarck-Bild 1915. ›Die ZEIT‹ Nr. 14 vom 2. 4. 1965, vgl. auch zum folgenden (das Zitat von U. von Wilamowitz-Moellendorff).

[47] Bethmann Hollweg an Westarp, 23. 4. 1915, Graf Westarp, Konservative Politik im letzten Jahrzehnt des Kaiserreiches. 2 Bde. Berlin 1935, II S. 48 f.; – zum Zusammenhang F. Fischer, Griff nach der Weltmacht. Die Kriegszielpolitik des kaiserlichen Deutschland 1914–1918. 3. Aufl. Düsseldorf 1964, S. 184 ff.

[48] Vgl. Faber, S. 44 (s. auch Anm. 5).

[49] Zit. G. Ritter, Staatskunst und Kriegshandwerk. Bd. III: Die Tragödie der Staatskunst. Bethmann Hollweg als Kriegskanzler 1914–1917. München 1964, S. 548 ff.; – vgl. E. Fehrenbach, Wandlungen des deutschen Kaisergedankens 1871–1918. München 1969, S. 217 f.

[50] Rothfels, Prinzipienfragen der Bismarckschen Sozialpolitik. In: ders., Bismarck, der Osten und das Reich. Darmstadt 1962, S. 166.

[51] Ritter, Deutsche Geschichtswissenschaft im 20. Jahrhundert. S. 93.

[52] Rothfels, Bismarck und der Staat. S. IX; – wichtig auch Herzfeld, Staat und Nation in der deutschen Geschichtsschreibung der Weimarer Zeit, Ausgewählte Aufsätze. Berlin 1962, bes. S. 56–59.

[53] J. Ziekursch, Politische Geschichte des neuen deutschen Kaiserreiches. 3 Bde. Frankfurt/M. 1925/30; – dagegen aus konservativ-nationalistischer Sicht das breit angelegte Werk A. Wahls, Deutsche Geschichte. Von der Reichsgründung bis zum Ausbruch des Weltkriegs, 1871–1914. 3 Bde. Stuttgart 1926/32.

[54] Ritter, Deutsche Geschichtswissenschaft im 20. Jahrhundert. S. 91.

[55] A. Rosenberg, Entstehung der Weimarer Republik. (Nachdruck), Frankfurt/M. 1961.

[56] H. Heiber, Walter Frank und sein Reichsinstitut für Geschichte des neuen Deutschland. Stuttgart 1966, S. 192 (E. Kehr, Der Primat der Innenpolitik. Veröff. d. Hist. Komm. zu Berlin Bd. 19, Berlin 1965).

[57] Zit. W. Bußmann, Wandel und Kontinuität der Bismarck-Wertung. In: Die Welt als Geschichte. H. 2 (1955), S. 129.

[58] Meinecke, S. 39.

[59] K. F. Werner, Das NS-Geschichtsbild und die deutsche Geschichtswissenschaft. Stuttgart 1967, S. 96; vgl. auch zum folgenden.

[60] R. Vierhaus, Walter Frank und die Geschichtswissenschaft im nationalsozialistischen Deutschland. HZ 207 (1968), S. 617–627.

[61] Vgl. G. Ritter, Staatskunst und Kriegshandwerk I: Die altpreußische Tradition 1740–1890, 3. Aufl. München 1965, S. 24.

[62] Dazu Th. Schieder, Das deutsche Kaiserreich von 1871 als Nationalstaat. Köln-Opladen 1961, S. 125–132.

[63] G. Ritter, Staatskunst und Kriegshandwerk. I, S. 21.

[64] Vgl. W. Sauer, Das Problem des deutschen Nationalstaates. In: Moderne deutsche Sozialgeschichte. Hsg. von H.-U. Wehler, Köln 1966, bes. S. 431.

[65] GW XIII, S. 46.

*Editorischer Hinweis*

[1] Nach Bußmann, Bismarck im Urteil der Zeitgenossen und der Nachwelt. Quellen und Arbeitshefte für den Geschichtsunterricht. Stuttgart 1956, S. 11.

[2] Vgl. Lerchenfeld, S. 485; – eine eingehende Würdigung bei Rothfels (Hsg.), Bismarck-Briefe, Göttingen 1955, S. 14 ff.

[3] Tiedemann, S. 491 f.

*I. Die liberale Ära*

[1] Die informativste neuere Gesamtdarstellung stammt von O. Pflanze, Bismarck and the Development of Germany. The Period of Unification 1815–1871. Princeton 1963; – für die eigentliche Reichsgründungsphase Zechlin, Bismarck und die Grundlegung der deutschen Großmacht. Stuttgart 1930; – sehr detailliert aus den Akten: O. Becker, Bismarcks Ringen um Deutschlands Gestaltung. Hsg. von A. Scharff, Heidelberg 1958; – unter besonderer Betonung der wirtschaftlichen Problematik W. Zorn, Wirtschafts- und sozialgeschichtliche Zusammenhänge der deutschen Reichsgründungszeit 1850–1879. In: Moderne deutsche Sozialgeschichte. S. 254 ff.; I. Lambi, Free Trade and Protection in Germany 1868–1879. Wiesbaden 1963; H. Böhme, Deutschlands Weg zur Großmacht. – Den besten Überblick mit kritischer Einführung in Quellen und Literatur gibt W. Bußmann, Das Zeitalter Bismarcks. (= L. Just, Handbuch der deutschen Geschichte III, 2), Konstanz 1956.

[2] Th. Schieder, Grundfragen der neueren deutschen Geschichte. In: Probleme der Reichsgründungszeit 1848–1879. Hsg. von H. Böhme, Köln 1968, S. 21 ff.

[3] Jolly an Baumgarten, 21. 5. 1871, Großherzog Friedrich I. von Baden und die Reichspolitik. I, S. 15 ff.

[4] Vgl. Th. Nipperdey, Interessenverbände und Parteien in Deutschland vor dem ersten Weltkrieg. In: Moderne deutsche Sozialgeschichte. S. 369 ff.; H. Rosenberg, S. 318 ff.

[5] Vgl. D. S. Landes, The Unbound Prometheus. Technological Change and Industrial Development in Western Europe from 1750 to the Present. Cambridge 1969, S. 193–358.

[6] Zorn, S. 264.

[7] Dazu R. Stadelmann, Soziale und politische Geschichte der Revolution von 1848. Darmstadt 1962, bes. S. 76 ff.

[8] Pr. Kr. 28. 2. 1866, DZA II, Rep. 90a B III 2c Nr. 3, Bd. III; – s. dazu vor allem, wenn auch mit einseitiger Betonung der außenpolitischen Motive Bußmann, Das Zeitalter Bismarcks. S. 84; Becker, S. 118 ff.; H. Ritter von Srbik, Deutsche Einheit. 4 Bde. München 1942, IV, S. 317.

9 Zum Verfassungsproblem in Preußen-Deutschland zuletzt E.-W. Böckenförde, Der deutsche Typ der konstitutionellen Monarchie. In: Beiträge zur deutschen und belgischen Verfassungsgeschichte im 19. Jahrhundert. (Beiheft zur GWU), hsg. von W. Conze, Stuttgart 1967; – zur besonderen Problematik des Kriegszustands H. Boldt, Rechtsstaat und Ausnahmezustand. Eine Studie über den Belagerungszustand als Ausnahmezustand des bürgerlichen Rechtsstaates im 19. Jahrhundert. Berlin 1967; – umfassend, jedoch mit einseitiger Betonung des verfassungspolitischen Eigencharakters des deutschen Konstitutionalismus E. R. Huber, Deutsche Verfassungsgeschichte seit 1789. Bd. III: Bismarck und das Reich. Stuttgart 1963, Bd. IV 1969; – wichtig auch W. Frauendienst, Demokratisierung des deutschen Konstitutionalismus in der Zeit Wilhelms II., ZGS 113 (1957), der jedoch nicht hinreichend zwischen Demokratisierung und Parlamentarisierung trennt und dadurch den Unterschied von plebiszitärem (d. h. in der Tendenz antiparlamentarischem) und repräsentativem System verwischt.

10 C. Schmitt, Staatsgefüge und Zusammenbruch des Zweiten Reiches. Der Sieg des Bürgers über den Soldaten. Hamburg 1934.

11 Dazu die Belege in: Großherzog Friedrich I. von Baden und die Reichspolitik. I, bes. S. 1, 4, 12 und passim.; – vgl. L. Gall, Der Liberalismus als regierende Partei. Das Großherzogtum Baden zwischen Restauration und Reichsgründung. Wiesbaden 1968, bes. S. 475 ff.

12 A. Rosenberg, S. 13.

13 Zu den Verfassungsberatungen des konstituierenden Norddeutschen Reichstags im einzelnen Becker, S. 236 ff.

14 W. Sauer, bes. S. 431; – Stürmer, Konservatismus und Revolution in Bismarcks Politik, In: Das Kaiserliche Deutschland – Politik und Gesellschaft 1871 – 1918. Hsg. von M. Stürmer, Düsseldorf 1970.

15 Zusammenfassend jetzt H. Bornkamm, Die Staatsidee im Kulturkampf. HZ 170 (1950), S. 41–72, 273–306.

16 Dazu W. Sauer, S. 431.

17 Vgl. G. Ritter, Die preußischen Konservativen und Bismarcks deutsche Politik, 1858–1876. Heidelberg 1913.

18 Dazu H. Heffter, Die deutsche Selbstverwaltung im 19. Jahrhundert. Geschichte der Ideen und Institutionen. Stuttgart 1950, S. 480 ff.; – Fr. P. Kahlenberg, Preußen und die Annexionen des Jahres 1866. Hess. Jahrb. f. Landesgesch., 16 (1966), bes. S. 168 ff.

19 Pr. Kr. 8. 11. 1872, DZA II, Rep. 90a B III 2c Nr. 3, Bd. III.

20 W. Pöls, Sozialistenfrage und Revolutionsfurcht in ihrem Zusammenhang mit den angeblichen Staatsstreichplänen Bismarcks. (Histor. Studien H. 377), Hamburg 1960, S. 32 ff.; Ziekursch II, S. 297 f.

21 Vgl. Wahl I, S. 48, allerdings mit dem charakteristischen Mißverständnis, als habe Bismarck durch diese Drohung dem Parlamentarismus Konzessionen machen wollen. Die Rücktrittsdrohung gegenüber dem Parlament bedeutete indessen für Bismarck fast ausnahmslos einen »Euphemismus« für die Auflösung, vgl. sein Schreiben an Tiedemann, 22. 11. 1879, GW VI c 170.

22 Wilhelm I. an Friedrich I., 15. 1. 1875, Großherzog Friedrich I. von Baden und die Reichspolitik. I, S. 182.

22a Zur Problematik der Finanzreform im Zusammenhang mit den politischen Forderungen des Liberalismus ausführlich W. Gerloff, Die Finanz- und Zollpolitik des Deutschen Reiches. Jena 1913, bes. S. 63 ff. Als Standardwerk für die Finanzpolitik der Bismarck-Zeit ist das Buch noch heute unentbehrlich.

23 Pr. StM. 30. 12. 1875, DZA II, Rep. 90a B III 2b Nr. 6, Bd. 87.

24 Dehio, Deutschland in der Epoche der Weltkriege. In: Deutschland und die Weltpolitik im 20. Jahrhundert. S. 13; – zur Lage des Reiches zwischen den Mächten

vgl. W. L. Langer, European Alliances and Alignments 1871–1890. 2. Aufl. New York 1950; A. J. P. Taylor, The Struggle for Mastery in Europe. repr. Oxford 1957; M. B. Winckler, Bismarcks Bündnispolitik und das europäische Gleichgewicht. Stuttgart 1964.

25 Die wesentlichen Passagen seiner Rede jetzt in: Historisches Lesebuch. 2, 1871 bis 1914, hsg. von G. A. Ritter, Frankfurt/M. 1967, S. 181.

26 Vgl. Hillgruber, Die »Krieg-in-Sicht«-Krise 1875. Wegscheide der Politik der europäischen Großmächte in der späten Bismarck-Zeit. Gedenkschrift für Martin Göhring, Wiesbaden 1968, S. 239 ff.; vgl. auch zum folgenden.

27 Vgl. ebd.; zur auswärtigen Politik zusammenfassend mit der Literatur Th. Schieder (Hsg.), Handbuch der Europäischen Geschichte VI. Stuttgart 1968, S. 52–78.

### *II. Die konservative Wendung*

1 Zum folgenden H. Rosenberg, S. 58 ff.

2 Dazu R. Morgan, The German Social Democrats and the First International 1864–1872. Cambridge 1965; E. Matthias und E. Pikart, Die Reichstagsfraktion der deutschen Sozialdemokratie. Düsseldorf 1966, Bd. I (Einleitung); D. Fricke, Die deutsche Arbeiterbewegung 1869–1890. Ihre Organisation und Tätigkeit. Leipzig 1964. – Die wichtigste Gesamtdarstellung gibt G. Ritter, Die Arbeiterbewegung im wilhelminischen Reich. 2. Aufl. Berlin 1963.

3 H. Rosenberg, S. 119 f.

4 Ghzg. Peter von Oldenburg an Friedrich I. von Baden, 14. 1. 1877, Großherzog Friedrich I. von Baden und die Reichspolitik. S. 241 f.

5 Ebd.

6 S. Neumann, Die deutschen Parteien. Wesen und Wandel nach dem Kriege. Berlin 1932, S. 16.

7 Vgl. Goldschmidt, S. 54 ff.

8 Zusammenfassend Bußmann, Das Zeitalter Bismarcks. S. 187 f.

9 Lucius, S. 125/127.

10 Vgl. Herzfeld, Johannes von Miquel. 2 Bde. Detmold 1938, I S. 426 f.

11 Lucius, S. 138.

12 GW VI c 119.

13 Hobrecht an Bismarck, 18. 5. 1878, DZA I, Reichskanzlei 2080.

14 Tiedemann, S. 264; – ausführlich W. Pack, Das parlamentarische Ringen um das Sozialistengesetz Bismarcks. Düsseldorf 1961.

15 Tiedemann, S. 268.

16 Eingehend L. Gall, Sozialistengesetz und innenpolitischer Umschwung. Baden und die Krise des Jahres 1878. ZGO 72 (1963), S. 504 ff.; Stürmer, Staatsstreichgedanken im Bismarckreich. S. 593–603.

17 Ghzg. Friedrich an Turban, 30. 8. 1878, Großherzog Friedrich I. von Baden und die Reichspolitik, S. 325.

18 Das Programm der »204« jetzt in: Historisches Lesebuch 2. S. 209 f.

19 Vgl. Böhme, Deutschlands Weg zur Großmacht. S. 547 f.; – zur finanzpolitischen Bedeutung der Reform ausführlich Gerloff, S. 139–171, 183 ff.

20 GW XII, S. 58–79 (2./8. 5. 1879); – es war ein Höhepunkt gehässiger Rhetorik, als Bismarck am 8. 5. 1878 von der Opposition gegen den Schutzzoll sprach als »denjenigen Herren, die ja bei der Herstellung unserer Gesetze in allen Stadien der Gesetzesmachung die Majorität bilden, von denen die Schrift sagt: sie säen nicht, sie ernten nicht, sie spinnen nicht, und doch sind sie gekleidet ... Die Herren, die unsere Sonne nicht wärmt, die unser Regen nicht naßmacht, wenn sie nicht zufällig ohne Regenschirm ausgegangen sind, die die Mehrheit bei uns in

der Gesetzgebung bilden, die weder Industrie, noch Landwirtschaft, noch ein Gewerbe treiben . . .«

21 Bußmann, Das Zeitalter Bismarcks, S. 192 f.

22 Vgl. ebd., S. 195; Böhme, Deutschlands Weg zur Großmacht. S. 587 ff.; Hillgruber, S. 252.

23 Herzfeld, Die moderne Welt. I S. 220 f.; vgl. Hillgruber, S. 252.

*III. Bismarcks Deutschland*

1 Lucius, S. 215.

2 Zit. Bußmann, Das Zeitalter Bismarcks. S. 211.

3 Vgl. H. Rosenberg, S. 210 ff. – W. Vogel, Bismarcks Arbeiterversicherung. Ihre Entstehung im Kräftespiel der Zeit. Braunschweig 1951.

4 Vgl. Rothfels, Prinzipienfragen der Bismarckschen Sozialpolitik. S. 169.

5 GW VI c 245.

6 Vgl. H. Rosenberg, S. 210 ff.

7 Windthorst an Fechenbach, 24. 8. 1880, BA NL v. Fechenbach (Reichsfreiherr von Fechenbach war ein süddeutscher Konservativer und leidenschaftlicher Bismarck-Gegner, der sich zu dieser Zeit mit dem Plan trug, eine christlich-konservative Sammlungspartei zu gründen. Windthorst lehnte ab).

8 Vgl. K. Bachem, Vorgeschichte, Geschichte und Politik der Deutschen Zentrumspartei. Bd. III, Köln 1927, S. 408 ff.

9 Windthorst an Fechenbach (s. oben Anm. 7).

10 Dazu M. R. Lepsius, Parteiensystem und Sozialstruktur. Zum Problem der Demokratisierung der deutschen Gesellschaft. In: Wirtschaft, Geschichte und Wirtschaftsgeschichte. Festschrift für Fr. Lütge, Stuttgart 1966, bes. S. 385.

11 Lucius, S. 264 (10. 5. 1883).

12 Bismarck an Wilhelm I., 5. 7. 1879, GW VI c 163.

13 S. oben S. 92 f.; Dok. 56 f., 60, 63.

14 An Holstein, 24. 8. 1884, Geheime Papiere III, S. 114.

15 W. Bismarck an Holstein, 1. 9. 1884, ebd. S. 116 f. (gemeint war die damals vorbereitete Kongo-Konferenz in Berlin).

16 GW VIII 456.

17 Dazu jetzt die umfassende Studie von Wehler, Bismarck und der Imperialismus. Passim, die die Kolonialpolitik in den größeren Zusammenhang der Bemühungen Bismarcks stellt, der Industrie gesicherte Märkte in Übersee zu schaffen und mit der wirtschaftlichen Depression auch die sozialrevolutionäre Bedrohung des Gesellschafts- und Machtgefüges zu bannen; – vgl. Stürmer, Revolutionsfurcht und überseeische Expansion im Zeitalter Bismarcks. NPL 15 (1970).

18 GW XV, S. 449; – auch zum folg. Zitat.

19 Lucius, S. 304.

20 Wichtige Belege bei Zechlin, Staatsstreichpläne Bismarcks und Wilhelms II. 1890 bis 1894. Stuttgart 1929.

21 R. Stadelmann, Deutschland und die westeuropäischen Revolutionen. In: Probleme der Reichsgründungszeit. S. 45.

*IV. Das Ende einer Epoche*

1 Holstein an Hatzfeldt, 26. 10. 1886 (Bericht über eine Unterredung Bismarcks mit dem russischen Botschafter Schuwalow), Geheime Papiere III, S. 174 f.; zum Verhältnis Deutschland/Rußland jetzt die Beiträge von Böhme und Wehler zu dem Sammelband: Das kaiserliche Deutschland (oben Anm. I/14).

[2] Holstein an Radolin, 4. 10. 1886, ebd. S. 170 f.

[2a] Dazu Hillgruber, Kontinuität und Diskontinuität in der deutschen Außenpolitik von Bismarck bis Hitler. Düsseldorf 1969.

[3] GW XIII, S. 125.

[4] Pr. StM. 14. 2. 1886, DZA II, Rep. 90a, B III 2b Nr. 6, Bd. 98.

[5] Vgl. Herzfeld, Miquel II. S. 11 ff.

[6] Dazu Lucius, S. 366 f.

[7] Zit. Bußmann, Das Zeitalter Bismarcks. S. 236.

[8] Vgl. die zusammenfassende Darstellung der Vorgänge ebd., S. 237 f.; H. Rothfels, Theodor Lohmann und die Kampfjahre der staatlichen Sozialpolitik 1871–1905. Berlin 1927, S. 96–103; P. Grebe, Bismarcks Sturz und der Bergarbeiterstreik vom Mai 1889, HZ 157 (1938).

[9] Vgl. Sauer, S. 432 f.

[10] Vgl. ebd.; – ähnlich bereits Ziekursch I, S. 105.

[11] Vgl. Röhl, S. 62 ff.

[12] Ausführlich Röhl, Germany without Bismarck. The Crisis of Government in the Second Empire, 1890–1900. London 1967; dt. Übersetzung u. d. Titel: Deutschland ohne Bismarck. Tübingen 1969; – vgl. Stürmer, Machtgefüge und Verbandsentwicklung im wilhelminischen Deutschland (Literaturbericht), NPL 14/1969, S. 490–507.

## Auswahlbibliographie

Im folgenden werden nur Darstellungen angegeben, darunter auch einige, die der Bismarckzeit nur einen Teil des Gesamtwerks widmen.


Bartel, H. und E. Engelberg (Hsg.), Die großpreußisch-militaristische Reichsgründung 1871. Voraussetzungen und Folgen. 2 Bde. Berlin (Ost) 1971

Böckenförde, E.-W., Der deutsche Typ der konstitutionellen Monarchie im 19. Jahrhundert. In: Beiträge zur deutschen und belgischen Verfassungsgeschichte im 19. Jh. (Beiheft zur GWU), W. Conze (Hsg.), Stuttgart 1967

Böckenförde, E.-W. (Hsg.), Moderne deutsche Verfassungsgeschichte 1815–1918 (NWB). Köln-Berlin 1972

Böhme, H., Deutschlands Weg zur Großmacht. Studien zum Verhältnis von Wirtschaft und Staat während der Reichsgründungszeit 1848–1881. Köln 1966

ders. (Hsg.), Die Reichsgründung. (dtv-dokumente), München 1967

ders. (Hsg.), Probleme der Reichsgründungszeit 1848–1879. (Neue Wissenschaftliche Bibliothek, NWB), Köln 1969

Born, K. E. (Hsg.), Moderne deutsche Wirtschaftsgeschichte. (NWB), Köln 1966

ders. (Hsg.), Bismarck-Bibliographie. Quellen und Literatur zur Geschichte Bismarcks und seiner Zeit. Bearb. von W. Hertel, Köln-Berlin 1966

Bornkamm, H., Die Staatsidee im Kulturkampf. In: HZ 170 (1950)

Bußmann, W., Das Zeitalter Bismarcks. 3. Aufl. Konstanz 1956

ders., Zur Geschichte des deutschen Liberalismus im 19. Jh. In: HZ 186 (1958)

Craig, G. A., Die preußisch-deutsche Armee. Staat im Staate. Düsseldorf 1960

Dehio, L., Gleichgewicht oder Hegemonie. Betrachtungen über ein Grundproblem der neueren Staatengeschichte. Krefeld 1948

ders., Deutschland und die Weltpolitik im 20. Jh. Frankfurt/M. 1961

Eyck, E., Bismarck. Leben und Werk. 3 Bde. Erlenbach-Zürich und Stuttgart 1941/1944

Fricke, D., Die deutsche Arbeiterbewegung 1869–1890. Ihre Organisation und Tätigkeit. Leipzig 1964

Fehrenbach, E., Wandlungen des deutschen Kaisergedankens 1871–1918, München 1969

Gall, L. (Hsg.), Das Bismarck-Problem in der Geschichtsschreibung nach 1945 (NWB). Köln-Berlin 1971

Gerloff, W., Die Finanz- und Zollpolitik des deutschen Reiches nebst ihren Beziehungen zu Landes- und Gemeindefinanzen von der Gründung des Norddeutschen Bundes bis zur Gegenwart. Jena 1913

Gerschenkron, A., Bread and Democracy in Germany. Berkeley u. Los Angeles 1943

Grebing, H., Geschichte der deutschen Parteien. Wiesbaden 1962

Hamerow, T. S., Restoration, Revolution, Reaction. Economics and Politics in Germany. Princeton 1958

Heffter, H., Die deutsche Selbstverwaltung im 19. Jh. Geschichte der Ideen und Institutionen. Stuttgart 1950

Herzfeld, H., Johannes v. Miquel. Sein Anteil am Aufbau des Deutschen Reiches bis zur Jahrhundertwende. 2 Bde. Detmold 1938

ders., Die moderne Welt 1789–1945. 2 Bde. 5. Aufl. Braunschweig 1965

Hillgruber, A., Kontinuität und Diskontinuität in der deutschen Außenpolitik von Bismarck bis Hitler. Düsseldorf 1969

Hoffmann, W. G. u. a., Das Wachstum der deutschen Wirtschaft seit der Mitte des 19. Jhs. Heidelberg 1965

ders. und Müller, J. H., Das deutsche Volkseinkommen 1851–1957. Tübingen 1959

Huber, E. R., Deutsche Verfassungsgeschichte seit 1789. Bd. III, Stuttgart 1963, Bd. IV 1969

Kehr, E., Der Primat der Innenpolitik. Gesammelte Aufsätze zur preußisch-deutschen Sozialgeschichte. H.-U. Wehler (Hsg.), Berlin 1965
Lambi, I., Free Trade and Protection in Germany 1868–1879. Wiesbaden 1963
Landes, D. S., The Unbound Prometheus. Technological Change and Industrial Development in Western Europe from 1750 to the Present. Cambridge 1969 (dt. Köln 1970)
Naef, W., Die Epochen der Neueren Geschichte II. 2. Aufl. Aarau 1960
Nipperdey, Th., Die Organisation der deutschen Parteien vor 1918. Düsseldorf 1961
Pflanze, O., Bismarck and the Development of Germany. The Period of Unification 1815–1871. Princeton 1963
Röhl, J. C. G., Germany without Bismarck. London 1967 (dt. Tübingen 1969)
Rosenberg, Arthur, Entstehung der Weimarer Republik. (1928), Frankfurt/M. 1961
Rosenberg, H., Große Depression und Bismarckzeit. Wirtschaftsablauf, Gesellschaft und Politik in Mitteleuropa. Berlin 1967
ders., Probleme der deutschen Sozialgeschichte. Frankfurt/M. 1969
Rothfels, H., Zeitgeschichtliche Betrachtungen. 2. Aufl. Göttingen 1963
ders., Bismarck, der Osten und das Reich. 2. Aufl. Darmstadt 1962
ders., Bismarck. Stuttgart. 1970
Seeber, G. und H. Wolter, Neue Tendenzen im bürgerlichen Geschichtsbild der BRD über die Reichsgründung von 1871. In: Zeitschrift für Geschichtswissenschaft 12 (1972)
Schieder, Th., Staat und Gesellschaft im Wandel unserer Zeit. Studien zur Geschichte des 19. und 20. Jhs. München 1958
ders., Das deutsche Kaiserreich von 1871 als Nationalstaat. Köln/Opladen 1961
ders. (Hsg.), Handbuch der europäischen Geschichte Bd. VI: Europa im Zeitalter der Nationalstaaten und europäische Weltpolitik bis zum Ersten Weltkrieg. Stuttgart 1968
Schieder, Th. und E. Deuerlein (Hsg.), Reichsgründung 1870/71. Tatsachen, Kontroversen, Interpretationen. Stuttgart 1970
Schnabel, F., Deutsche Geschichte im 19. Jh., 5. Aufl. Freiburg 1959 ff.
Stern, F., Kulturpessimismus als politische Gefahr. Eine Analyse nationaler Ideologie in Deutschland. Stuttgart 1963
Stürmer, M., Staatsstreichgedanken im Bismarckreich. In: HZ 209 (1969)
ders. (Hsg.), Das kaiserliche Deutschland – Gesellschaft und Politik 1871–1918. Düsseldorf 1970
Stürmer, M., Bismarck in Perspective. In: Central European History 4 (1972)
Taylor, A. J. P., Bismarck. The Man and the Statesman. London 1955 (dt. München 1962)
Treue, W., Wirtschaftsgeschichte der Neuzeit, 1700–1965. 2. Aufl. Stuttgart 1966
Ritter, G., Staatskunst und Kriegshandwerk. Das Problem des Militarismus in Deutschland. 2. durchges. Aufl. Bd. I, München 1959, Bd. II 1965
Veblen, T., Imperial Germany and the Industrial Revolution (1915). Ann Arbor 1966
Wehler, H.-U., Bismarck und der Imperialismus. Köln 1969
ders. (Hsg.), Moderne deutsche Sozialgeschichte. (NWB), Köln 1966
Winckler, M., Bismarcks Bündnispolitik und das europäische Gleichgewicht. Stuttgart 1964
Wittram, R., Bismarcks Rußlandpolitik nach der Reichsgründung. In: HZ 186 (1958)
Zechlin, E., Staatsstreichpläne Bismarcks und Wilhelms II. 1890–1894. Stuttgart 1929
Ziekursch, Joh., Politische Geschichte des neuen deutschen Kaiserreiches. 3 Bde. Frankfurt/M. 1925–30

# Dokumente- und Quellenverzeichnis

*I. Die liberale Ära*

*III. Bismarcks Deutschland*

*IV. Das Ende einer Epoche*

# Personen- und Sachregister